· 2009年度国家社科基金青年项目课题（09CFX071）
· 新疆大学“211工程”优秀学术著作出版基金资助出版
· 新疆大学法学院优秀学术著作出版基金资助出版

ZHONGYA KUAGUO FANZUI WENTI YANJIU

中亚跨国犯罪问题研究

古丽阿扎提·吐尔逊
阿地力江·阿布来提 著

中央民族大学出版社
China Minzu University Press

图书在版编目（CIP）数据

中亚跨国犯罪问题研究/古丽阿扎提·吐尔逊，阿地力江·阿布来提著. —北京：中央民族大学出版社，2013.4

ISBN 978-7-5660-0465-9

Ⅰ.①中… Ⅱ.①古… ②阿… Ⅲ.①跨国犯罪—研究—中亚 Ⅳ.①D936.04

中国版本图书馆 CIP 数据核字（2013）第 158654 号

中亚跨国犯罪问题研究

作　　者	古丽阿扎提·吐尔逊　阿地力江·阿布来提
责任编辑	白立元
封面设计	严　兮
出 版 者	中央民族大学出版社 北京市海淀区中关村南大街 27 号　邮编：100081 电话：68472815（发行部）传真：68932751（发行部） 68932218（总编室）　68932447（办公室）
发 行 者	全国各地新华书店
印 刷 厂	北京宏伟双华印刷有限公司
开　　本	880×1230（毫米）　1/32　印张：14.5
字　　数	370 千字
版　　次	2013 年 8 月第 1 版　2013 年 8 月第 1 次印刷
书　　号	ISBN 978-7-5660-0465-9
定　　价	39.80 元

序

陈兴良①

古丽阿扎提·吐尔逊和阿地力江·阿布来提的《中亚跨国犯罪问题研究》一书是国家社科基金项目的最终成果，出版在即。古丽曾经受业于我，在我的指导下完成了博士论文。因此，古丽来函嘱我为其与阿地力江的新书作序，我感到十分高兴。2008 年古丽的博士论文《中亚恐怖主义犯罪研究》一书在中国人民公安大学出版社出版，我曾经为该书作序，在序中我就对古丽在学术的征途上越走越远表示了相当的期待。本书是古丽在学术征途上的又一个足印，表明古丽在学术道路上迈出了坚实的一步。尤其可贺的是，本书是古丽和阿地力江这对学术伉俪的合作之作。在学术的道路上夫妻携手同行，本书是最好的见证。

古丽和阿地力江生长在祖国边陲新疆喀什。喀什是维吾尔语“喀什噶尔”音译的简称，这是中国汉代典籍中称为西域的属地之一。喀什地处中亚腹地，也是古代丝绸之路的一个重要节点。我在上个世纪 90 年代中期曾经到过喀什，对喀什的异域风情留下了深刻的印象。在喀什期间，我从旅游景点的书摊上买了数本关于喀什的书籍，现在从我的书架上还能找到一本，这就是欧洲著名探险家斯坦因著、殷晴等译的《沙埋和阗废墟记》（新疆美

---

① 陈兴良系北京大学法学院长江学者特聘教授、兴发岩梅讲席教授。

术摄影出版社 1994 年版)。斯坦因在 1900 年到过喀什噶尔，进行考古探险活动。该书第八章题为“在喀什噶尔逗留”，斯坦因在探险途中曾经在喀什整修了五周，书中对一百年前的喀什城市面貌有所述及。斯坦因这样叙述刚到喀什城的情形：“天刚擦黑时，城墙突然出现在我的眼前。泥砌的城墙及其整整齐齐的城垛和方形城堡，看上去巨大而森严，不禁使我想起从许多古老游记中看到过的中世纪城堡。”① 这座城堡被斯坦因称为老城，此外还有新城。斯坦因这样描述：“一路骑行穿过新城北门，郊外完全是鲜明的中国情调，到处都有成群的中国士兵同异域不同民族的妇女。小商贩也大多是中国汉人，货摊陈列的货物也都是迎合汉人口味的。穿过城门后我们踏上的宽阔街道，更使人感到如置身于古罗马城堡之中。除各种公用建筑外还有兵营的主要市场，街道把整个新城从南到北一分为二。这里的中国店铺比起‘老城’要多得多，光线明亮，看起来也整洁而诱人。”② 斯坦因的这些文字为我们呈现了一百年前的喀什城市生活的风貌，令人回味。我在喀什只呆了一天，印象最为深刻的是坐落在高坡上的老城：沿着陡峭的土路往上走，眼前是荒芜的院落、破败的房屋，似乎长久无人居住，充满了荒凉的古意。横跨街道上空的阁楼，窗户斜挂，风穿而过。这里的老城不知是否斯坦因所描述的老城，这些房屋也不知是否斯坦因百年前所见的房屋。百度旅游上对喀什老城有以下文字介绍：“新疆喀什市老城区犹如置身新疆维吾尔族

① ［英］马克·奥里尔·斯坦因：《沙埋和阗废墟记》，殷晴等译，新疆美术摄影出版社 1994 年版，第 82—83 页。

② ［英］马克·奥里尔·斯坦因：《沙埋和阗废墟记》，殷晴等译，新疆美术摄影出版社 1994 年版，第 93 页。

民俗风情的生动画卷。喀什老城区位于喀什市中心，面积为4.25平方公里，约有居民12.68万人。老城区街巷纵横交错，布局灵活多变，曲径通幽，民居大多为土木、砖木结构，不少传统民居已有上百年的历史，是中国唯一的以伊斯兰文化为特色的迷宫式城市街区。老城街巷纵横交错，建筑参差不齐，房屋鳞次栉比，布局灵活多变，以著名的艾提尕尔清真寺为中心向外放射延伸，蜿蜒而行，曲径通幽。街区民居以土木、砖木结构并存，不少优秀的传统民居已有百年历史，个别民居已保留了360多年，老城区因此成为喀什最受游客欢迎的还在使用着的人文风景区。”由此看来，这里的老城还真是斯坦因百年前所见的老城。当时不知，现在想来令人感叹。我们还去看了喀什的大巴扎，人潮涌动，大多数到艾提尕尔清真寺祷告的维吾尔族群众，除了我们这些外来的旅游者以外，汉人反而少见，这与一百年前斯坦因所见大多数汉人的景象有所不同。只有到了喀什，才能真正感觉到中亚这个地域之所在。而中亚正是古丽和阿地力江的家乡，也是本书的一个特定地域场景。

《中亚跨国犯罪研究》一书以中亚为聚焦点，对跨国犯罪进行了深入研究。在本书中，作者认为“中亚”概念的适用范围是指20世纪90年代初独立的中亚五国——哈萨克斯坦、乌兹别克斯坦、吉尔吉斯斯坦、塔吉克斯坦、土库曼斯坦和中国的新疆地区——包含涉及的范围。这些地区的特点是具有民族、宗教问题的复杂性，也是各种犯罪，尤其是恐怖主义犯罪易于滋生之地，对中国的国家安全具有重要意义。本书在对中亚跨国犯罪进行一般性论述的基础上，对中亚恐怖主义犯罪、中亚毒品犯罪、中亚偷越国境犯罪、中亚走私犯罪、中亚经济诈骗犯罪这五种主要的跨国犯罪类型作了较为细致的研究。在每一种犯罪类型的研究上，除了对该种犯罪特征的描述以外，还从原因、对策等多个视角进行了具有新意的分析，这种将犯罪学的分析与刑事政策的分析紧密地结合起来的研究方法，使我们对中亚跨国犯罪问题具有更为深刻的理解，也为惩治与控制中亚跨国犯罪提供了理论根据。因此，本书的研究本身具有重要的理论意义与现实价值。

中国西北边疆的稳定，是本书的一个重要出发点。中亚跨国犯罪的危害性就在于严重地影响了我国西北边疆的稳定，只有有效地打击了中亚跨国犯罪才能维持我国西北边疆的稳定。在本书中，作者通过对中亚跨国犯罪的研究，得出如下结论："中亚国家的独立和独立后在中亚发生的一些社会、政治问题对我国西北地区产生了一定的影响。我国新疆的一些不稳定分子与中亚的恐怖主义组织沆瀣一气，煽动疆内少数民族从事分裂活动，并在疆内疆外制造了多起血腥事件。他们的恐怖活动严重危害了我国的统一和社会稳定。走私犯罪、合同诈骗、假冒商品严重影响中国和中亚国家关系的健康有序发展。虽然，经过双边协议和上海合作组织成员国的共同努力，一些问题得以及时解决，但是如果中亚国家的政府不能为自己的公民提供就业机会、不能减贫和有效地执行法律的话，中亚地区的有组织犯罪将继续在中亚活动和存在，① 并将对我国西北地区构成威胁。因此，为积极防止中亚跨国犯罪对我国和整个中亚地区的负面影响，我们必须从多方面、多层次上采取更多有力的措施，尽力堵住跨国犯罪的传播途径。"

① Erica Marat：The State—Crime Nexus in Central Asia：State Weakness，Organized Crime，and Corruption in Kyrgyzstan and Tajikistan，美国约翰霍普金斯大学中亚高加索研究所2006年报告。

我认为，这一见解是十分正确的。只有从我国西北边疆稳定的高度来看待中亚跨国犯罪问题，才能认识到打击中亚跨国犯罪的重要性与必要性。

中亚跨国犯罪不仅仅是一个法律问题，而且还是一个政治问题、经济问题、民族问题与宗教问题。因此，在防止中亚跨国犯罪的对策方面，本书作者并不是就犯罪而论犯罪，也不是就法律而论法律，而提出了综合性的防范对策，例如作者认为：大力发展经济、消除贫困是防止中亚跨国犯罪的重要对策。作者还强调加强国际合作是打击中亚跨国犯罪的有效途径。此外，本书作者还专门就中国打击中亚跨国犯罪的对策进行了论述。以上观点都具有重要的参考价值，值得我国有关部门的重视。

关于本书，除了作者所提出的观点以外，在写作方法上也存在着值得称道之处。例如，本书的资料翔实，可以看出作者为了本书的写作，竭尽全力收集相关资料，从本书附录可见，参考了中文著作 87 种、中文论文 62 篇、外文资料 50 种。另外还有网址 70 个。充沛的文献资料，使本书的结论建立在充实的实证资料基础之上。本书还有图目录和表目录，采用了大量的图表，更能够直观地反映所讨论的问题，也使本书具有更大的可读性。因此，本书是一部精心之作，也是一部在中亚犯罪问题研究领域的前沿性作品。

古丽和阿地力江目前都任职于新疆大学，从事教学与科研工作，是我国自己培养的维吾尔族年轻一代的法学家。除了具有本民族的文化与语言的优势以外，古丽和阿地力江还具有汉语、英语等其他民族语言与国家的语言优势。更为难得的是，古丽和阿地力江具有广阔的理论视野，并掌握了科学的研究方法。在关涉新疆乃至于中亚的法律研究、在少数民族权利和民族法学研究、在宗教与法律研究等领域，应该而且能够发挥更大的作用。我期待着古丽和阿地力江致力于上述领域的研究，掌握这些领域的学术话语权。

是为序。

谨识于北京海淀锦秋知春寓所

2013 年 4 月 22 日

目　　录

导 言

一、问题的提出与选题的意义

中亚①，既是一个地理概念，又是一个文化区域概念。对其内涵，中外学者力图进行界定，虽然有多种说法，但认识远未达成一致。关于中亚（Central Asia）的范围，无论国外学术界还是国内学术界都没有统一的观点。英国学者加文·汉布里认为中亚是地理概念，“中亚最重要和最显著的地理特征，是它完全隔绝来自海洋的影响”。② 美国学者D·西诺尔则认为：“‘中亚’从根本上来说是一个文化概念，而‘中亚’的疆界是不稳定的。”③ 联合国科教文组织在发起编写的《中亚文明史》时拟定的编写大纲中规定中亚地区（广义“中亚”）包括：蒙古高原，河西走廊，青海，新疆，阿姆河、锡尔河流域，哈萨克草原南部，伊朗东北部，阿富汗北部以及巴基斯坦西北部。对于狭义“中亚”的范围，普遍的认识是：以阿姆河及锡尔河两河流域为中心，涵

---

① 在科学文献中使用“中亚”一词，由来已久。有关“中亚”一词的概念，可参阅孟楠：《俄国统治中亚政策研究》，新疆大学出版社2000年版，第2—6页；A·N·丹尼、V·M·马松主编：《中亚文明史》（第一卷，《文明的曙光：远古时代至公元前700年》），中国对外翻译出版公司、联合国教科文组织2002年版，第366—368页。

② ［英］加文·汉布里主编，吴玉贵译：《中亚史纲要》，商务印书馆1994年版，第3页。

③ ［美］D·西诺尔：《什么是中亚》，《民族译丛》1986年第1期。

盖了当代哈萨克斯坦、吉尔吉斯斯坦、塔吉克斯坦、土库曼斯坦和乌兹别克斯坦等中亚五国。① 在本文中，“中亚”概念的适用范围仅指20世纪90年代初独立的中亚五国——哈萨克斯坦、乌兹别克斯坦、吉尔吉斯斯坦、塔吉克斯坦、土库曼斯坦和中国的新疆地区——包含涉及的范围。

从地理上讲，中亚位于欧亚大陆的“心脏地带”。它毗邻于一系列国际恐怖主义势力聚集的地区，包括阿富汗、克什米尔、高加索地区及邻近一些被美国怀疑支持伊斯兰激进势力和恐怖主义势力的国家，如伊朗、巴基斯坦、沙特阿拉伯等。从战略上看，中亚则居于欧洲与中国、俄罗斯与伊朗的中间地带。中亚在国际体系中的位置是非常特殊的，因而中亚的地区安全与国际环境的变化有密切的关系。美国学者亨廷顿指出，文明的断裂带上比较容易发生“断层线战争”，而中亚地区正处在一个文明的断裂带上。还有一种观点认为，中亚五国所处的地区属于两极对抗突然消失以后出现的“断裂带”或“破碎带”，中亚地区形成了恐怖的新月形地带：车臣—中亚—阿富汗。这个地区经济落后，民族、文化、社会状况复杂，各种潜在的矛盾很多。国内学者王逸舟认为：“冷战后，中亚作为一个‘地缘政治’区域，属于两极对抗突然消失以后出现的‘断裂带’或‘破碎带’，这条‘伊斯兰新月形地带’，是导致国际局势不稳的‘震源’”。②

中亚地区独特的地理位置使中亚地区成为毒品犯罪和恐怖主义犯罪猖獗的地区。阿富汗的毒品是以中亚为主要通道，阿富汗的恐怖分子以中亚的不稳定分子作为后备军和主要培训对象，与中亚的犯罪分子沆瀣一气，在中亚地区形成庞大的犯罪团伙。在

① 马大正、冯锡时主编：《中亚五国史纲》，新疆人民出版社2000年版，第3页。

② 王逸舟：《当代国际政治析论》，上海人民出版社1995年版，第210页。

中亚活动的“乌伊运”、“东突”、伊布扎特、基地组织残余等，正在进行力量聚集，政治化特征极为明显。与此相关的贩毒、跨境贩卖走私正在不断恢复和增长。[①] 他们在中亚地区不断制造的数次血腥事件已经证明了他们的犯罪目的。我国新疆作为中亚三国的直接邻居，它也受到中亚地区存在的各种犯罪活动的影响。中亚跨国犯罪的触角已经延伸到了我国新疆甚至是沿海地区。从中亚贩运过来的毒品经过新疆贩运到广州、北京等大城市。我国新疆的极端分子也在中亚接受训练，并从中亚走私武器到国内从事恐怖犯罪等严重的刑事犯罪行为。中亚的民族主义思想也对我国的民族分裂分子产生了直接的影响。但是，因为目前我国和中亚国家关系发展良好，中亚地区的跨国犯罪及其对我国稳定的影响并没有能够引起我国学者足够的关注。本书作者认识到跨国犯罪对我国稳定的影响及其及时采取措施的紧迫性，从法律角度透析这个问题，研究中亚跨国犯罪的各种类型、特点及其原因，进而提供遏制中亚跨国犯罪的建议。正因为从这个角度，作者选择这个题目作为自己的研究对象。

本书的选题具有如下几方面的意义：

首先，它可以丰富中亚研究的角度。以往对中亚地区的研究，从历史、社会学、民族学和政治学角度研究较多。本研究则是从法学的角度，运用刑法学和犯罪学理论和原则来探讨中亚跨国犯罪问题，与以往的中亚研究有着明显的不同。虽然中亚跨国犯罪的研究也涉及中亚五国之间以及中亚国家和中国之间的政治、经济、社会、民族关系等问题及其历史发展过程，但它的研究不需要和中亚跨国犯罪现象及其原因、对策结合起来研究。本研究主要通过对中亚跨国犯罪的形成及原因的分析，透析中亚跨

① 杨恕、杨倩：《俄罗斯和中亚国家关系的新发展》，《国际问题研究》2006 年第 1 期。

国犯罪的形成、发展、变化等的特点，从中探索归纳中亚跨国犯罪的普遍规律，进而提出一些预防和遏制中亚跨国犯罪及其防止跨国犯罪对我国的影响的措施。这种研究无疑会增加中亚研究的深度和广度。

其次，它具有较大的现实意义。中亚位于欧亚大陆腹地，是欧亚大陆的连接点和战略结合部，其西部和北部与独联体国家接壤，南部和西南是伊斯兰原教旨主义风云激荡之地，东部是中国，外层则是西方世界。作为连接欧洲和亚洲的枢纽，它是大国势力东进西出、南下北上的必经要地。欧亚大陆桥开通后，中亚还发挥着连通东亚和西欧，沟通外高加索和南亚，衔接西亚和非洲大陆的“交通走廊”的作用。这样的地理位置正是孙子兵法中所说的“衢地”。[①] 中亚地区的宗教极端主义、极端民族主义、国际恐怖主义、跨国毒品分子、武器走私分子正是利用中亚地区的这种地缘优势，与周边地区的恐怖分子、毒品分子沆瀣一气，从事恐怖犯罪行为和贩毒活动，企图把中亚地区变成走私通道与恐怖犯罪“实验”基地。进而，对中亚地区的稳定与和平，对世界和平形成巨大威胁。正因为如此，对中亚跨国犯罪问题进行重点研究，有助于理解目前中亚地区的局势，使人们对中亚现今所出现的问题予以深入的思考。

再次，中亚地区蕴藏着丰富的资源，特别是石油、天然气等能源产品对其他国家，特别是周边地区国家的经济发展有着举足轻重的作用。近几年来，哈萨克斯坦和阿塞拜疆分别在里海附近发现了卡沙干和沙阿德尼兹大油田。据估计，里海地区的石油储

---

① 张新平：《地缘政治视野下的中亚民族关系》，民族出版社2006年版，第1页。

藏量在900亿—2000亿桶。[1] 与此同时，在土库曼斯坦也发现了泰克油气田。目前，中亚地区石油探明储量至少为160亿吨，一跃超过亚太地区和非洲。[2] 中亚国家独立后，这一6000万人口的地区同样是一个未被开发的消费品市场。周边各国的轻工业品在这儿都能找到广泛的销售通道和消费市场。中国的纺织品、日本的电子产品和俄罗斯的生活用品在中亚国家有很强的竞争力。中亚地区因其重要的地理位置，潜藏的巨大石油天然气和其他资源，已经引起国际社会的广泛关注。中国当然也不例外。对中亚跨国犯罪的系统研究，将能够帮助我们理解危害中亚经济和政治稳定的各种因素，从而及时消除各种障碍，充分发挥中亚国家的资源优势在其发展中的作用，推动中亚五国和我国之间的经济贸易和各种关系的发展。

第四，中亚地区也是多民族聚居地区。历史上形成的多元民族、宗教的地缘文化因素形成了当今中亚各国复杂的民族结构。从中亚各国的民族构成来看，哈萨克斯坦有131个民族，乌兹别克斯坦有129个民族，吉尔吉斯斯坦有80多个民族，塔吉克斯坦有86个民族，土库曼斯坦有105个民族。每个国家都有一个主体民族，主体民族在各国所占比例都超过50%。[3] 中亚五国与我国在地理、政治、经济和民族、宗教等方面有着密切的联系，无疑是我国需要持久面对和交往的一个重要战略方向。由于历史、地理、民族、宗教等因素，中国西部一些省区同中亚存在着民族和宗教上的密切联系。尤其是新疆同中亚毗邻，当地少数民

① Priscilla Ross, "Increasing Caution about Kazakh Boom", Petroleum Review, 2000. 2.

② 古丽阿扎提·吐尔逊、阿地力江·阿布来提：《中国与哈萨克斯坦能源合作透析》，《俄罗斯中亚东欧市场》2004年第4期。

③ 李玉、陆庭恩：《中亚与周边及"9·11"后的国际局势》，中国社会科学出版社2002年版，第355页。

族与中亚一些民族长期跨界而居，相互间的联系很密切。这些跨居不同国家的民族同属一个民族，有共同的语言、共同的宗教信仰和共同的风俗习惯。世世代代生活在我国新疆境内的维吾尔族与散居在中亚的维吾尔人同属一个民族。居住在新疆的哈萨克人和塔吉克族居民与中亚地区的哈萨克、塔吉克人同根同源。新疆的柯尔克孜族、乌孜别克族和塔塔尔族与中亚的吉尔吉斯人、乌兹别克人以及鞑靼人是同一民族，只是译名不同。大量的同源跨国民族的存在以及中亚地区与中国在地理上的毗邻，使中国与中亚形成了一种天然的联系。这种天然的联系一方面为中国与中亚国家的合作提供了极为有利的条件，但是另一方面，在冷战结束后，中亚地区出现的民族分裂主义、宗教极端主义和国际恐怖主义三股极端势力的不断扩大，给中国的西北边疆安全带来了很大的压力。在此背景下，从20世纪90年代初以来，新疆地区的民族分裂主义和宗教极端势力与境外的民族分裂主义和宗教极端势力相勾结，制造了一系列恐怖事件，使得中国的国家安全面临着恐怖主义的威胁。尤其是中亚的宗教势力与中东、西亚的宗教势力是联系在一起的，中东、阿富汗和中亚的政治动乱很容易波及新疆地区。中亚五国中，哈萨克斯坦、吉尔吉斯斯坦和塔吉克斯坦与中国拥有3300多公里的共同边界。如果民族分裂主义和宗教极端势力的影响得不到有效控制的话，这个3300多公里的边界线就不可能安定，中国的国家安全和社会稳定也将受到严重的挑战。

此外，面对中亚跨国犯罪的危害，面对日趋迫切的反跨国犯罪合作的内在要求，面对危害我国安全与经济利益的犯罪活动的萌芽，如何科学而全面地认识中亚跨国犯罪，如何寻找更加有效地防范与打击跨国犯罪的对策，不仅是摆在我们面前的一项重要的理论研究课题，而且更是一项迫切的现实课题。因此，对中亚跨国犯罪问题进行专门的系统研究，是具有开创意义的，同时对尚嫌薄弱的中亚研究来说也具有重要的学术意义。它不但对我们科学认识跨国犯罪现象、正确估量跨国犯罪的危害，全面把握中亚跨国犯罪的基本特点、活动状况、主要诱因、发展趋势以及遏制跨国犯罪的经验教训具有积极的理论意义，而且对于我国有效开展防范与打击跨国犯罪的斗争更有着重要的现实意义，对于我们在谋求有关国家（特别是周边国家）对于我反跨国犯罪斗争的支持和协助，争取一个更加有利的国际和平环境也有一定的参考价值。

在和平崛起的过程中，我国需要一个安全稳定的周边环境，而中亚地区战略格局稳定与否，既直接关系到我国西北地区的安全与稳定，以及西部大开发战略的有效实施，同时与我国周边安全环境以及整个国际安全环境息息相关。因此，本问题的研究能给我国学术界研究提供一定的借鉴，能给人以新的启迪。此外，随着上海合作组织影响力的不断提高，中国与中亚国家的各种联系进一步加强，合作前景广阔。而对中亚的深入了解，有助于推动这一进程，从而有利于中亚及我国西北地区的和平与发展。

二、国内外研究现状

近年来，世界各国日益深切地感受到跨国犯罪的严重威胁。跨国犯罪问题确实逐渐成为一个世界性的问题。因此，各国学者也开始对这个问题给予高度重视并发表一些学术著作。我国学者赵永琛主编的《跨国犯罪对策》（2000）一书开创了我国的跨国犯罪问题研究。马进保主编的《跨境犯罪研究》（2002）也为我们理解各种形式的跨境犯罪及其防控对策提供了新的视野。与此同时，各种形式的跨国犯罪的个案研究也在我国学术刊物上相继出现，为我们及时把握各种跨国犯罪的发展趋势提供不同的研究视角。

美中不足的是，相对于综合性跨国犯罪研究和个案研究来说，涉及具体国家或地区的跨国犯罪研究在我国的法学研究中还比较少见，关于中亚跨国犯罪的专门性研究更是如此。在该领域仅有的研究成果也主要集中在对中亚毒品和恐怖主义的评述。我国的中亚研究领域侧重于政治、经济、社会等方面的综合与国别研究。他们多从国际政治角度出发，以地区安全为着眼点，与我国新疆地区的联系点也放在地区安全格局方面来研究。这些研究直接推动了有关中亚法律方面的研究。前些年先后出版了《哈萨克斯坦共和国经济贸易法规选编》（1993）、《独联体国家宪法比较研究》（2001）等几本有代表性的著作。其后，随着我国学术界对中亚国家理解的不断加深，中亚法律研究的领域有所拓宽，有关中亚刑事犯罪问题的研究成果也开始陆陆续续地出现。在这一阶段较有代表性的研究成果主要有杨絮译：《中亚和南亚的恐怖主义和宗教极端主义》（兰州大学出版社，2003）、《俄罗斯和中亚诸国反恐怖主义法述评》（赵秉志、杜邈，2007）、《中亚有组织犯罪发展的潜在危险性分析》（张杰，2008）、《中亚恐怖主义犯罪研究》（古丽阿扎提，2009）等。此外，赵秉志教授在《外国最新反恐法选编》（2008）一书中也翻译了哈萨克斯坦、乌兹别克斯坦和塔吉克斯坦等三国的反恐怖主义法。这些学者所进行的点滴尝试，无疑是今后对这类问题开展深入研究的基础，并且推动了这类问题研究的步伐。但是，纵观中亚方面的研究，从中亚跨国犯罪角度研究中亚问题的成果在我国还是比较缺乏。研究中亚跨国犯罪的论著并不多见，从国际刑法与国际犯罪的角度对中亚跨国犯罪进行研究的论述可以说是凤毛麟角。

西方国家对中亚研究的热情始于布热津斯基在《美国处在敌对的世界中》一书中强调中亚在世界地缘政治中的地位。他们的研究主要还是为了各自的国家利益而服务，而他们对涉及中国与中亚国家联系问题的研究则主要集中在上海合作组织的反恐作用和中国与中亚国家之间的能源合作这两个领域。最近几年，随着北约在阿富汗的长期驻军，阿富汗的毒品和恐怖犯罪及其与中亚跨国犯罪的关系才不断吸引西方学者的注意力。美国约翰霍普金斯大学中亚高加索研究所 Erica Marat 2006 年所撰写的题为《The State—Crime Nexus in Central Asia：State Weakness，Organized Crime，and Corruption in Kyrgyzstan and Tajikistan》的研究报告正是该领域研究中较新的一篇研究成果。稍显美中不足的是，由于研究角度不同等原因，在该报告中作者把自己的关注点主要放在了阿富汗和中亚地区的毒品问题以及毒品与宗教极端主义之间的关系等焦点问题之上，但对其他类型的中亚跨国犯罪问题却并没有涉及。笔者用中亚恐怖主义（Central Asia terrorism）为题名关键词检索时，找到了一个有关该问题的美国国会报告①（Central Asia：Terrorism，religious extremism，and regional stability：hearing before the Subcommittee on the Middle East and Central Asia of the Committee on International Relations，House of Representatives，One Hundred Eighth Congress，first session，October 29，2003.）。联合国毒品与犯罪控制办公室 2007 年发表了题为《An Assessment of Transnational Organized Crime in Central Asia》的报告。该报告对中亚五国的有组织跨国犯罪的原因和对策进行了评析。此外，2005 年由印度 Knowledge World 出版社出版的由 V. Nagendra Rao 主编的《Central Asia：Present Challenges and Future Prospects》中所载的题为《Religious Extremism in Central Asia：Towards a Conceptualization》一文比较系统地分析了中亚地区极端主义的类型及其产生的原因。在中亚国家方面，哈萨克斯坦和乌兹别克斯坦社科院也先后翻译出版了一系列有关中国经济贸易法方面的书

① http：//catalog. loc. gov/cgi－bin/Pwebrecon. cgi？Search_ Arg＝Central＋Asia＋terrorism&Search_ Code＝TALL&PID＝22738&SEQ＝20080229195154&CNT＝25&HIST＝1。

籍，研究领域也大多以此为主。由于时间、经费等方面的限制，作者很难对这么多材料进行全面、充分的调研。

应当承认，当代中亚法律问题研究起步较晚，从问题的宏观或微观角度来看，还远未形成成熟的学术局面。中亚涉法问题研究的学术成果主要有以下几类：1）法律法规介绍类；2）毒品问题类；3）恐怖主义问题类。学者们大多以中亚五国毒品问题、恐怖主义问题为重心，密切关注其发展与动态，为制定外交政策、发展与中亚国家交流做出了应有的贡献。本书试对中亚跨国犯罪进行综合研究，探讨跨国犯罪的内容，阐述中亚跨国犯罪的各种类型、特点和原因，并在此基础上从多方面、多角度提出关于遏止与防范中亚跨国犯罪、维护社会安全与稳定的对策建议，供有关部门参考。

三、研究内容

本书基于跨国犯罪对我国稳定的影响及其及时采取措施的紧迫性，从法律角度透析这个问题，研究中亚跨国犯罪的各种类型、特点及其原因，进而提出遏制中亚跨国犯罪的建议。

（一）中亚跨国犯罪状况及其原因

中亚跨国犯罪是指中亚各国及周边国家的犯罪组织和犯罪分子或其他不法分子，为了达到某种非法目的而跨越国境实施的犯罪活动。其基本特征是犯罪组织或犯罪分子和不法分子实施的犯罪策划及犯罪行为必须具有跨国境性质。中亚跨国犯罪的种类繁多，并正在呈现出一种组织化、暴力化、严重化的趋势。当前常见的中亚跨国犯罪类型主要包括恐怖主义犯罪、毒品犯罪、走私罪、偷越国境罪、合同诈骗和合同纠纷等各国法律加以管制的行为。

恐怖犯罪。独立以来，中亚地区几乎每年都发生几起恐怖袭击事件。中亚的几个主要恐怖组织利用中亚一些人们的宗教和民族感情，教唆他们从事反政府的犯罪活动，使用暴力恐怖手段在中亚地区制造了一系列令人发指的血腥事件。2010 年，中亚的恐怖分子又发起了多起破坏活动，威胁中亚的稳定。2010 年 4 月 7 日，包括首都比什凯克在内的吉尔吉斯斯坦多个城市和地区连续发生大规模骚乱。在这场持续到6 日深夜的骚乱中，共有85 名警察受伤，15 名警察失踪。这起骚乱已造成上千人伤亡。2010 年 8 月 22 日深夜，25 名囚犯从塔吉克斯坦国家安全委员会直属的监狱逃脱，并打死5 名看守。塔当局进行追逃后，仍有18 人在逃。9 月 19 日，塔强力部门在赶赴拉什特山谷拘捕越狱逃犯时遭到一伙武装分子的袭击，造成23 名军人丧生。塔国防部发言人说，这起袭击事件是一起“恐怖主义行动”，实施恐怖袭击的是来自巴基斯坦、阿富汗和俄罗斯车臣地区的极端组织。2010 年 10 月 3 日，塔第二大城市苦战的一处警务机构遭到恐怖袭击，造成2 名警官死亡，25 人受伤。据分析，这些事件与恐怖组织“乌兹别克斯坦伊斯兰运动”有关。仅 2010 年，塔强力部门就逮捕和关押了超过 100 名极端分子。今后，中亚国家很有可能还将面临新的恐怖袭击。

毒品犯罪。中亚国家作为阿富汗的紧邻，已成为世界上继哥伦比亚之后毒品走私最为严重的地区。据联合国官员在 2004 年“丝绸之路国家的禁毒斗争”研讨会上透露，阿富汗的毒品有65%—70%是经独联体南部各国运出的，塔吉克斯坦、土库曼斯坦和乌兹别克斯坦则是阿富汗毒品“出口”的转运国，每年阿富汗生产的一半以上的毒品经由这三国运出。中亚地区自身也种植、生产毒品。哈萨克斯坦南部的江布尔、吉尔吉斯斯坦的伊塞克湖畔和乌兹别克斯坦的撒马尔罕等地区早就有罂粟和大麻种植，这个地区生产的大麻产量占世界大麻生产总量的5%。毒品的大量涌入和种植使中亚各国的吸毒人数急剧上升，青少年吸毒现象更为突出，中亚逐渐变成毒品的消费地区。

走私罪。目前，影响中亚政治稳定、地区安全和经济发展的主要因素除了恐怖犯罪和毒品犯罪以外，武器走私、珍贵动物的走私和一些限制物品的走私也成为影响中亚地位稳定的主要犯罪行为之一。根据《2003 年小型武器调查报告》的估计，仅 2001 年在中亚地区流通的小型武器数量就达 50 万—105 万支。由于大量武器通过走私进入流通领域，中亚国家都非常担心武器走私对本国安全的影响。中亚五国与我国之间的漫长的边界线为走私分子进行走私活动打开了方便之门。近年来，走私武器、毒品和珍贵动物在哈萨克斯坦和中国接壤的边境口岸成为严重的问题。在 1700 公里边界线上几乎每个口岸执勤的边境警察几乎都查处过武器走私和其他物品的案件。另外，中国海关官员查获的珍贵动物及珍贵动物制品走私案件的数量也达到几千起。更为可怕的是，境内外“三股势力”绞尽脑汁采用各种方法筹集武器，从各口岸走私武器到我国，对我国的稳定构成了直接的危害。

偷越国境罪。中亚地区横贯东西的独特的地缘优势到如今却成为一把“双刃剑”——昔日的“丝绸之路”正在演变成一条危险的偷渡通道。我国新疆的对外开放的口岸已经被一些偷渡客看好。他们不断将犯罪的魔爪伸向这些口岸，企图通过这些口岸偷渡到中亚国家。据资料统计，1999 年至 2004 年，乌鲁木齐边防检查站共查获偷渡案件 101 起。据 2003 年 6 月 23 日的《新世纪商报》报道：新疆阿拉山口口岸边防检查站查获的偷渡案就达 61 起 223 人。

中亚跨国经济诈骗和经济纠纷。我国和中亚国家在经济领域的互补性推动了这一地区的经济发展。在积极的经济交往过程中，虽然信誉良好的贸易公司会尽力遵守经济贸易规则，但有些不良商家也会利用双边经贸法律法规的不完善，浑水摸鱼欺骗对方，企图达到非法牟利的目的。鉴于这类案件的涉外性质以及双边相关合作机制的缺失等原因，各级司法部门在处理解决和调解此类问题时常常感到力不从心，非常棘手，影响双方贸易关系的健康发展。

中亚跨国犯罪行为在中亚地区的猖獗有其复杂的原因。我们可以将其归结为以下几个方面。（1）中亚各国立国与转型时期所出现的各种社会问题为中亚跨国犯罪提供了有利的条件。（2）民族分离主义思潮的泛滥和宗教势力的恶性膨胀是推进跨国犯罪的一个重要的原因。（3）贫困和失业是中亚跨国犯罪的一个主要原因。在中亚，经济的严重衰退、贫困问题的加重为跨国犯罪的滋生提供了肥沃的土壤。（4）中亚五国特殊的地缘政治也为中亚跨国犯罪提供了便利的条件。（5）中亚跨国犯罪具有复杂的国际背景。我们在几乎每一个中亚犯罪集团背后都可以看到国际犯罪势力的身影。

（二）中亚跨国犯罪对我国稳定的影响

中亚跨国犯罪对我国的社会稳定和经济发展都造成了严重的危害。中亚五国的独立，为“东突”分子提供了发展基地和藏身之地。在中亚“三股势力”和国际恐怖活动的影响下，我国西部地区“东突”意识开始抬头和蔓延。中亚五国独立后，他们蠢蠢欲动，纷纷成立组织，从事分裂颠覆活动。为了实现自己的分裂目的，他们将暴力恐怖犯罪作为主要的手段，滥杀无辜，破坏国家基础设施，袭击国家机关，在我国新疆和国外制造了一系列骇人听闻的血腥事件，引起广大群众的愤慨。据不完全统计，1990 年至 2001 年，境内外“东突”恐怖势力在中国新疆制造了至少 200 余起恐怖暴力事件，造成 162 人丧生，440 多人受伤的严重后果。2009 年 7 月 5 日在乌鲁木齐市发生的暴力恐怖事件已造成 197 人死亡，1721 人受伤。这次事件还造成了重大财产损失，有 331 个店铺被砸被烧，被砸烧的汽车 627 辆。在国内兴风作浪的同时，“东突”分子还在国外袭击我国的使馆和使馆工作人员，引起各国人民的谴责。

中亚的民族分裂活动也对我国新疆的一些少数民族产生了一定的影响。苏联时期，因中苏两国同属社会主义国家，意识形态相同，在同属两国少数民族地区的中亚和新疆，双方对一些问题持有相同或者近似的态度，如对民族分裂主义、泛伊斯兰主义、泛突厥主义等都采取了积极防范的措施。但苏联解体以后，泛突厥主义和泛伊斯兰主义在中亚国家得到鼓励并得以泛滥。“东突”分子接受了这些思想，并将其作为统一思想的一个手段。他们通过非法出版或者发放传单推崇“泛突厥主义”和“泛伊斯兰主义”，教唆新疆的少数民族群体与政府对抗，破坏我国的统一。

近年来，中国日益感受到了来自中亚地区的毒品犯罪的压力，尤其是中亚的毒品犯罪与“三股势力”互相勾结，直接危及中国的安全稳定与发展。中亚毒品犯罪直接破坏了中国的边界稳定，危及人民的正常生活秩序和社会安宁。例如，2008 年 1 月至 9 月，新疆警方就已破获“金新月”案件 22 起，抓获犯罪嫌疑人 43 人（外籍犯罪嫌疑人 29 人），缴获海洛因 76.232 千克。从中可以清晰反映“金新月”毒品向新疆走私渗透的严重态势。

（三）打击中亚跨国犯罪的对策

在打击中亚跨国犯罪方面，中亚与国际社会反跨国犯罪方面的合作使得中亚国家能够予以在努力控制中亚地区跨国犯罪蔓延的同时，在国际社会的帮助下相继建立和不断完善自身的各种犯罪危机处理机制。在这种探索中，中亚国家一方面积极参与各种国际公约和地区性组织，拓展与国际社会合作共同打击跨国犯罪的途径，另一方面它们也积极效仿世界各国的危机处理模式，制定以“预防为主、打击与惩罚并重、多种手段和措施共存、国内法律控制和国际合作相协调”的措施，形成了体系完整、及时高效的犯罪控制法律体系，为中亚地区的长久稳定奠定了良好的法律基础。但是，中亚跨国犯罪的原因是错综复杂的，其既有深刻的内在原因，又有极为复杂的外部原因，中亚跨国犯罪时常再度崛起和激化，对中亚地区、周边国家乃至整个欧亚大陆的安全与稳定构成了严重的威胁。为有效消除中亚跨国犯罪存在的根源，防止各种跨国犯罪对中亚地区及其我国稳定的影响，我们应该在充分利用好国内现存的政策法规和发挥好双边、多边的国际合作在控制跨国犯罪方面的作用的同时，还必须从国内和国际层面通过合理合法的措施，改善国内经济环境，不断提升人民群众的生活质量，消除贫困，避免跨国犯罪成为影响中亚稳定的最大隐患。

（1）大力发展经济，消除贫困是防止中亚跨国犯罪的一个重要措施

中亚国家独立之后先后颁布了一系列的法律法规，希望通过法律来规范经济和社会生活。然而，令人遗憾的是这些法律法规大部分只停留在纸面上，致使中亚各国多陷于有法不依、有令不行的恶性循环之中。在经济政策上，虽然中亚地区拥有丰富的自然资源，但是由于中亚各国对资源开发利用的政策性保障的缺乏，导致资源实际开发利用的比率相对较低，没有创造出中亚国家所希望的经济繁荣和就业机会。大量失业人口的增加无疑也给中亚各国的社会稳定带来了各种令人担忧的社会问题。因此，中亚国家都把经济发展放在政府工作的首要地位，从经济体制改革入手，努力改善各自国家的经济政策和基础设施环境。完善对外贸易和吸引外资方面的法律法规并将其付诸实施，鼓励外商投资者向中亚的基础建设设施进行投资。与此同时，中亚国家制订合理的减少贫困、减少失业的政策，加强政府对创业的投资力度，创造出更多的就业机会，减少贫困人口，防止贫穷、失业和腐败成为跨国犯罪分子从事犯罪活动的借口。

（2）加强国际合作，协同打击跨国犯罪

跨国犯罪因涉及多个国家，跨国犯罪的复杂性和随意性使世界各国普遍意识到，仅靠一个国家或少数国家的努力往往是难以完全奏效的。因此，共同防止跨国犯罪的国际合作已经成为一种必要。中亚国家作为跨国犯罪的受害国，先后批准或参加多项联合国打击跨国犯罪公约，表示自己愿意接受国际社会在反跨国犯罪方面的帮助和严厉打击跨国犯罪的决心。中亚地区的国际组织或论坛，包括集体安全条约组织、欧亚经济共同体、中亚合作组织、上海合作组织、北约和平伙伴关系计划、欧安组织和“亚信”峰会等在内，为中亚国家的犯罪打击行动提供法律、经济和技术方面的援助。独立后，为了共同打击各种跨国犯罪，中亚国家也与中国等邻国签订了多项双边司法协助和引渡条约。但值得注意的是，中亚跨国犯罪的各种类型是相互联系的。中亚地区的国家如果要想在打击跨国犯罪方面取得突破性进展，就不应该仅仅将合作的范围限制在反恐和反毒品犯罪领域，而是应该把合作扩展到打击各种走私和人口贩卖、偷越国境等更为广泛的领域。

（3）上海合作组织职能的完善将对遏制中亚跨国犯罪起到很重要的作用

上海合作组织自成立以来，一直都将严厉打击跨国犯罪作为自己的一项重要的工作目标。为落实《上海合作组织宪章》的宗旨和任务，成员国在此后的时间里相继颁布了一系列具有重要的法律意义的文件。这些文件在打击中亚跨国犯罪方面起了积极的作用。然而，中亚跨国犯罪的存在有其深刻的原因，为了防止其危害和消除它的存在基础，上海合作组织不妨应该考虑从多方面入手不断加强合作。为了充分发挥上海合作组织在遏制跨国犯罪方面的作用，该组织需要重新定义自己的各项职能，争取成为以反恐为核心，打击各种跨国犯罪为重点，不断促进成员国之间经济来往从而消除跨国犯罪的根源为最终目标的一种综合性的控制跨国犯罪的机制。与此同时，我国也应该根据自己所面临的犯罪危害情况，充分利用国内法律，严厉打击各种形式的跨国犯罪。

四、研究方法

本研究的难点在于对中亚国家的刑事政策方面的法律法规及其有关案件资料的收集分析，但这也正是本研究的特色和重点。

本研究的方法如下：

从人文社会科学的发展规律看，社会科学的研究方法不仅要坚持自己原有的文献收集和案例分析方法，而且还需要从自然科学那里吸收实证分析方法，丰富社会科学的研究方法。跨国犯罪作为一种特殊的犯罪类型，它的研究需要方法的多样性和视角的针对性。本书借鉴国际刑法、犯罪学、政治学和国际关系领域研究的新理论、新方法，从中国稳定与发展的战略需要出发，对中亚跨国犯罪及其对我国边疆地区稳定的影响进行综合分析。本研究综合运用刑法学、犯罪学、社会学、民族学和政治学知识，使用实证方法和比较方法，通过对新疆公检法机关的有关人员进行访谈、结合案例分析和法律研究的方式，研究中亚跨国犯罪。在研究过程中，共同讨论和独立研究相结合，理论思辨和实证调查相结合，并广泛听取法学界对阶段性成果的反馈意见。主要研究方法包括文献收集法、案例分析法、田野调查方法和多学科比较分析法。

（1）文献收集法

文献收集是形成研究思路和开展调研的前提。中亚跨国犯罪作为跨越多国国境的特殊犯罪行为，它不仅涉及中亚五国之间的跨境（国）犯罪，而且也涉及与中亚五国接壤的其他国家之间的犯罪。因而，中亚跨国犯罪的研究同时要考虑近邻国家的法律和司法实践及其社会的反映。这就要求阅读和收集英文、俄文和中文资料及其他原始研究论文中的数据、资料、主要观点进行归纳整理和分析提炼。我们在研究过程期间曾赴北京、上海等城市的图书馆和相关研究中心，收集了不少中亚跨国犯罪方面的各种外文资料，并将其翻译成中文，为本研究的顺利进行打下理论基础。

（2）案例分析方法

案例分析方法是通过对个案的研究和分析的方式了解常见案件的类型、发展趋势和特点，从而找到它的规律的方法。中亚跨国犯罪的案例研究虽然难度比较大，但是，以我国与中亚五国之间的典型案例为基础，搜集在各级法院已审判过的典型案例并对其进行分析，将能够帮助我们理解中亚跨国犯罪的内容和特点。我们在新疆维吾尔自治区高级公检法机关和基层公检法机关收集了最近几年的审判案例，并对其进行了归纳。在案例分析过程中我们发现一些犯罪类型在中国和中亚个别国家是常见的。如新疆各级法院到目前为止所判决的案件中毒品犯罪比较多，主要涉及的是阿富汗和巴基斯坦等国的公民。合同诈骗则在中国和哈萨克斯坦公民的经济交往中比较常见。而恐怖犯罪涉及的是乌兹别克斯坦的“乌兹别克斯坦伊斯兰运动”等组织。

（3）田野调查法

田野调查是源于民族学（人类学）的调查方法，指观察者根据研究课题有目的地直接或间接地对研究对象进行观察，尤其强调主位观察以取得有关资料的方法。本研究主要采用以实地调查为主的调查方法（访谈调查和深度访谈相结合），注重参与性观察与参合性体验，主要调取乌鲁木齐市、伊宁和塔城等地的若干案例进行分析，同时十分注重与法官、其他办案人员及其他当事人的沟通，注重对法律和事实的尊重，从而最大限度地保证该研究的真实性和参考性。

2009—2010，我们对乌鲁木齐市天山区人民法院、新市区人民法院、乌鲁木齐市中级人民法院、新疆维吾尔自治区高级人民法院、新疆维吾尔自治区检察院、新疆维吾尔自治区公安厅以及伊宁、塔城等地区的公检法机关进行了专题调研。期间，又赴霍尔果斯口岸、乌鲁木齐市边疆宾馆和西域对外贸易基地等地点，对一些当事人进行了访谈。为此，我们事先准备了调查提纲，采用提问式的方法，以商户和法官访谈为主，以座谈会形式为辅，收集到了许多真实的第一手资料，了解到了中亚跨国犯罪的发展趋势及其对我国稳定的影响。

（4）多学科研究方法

本研究充分利用政治学和国际关系的研究方法，把各种跨国犯罪类型放在中亚特殊的地缘环境，从政治学角度分析中亚跨国犯罪的特点和发展规律。中亚跨国犯罪在某种程度上讲也属于国际关系的范畴，所以研究跨国犯罪自然要涉及中亚与周边国家的关系。因而，分析各种跨国犯罪离不开对中亚与周边国家关系的透析。在研究中亚跨国犯罪的原因时又利用社会学和经济学的研究方法分析中亚跨国犯罪的原因，阐明中亚跨国犯罪存在的各种基础。中亚跨国犯罪由法律规范，由法律予以治理。因此，在研究中亚跨国犯罪过程中适用规范性法律和国际公法也是本课题研究过程中始终坚持的一个研究方法。多学科研究方法的引入也将促使该研究得以顺利完成。

（5）犯罪学和刑法学的研究方法

跨国犯罪作为一种特殊的犯罪类型需要用犯罪学的研究方法分析犯罪现象的产生、发展和变化的规律，寻求犯罪原因，探索预防、减少以致最终消灭犯罪的对策。刑法是预防、减少犯罪的主要对策之一。本研究从犯罪学的角度分析各种中亚跨国犯罪产生和发展的原因、规律，探析中亚各国刑事法律在预防犯罪中的作用，寻求防止中亚跨国犯罪的法律对策。

第一章　中亚恐怖主义犯罪

进入经济全球化时代，在经济迅速发展的同时，恐怖主义也日益猖獗。目前，恐怖主义已成为威胁人类生存与发展的共同敌人。近年来，中亚地区恐怖主义犯罪日益猖獗，严重破坏了该地区的社会稳定、国家安全和经济发展，使该地区正在成为国际恐怖主义、宗教极端主义和民族分裂主义活动的中心，成为世界恐怖主义犯罪的中心地带。

第一节　中亚恐怖主义犯罪状况

目前，学术界和国际社会对恐怖主义的定义林林总总，其实质都是要将与自身利益相关的暴力活动合法化或非法化。正是在这种意义上，“恐怖主义”并没有、也很难有一个明确的、被世人普遍接受的定义。笔者在这里所说的中亚恐怖主义是指发生在中亚地区的具有国际因素的通过对平民进行警告性屠杀制造恐怖气氛，获取政治、宗教利益的一种策略和犯罪行为。作为一种国际犯罪，中亚恐怖主义是一种违反有关国际刑事法律的规定、侵害中亚各国人民利益的行为。

1991 年，伴随着苏联解体，中亚五国相继独立。然而，自独立以来，中亚五国均程度不同地存在以取代当局或与当局分庭抗礼为目的、以民族和宗教为旗号、以恐怖暴力为基本手段的极端势力，其中尤以乌兹别克斯坦、塔吉克斯坦、吉尔吉斯斯坦境内居多。美国《外交政策》杂志在 2009 年发布的对世界上 177

个国家按不稳定指数排序的调查结果中，中亚的乌兹别克斯坦、塔吉克斯坦、吉尔吉斯斯坦分别被列到36、38和44位（排名按由高向低排列，名次越靠前，国家稳定程度越低）。原因是，这些地区存在严重的社会问题和民族矛盾，有爆发社会整体危机的可能。[①] 但是，中亚国家受到国际社会关注的原因并不仅仅在于发生在中亚的恐怖活动，而更重要的是在于中亚在世界恐怖主义问题中的地位、作用和特征。首先，中亚处于从东南亚到俄罗斯的恐怖主义弧形地带的枢纽地位，是世界恐怖活动链条中的一个重要环节。俄罗斯政治观察家瓦连京·库宁曾指出："高加索—中亚—阿富汗很可能形成一个不稳定的弧形地带，并且正在变成世界恐怖主义分子的训练中心。国际恐怖主义的主要策源地完全有可能从中东转移到此。"[②] 其次，中亚国家与阿富汗、中国和俄罗斯等国相邻，与这些国家的恐怖主义问题联系密切；再次，中亚恐怖主义问题与民族分裂主义和伊斯兰极端主义结合在一起，直接威胁国际社会的稳定，具有相当程度的复杂性；最后，中亚恐怖主义问题与毒品生产和运输等全球性问题结合在一起，是阿富汗毒品运往俄罗斯和中国的主要通道。这些原因使得中亚国家的反恐怖活动尤其值得关注。"9·11"事件以后中亚在全球安全格局中的地位，正如哈萨克斯坦总统纳扎尔巴耶夫2005年1月26日在联合国安全委员会召开的反对恐怖主义会议上所反复强调的："中亚应该被看做欧亚大陆安全不可分割的组成部

---

① 《吉尔吉斯斯坦国家稳定程度排名世界第45位》，《中亚信息》2010年第7期。

② 俄新社2000年6月22日电。转引自马勇、王建平：《中亚的恐怖主义探源》，《世界经济与政治》2003年第2期。

分，中亚地区是全球与欧亚大陆安全体系中的一部分”。①

独立以来，中亚地区几乎每年发生几起恐怖袭击事件。表1－1显示中亚国家面临的恐怖主义威胁的相对严重性。中亚地区的恐怖主义主要表现为宗教极端型的恐怖主义和民族主义性的恐怖主义。近年来，伊斯兰宗教极端势力在中亚地区煽动民族感情，一些极端犯罪的泛滥起到了拉动作用，使用暴力手段在塔吉克斯坦、乌兹别克斯坦和吉尔吉斯斯坦等国家制造了一系列暴力恐怖事件，向世俗国家政权发起了挑战。他们当中有的犯罪集团又与阿富汗的恐怖势力结合，不断地袭扰边境地区，威胁中亚地区的安全和社会稳定。

表1－1　中亚国家恐怖活动状况（1991—2007年）②

国别	恐怖事件数	受伤人数	死亡人数
哈萨克斯坦	5	1	1
吉尔吉斯斯坦	13	12	27
塔吉克斯坦	56	82	57
土库曼斯坦	1	1	1
乌兹别克斯坦	14	163	37
合计	89	259	123

乌兹别克斯坦独立不久，政府就遭到恐怖势力的挑战。1991年12月，以宗教组织为核心的极端势力在纳曼干市发动暴乱，占领了乌共州委员会大楼，要求建立伊斯兰国家。1997年12月

① Kazakhstan：UN Terrorism Committee Meets In Almaty Amid Warrnings Over Human Rights，http：//www. rferl. org/featuresarticle/2005/l/3D2E23B4—B7DF—4374—B705—D0ACD1536940. html.

② 资料来源：http：//www. tkb. org/terror/Incident Region Module. jsp，1991—1997年数据只包括国际恐怖活动。

中旬，在乌兹别克斯坦的纳曼州，有4名警察被暗杀，尸体被肢解，挂在该市内务处官员的家门口①。1998年10月，纳曼干市发生暴力恐怖活动，伊斯兰极端势力公开声称“砍头和剁手是允许的，这是圣战!”②。

塔吉克斯坦独立后不久也爆发了由宗教极端势力挑起的、具有浓厚宗教色彩的内战。1994年，塔吉克斯坦反对派在塔境内及该国与阿富汗接壤地区不断挑起冲突，暗杀、抢劫等恐怖主义犯罪日益加剧，导致社会治安严重恶化。1996年12月20日，塔反对派劫持了包括3名联合国驻塔观察员在内的7名人质③。1997年开始，恐怖主义犯罪愈演愈烈。1997年2月，塔吉克斯坦反政府武装扣押5名联合国军事观察员、2名红十字会会员和4名俄罗斯记者。当年4月30日，宗教极端势力在塔吉克斯坦列宁纳巴德州苦盏市用手榴弹炸伤拉赫莫诺夫总统，同时造成2人死亡，70多人受伤。1992—1997年，塔吉克内战导致6万人丧生，80万人沦为难民，国民经济损失高达100亿美元，外债8.6亿美元④。1998年7月20日，4名联合国驻塔吉克斯坦观察员和塔吉克斯坦安全部副部长等政府官员被炸死，这4名成员来自波兰、乌拉圭、日本和塔吉克斯坦，其中包括两名军事观察员，一名政治顾问和一名塔吉克斯坦籍议员兼司机，这在联合国历史上是绝无仅有的。联合国秘书长安南就此发表声明并予以谴责，他强调对肇事者一定要绳之以法⑤。1998年11月4日，塔吉克斯

---

① 王智娟:《可能并非“瓦哈比”问题——中亚伊斯兰复兴透视》,《西北民族研究》2000年第1期。

② 金宜久:《伊斯兰与国际热点》，东方出版社2001年版，第647页。

③ 孙壮志:《中亚新格局与中亚安全》，中国社会科学出版社2001年版，第192、93页。

④ 赵常庆主编:《中亚五国概况》，经济日报出版社1999年版，第93页。

⑤ 金宜久:《伊斯兰与国际热点》，东方出版社2001年版，第647页。

坦列宁纳巴德州苦盏市发生武装叛乱，叛乱分子共有 700 多人，11 月 6 日，塔吉克斯坦政府军平息叛乱。

1997 年底和 1998 年初，吉尔吉斯斯坦伊斯兰宗教极端组织制造多起针对其国家安全官员的凶杀案。1998 年 5 月 30 日、6 月 1 日和 6 月 11 日，在吉尔吉斯斯坦奥什地区连续发生 3 次爆炸事件，有 4 人死亡、6 人受伤。[①]

1998 年起，在哈萨克斯坦南部地区和阿拉木图出现了由阿拉伯国家宗教组织资助开办的宗教学校。这些学校主要向学生灌输通过暴力来改变国家现行宪法制度的思想。在西部地区，宗教极端势力也在积极活动，频繁制造恐怖事件，如阿克莫林斯克州电站被炸、科克切塔夫州电站遭火箭筒袭击等。

1999—2000 年，伊斯兰极端主义组织和恐怖主义组织的活动更加猖獗，对中亚安全已构成直接威胁。1999 年 2 月 11 日，恐怖分子在乌兹别克斯坦首都塔什干市中心制造了多起爆炸事件，企图谋害卡里莫夫总统，夺取国家政权，造成 13 人死亡，128 人受伤[②]。7 月，一伙伊斯兰武装匪徒由塔吉克斯坦越境进入吉尔吉斯斯坦南部巴特肯地区，劫持 4 名政府官员，吉当局为赎回人质花费了 5 万美元。同年 8 月上旬，大约有 1000 名（俄罗斯军方情报机构提供的数据为 5000 人）“乌伊运”武装分子由阿富汗经塔吉克斯坦窜入吉尔吉斯斯坦与乌兹别克斯坦接壤的巴特肯区和琼阿拉区，占据 5 个居民点，劫持 20 名人质，其中有吉尔吉斯斯坦内卫部队司令沙姆盖耶夫和 4 名日本地质考察队

---

① 孙壮志：《中亚新格局与中亚安全》，中国社会科学出版社 2001 年版，第 97 页。

② 张森主编：《俄罗斯和东欧中亚国家年鉴（1999 年）》，当代世界出版社 2000 年版，第 70 页。

员①。他们提出以人质交换关押在乌兹别克斯坦监狱的5万名伊斯兰“兄弟”，并要求假道进入乌领土，“以推翻卡里莫夫政权”。② 恐怖分子凭有利地形和先进武器，与政府军对抗两个月之久。经中亚国家和国际社会共同努力，直到10月下旬被恐怖分子劫持的吉尔吉斯斯坦内卫部队司令沙姆盖耶夫和4名日本地质考察队员才被释放。据悉，日本方面为其4名日本人质向恐怖分子支付了200万美元。这就是震惊世界的“巴特肯人质危机”事件。尝到甜头的“乌伊运”武装分子活动更加猖獗，同年9月初，“乌伊运”政治委员会主席祖巴伊尔伊本·阿布托洛在巴基斯坦《明镜报》上发表《致吉尔吉斯斯坦当局的公开信》，要求巴政府不要干涉“乌伊运”的活动③。11月中旬，在塔什干州扬吉阿巴德区发生14名武装恐怖分子袭击当地居民和警察的事件，造成多人伤亡，乌兹别克斯坦军队围剿了这股武装恐怖分子。

2000年1月8日，伊斯兰极端分子在塔什干散发反对政府的传单，妄图破坏乌兹别克斯坦总统选举，并与警察发生冲突。2月2日，塔什干郊外的一辆公共汽车上发生自制炸弹爆炸事件，5人死亡，22人受伤。2月17日，塔吉克斯坦安全部副部长扎比罗夫在一次汽车爆炸中身亡，同车的杜尚别市市长马德塞义德被炸伤。6月3日，塔吉克斯坦加尔姆州行政长官达达弗拉托夫在从杜尚别回家的路上被暗杀。7月16日，欧洲人权组织一个代表团的专用汽车在塔吉克斯坦遭恐怖炸弹袭击，2名儿童受伤④。8月5日，来自塔吉克斯坦的大约100名伊斯兰极端分子

---

① 孙壮志：《中亚新格局与中亚安全》，中国社会科学出版社2001年版，第174页。

② 俄通社—塔斯社1999年8月24日电；新华社阿拉木图1999年8月31日电。

③ 中国现代国际关系研究所民族与宗教研究中心：《周边地区民族宗教问题透视》，时事出版社2002年版，第92页。

④ 万佳：《三股恶势力威胁六国》，《环球时报》2001年6月19日。

进入乌兹别克斯坦南部地区在乌、塔边界15—20公里处占领了几个村庄，企图建立恐怖活动基地，被乌兹别克斯坦政府军击毙十几人，其余武装恐怖分子逃走。8月11日，约有100名武装恐怖分子进入吉尔吉斯斯坦南部巴特肯地区，与吉政府军发生冲突。与此同时，一股武装恐怖分子从阿富汗进入塔吉克斯坦，被驻塔的俄罗斯军队击退，另一股武装恐怖分子在乌兹别克斯坦和塔吉克斯坦边境活动。8月中旬，又有50名武装恐怖分子从塔吉克斯坦窜入吉尔吉斯斯坦南部巴特肯地区，与吉政府军发生枪战。9月初，车臣恐怖主义首领之一的哈塔卜潜入塔吉克斯坦，与中亚恐怖主义分子共谋反政府活动。①

在中亚国家共同防范和联合打击下，2001年伊斯兰极端主义者和恐怖主义者在中亚地区的活动有所削弱，尤其是本·拉登及阿富汗塔利班把美国当成主要攻击的目标，因而中亚地区受到的恐怖主义威胁要减少许多。不过，在伊斯兰极端势力较强的塔吉克斯坦还不时地发生恐怖活动。例如，2001年4月11日，总统的国际问题顾问卡·尤尔达舍夫被恐怖分子杀害。2001年5月5日，5名从事民族分裂活动的恐怖分子闯入阿拉木图的一家银行，抢走30万美元，还打死2名工作人员。同年6月15日，在塔吉克斯坦考察的15名德国农业组织技术人员和4名塔地方安全机关工作人员被武装恐怖分子劫持为人质。7月，塔吉克斯坦政府内务部第一副部长哈桑吉诺夫被恐怖分子暗杀。9月8日，塔吉克斯坦政府文化部长拉希莫夫在家中被恐怖分子杀害。有消息说，这与国际恐怖主义头目本·拉登出资100万美元援助塔吉克斯坦恐怖活动有关，以破坏塔吉克斯坦民族和解进程②。

---

① 陈联璧:《三个“极端主义”与中亚安全》,《东欧中亚研究》2002年第5期。

② 孙力:《塔吉克斯坦社会稳定不容破坏》,《人民日报》2001年7月25日。

2002 年 1 月 16 日，哈萨克斯坦国家安全委员会主席杜特巴耶夫对外宣称，他们成功地瓦解了国际恐怖分子暗杀总统纳扎尔巴耶夫的阴谋。2002 年 9 月 26 日，吉尔吉斯斯坦国家安全委员会秘书和代理总参谋长阿希尔库鲁夫在返回他们的寓所时，遭到几个不明身份者的袭击，阿希尔库鲁夫身受重伤。在土库曼斯坦，2002 年 11 月 25 日，总统尼亚佐夫的车队在阿什哈巴德市中心遭遇袭击，数人受伤。

2003 年 1 月 5 日，“乌伊运安全局”下属的“10 人特别行动小组”在吉尔吉斯斯坦首都比什凯克“贝塔市场”制造一起恐怖爆炸事件，当场炸死 4 人，炸伤 40 多人。同年 2 月，乌兹别克伊斯兰运动与中亚伊斯兰运动建立恐怖组织网络，号召建立“哈里发国家”，主张袭击美国在中亚的军事基地。当年 3 月，美国发动伊拉克战争时，“伊扎布特”（“伊斯兰解放党”）在吉尔吉斯斯坦、塔吉克斯坦等地组织签名活动，散发传单，鼓励成立志愿军赴伊拉克援助反美圣战。5 月 8 日，恐怖组织又在吉尔吉斯斯坦南部奥什地区一个货币兑换点制造了爆炸事件，几名工作人员被炸死，警方根据线索抓捕了 7 名嫌疑犯，并从其住处搜出 17 公斤炸药、2 支马卡洛夫手枪、一些冲锋枪子弹和爆炸装置的半成品、假护照及含有伊斯兰极端内容的传单等。5 月 15 日凌晨，8 名武装分子又在半小时内接连袭击了贾拉勒阿巴德市中心的两个警察哨所，抢走十几支冲锋枪和手枪。①

2004 年乌兹别克连续遭受恐怖主义的袭击，极大威胁社会安定，一次是 3 月底到 4 月初，另外一次是 7 月 31 日，导致超过 50 人死亡。乌兹别克斯坦当局指责这一系列恐怖事件均与“伊扎布特”有关。2004 年 3 月 28 日晚，乌兹别克斯坦布哈拉

① 杨毅、王国强：《2003—2004 国际战略形势分析》，国防大学出版社 2004 年版。

州罗米坦区“卡赫拉蒙”村的一处居民点的私人住宅发生爆炸事件，10人被炸死，在住宅中发现制爆装置、枪支和通信设备。3月28、29、30日连续三天，在中亚地区的乌兹别克斯坦发生的数起恐怖分子以自杀式的爆炸手段向政府部门和平民目标发起如此密集的武装袭击事件，不仅在乌兹别克斯坦独立以来闻所未闻，而且在苏联解体后的整个中亚地区也是第一次发生①。3月29日凌晨1时40分，在塔什干市雅卡萨拉依区“塔什都基马奇”纺织厂附近，一群武装分子袭击两名警察，其中一名当场死亡，另外一名受重伤；8时30分，塔什干市中心的“乔尔苏”大型综合市场“儿童世界”门口，发生人体炸弹恐怖袭击事件，30分钟后，市场附近的公共汽车站又有一名妇女引爆了绑在身上的炸药；3月30日，塔什干州基布赖区公路检查站发生了一起恐怖爆炸事件，后有一伙武装分子向警方开枪，乌兹别克斯坦警方经过数小时枪战，将20名恐怖嫌疑人击毙；当天，在塔什干州的波斯坦雷克斯区一个汽车炸弹爆炸，爆炸地点发生在恰尔瓦克斯水库附近，怀疑其目的针对水库威胁首都安全。2004年11月，哈警方抓获了“基地”组织在中亚的分支机构“扎莫阿特”的十余名成员，缴获了大量宣扬恐怖主义的资料，其中包括本·拉登的讲话录音和录像带、假护照、爆炸装置、各种武器和弹药等。该组织领导人在被捕后供认，他本人及其追随者曾经参与了在乌兹别克斯坦塔什干等地的爆炸事件，而且这个组织近年已招募了50多名乌兹别克斯坦公民和20多名哈萨克斯坦公民，其中部分人曾被专门送到“基地”组织的营地接受自杀性攻击训练。②

① 《国际恐怖势力进入活跃期，目标锁定中亚令人担忧》，新浪网2004年4月1日。

② http：//www. gazetaSNG. ru. 12，11，2004.

2005年5月12日夜间，在乌兹别克斯坦安集延市发生了武装暴动。一群不明身份的武装分子袭击了乌兹别克斯坦东部城市安集延的警察岗哨和部队营房，抢劫了数十件武器。与此同时，他们还冲进安集延监狱，打开牢门，释放了2000多名在押犯。随后，武装分子企图占领安集延州政府大楼和州安全局大楼，但被军警击退。卡里莫夫在首都塔什干召开记者招待会，称安集延骚乱事件的策划者是“伊扎布特”的新分支组织“阿克罗米亚”。俄国际文传电讯社援引俄外交部和强力部门官员的话说，发动骚乱的武装分子既有土匪，也有极端分子，还有从阿富汗来的塔利班人员。他们事先在吉尔吉斯斯坦、乌兹别克斯坦和塔吉克斯坦三国边境交界处秘密集结，然后潜入乌兹别克斯坦捣乱。其目的是首先在安集延地区制造骚乱，进而将骚乱扩散到费尔干纳盆地和整个乌兹别克斯坦①。此次“安集延事件”的宗教极端主义色彩非常浓厚。“安集延事件”中有大量平民伤亡，乌兹别克斯坦官方宣布，此次事件共有169人死亡，但实际的数字可能要比这大得多。

2006年4月20日，哈萨克斯坦安全委员会宣布破获了一起在国外策划的针对国家基础设施进行恐怖活动的阴谋。哈政府官方说有10人被逮捕，同时发现部分武器以及宣扬极端宗教观点的书籍、磁带等，这些成员也承担在哈国内招募组织成员和建立武装训练基地的任务②。2006年5月12日，吉尔吉斯斯坦官员说，一群来自塔吉克斯坦的武装人员当天越过边界进入吉尔吉斯斯坦境内，并打死3名吉尔吉斯斯坦边防军战士。6名主要被告

---

① 新浪网 http：//www. sina. com. cn 新闻中心。

② Kazakhstan：Claims of Terrorist Network Unsettle Activists，http：//www. rferl. org/featuresarticle/2006/4/E9A4C95D—516F—45FA—96B9—8F96F5077077. html.

均被怀疑属于极端组织“伊扎布特”和“乌兹别克斯坦伊斯兰运动”成员。2006 年 10 月 18 日，武装恐怖分子中的 3 人在吉尔吉斯被判死刑①。

面对恐怖势力的不断滋扰，中亚国家不断加强打击力度。1999 年 6 月，乌兹别克斯坦最高法院对“2 · 16”爆炸事件进行公开审理，22 名罪犯中 6 人被判处死刑，16 人被判处 10—20 年的徒刑。

图 1—1　乌兹别克斯坦政府逮捕的 1999 年在塔什干制造爆炸事件的极端分子②

另据国际文传电讯社报道，2000 年 10 月 30 日，乌最高法院

① Central—Asia：Suppressing Hizb ut—Tahrir Could Radicalize Youths，http：//www. rferl. org/featuresarticle/2006/7/8B126BD9—4FD5—4D70—A42E - -85E1CE7A5DE5. html.

② 转引自万佳：《中亚有个怪地方》，《环球时报》2001 年 11 月 9 日。

以实施恐怖活动罪对尤尔达什夫和纳曼加尼缺席判处死刑①。2003 年，乌兹别克斯坦政府严厉打击宗教极端组织，在当地监禁了近 7000 名犯人。其中 1600 人是瓦哈比分子，650 人是伊斯兰各种激进派别的拥护者，近 200 人是世俗反对派（即以前的“统一”和“自由”党）的代表，近 4500 人是“伊扎布特”成员，包括 2002 年春天被捕的该党最高领导人（艾米尔）及其他头目②。同年，乌兹别克斯坦和吉尔吉斯斯坦政府认定“伊扎布特”是宗教极端组织，中亚其他国家也都不同程度地加强了对“伊扎布特”活动的限制和监控力度。2001 年 1 月，塔吉克斯坦判处 14 名宗教极端主义成员 8—18 年徒刑。美国（2001 年 9 月 24 日）和联合国（2001 年 10 月 9 日）先后将“乌伊运”定为国际恐怖组织③。截止到 2002 年 1 月 14 日，塔吉克斯坦共和国最高法院已分三批，先后对国内“伊扎布特”成员 28 人进行司法审判。对在各地进行渗透活动的 14 人分别判处 8 年到 18 年徒刑④。2002 年 12 月，《乌兹别克斯坦共和国人权报告》指出，对在费尔干纳谷地、塔什干、安集延、布哈拉、纳曼干和花剌子模各州从事推翻国家现政权，危害人民生命安全，图谋在国内建立伊斯兰国家的“伊扎布特”成员分别判处 16 年到 18 年徒刑⑤。2003 年 1 月初，吉尔吉斯斯坦贾拉勒阿巴德州巴扎尔—果尔贡地区法院以非法持有武器和爆炸物，判处“伊扎布特”成员托

---

① ［俄］《红星报》2000 年 11 月 25 日。

② ［乌兹别克斯坦］祖拉布 · 陶杜阿：《激进伊斯兰在乌兹别克斯坦：形成阶段和发展趋势》，《中亚与高加索》2005 年第 1 期。

③ http：//www. china. org. cn/Chinese/kongbu/65177. htm.

④ 李琪：《“东突”分裂主义势力的思想体系和基本特征》，载周伟洲主编：《西北民族论丛》（第三辑），中国社会科学出版社 2004 年版，第 94 页。

⑤ 《乌兹别克斯坦：2002 年 12 月以来人权领域事件简评》，《中亚信息分析》（俄文版）2003 年 1 月 13 日。

克托尔拜□托赫塔库罗夫两年半徒刑。1 月 9 日，塔吉克斯坦内务部新闻局宣布，两名塔吉克斯坦公民因参加“伊扎布特”从事极端宗教思想传播活动而被塔警方逮捕。由于在吉尔吉斯斯坦北部卡拉阔尔、巴尔克切、乔尔蓬—阿塔等地发现“伊扎布特”的活动，吉尔吉斯斯坦国家安全部门对沿伊塞克湖各城镇采取监控措施，并在巴尔克切逮捕 5 名宗教极端分子，力争查清反政府宣传品进入这一地区的途径。2003 年 4 月吉尔吉斯共和国总检察院对“伊扎布特”和恐怖主义组织“突厥斯坦解放组织”、“东突厥斯坦伊斯兰党”、“突厥斯坦伊斯兰党”正式启动了诉讼程序。9 月，哈萨克斯坦安全部门捣毁一个地下印刷厂，并收缴大量印有宣传极端宗教主义、反政府言论的宣传品。经查该非法印刷厂属“伊扎布特”所有。11 月 5 日，吉尔吉斯斯坦逮捕三名涉嫌策划对美国一空军基地发动恐怖袭击的武装嫌犯，这三名恐怖嫌犯都是“伊扎布特”成员。吉安全部门在这三名恐怖嫌犯租住的公寓内搜出手榴弹、卡拉什尼科夫步枪和用于制造爆炸装置的炸药①。11 月 20 日，吉尔吉斯斯坦最高法院裁定，在境内活动的“伊扎布特”为极端组织，“突厥斯坦伊斯兰党”、“突厥斯坦解放组织”和“东突厥斯坦伊斯兰党”为恐怖组织，禁止它们在境内活动。2005 年 5 月 26 日，美国政府称已经将乌兹别克斯坦的“伊斯兰杰哈德组织”列入国际恐怖组织名单，该组织从“乌兹别克斯坦伊斯兰运动”中分裂出来，参与制造了多起炸弹袭击事件。6 月，联合国安理会将该组织加入恐怖主义名单。2006 年 10 月 12 日，哈萨克斯坦官方宣布 12 个与恐怖活动有关的被禁止的新的组织名单。其中包括“乌兹别克斯坦伊斯

---

① 中国现代国际关系研究院反恐怖研究中心：《国际恐怖主义与反恐怖斗争年鉴—2003》，时事出版社 2004 年版，第 54—55 页。

兰运动”、“伊扎布特”、“东突伊斯兰解放党”、扎莫阿特等组织[1]。2006年6月7日，塔政府判处2名“伊扎布特”成员入狱[2]。该年塔司法机关部门处理的有关“伊扎布特”的案件达60起，涉及人员61人。此外，塔政府还沉重打击了“乌伊运”。2006年7月17日，塔吉克内政部部长Khomiddin Sharipov说，安全部门在北部地区拘留10名“乌伊运”组织成员，其中3人是乌兹别克人[3]。2007年8月，塔政府在塔阿边境地区逮捕了2名“乌伊运”成员。同年9月，粉碎了一起由“乌伊运”策划的恐怖活动，逮捕了7名乌兹别克斯坦人，并从他们的住处查获了50枚雷管和650克炸药；2007年，塔警方共拘捕了13名“乌伊运”成员；2008年，塔安全部门又抓获15名“乌伊运”成员。2006年9月4日，吉尔吉斯政府官证实突厥斯坦伊斯兰运动的领导人Rasul Akhunov被吉安全部门抓获，后因受伤并死亡。该组织是近几年在宗教极端组织“乌兹别克伊斯兰运动”（IMU）以及其他极端组织基础上发展起来的，据悉该组织头目Akhunov与基地组织领导人有联系，他与吉尔吉斯、塔吉克、乌兹别克的多起恐怖活动有关系。2007年11月，哈萨克斯坦开庭审理了30名“伊扎布特”成员；2008年，哈萨克斯坦警方连续打掉多个传播宗教极端思想的地下组织，抓获“伊扎布特”成员13人，缴获宣传宗教极端思想的传单2万多张。乌兹别克斯坦于2008年3月28日夜间和第二天接连遭遇5起恐怖袭击事件，共造成19人

---

① Kazakhstan Updates List of Banned Terrorist Groups，http：//www.rferl.org/featuresarticle/2006/10/3F4E8CDE—2FED—43D0—9859—ED8CA700D3CA.html.

② Tajikistan Jails Two Alleged Hizb—ut—Tahrir Members，http：//www.rferl.org/featuresarticle/2006/6/37CFBBA6—A61B—493B—8837—A035B90C1963.html.

③ Tajikistan Detains 10Suspected IMU Members，http：//www.rferl.org/featuresarticle/2006//7/1C895728—875C—4E6E—BA17—688E51B40792.html.

死亡26人受伤。当局初步调查后认为，一个名为“解放党”的伊斯兰极端主义组织是幕后元凶。3月30日，乌特警兵和警察开始对恐怖分子实施抓捕行动。然而，恐怖分子并不甘心就这么束手就擒，遂与警察发生了激烈的交火，一个女恐怖分子引爆了身上的爆炸物。在此行动中共有20名恐怖分子自杀身亡。政府方面有3名警察殉职，另有5人不同程度的负伤。加上28日和29日两天中的遇难者，乌兹别克斯坦这3天来死于暴力事件的人数已经突破了50人。2009年5月15日塔索格德州法院对7名伊斯兰解放党成员进行了审判，分别判处3—10年刑期。2009年5月26日，在安集延和汗阿巴德地区发生系列恐怖爆炸，造成警察一死一伤，数名市民受伤。乌兹别克斯坦官方称事件均系“乌伊运”所为。6月23—29日，在吉尔吉斯斯坦南部贾拉拉巴德和奥什地区，警方与“乌伊运”激烈交火，击毙10名恐怖分子。2009年7月8日，塔吉克斯坦塔维里达宁斯基地区发生政府强力部门与“塔吉克联合反对派”武装分子之间的严重冲突，造成17人死亡。2009年7月18日塔安全部门抓获三名恐怖分子，他们要在塔吉克斯坦进行恐怖活动。这三人均属于乌兹别克斯坦伊斯兰运动成员，曾在阿富汗和巴基斯坦从事过恐怖活动，并在巴基斯坦北部的瓦济里斯坦参加过与政府军对抗的军事行动。2009年7月25—26日，“乌伊运”在塔吉克斯坦首都杜尚别国际机场和距总统府200米远的“塔吉克斯坦宾馆”制造两起爆炸事件。2009年8月3日，在乌兹别克斯坦卡什卡达里亚州首府卡尔希市审判了11名恐怖分子，他们分别属于乌兹别克斯坦“伊斯兰运动”、“伊斯兰圣战”和“利比亚社会”三个恐怖组织。[①] 2009年以来，哈萨克斯坦警方连续打掉多个“伊扎布特”地下组织，但它们在南部塔拉兹、奇姆肯特等第继续发展。

2010年，中亚的恐怖分子又发起一些破坏活动，威胁中亚的稳定。2010年4月6日，包括首都比什凯克在内的吉尔吉斯斯坦多个城市和地区发生大规模骚乱。上万名反对派支持者走上街头，冲击州政府大楼，围攻总统府，占领议会，并与军警发生冲突。吉反对派人士称，本次大规模骚乱的直接导火索是吉政府拘捕了“阿塔—梅肯”党（祖国运动党）副主席谢尔尼亚佐夫。6日上午，约1500名示威者围攻并占领了塔拉斯州政府大楼，将该州州长扣为人质，要求警方释放谢尔尼亚佐夫。警方随即出动大量警力，将示威人群赶出政府大楼，并解救了被扣押的州长。在这场持续到6日深夜的骚乱中，85名警察受伤，15名警察失踪。这起骚乱已造成上千人伤亡。[②] 2010年8月22日深夜，25名囚犯从塔吉克斯坦国家安全委员会直属的监狱逃脱，并打死5名看守。塔当局进行拘捕后，仍有18人在逃。9月19日，塔强力部门在赶赴拉什特山谷拘捕越狱逃犯时遭到一伙武装分子的袭击，造成23名军人丧生。塔国防部发言人说，这起袭击事件是一起“恐怖主义行动”，实施恐怖袭击的是来自巴基斯坦、阿富汗和俄罗斯车臣地区的极端组织。2010年10月3日，塔第二大城市苦战的一处警务机构遭到恐怖袭击，造成2名警官死亡，25人受伤。据分析，这些事件与恐怖组织“乌兹别克斯坦伊斯兰运动”有关。[③] 仅2010年，塔强力部门就逮捕和关押了超过100名

---

① 吴宏伟：《2009年中亚政治经济形势与未来发展趋势》，载吴恩远主编：《俄罗斯东欧中亚黄皮书——俄罗斯东欧中亚国家发展报告（2010）》，社会科学文献出版社2010年版，第84页。

② 江海俊、刘涛：《吉尔吉斯斯坦何去何从?》，《中亚信息》2010年第4期。

③ 梁宏志、齐云飞：《“三股势力”威胁中亚国家局势》，《半月谈》2010年第21期。

极端分子。

2011 年，哈萨克斯坦政府破获以及成功制止的暴力恐怖袭击和涉恐案件为 11 起，到 2012 年则增加到 24 起。哈萨克斯坦副总检察长约翰·默克尔在首届哈萨克律师联盟和犯罪学家联盟国际会议上称，2012 年，哈萨克斯坦强力部门制止了 24 起恐怖袭击活动。他表示："2012 年前 10 个月，与恐怖主义和极端主义相关犯罪案件达 112 起。在过去 5 年中，40 名哈萨克斯坦国民因参与恐怖主义犯罪或参加非法武装组织在境外被捕。68 名国际恐怖主义和极端主义组织成员在哈萨克斯坦境内被捕。在被起诉的恐怖犯罪嫌犯之中，有 60% 的人年龄在 29 岁以下。"

2012 年 6 月，哈萨克斯坦宗教事务局主席沙里夫在哈政府宗教联盟关系委员会会议上称，该机构清查了 800 个互联网网站，查封 34 个宣传极端主义内容的外国网站。2012 年，仅在江布尔州，哈萨克斯坦国家安全委员会就进行了 11 次收缴极端主义宣传品行动，共缴获 600 本书和 100 多张光盘。自 2011 年以来，哈萨克斯坦法院已关闭哈境内 950 个支持极端主义与恐怖主义的网站。2012 年的前 9 个月，吉尔吉斯斯坦警方共逮捕了 169 名宗教极端组织成员，收缴了 7671 份极端主义宣传品（其中包括 2404 本书、1863 张压缩光盘、622 个电脑存储器）。记录在案的极端主义犯罪案件有 193 起，其中已开庭审理的有 124 起。

2012 年 7 月 20 日，塔吉克斯坦内务部部长拉希莫夫称，2012 年上半年，塔政府对 80 多名恐怖分子和极端主义犯罪分子进行备案。在塔吉克斯坦活动的极端组织主要为"乌伊运"和"伊扎布特"。塔政府定期对"乌伊运"及伊扎布特组织成员开展打击。从所公布的案件看，目前"伊扎布特"和"乌伊运"在塔吉克斯坦活动有所增加，年轻成员人数比例增加。2012 年 4 月 19 日，塔吉克斯坦南部一个法院判处 34 名与"乌伊运"有联系的人员长期监禁。5 月 10 日，塔吉克斯坦警方抓获 3 名"乌伊运”嫌疑人，3 名嫌疑人都是哈特隆州库伯迪伊恩地区克孜尔尼尚村的居民。5 月 16 日，塔吉克斯坦粟特地区法院对 17 名“乌伊运”成员进行了不公开审判。17 名被告人中竟有 16 人来自同一个村庄，年龄在 22 岁至 50 岁之间。7 月 20 日，塔吉克斯坦法院一次就审判了该地区的 54 名“乌伊运”组织成员。

2012 年一个危险的信号是塔吉克斯坦出现了新的极端组织。2012 年 8 月 30 日，塔吉克斯坦审判了 15 名安萨尔极端组织成员，15 名被告被指控有组织地进行恐怖活动。塔吉克斯坦安全机构称该组织接受了基地组织的资助。这是塔吉克斯坦首次审判安萨尔组织成员。安萨尔组织也被称为“真主卫士协会”，最初于 2011 年 9 月才在塔吉克斯坦被曝光，这之前从不为外人所知的组织曾宣称对塔吉克斯坦南部粟特州的一起杀害 3 名警察的自杀式袭击事件负责。2012 年 5 月 3 日，塔吉克斯坦高级法院裁定安萨尔组织为恐怖主义和极端主义组织，禁止其在塔国境内活动。

针对国内宗教极端主义和恐怖主义思潮的蔓延，吉尔吉斯斯坦政府采取了一系列打击和预防对策。2012 年吉尔吉斯斯坦共取缔了 8 个宗教极端主义和极端民族主义组织。① 2012 年 10 月 25 日，吉尔吉斯斯坦内务部发布报告称：2012 年前 9 个月，警方共逮捕了 169 名宗教极端组织成员，收缴了 7671 份极端主义宣传品（其中包括 2404 本书、1863 张压缩光盘和 622 个电脑存储设备）。记录在案的极端主义犯罪案件有 193 起，其中已开庭审理 124 起。鉴于一些极端组织经常利用互联网传播信息招募成员，从 2012 年 4 月开始，吉尔吉斯斯坦政府一直密切跟踪监视极端组织的网上活动。为了震慑恐怖分子，吉尔吉斯斯坦国家安

---

① 分别是基地组织、塔利班、东突伊斯兰运动、库尔德国民大会、东突解放组织、伊斯兰运动联盟、突厥斯坦伊斯兰党和伊扎布特等。

全委员会2012年6月8日在比什凯克郊区举行了反恐演习，此次演习共有500多名军人参加，演习内容包括寻找涉及恐怖分子的信息、围绕释放人质进行的谈判、解救人质以及清剿恐怖分子等。8月28日，吉尔吉斯斯坦国家安全委员会逮捕一名利用视频鼓吹圣战主义并公然抨击阿坦巴耶夫总统的男子。该男子曾在互联网上发布视频抨击阿坦巴耶夫总统违背沙里亚法（伊斯兰宗教法）。与2011年相比，2012年吉尔吉斯斯坦此类犯罪数量增长超过20%。

第二节　中亚地区主要的恐怖组织介绍

目前，中亚地区活跃着几十个恐怖主义组织，其中有几个影响较大的恐怖组织。

（一）乌兹别克斯坦伊斯兰运动（Islamic Movement of Uzbekistan，IMU）

该动物简称“乌伊运”，1996年成立。其精神领袖是塔希尔·尤尔达舍夫（TAHIL URDASHEV），军事头目是朱马·纳曼加尼（ZHUMA NAMANGANI）。其政治目标是通过“圣战”推翻现有的世俗政权，活动宗旨是反对乌兹别克斯坦现行的世俗政治体制，目的是在中亚所有穆斯林国家建立政教合一的伊斯兰哈里发国家。其雏形是宗教极端主义组织“阿多拉特”，1992年被取缔，尤尔达什等人逃往塔吉克斯坦，后在塔北部设立总部。创立时期，其成员多来自20世纪90年代初期被乌兹别克斯坦政府取缔的“复兴伊斯兰党”、“伊斯兰战争”等宗教极端组织。后来，大批阿富汗、巴基斯坦、中东、克什米尔、车臣等国家或地区的恐怖分子加入到“乌兹别克斯坦伊斯兰运动”中，并经常流窜肆虐于塔吉克斯坦、吉尔吉斯斯坦和阿富汗，使“乌伊运”成为地地道道的国际恐怖组织。此外，“乌伊运”还在车臣建立了基地，称为“乌兹别克阵线”，并取得塔利班和基地组织的支持。为达到其政治目的，“乌伊运”制造了多起暗杀、绑架等恐怖活动[①]。2000 年 9 月，该组织又组织了 700 名武装分子试图通过吉尔吉斯斯坦境内进入乌兹别克斯坦制造混乱。此外，“乌伊运”热衷于参与周边地区的恐怖主义和极端主义活动。该组织曾参加过塔吉克斯坦内战和车臣战争，对中亚地区的安全构成了极大的威胁。

该组织与“基地”等恐怖组织联系也很密切。1999 年初，本·拉登在阿富汗坎大哈会见了“乌伊运”代表。此后，“乌伊运”从“基地”和塔利班得到几百万美元的资金和大量的武器弹药援助。在“基地”和塔利班的支持下，“乌伊运”在阿富汗境内和塔吉克斯坦境内建立了两个重要的军事训练营，先后训练出几千名恐怖主义分子。

塔利班时期，受到乌兹别克斯坦政府严厉打击的“乌伊运”被迫将其总部设在阿富汗的坎大哈。2000 年“乌伊运”被美国列入国际恐怖主义组织黑名单，在阿富汗战争中，在美军的打击下，有几百名“乌伊运”的恐怖分子被美军打死，丧失了后方基地和大本营。部分“乌伊运”分子或藏匿在阿富汗山区，与反美武装联合制造恐怖袭击事件，或逃往巴基斯坦与阿富汗边界进行活动[②]。2005 年 5 月，乌兹别克斯坦安集延骚乱事件便有“乌伊运”、“基地”和车臣的恐怖分子的卷入。

---

① 中国现代国际关系研究所民族宗教研究中心著：《世界宗教问题大聚焦》，时事出版社 2002 年版，第 562 页。

② 苏畅：《“9·11”事件后中亚宗教极端势力的重组》，《俄罗斯中亚东欧研究》2005 年第 2 期。

（二）“扎莫阿特—莫扎赫特”（Жамаат моджахеды Центральной Азии，“中亚圣战组织”）（Jamaat of Central Asian Mujahedins）

近几年来，中亚地区还出现一些新兴的极端宗教组织，他们不仅与“基地”组织建立了紧密联系，而且还获得平民的广泛支持。“扎莫阿特”便是其中之一。“扎莫阿特”（乌兹别克语，意为“社会”、“团体”），属伊斯兰激进派组织。2000年一些穆斯林极端分子在乌兹别克斯坦的塔什干和布哈拉组建了一些“扎莫阿特”小组，其目标是推翻现政权，建立泛伊斯兰的“哈里发”国家。“扎莫阿特”的成员多为20—30岁的年轻人，其中包括许多妇女。该组织骨干曾在“基地”组织接受过训练，也有人在巴基斯坦接受过伊斯兰极端思想教育。还有一些成员在宗教学校当老师，煽动人们进行“圣战”。他们通过因特网和邮件传递信息，有计划、有组织地制造系列恐怖事件。乌兹别克斯坦境外的一些恐怖组织则向他们提供制造爆炸装置的技术和资金。近年来，该组织逐渐活跃，并与“乌伊运”相互配合，不断进行恐怖活动。乌兹别克斯坦检察院指控2004年3月末在塔什干和布哈拉州发生的连环爆炸案系该组织所为。2004年11月，哈萨克斯坦国家安全委员会副主席弗·博日科宣布，哈警方日前抓获了“基地”组织在中亚的分支机构“扎莫阿特”的十余名成员。引人注意的是，被抓获的这些成员尤其是妇女已经是接受了训练充当人体炸弹的。在这些恐怖分子的藏匿处缴获了大量宣扬恐怖主义的资料，其中包括本·拉登的讲话录音和录像带、假护照、爆炸装置、各种武器和弹药等。在最近两年里，“扎马阿特”招募了近50名乌公民和近20名哈公民，他们在位于塔吉克斯坦以及阿富汗的“基地”组织和塔利班训练营里接受了恐怖活动训练。该组织主要在哈、乌、吉以及俄境内从事恐怖活动。

（三）突厥斯坦伊斯兰党（Hezb—e—Islami of Turkestan）

领导人是朱马·纳曼加尼。该组织2001年在阿富汗成立，以“乌伊运”为基础，纠集了乌兹别克斯坦和吉尔吉斯斯坦的非法武装力量、塔利班残余、部分“东突”组织混合而成。新名称的意图在于团结最广泛的突厥语族民族的穆斯林实现整个中亚地区和新疆的伊斯兰化。其活动范围遍及整个中亚地区。它被俄媒体称为中亚地区当前最危险的伊斯兰宗教组织。其组织总部曾设在阿富汗马扎里—沙里夫南部的杰赫伊—达里城。其成员主要是乌兹别克人，还有车臣人、阿拉伯人、巴基斯坦人和维吾尔族人。“突厥斯坦伊斯兰党”是阿富汗境内伊斯兰极端分子的协调中心，成员总数 3000 人。在阿富汗反恐战争期间，他们曾同塔利班一起与北方联盟作战。

（四）“中亚伊斯兰运动”（Islamic Movement of Central Asia，IMCA）

在阿富汗反恐战争中被重创的“乌兹别克斯坦伊斯兰运动”于 2002 年 10 月同“东突厥斯坦伊斯兰运动”等激进组织联合组成“中亚伊斯兰运动”（IMCA），重新恢复并扩展了“乌伊运”在中亚地区的网络[①]。该组织的目标沿袭了“乌伊运”的宗旨，仍是要建立伊斯兰国家，只是这个“国家”的疆域较以前的宗教极端组织目标要大得多，他们要在整个中亚地区包括我国的新疆实现伊斯兰化，在整个中亚和中国西北部建立原教旨主义国家。“乌伊运”的一名高级领导人说：“我们的组织并不仅仅为了乌兹别克人的利益。我们是一个伊斯兰组织，成员包括吉尔吉斯人、哈萨克人、甚至维吾尔人。”[②] 2003 年 11 月，据吉尔吉斯斯坦的安全部门称，“基地”组织和“乌兹别克斯坦伊斯兰运

① 转引自苏畅：《“9·11”事件后中亚宗教极端势力的重组》，《俄罗斯中亚东欧研究》2005 年第 2 期。

② 潘志平主编：《中亚的民族关系：历史、现状与前景》，新疆人民出版社 2003 年版，第 106—107 页。

动”正从“伊斯兰解放党”组织中招募新成员。一些分析家认为，“中亚伊斯兰运动”同基地组织已达成了一些“合作备忘录”。①

（五）伊扎布特（全称伊斯兰解放党，Hiz—ut—Tahrir）

“伊扎布特”，系阿拉伯语，译为“伊斯兰解放党”或“伊斯兰拯救党”，属逊尼派宗教政治组织。前身是“穆斯林兄弟会”巴勒斯坦分支机构，由“穆斯林兄弟会”的早期领袖之一、耶路撒冷伊斯兰教法官塔吉、纳巴尼、法拉斯蒂（1909—1979）于1952年创建。他的早期著作构成了“伊解党”的理论基础。“伊扎布特”最初是以一种纯粹的宗教组织的形式登上历史舞台的，但是近几年来“伊扎布特”不仅出现了暴力化倾向，而且人数迅速扩大，成为中亚地区主要的恐怖势力。

图1—2　“伊扎布特”组织的旗帜

① 俄罗斯欧亚网 http：//www. eurasianet. org，2003年2月25日。

"伊扎布特"的组织结构十分严密，等级划分也很细。"伊扎布特"组织有严密的组织体系。中央机构是"伊扎布特委员会"，其下层组织逐级为"伊扎布特"君主、"伊扎布特"君主部、玛扎里木宫廷、木依塔买德、纳基卜、加哈孜等。基层一般分为若干小组，每个小组由五至七人组成。"伊扎布特"组织主要采取说教方式发展成员，程序十分严格。对愿意加入组织的人员，经过培训、考察后，符合条件的方能被吸纳为正式成员。该组织有严格的活动原则，下级必须绝对服从上级。组织成员往往改名换姓、隐瞒真实身份。其成员禁止使用现代通信工具，并且多以偏远出租房为活动据点。"绝大多数的伊解党成员是年轻人和失业人员，由于缺少经济发展机会，许多年轻人对社会产生了厌倦与不满，随之被伊解党吸引，该组织一名成员说，这个组织出现的正是时候，如果没有伊解党的出现，我们已经被其他组织吸引去了"①。20 世纪 90 年代以来，该组织在中亚地区的活动中心一直在费尔干纳盆地，与"乌伊运"等恐怖主义组织关系密切。该组织主张以非暴力手段夺取政权，以费尔干纳地区为中心，建立一个包括乌兹别克斯坦、吉尔吉斯斯坦、塔吉克斯坦、俄罗斯车臣地区和部分哈萨克斯坦、中国的新疆等广大地域的"伊斯兰大哈里发国家"。伊扎布等宣称：要用"和平圣战"方式实施伊斯兰教法（沙里亚法），但如遭到镇压，也不排除选择战争；不反对也不支持苏菲主义；支持塔利班，支持中亚所有的伊斯兰运动。正是因为如此，伊扎布特对中亚国家的威胁更大。

20 世纪 90 年代，"伊扎布特"开始在中亚地区发展、蔓延，目前在全球 40 多个国家开展活动。另外，"伊扎布特"具有严密

① The IMU and the Hizb—ut—Tahrir：Implications of the Afghanistan campaign ICG Asia Briefing paper，No30，January2002，http：//www. icg. org/home/idex. cfm？id = 1760& = 1.

的组织和广泛的网络，其能量令人不能小看。它在欧洲、南亚等地建立了“伊扎布特”网站、“哈里发”网站等十几个网站，用英语、阿拉伯语、俄语、德语、乌尔都语等十几种语言向外界发布信息，还在英国、巴基斯坦、苏丹等国设立了公开的新闻发言人。

“伊扎布特”在中亚地区的发展可以分为三个阶段：中亚国家独立后到1996年，完全的非暴力阶段。1995年，约旦人萨拉胡丁在乌兹别克斯坦首都塔什干成立“伊扎布特”第一个中亚分支机构①。该组织以乌、吉、塔3国为重点，成员遍布中亚各地。其活动仅仅是通过散发传单和清真寺里的阿訇传播宗教极端思想。1996—2001年，非暴力与暴力并存阶段。“伊扎布特”在1996年分化成三个部分：赫兹布特—塔赫利尔（伊斯兰解放党）、赫兹班—努斯拉和阿克罗米亚。新分化出来的后两个分支组织的思想都极为激进。2000年9月，吉尔吉斯斯坦内务部长库图耶夫称，在巴特肯被击毙的7名恐怖分子身上发现伊扎布特的宣传单和小册子②。2001年至今，该党逐渐向恐怖主义发展。吉尔吉斯斯坦国家安全部门在2002年一年从伊扎布特分子手中缴获200册宣传极端宗教思想的书籍，90多盘宣传宗教极端主义教义的录像带，1000多份传单，两支手枪，395发子弹和5枚手榴弹③。吉尔吉斯斯坦内务部认为，在吉境内的“伊扎布特”成员已经超过2000人，而在乌兹别克斯坦的人数更多，活动也更隐蔽。2003年，乌兹别克斯坦“伊扎布特”的积极成员在

① 转引自王冠宇：《中亚主要伊斯兰极端组织现状》，《国际资料信》2005年第5期。

② 中国现代国际关系研究所民族宗教研究中心著：《世界宗教问题大聚焦》，时事出版社2002年版，第368页。

③ 吉尔吉斯斯坦阿基快报通讯社，http：//www. akipress. org，2003年4月9日。

3000—5000人的基础上发展到20000多人。“伊扎布特”组织的成员在吉尔吉斯斯坦南部的贾拉拉巴德州和奥什州发展迅速，已经超过两千人，并且还在继续增长。据吉尔吉斯斯坦《比什凯克晚报》的报道，“伊扎布特”组织的活动已经超出了南部的奥什州和贾拉拉巴德州，开始在伊塞克湖周围的北方城镇进行宣传，组织活动。

“伊扎布特”能够半公开的活动，甚至在街上散发传单，其成员被捕后，也敢于承认自己是“伊扎布特”组织成员。近年来，吉、乌、俄等国安全部门破获了多起“伊扎布特”案件，抓获了大批准备参加“革命”的“伊扎布特”武装分子，捣毁了其武器库，缴获了雷管、手榴弹、炸药和宣传品等。

2003年2月14日，俄罗斯联邦最高法院宣布“伊扎布特”为恐怖组织。1998、2002、2003、2005年乌兹别克斯坦、塔吉克斯坦、吉尔吉斯斯坦、哈萨克斯坦先后宣布“伊扎布特”为宗教极端组织并禁止其在本国活动。由于国际上对“伊扎布特”的评价不一，美国等西方国家（除德国在2002年将其列为恐怖主义组织外）认为该党的主张虽然比较极端，但是并没有实施恐怖行动。现在，“伊扎布特”的主要基地就在英国。从而使该党在中亚地区的生存与活动空间得以拓展。“目前在这一地区有1.5万—2万名成员不时以更隐蔽的手法制造社会混乱，伺机夺取政权”①。

① Kyrgyz Court Sentences Three To Death Over Armed Raid，http：//www. rferl. org/featuresarticle/2006/10/C8B4D618—3A7A—4A4B－－AE55—91597B28E9C7. html.

表 1—2　“伊扎布特”的分裂①

组织名称	成立时间	影响地区	来自国外的支持	判定为极端主义组织的部门
“伊扎布特”	1991 年乌兹别克斯坦	费尔干纳盆地：乌兹别克斯坦、吉尔吉斯斯坦、塔吉克斯坦，哈萨克斯坦，俄罗斯，中国新疆	约旦、巴基斯坦、埃及、突尼斯、古巴、土耳其、西欧	吉尔吉斯斯坦最高法院、乌兹别克斯坦和吉尔吉斯斯坦穆斯林宗教局、乌兹别克斯坦强力部门
由“伊扎布特”分离出的“阿克罗米亚”(Акромийлар)组织	1996—1997 年费尔干纳盆地			乌兹别克斯坦强力部门
由“伊扎布特”分离出的“胜利党”(Хизбан Нусра)	1999 年	费尔干纳盆地		乌兹别克斯坦强力部门

2005 年 2 月，吉尔吉斯斯坦的“伊扎布特”组织代表威胁说：“如果吉尔吉斯斯坦当局不停止对‘伊扎布特’的镇压，我们将在 18 日在奥什市举行抗议示威活动影响即将举行的议会选举。”“伊扎布特”组织代表还要求当局释放目前被关押的“伊扎布特”成员②。吉尔吉斯斯坦国家宗教事务委员会副主席娜塔丽亚·夏德罗娃表示：“已经被取缔的这些宗教组织的这种干预国家政治事务的做法很不好，我们尽量说服他们，同时要求人民不要受到他们的影响。”有些媒体称：“为避免‘伊扎布特’在议会选举期间制造事端，吉尔吉斯斯坦当局已释放了部分‘伊扎

① 资料来源：乌兹别克斯坦内务部。

② BBC 广播吉尔吉斯语报道，2005 年 2 月 10 日。

布特’成员。”引人注意的是，“伊扎布特”还试图与政治反对派结合，从事所谓“合法的政治斗争”。在2005年春季吉尔吉斯斯坦议会选举期间，“伊扎布特”分子利用政府集中精力防范“街头革命”，对极端势力监控相对减弱的机会，公开露面，接受媒体采访，宣传极端思想。在当年7月总统选举前又号召民众拒绝参加投票。“伊扎布特”的分支“阿克罗米亚”党，近来活动频繁。引人注目的是，大批“阿克罗米亚”分子越狱逃跑而继续从事恐怖活动，他们在2005年5月乌兹别克斯坦安集延事件中曾占据市政大楼，在此事件中大出风头。

2012年5月21日，塔吉克斯坦司法部门起诉12名“伊扎布特”组织成员。这些被告来自塔国西部城市图尔孙扎德和鲁塔基，年龄在18岁至30岁之间。11月26日，塔吉克斯坦当局在粟特州首府苦盏市的预审拘留中心开始审判包括3名妇女和1名未成年人在内的7名“伊扎布特”成员。根据粟特州检察官办公室的数据，在2012年上半年，共有56起涉及“伊扎布特”组织的案件被移送至法院。而吉尔吉斯斯坦强力部门也破获了由国内知名大学的尖子生组成的“伊扎布特”青年分支机构，并逮捕了1名在军队中散发传单的“伊扎布特”分子和1名属于“伊扎布特”成员的伊玛目。

据报道，“伊扎布特”还不断利用互联网和其他媒体宣传其意识形态。2012年5月21日，塔吉克斯坦司法部门起诉12名“伊扎布特”组织成员。这些被告来自塔吉克斯坦西部城市图尔孙扎德和鲁塔基，年龄在18岁至30岁之间。6月26日又有12人被塔吉克斯坦最高法院判处4年至14年不等的刑期。被告来自塔吉克斯坦南部的哈特隆州、杜尚别及其周边地区，他们被指控的罪名为“号召推翻政府以及煽动宗教、民族仇恨”。11月26日，塔吉克斯坦司法部门开始审判包括3名妇女和1名未成年人在内的7名“伊扎布特”成员。审判被安排在粟特州首府苦盏市的预审拘留中心进行。根据粟特州检察官办公室的数据，在2012年上半年，56起涉及“伊扎布特”组织的案件被移交至法院。

第三节 中亚恐怖主义犯罪的特点

恐怖活动对人类社会来说并不是一个新的课题，从20世纪60年代末恐怖主义出现以来，它对人类社会所造成的灾难一刻都没有停止过，但恐怖主义活动在范围、手段、方式等方面都发生了深刻的变化。从恐怖主义出现到现在，其活动范围已跨越一国国界，涉及范围不断扩大。特别是在情报搜集、人员培训、筹划组织和袭击行动的具体实施等方面，正不断向国际化方向转化。恐怖分子在犯罪手段方面除了使用原始的暗杀、小规模爆炸或者绑架勒索以外，还利用现代高科技技术和信息时代的互联网等电子信息技术进行恐怖主义活动。20世纪90年代，国际恐怖主义的一个最为显著的特点就是犯罪分子都采取打了就跑的战术，并分散成若干小组，机动灵活，其隐蔽性较强。中亚恐怖主义犯罪除了具有上述国际恐怖主义犯罪的特点之外，还带有明显的中亚地区的地缘和人文特征。他们的活动范围超出一国的范围，遍及整个中亚和我国西北边疆地区。这些组织以政治、宗教宣传为主，同时伴以武装暴力行动，并与毒品走私、武器贩运等跨国犯罪活动结合在一起，从事反政府颠覆活动。其组织结构和影响力在中亚社会各地、各阶层中不断蔓延、不断深入，成为影响整个中亚地区社会稳定和国家安全的主要威胁。其主要具有以下几个方面的特点。

第一，从恐怖主义组织的性质来看，中亚恐怖主义组织主要是由宗教极端主义和民族分离主义构成的，它们之间相互交织。

中亚恐怖主义组织有很强的宗教色彩，它们打着宗教的旗帜，利用穆斯林人口的宗教感情和对政府的不满情绪来获得群众的支持。在一定条件下，民族分裂主义与宗教极端主义之间往往又是相互利用的关系，并以此为基础谋求共同发展和扩大生存空间。民族分裂主义与宗教极端主义的结合必将会产生暴力恐怖主义。这已为俄罗斯车臣的实践所证实。从目前中亚“三股势力”的活动情况来看，民族分裂主义、宗教极端主义和恐怖主义势力并非孤立存在，往往是其中某一股势力背后有其他两股势力在支持。它们以推翻世俗政治、建立哈里发国家为目的。从 1997 年开始中亚的“三股势力”逐步走向合作，其对中亚地区的威胁也日益加大。

第二，极力反对现行的世俗政权，攻击目标直接针对中亚五国的合法政府和政府领导。

长期以来，由于美国在全球推行霸权主义与强权政治的对外政策，程度不同地危害了不少地区与国家的和平与安全，影响了这些国家的经济发展，造成了广泛的政治、经济与社会难题，从而引起这些地区与国家人民的广泛不满情绪。一些不满美国霸权主义与强权政治的激进分子，由于没有实力与美国正面对抗，于是便诉诸恐怖活动，试图以此来报复与打击美国。在这种大背景下，人们看到的是，在当代世界，美国一直是国际恐怖主义活动打击的最主要对象国。据统计，在 1968—1997 年的 30 年间，全球共发生反美的国际恐怖主义活动 5655 起，占国际恐怖主义活动总数的 36.75%。这就是说，全球每年发生的国际恐怖主义活动中，平均有三分之一以上都是针对美国的。而中亚国家的恐怖主义犯罪则主要针对中亚五国的政府，针对美国的恐怖袭击比较少。在 1968—1980 年期间，独联体、中亚与东欧（苏联东欧）地区的反美国际恐怖主义活动不到全球反美国际恐怖主义活动的 1%（0.98%）。不少年份甚至根本就没有反美国际恐怖主义活动发生。例如，1985、1986、1988 年都没有发生反美国际恐怖主义活动。虽然，80 年代末 90 年代初，东欧剧变、苏联解体后，苏联东欧地区（即独联体、中亚与东欧）的反美国际恐怖主义活动呈上升趋势，但也只达到 2.44% 的水平（1997 年）。[①]中亚的恐怖活动大部分是针对该地区的各国政府的，中亚地区的恐怖主义从一开始就将矛头指向了中亚现有的世俗政权，甚至公然向政府宣战，攻击对象主要是警察、安全部官员直至国家总统等，同时也殃及无辜。从独立到现在塔吉克斯坦总统拉赫莫诺夫和乌兹别克斯坦总统卡里莫夫就已经多次躲过了恐怖分子的暗杀阴谋，连纳扎尔巴耶夫和尼亚佐夫也成为恐怖分子的暗杀对象。一些中亚政治家和政府官员因此而成为这一阴谋的牺牲品。

第三，中亚恐怖主义犯罪与毒品走私犯罪有紧密联系，并把毒品作为经济后盾。

毒品经济与那些通过发动武装冲突和恐怖袭击来攻击国家安全部门和国家权力机构的分子之间有必然的因果关系。[②] 据统计，2002 年世界毒品交易总额超过 5000 亿美元，吸毒人口超过 2 亿，其中约 1.5 亿人使用海洛因或鸦片[③]。巨大的世界毒品市场成为毒品增产的动力。阿富汗作为世界主要的毒品生产之地，不仅与中亚国家接壤，而且阿富汗的恐怖分子、毒品分子和中亚极端势力、极端分子之间存在着密切的联系。毒品是阿富汗战争各方和中亚极端恐怖势力得以生存发展的主要财源。阿富汗塔利班和北方反塔联盟及其军队主要是靠发展毒品业来维持的。以阿富汗为基地的本·拉登国际恐怖势力对毒品在阿富汗的泛滥起了

① 胡联合：《第三只眼看恐怖主义》，世界知识出版社 2002 年 7 月第一版，第 110 页。

② Erica Marat：The State—Crime Nexus in Central Asia：State Weakness，Organized Crime，and Corruption in Kyrgyzstan and Tajikistan，美国约翰霍普金斯大学中亚高加索研究所 2006 年报告。

③ 《吸毒与艾滋病同行》，《新疆都市报》2002 年 6 月 26 日第二版。

加速剂的作用。拉登曾公开宣称毒品是“杰哈德”（圣战）的强大武器。目前，本·拉登仍控制着阿富汗的60多个海洛因加工基地。“9·11”事件后，美国在阿富汗的军事行动虽然基本摧毁了该国的“恐怖”根源，但毒品和非法走私活动并未减少，仍然威胁着中亚的安全和稳定。塔吉克斯坦议会法制、国防和安全委员会主席伊斯马依洛夫2002年7月说，“毒品与国际恐怖主义密切相联。2002年上半年，来自阿富汗的毒品并没有减少，这意味着威胁地区安全与稳定的根源还未根除。”① 更为严重的是，近年来中亚伊斯兰极端势力的崛起进一步加深了中亚的毒品危害。据报道，每年有100吨毒品经中亚运出，正是利用贩毒得到的资金，恐怖分子才得以购买最现代化的武器，并为恐怖活动招募恐怖分子。中亚恐怖主义与贩毒组织相互勾结，不仅严重危害当地的政治稳定，同时，对当地经济的发展也产生了极为恶劣的影响。

第四，中亚各种恐怖组织之间相互联系，具有明显的国际化特点

冷战后恐怖主义发展的一个最大特点就是高度的国际化。恐怖主义的泛化，打破了一切地域的界限，恐怖主义不再有国界，不再有内外之别，而是无处不在，从而使恐怖主义成为更危险、更难对付的敌人。中亚恐怖主义犯罪组织的背景相当复杂，既有世界伊斯兰宗教组织的财政捐款，又有国际恐怖势力对其直接援助，还有一些国家的情报机关也对其大力扶持，甚至某些国家的反对派、民族分裂组织也明里暗里地帮助支持它。国内恐怖主义组织同本地区及国际恐怖主义组织关系日益密切，相互支持。中亚国内恐怖主义组织同本地区许多恐怖主义组织之间通过各种现

① 夏勇敏：《塔吉克斯坦截获大批毒品》，《法制日报》2002年6月22日。

代化通信工具和技术紧密协作，共同策划和实施爆炸训练、武器走私以及其他一些恐怖活动。

1. 资金来源国际化。“乌伊运”的资金来源除了贩毒之外，还大致可以分为以下几类：一是本·拉登及其“基地”组织曾给予的支持。二是中亚国家一些侨民的支持。三是土耳其伊斯兰组织的援助。四是沙特阿拉伯伊斯兰组织的赞助。乌伊运”与本·拉登来往密切。由于有着相同的政治和宗教目的，本·拉登十分支持“乌伊运”的活动，并提供了大笔资金。1999 年，本·拉登在坎大哈会见了“乌伊运”的代表，许诺要增加对他们的援助数目。同年 8 月，本·拉登派五位特使到塔吉克斯坦北部的哈伊特村与“乌伊运”头目之一的纳曼加尼会谈，并交给他 13 万美元，用以对吉尔吉斯斯坦南部进行袭击。2000 年 6 月，“乌伊运”的新闻发言人宣称，本·拉登已向他们提供了几十万美元用以破坏乌兹别克斯坦的稳定。另据乌兹别克斯坦费尔干纳州民族安全委员会说，“乌伊运”接受本·拉登提供的援助已达几百万美元。在本·拉登的影响下，一些国家的伊斯兰组织纷纷向“乌伊运”提供资金，还与其举行会议，商议“推翻卡里莫夫政权”的对策，并提供了 200 万美元。1995 年，“乌伊运”一个领导人到巴基斯坦的白沙瓦，与巴基斯坦、土耳其和沙特阿拉伯的伊斯兰组织代表就向其提供援助进行会谈。一些如“中东突厥联盟”、“伊大伊斯兰阵线”、“伊斯兰之源”等土耳其组织和慈善基金会是“乌伊运”的一贯支持者，其中的一个基金会在 20 世纪 90 年代中期就向它提供了几十万美元。1998 年，一位拥有乌兹别克族血统的沙特商人提供了 25 万美元。沙特“国际伊斯兰拯救”也曾对“乌伊运”进行财政援助。1999 年春天，“乌伊运”代表团访问沙特，并得到了来自“伊波拉伊姆”基金会提供的 27 万美元。[①]

2. 人员组成国际化。众所周知，苏联解体后，独联体内部战乱四起，民族和地区冲突事件时有发生。在阿富汗国内局势不断恶化的同时，塔吉克斯坦也陷入了长达数年的内战之灾。尽管目前塔国境内战争已经停止，但仍然有一伙与国际恐怖势力紧密相联的武装分子盘踞在吉尔吉斯斯坦和塔吉克斯坦两国边境地区。据说，这伙跨国匪帮中有乌兹别克人、塔吉克人、哈萨克人、吉尔吉斯人、车臣人、巴基斯坦人，甚至还有阿拉伯人，匪徒总人数达几千人。他们装备精良、极其好战，笃信伊斯兰原教旨主义，妄想用“圣战”方式推翻中亚各国政府，建立宗教政权。第二次车臣战争以来，被俄军打散的车臣流窜残匪纷纷加入这一团伙，加上在阿富汗塔利班训练营地结束受训的极端分子也不断加入，致使这支跨国非法武装日益壮大，活动区域不断扩大。据 2004 年 3 月巴基斯坦总统穆沙拉夫在巴基斯坦南瓦济里斯坦地区的一次人支尔格会议上的讲话，该地至少有 500—600 名来自阿富汗、乌兹别克斯坦、车臣、中国新疆和阿拉伯国家的恐怖分子，包括“基地”组织的二号指挥艾曼·扎瓦赫里（Ayman al－Zawahri）。其中乌兹别克人的数量最多，有 200 人，中国维吾尔人约 100。恐怖组织在这里招募新兵，动员老兵，在当地或辗转各地制造恐怖案件。

3. 活动范围国际化。中亚恐怖主义组织在中亚有广阔的活动空间。“冷战后恐怖主义虽然未在数量上大大超越冷战期间的恐怖事件，甚至有所下降，但恐怖主义发生的范围有了大幅度的扩张。”[②] 现代社会是强大的也是脆弱的，四通八达的交通、敞

---

① 《极端势力：想在中亚制造“乐园”》，《世界知识》2001 年第 21 期。

② 王世雄：《冷战后的恐怖主义和反恐怖主义》，《太平洋学报》2001 年第 4 期。

开的国门为恐怖主义活动提供了广阔的空间和大量的机会。如“乌伊运”的活动基地费尔干纳盆地是中亚恐怖主义、极端主义、分裂主义等恶势力的一个重要策源地。该地区为塔、吉、乌三国交界处，人口稠密，经济落后，居民贫困，民族复杂，伊斯兰传统势力十分雄厚。这里集中了中亚各种类型的恐怖分子，其中既有中亚民族，也有巴基斯坦人、阿拉伯人、阿富汗人、克什米尔人、车臣人，甚至还有中国新疆的民族分裂主义分子。西方分析家认为，中亚武装匪徒连续制造暴力恐怖事件，其罪魁祸首是阿富汗塔利班。中亚恐怖主义与阿富汗塔利班有着密切的联系。20 世纪 90 年代“基地”组织也日益向中亚地区渗透。在这期间，本 · 拉登结识了乌兹别克斯坦伊斯兰运动等组织的人员。“基地”组织不仅接收中亚恐怖主义组织的许多人员到阿富汗的训练营受训，而且还在中亚国家开设培训课程。到 20 世纪 90 年代后期，中亚地区也开始输出恐怖主义分子，参加阿富汗内战和车臣战争。据吉尔吉斯斯坦媒体披露，“乌兹别克斯坦伊斯兰复兴运动”的一部分人长期驻扎在阿富汗，并在乌兹别克斯坦、吉尔吉斯斯坦、塔吉克斯坦三国交界的费尔干纳地区建立了“根据地”。近年来，中亚恐怖主义分子在阿富汗和塔吉克斯坦等国的基地为依托，多次向吉尔吉斯斯坦和乌兹别克斯坦进行挑衅和进攻。在阿富汗、巴基斯坦和车臣等地都有来自中亚的恐怖主义。阿富汗已经变成了国际恐怖主义的策源地。各种恐怖组织在阿富汗组合，形成巨大的恐怖力量。哈萨克斯坦国家安全委员会主席纳尔达伊 · 杜特巴耶夫 2003 年 7 月称，在哈领土上还有“乌伊运”成员存在。他说，这些人受过专业训练，熟悉爆破知识，一些人甚至在阿富汗参加过战斗。[①]

---

① 《哈萨克斯坦大力打击恐怖活动》，《都市消费晨报》2003 年 7 月 17 日。

图 1—3　费尔干纳盆地地理图①

中亚恐怖主义的国际化特点，决定了该地区恐怖主义必然成为国际恐怖主义的重要组成部分，同时也决定了铲除中亚恐怖主义的任务非常艰巨。

第五，活动手段的多样化。

为达到同样的目的，有不同的途径，即便是选择了政治暴动，也有暴力革命、游击战、战争等诸多形式，但为何一些人和组织选择了恐怖主义作为手段。其重要原因是，对所有各种组织和政权来说，恐怖主义被证明是一种低成本、低危险、高收益的斗争方法②。恐怖主义具有灵活、简便、隐蔽的特点，它适合怀有各种动机的个人或团体采用，特别适合那些非法的或实力弱小的组织或党派采用。对这部分人来说，他们可能既无法通过正常手段达到自己的目的，也无力通过正规武装斗争实现他们的目标。而采用恐怖主义手段，行动简单、迅速，即无需太多的人

① 转引自互动百科网。http://tupian.hudong.com/s/%E8%B4%B9%E5%B0%94%E5%B9%B2%E7%BA%B3%E7%9B%86%E5%9C%B0/xgtupian/1/2.

② 转引自美国兰德公司著：《反击新恐怖主义论》，军事科学出版社 2001 年版。

马，也无需太大的成本，一支手枪、一个爆炸装置，单枪匹马就可以制造一起恐怖事件。从恐怖主义活动方式来看，爆炸、袭击和绑架人质等传统手段仍是中亚恐怖主义势力活动的主要方式。因为爆炸、袭击具有杀伤力大、简便易行等特点，而劫持人质虽然难度较大、成功率低，但却能够对社会心理产生巨大影响，可以直接威胁到政权的社会基础。如1999年“2·16”塔什干爆炸事件、花拉子模州公共汽车人质事件、2000年中亚南部巴特肯人质事件、2003年吉尔吉斯斯坦比什凯克“贝塔商场”咖啡馆爆炸事件、2004年和2008年乌兹别克斯坦系列自杀爆炸事件等等。这些事件背后所有的一个明显的共同政治意图就是使恐怖问题国际化，从而引起国际社会的关注。虽然对一些绑架人质事件中支付赎金或者是在政府的围剿下，大部分人质已经被释放或救出，但事件本身对民众造成的心理影响及给整个社会带来的恐怖气氛和多方面的冲击是在相当长的时期内难以消除的。

第四节　中亚恐怖主义犯罪的原因

中亚各国独立以来，随着社会政治、经济改革的深入进行，恐怖犯罪日益猖獗。究其原因，可以归纳为以下几点：

（一）中亚各国立国与转型时期所出现的各种社会问题为中亚恐怖主义犯罪提供了有利的条件

中亚五国是在对苏联解体没有任何准备的情况下取得独立地位的，因而难以在短时间内形成其民族和国家特性。中亚各国在转轨过程中遇到的各种难题为恐怖主义在中亚的泛滥提供了理想的发展环境。第一，社会制度的变革，导致意识形态领域的“暂时真空”。苏联解体后，中亚各国相继建立起了三权分立的资本主义政治体制。历时70余年的苏联社会主义发展进程被断送，社会主义的价值观念和共产主义的理论体系遭到了无情的践踏和歪曲，几代人为之奋斗的共产主义社会被加上了诸如“乌托邦”、“宗教的”、“陈腐的”等一类修饰词，更有一些民族激进分子和偏执狂甚至将社会主义污蔑为“最野蛮的剥削社会”，社会主义的成就被全盘否定，共产党的一切活动被宣布为非法，而资产阶级的价值观、道德观却得到了大力的鼓吹。是非观念全然倒置，人们由惊讶、不安转为疑惑和茫然，许多人有一种被社会“愚弄”、“欺骗”的感觉。大多数人对政局的转变一时很难适应。中亚建立民族国家的曲折过程中，面临了新旧政治体制更迭，意识形态转换的艰难、激烈的冲突，容易引发社会动荡。第二，民族、宗教和社会问题成为反对派和极端势力与现政权对抗的一个筹码。现政权与反对派的矛盾往往转化为社会、政治对抗。各国的政治反对派为获得更多的权力，经常利用宗教、民族和社会热点问题对当局发难，刺激了极端势力的发展。费尔干纳谷地极端组织活动猖獗也与政治派别斗争有关。因此有人讲，“如果我们这里有伊斯兰律法，我们就会拥有和平和秩序。”① 在吉尔吉斯斯坦，政治反对派和伊斯兰极端分子都企图利用民众与政府间的矛盾挑起事端以实现“圣战”的目标。在外力推动下，个别反对派甚至转向极端主义和恐怖主义。这给恐怖主义犯罪提供了有利的契机。第三，冷战的结束和苏联的解体，使世界格局的平衡被打破，“新世界秩序”的形成过程中必然会伴随着地区性或亚地区性冲突的增加，这些冲突可能涉及政治、经济、宗教、民族和其他一些紧张因素。例如中亚国家围绕能源供应和水资源利用问题纠纷不断，能源和资源利用上的矛盾同其他矛盾交织在一起，已成为目前中亚国家关系中最突出的问题。中亚国家之间的一些领土纠纷悬而未决。苏联时期在划分各加盟共和国边

① ［美］弗雷德·韦尔：《中亚针对伊斯兰分子的策略》，［美国］《基督教科学箴言报》2005 年 7 月 19 日。

界时没有充分考虑民族分布情况，以至在中亚国家独立后就出现了许多领土争议。以部族为基础的中亚社会，使中亚各国的民族关系复杂而动荡。第四，国家法制不健全，执法犯法现象严重，导致腐败贪污和其他犯罪的猖獗。通过 20 多年的努力，虽然中亚国家相继颁布了相对比较完善的法律法规，但这还远远不能达到惩治犯罪的目的。政府官员的营私舞弊、行贿受贿、贪污腐化等犯罪现象积重难返，治安恶化。伴随着各国集权政治现实出现的是裙带政治以及高水平的贪污和腐败现象。许多犯罪分子正是利用国家法制不健全之机，乘机钻法律的空子，进行犯罪活动。这类犯罪分子即使被查禁，因无法可依，也就不了了之了，使犯罪得不到应有的惩处。有专家指出，“四处蔓延的腐败让大量的民众感到失望，并不断疏离政府，已经成为恐怖组织‘Hizb－ut－Tahrir’招募成员的口实”[①]。欧洲一家非官方机构——透明国际连续几年将乌兹别克斯坦、吉尔吉斯斯坦、塔吉克斯坦评定为世界最腐败国家的前 10 名也从另外一个侧面证明了中亚国家内部存在的腐败问题。

2012 年中亚各国政府在打击腐败以及行政、司法、卫生等领域的改革进展也十分缓慢。根据澳大利亚智库经济与和平研究所 2012 年 6 月 12 日发布的《2012 年全球和平指数（GPI）》，该报告通过衡量当前的国内和国际冲突、社会治安、犯罪、民主、透明度、邻国关系以及军事化等（其中军费开支是其衡量的主要指标）23 个指标对 158 个国家的和平程度进行排名，中亚 5 国的排名普遍都比较靠后，排名最靠前的塔吉克斯坦也只排名第

① Templer, Robert. “Tough Lines in Central Asia” in Global Corruption Report2003, Transparency International, 2003, p. 166.

99 位。[①] 12 月 24 日，世界经济论坛发布了《2012—2013 年全球竞争力报告》，在 144 个国家和地区中排名第 127 位的吉尔吉斯斯坦是中亚国家中排名最靠后的。[②] 尽管以上的这些排名不能说完全客观和准确，但至少在一定程度上反映了中亚国家腐败问题的严重性。

表 1—3　2012 年透明国际组织对各国腐败情况进行的清廉指数 CPI 排行榜中中亚各国的排名表[③]

国家	2012 年指标数[④]	2012 排名	2011 年排名（指标数）[⑤]
哈萨克斯坦	28	133	120（2.7）
吉尔吉斯斯坦	24	154	164（2.1）
塔吉克斯坦	22	157	152（2.3）
土库曼斯坦	17	170	177（1.6）
乌兹别克斯坦	17	170	177（1.6）

① 其他中亚国家的排名情况分别为：哈萨克斯坦第 105 位，乌兹别克斯坦第 110 位，土库曼斯坦第 117 位，吉尔吉斯斯坦第 131 位，http：//www. visionofhumanity. org/wp - content/uploads/2012/06/2012 - Global - Peace - Index - Report. pdf

② 其他中亚国家的排名情况分别为：哈萨克斯坦第 51 位，塔吉克斯坦第 100 位。而在 2010—2011 年排名中，哈萨克斯坦、塔吉克斯坦和吉尔吉斯斯坦分别排名第 72 位、第 105 位和第 126 位。乌兹别克斯坦和土库曼斯坦两国未被列入此次排名。

③ http：//cpi. transparency. org/cpi2012/results/

④ 清廉指数是对一个国家各类事务中腐败进行数量指标化分析的一种方法。清廉指数反映的是一个国家政府官员的廉洁程度和受贿状况，以企业家、风险分析家、一般民众为调查对象，该指数以各国际组织及智库收集的数据为依据，对各国政治家及公务员等的清廉度进行评分。2012 年度的满分为 100 分，最高分为 90 分，最低分为 8 分。该年度透明国际组织共研究统计了 176 个国家和地区。2011 年则对 183 国家和地区进行了研究，满分为 10 分，其中最高分 9.5 分，最低分 1 分。

⑤ http：//www. transparency. org/cpi2011/results

当前在中亚国家领导干部贪污受贿和其他腐败现象已经引起社会广泛而强烈的不满。吉尔吉斯斯坦干部局预防腐败处在其官方网站发布通报称，根据在线调查的结果，44.1%的被调查者表示他们曾经被迫行贿。塔吉克斯坦金融监管与反腐败局也透露称，仅2009年上半年，该局就查获400多起腐败案件。[①] 腐败的现象的蔓延，使处于社会底层的民众对社会现实的不满情绪在宗教极端分子的蛊惑中得到了宣泄。反腐败极容易唤起民众的共鸣，在此旗帜下的激进行动甚至暴力恐怖活动也能博得人们的宽容与同情。恐怖主义，特别是宗教极端型的恐怖主义势力高举反腐败大旗在中亚地区已成为非常普遍的现象。一些不稳定分子乘机秘密发展组织，抢劫军火武器，建立地下武装，策动士兵哗变，破坏交通设施，袭击警察哨所，杀害外国游客，绑架、暗杀政府要员，制造社会动乱，组织罢工、罢课、罢市，直至发动政变、武装夺取政权，无所不用其极。乌兹别克斯坦总统卡里莫夫曾指出，某些伊斯兰教教派"鼓吹公正，要求严格遵守伊斯兰教的伦理道德标准，声言反对奢侈和贪污""在不久以前和现今，这些口号在中亚某些地区得到扩散和支持。"[②] 中亚恐怖主义经常以"反抗腐败政府"的名义，号召年轻人加入他们的队伍。1999年巴特肯人质危机期间，阿卡耶夫总统曾向全国发布动员令，而报名者仅千余人，还不如入侵吉境的非法武装分子多。[③] 据吉尔吉斯斯坦社会机构统计，该国南部地区几乎每个家庭都有

---

① 杨进：《塔吉克斯坦与上海合作组织》，载吴恩远、吴宏伟主编：《上海合作组织黄皮书——上海合作组织发展报告（2010）》，社会科学文献出版社2010年版，第166页。

② ［乌兹别克斯坦］伊·卡里莫夫著，王英杰等译：《临近21世纪的乌兹别克斯坦：安全的威胁、进步的条件和保障》，国际文化出版公司1997年版，第33页。

③ 何希泉：《世纪之交中亚形势特点及前景》，《现代国际关系》2000年第1—2期。

年轻人离开家乡，为建立中亚伊斯兰国家而战①。阿克西斯克地区民众提出的“主持正义”、“严格执法”、“关心贫困和弱势群体”等要求在很多方面与伊斯兰极端分子的口号相似。2002 年 9 月中旬，贾拉勒阿巴德州护法机关准备在巴扎尔—科尔空斯克地区的一个村落抓捕“伊扎布特”极端分子时，竟遭到该地区民众的抵抗，他们甚至将 10 名护法机构工作人员扣为人质。目前，费尔干纳地区激进的伊斯兰组织越来越受到人们的欢迎。② 近年来，“塞莱菲耶派”（瓦哈比）的活动在塔吉克斯坦日益猖獗。据塔专家估计，“塞莱菲耶派”有 2000—3000 人，也有专家认为其成员达 1 万人。2009 年 1 月 8 日根据塔吉克斯坦总检察长的起诉，最高法院作出了取缔“塞莱菲耶派”在塔境内活动的决议。而塔吉克斯坦年轻人仍然热衷加入政府禁止的诸如“塞莱菲耶派”、“伊斯兰解放党”、“巴亚特”、“乌伊运”、“土伊运”等组织。③

（二）民族分离主义思潮的上升和宗教势力的发展是推进恐怖主义的一个重要的原因

民族主义是建立在民族这个特殊的人类利益共同体基础之上，并为谋求民族利益服务的一种社会思潮和实践活动。民族分裂主义是民族主义的极端表现形式之一，也是 20 世纪世界范围内民族问题形势中最为严重的现象之一。民族分裂主义活动是指在一个主权独立、领土完整的国家内部由于民族问题在内外因的作用下激化，进而造成通常表现为非主体民族或少数民族中某些

① ［乌克兰］《明镜周报》，2000 年 9 月 8 日。

② 王冠宇：《中亚主要伊斯兰极端组织现状》，《国际资料信息》2005 年第 5 期。

③ 杨进：《塔吉克斯坦与上海合作组织》，载吴恩远、吴宏伟主编：《上海合作组织发展报告（2010）》，社会科学文献出版社 2010 年版，第 168 页。

极端势力要求建立独立国家的政治诉求、暴力活动甚至军事对抗行动。民族分裂主义的理论依据主要是民族自决原则，并以人权为由加以渲染，由此谋求合法的政治地位和国际社会的支持，以实现其独立建国或高度自治的政治目标。

中亚是人类最古老的居住区之一。随着历史上一次次的民族迁徙和外部势力入侵，中亚逐步发展成为多民族共居区。在中亚五国中，哈萨克族、乌兹别克族、吉尔吉斯族、土库曼族和塔吉克族、俄罗斯族等六个民族占全区总人口的84%。哈萨克斯坦生活着130多个民族，其他中亚国家的民族构成也在80个以上。俄罗斯族是19世纪中叶进入中亚的最大的外来民族。苏联解体时，在中亚俄罗斯人已近1000万，占全区总人口的20%。中亚五国独立以后都以主体民族命名，并实行保护主体民族利益的措施。中亚各国在理论上都强调境内各民族一律平等，可在实践中，各国的宪法都事实上明确体现了主体民族的至高无上地位，因而法律已经形成了对非主体民族的事实上的歧视。“中亚民族矛盾突出地表现为国家生活的主体民族化与抵制这种趋向的矛盾”。[①] 由于中亚国家民族构成多样，相互关系复杂，族际矛盾突出，由此衍生的问题错综交织。在苏联时期，执政当局进行了所谓的民族鉴别工作，在办公室里人为地制造了5个加盟共和国，但在当时及后来的局部调整时考虑的原则不仅仅是人文因素，经济生产地域和“分而自治”政策也是重要因素。这种人为划分的国界把某些民族聚居区一分为二甚至更多，有些地段与历史传统归属不符，造成五国相互之间均存在跨国民族，对某些边界地段走向和邻国境内某些民族聚居区归属问题争执不休。此外，邻国主体民族在一国的聚居区大多集中在边境地带，为区域

① 季志业：《中亚民族问题及其趋势》，《现代国际关系》1995年第10期。

民族分立或分离活动造成一定的便利条件。这些都使极端势力能有机会和条件在为本民族或部族谋利益的口号下从事恐怖破坏活动，并在民众中获得相当的社会基础。

极端民族主义分子以大民族主义的利益立场出发，对历史上的民族关系做出敌对化解释，歧视和排斥其他民族，尤其是其他少数民族，造成民族关系空前紧张。中亚各国独立后，俄罗斯人和其他欧洲人被视为外国人，其地位跌落为“二等公民”。在有的国家，排俄现象非常严重，独立之初整个中亚地区迁出的俄罗斯人已达100多万。吉尔吉斯斯坦国家统计委员会2009年的一项调查报告的结果显示，近11年，在吉的俄罗斯族人口数量减少了5%。同时，统计委员会还公布，在吉的吉尔吉斯族人数继续增长，从1999年占总人口的64%增加到目前的70%。[①] 2010年4月19日，在比什凯克北部郊区马耶夫卡村强行占地者与当地村民发生冲突，有2000—3000名吉尔吉斯族居民在那里争抢俄罗斯族居民的土地和房屋，并且高喊“俄罗斯人滚出去”等口号。吉临时政府紧急调动千余名军警，出动了装甲车并当场抓捕了近50名骚乱分子才算把事态暂时平息下来。这一系列冲突已经造成数人死亡，数人受伤。[②] 除了作为少数民族的俄罗斯人和其他欧洲人以外，在中亚各国都生活着相同的民族成分人口，其中分布最广的是乌兹别克族人。在乌塔两国都有大量跨国民族成分生活在彼此的国土上，双方都在抱怨自己的同胞在对方的国家被同化和受到不公正的待遇。苏联解体后，受“三股势力”的影响，乌兹别克族与当地其他民族固有的一些矛盾开始爆发，如20世纪90年代初在吉尔吉斯斯坦的奥什州发生的乌兹别克族和吉尔吉斯族的大规模流血冲突便是一例。2010年这一幕再次

---

① 《中亚信息》2010年第3期，第46页。

② 江海俊、刘涛:《吉尔吉斯斯坦何去何从》,《中亚信息》2010年第四期。

重演。当年 6 月，吉尔吉斯斯坦首都比什凯克爆发大规模骚乱，导致 90 人死亡、1500 人受伤。这次骚乱是由于吉尔吉斯族和乌兹别克族男青年群殴的种族冲突引起的。据吉尔吉斯斯坦政治分析家联合会负责人努尔·奥马罗夫说，在此骚乱中的实际死亡人数为 2000 人左右，受伤人数为 5000 人至 6000 人，逃至乌兹别克斯坦境内的难民人数为 8 万至 10 万人。[①]

极端宗教思想是中亚恐怖主义犯罪的主要原因之一。伊斯兰极端势力在中亚的迅速崛起和发展绝不是偶然的现象，而是有着其复杂的背景和深层的原因。首先，因为伊斯兰教自身的特质以及中亚与伊斯兰教之间的深厚渊源，使得伊斯兰极端思想在中亚得以迅速传播蔓延。中亚是一个传统的伊斯兰地区，伊斯兰教传入中亚地区已有 1000 多年的历史，中亚居民的 80% 以上都是穆斯林，伊斯兰教的思想和传统早已融入中亚居民的日常生活和思维方式之中，成为其不可或缺的有机组成部分；加之中亚各国独立之后，信教人数猛增，教派林立，这就为宗教极端势力的生存和发展提供了深厚的社会文化土壤。[②] 其次，苏联在中亚执行了较为强硬的民族宗教政策，特别是在列宁逝世以后 20 世纪 20 年代末，苏联党和国家片面地看待社会主义制度下的不同世界观的对立，把宗教视为敌对的一方，严厉禁止包括伊斯兰教在内的所有的宗教活动，强制对教徒进行所谓的世界观的改造和无神论教育。这些错误的做法在 20 世纪 50—60 年代达到了顶峰，压抑了广大宗教教徒的正当的宗教感情。因此，当 20 世纪 80 年代戈尔巴乔夫上台推行所谓的“人道的、民主的社会主义”路线之后，

① 《吉尔吉斯斯坦爆发 4 月以来最严重骚乱，80 死逾千伤》，http://www.chinadaily.com.cn/hqgj/jryw/2010－06－13/content_455179.html.

② 截止到 2012 年，哈萨克斯坦登记注册的清真寺数量达 2228 座，乌兹别克斯坦为 2050 座，吉尔吉斯斯坦为 2200 座，土库曼斯坦则为 400 座。

长期以来悬在中亚广大穆斯林头上的达摩克利斯之剑瞬间消逝了，中亚地区形成了一个意识形态和权力的“真空”，陷入一片混乱之中。一些在中东地区活跃多年的伊斯兰极端组织便抓住中亚社会转型所提供的“契机”，将中亚各国看作扩大本教派影响的“精神处女地”，不惜投入大量的人力和物力，在中亚各国传播建立“大哈里发国家”的政治伊斯兰思想，加大极端主义思想对中亚社会的渗透力度，推动了中亚极端组织的活跃和发展。在中亚地区，大大小小打着伊斯兰旗号的极端组织约有上千个。这些组织利用各种手段和方式进行极端宗教思想的传播，甚至从事颠覆世俗政权的政治、军事活动。其中，最有影响的组织有“乌伊运”、“伊扎布特”、“突厥斯坦伊斯兰党”、“伊斯兰革命党”等。它们的活动范围超出了某一国家的疆域，甚至遍及整个中亚地区。这些组织的具体名称虽有区别，但基本政治纲领却大致相同。它们都主张推翻本国现行的世俗政权，建立一个囊括中亚所有穆斯林国家、政教合一的“大哈里发国家”，最终目的是要将整个伊斯兰世界都统一起来，重建“哈里发帝国”。为达到这些目标，这些组织利用中亚各国政权在有些地缘条件特殊地区影响力有限的机会，利用各种方式进行宗教极端主义宣传，同时伴以武装暴力行动，并与毒品走私、武器贩运等跨国犯罪活动结合在一起，大肆从事颠覆现政权的政治、军事活动，其组织机构和影响力在中亚社会各地、各阶层中不断蔓延、不断深入，严重威胁着所在国家和所在地区的稳定与安全。

（三）贫困和失业是中亚恐怖主义犯罪的一个主要原因

伊斯兰激进主义往往植根于经济衰退的危机之中，这就是说，经济衰退和危机直接引发穆斯林大众的心理危机，这恰恰又为伊斯兰激进主义的孕育和发展培植了土壤。[①] 在中亚，经济的严重衰退，贫困问题的加重，既为伊斯兰极端主义势力的发展提供了看似合理的借口，同时也使中亚恐怖主义在民众中获得了赖以生存的社会基础。生活困苦引发了民众的不满情绪，而恐怖分子充分利用了民众的这种不满情绪，积极宣传世俗政府的邪恶和灌输激进伊斯兰教义。

中亚五国在独立前一直是苏联经济中最不发达地区。这种状况在独立后不仅没有多少改变，相反，在国家内部出现了以当权者家族经济为中心的官僚经济，加剧了社会贫困，并导致民众的不满情绪不断升温。苏联解体后，中亚国家与苏联加盟共和国的经济联系遭到严重破坏甚至中断，联盟中央的巨额财政补贴丧失，经济普遍陷入困境之中。1993 年与 1990 年相比，中亚国家国内生产总值下降幅度分别是：哈 55%，吉 50%，乌 18%，塔 50%；工业总产值下降幅度分别是：哈 52%，吉 68%，塔 52%，土 35%；基本建设投资下降幅度分别是：哈 83%，吉 59%，塔 79%，乌 45%，土 60%；农业产值下降幅度分别是哈 50%，吉 38%，塔 64%[②]。经济严重衰退，居民贫困状况加剧，失业人口迅速增加，综合经济指标大幅度下降。据联合国发展规划署 1993—2003 年世界各国人类发展指数报告的统计，中亚五国的人类发展指数都出现了程度不同的下降情况，哈萨克斯坦、土库曼斯坦、乌兹别克斯坦、吉尔吉斯斯坦和塔吉克斯坦的人类发展指数分别从 54、66、80、83、88 下降到 78、86、107、110、

---

① 刘靖华、东方晓著：《现代政治与伊斯兰教》，社会科学文献出版社 2000 年版，第 131 页。

② ［俄］《经济问题》1995 年第 3 期。转引自赵常庆：《中亚五国概论》，经济日报出版社 1999 年版，第 21 页。

116。[①] 伴随经济形势的恶化，中亚各国的贫困人口也明显增加。1998 年，中亚国家的贫困人口总数为 2800 万，超过居民总数的一半，其中乌兹别克斯坦和哈萨克斯坦的贫困人口占总人口的 30%—35%、土库曼斯坦为 50%、吉尔吉斯斯坦为 60%、塔吉克斯坦为 70%[②]。贫困问题一直是困扰塔吉克斯坦国内政治稳定与社会发展的重大问题。据世界银行的报告，塔吉克斯坦有 80% 居民处于贫困状态，1/3 的人极端贫困，国家工作人员月工资仅有 3—5 美元，全国人口中有近 20% 人均月收入不到 1.075 美元[③]。据联合国估计，仅在塔吉克斯坦和吉尔吉斯斯坦，约有 70%—80% 的人口生活在贫困线下。总人口只有几百万的塔吉克斯坦近年则有 80 多万人被迫到国外打工谋生[④]。2002 年，国际货币基金组织和世界银行在伦敦讨论援助独联体 7 个贫困国家时，其中就有 3 个是中亚国家：乌兹别克斯坦、吉尔吉斯斯坦和塔吉克斯坦。随着世界金融危机的蔓延，中亚国家所面临的贫困问题也开始突出。2009 年哈萨克斯坦受金融危机的影响，企业大量倒闭和开工不足，造成了严重的失业问题。截至 2009 年底，哈萨克斯坦的失业率达 6.3%。[⑤] 2009 年，吉国人均国内生产总值仅为 1000 美元，吉国的人均月工资只有 130 美元，在全国 530 万人口中，有超过 1/3 的居民还生活在贫困线以下，老百姓主要依靠过去积累的财富维持生计。[⑥] 在吉尔吉斯斯坦部分地区，人

---

① 以上数据根据联合国发展规划署 1993—2003 年人类发展指数整理。

② 转引自赵常庆：《中亚五国概论》，经济日报出版社 1999 年版，第 23 页。

③ 欧洲自由电台网站，2000 年 5 月 10 日。

④ 中国现代国际关系研究院：《国际战略与安全形势评估 2005/2006》，时事出版社 2006 年版，第 184 页。

⑤ 包毅：《哈萨克斯坦与上海合作组织》，载吴恩远、吴宏伟主编：《上海合作组织发展报告（2010）》，社会科学文献出版社 2010 年版，第 118 页。

⑥ 王向东：《探访“高山之国”》，《中亚信息》2010 年第四期，第 39 页。

们甚至不得不靠食用老鼠和狗艰难度日①。资料显示，吉尔吉斯斯坦有70%的乡村没有自来水，41%没有医院和保健机构，41%没有交通服务和公路，南部地区青年人的失业率高达50%，平均月工资只有10多美元。在俄罗斯打工的吉尔吉斯斯坦和乌兹别克斯坦移民已近百万②。乌兹别克斯坦失业率达20%，人均月工资不足30美元，近百万人在国外打工③。2008年，塔吉克斯坦全国贫困人口占总人口53%，极度贫困人口占总人口17%④。塔吉克是苏联地区最贫穷的国家，近年来塔政府将减少贫困作为国家的重要任务之一，并制定了减贫战略。目前，随着塔经济的发展，贫困人口呈逐年减少趋势。根据塔政府与独立组织的研究，塔吉克的贫困人口已经由2003年的73%降至2007年的53%，再降至2012年的41%，塔吉克总统拉赫蒙在联合国2012年巴西里约可持续发展峰会上发表演说，宣布2015年塔吉克贫困人口将从目前的41%降至30%。

失业是中亚国家独立后各国政府一直以来并不回避公开承认的问题。1991年，中亚国家公布的失业率是：哈萨克斯坦为0.05%，约0.4万人；吉尔吉斯斯坦为0.01%，约0.1万人；当年乌、塔、土没有公布这方面数字。1992年，塔吉克斯坦的失业率为0.3%，约0.68万人；乌兹别克斯坦为0.1%，约0.88万人⑤。到1998年，各国公布的失业率：哈萨克斯坦为3.7%，

① 中亚报道，2002年5月3日。

② 中国现代国际关系研究院：《国际战略与安全形势评估2005/2006》，时事出版社2006年版，第184页。

③ 季志业、许涛等：《色彩革命及其地缘影响》，《现代国际关系》2005年第6期。

④ 邢广程：《塔吉克斯坦的现状与发展趋势》，《上海合作发展报告（2009）》，社会科学文献出版社2009年版。

⑤ 独联体跨国统计委会编：《1994年联体经济简明手册》，第64页。

约25.2万人；乌兹别克斯坦为0.4%，约3.33万人；吉尔吉斯斯坦为3.1%，约5.59万人；塔吉克斯坦为2.9%，约5.41万人[①]。2001年的失业率情况是：哈为2.8%，乌为0.5%（2000年数字），吉为3.1%，塔为2.5%[②]。塔吉克斯坦的实际失业率也一直居高不下，据官方统计，至2003年11月，有劳动能力人口的失业率为2.4%，而按国际组织在塔的统计这个比例则高达33%。在乌兹别克斯坦、吉尔吉斯斯坦、塔吉克斯坦三国领土交界的费尔干纳盆地，失业率更是高达40%，“每月50美元的报酬与关于政府无能的宣传，就足以使当地青年加入到极端的伊斯兰组织中去”。[③] 据哈萨克斯坦劳动与居民社会保障部提供的资料，到2005年底，登记在册的无业人员总共有9.4万。据2006年联合国毒品与犯罪控制办公室的研究人员所进行的调研，哈萨克斯坦2006年的失业率为7.4%，吉尔吉斯斯坦2004年失业率为18%，塔吉克斯坦为12%，土库曼斯坦为60%。[④] 2009年，吉尔吉斯斯坦比什凯克市登记的失业人数增长了14.3%。失业人员增加、居民收入下降导致社会不满情绪上升，“三股势力”借机抢占阵地、扩大影响，特别是盘踞在乌兹别克斯坦、吉尔吉斯斯坦、塔吉克斯坦交界的费尔干纳盆地的“伊扎布特”组织发展最快。据吉尔吉斯斯坦警方估计，仅在贾拉拉巴德就有1.5

---

① 独联体跨国统计委会编：《1998年联体经济简明手册》，第116—117页。

② 独联体跨国统计委会编：《2001年联体统计手册》，莫斯科2002年俄文版，第103页。

③ Farangis Najibullah，“Central Asia：In Tajikistan and Elsewhere，Islamic Groups Still on the Fringe”，RFE/RL weekday Magazine，June 6，2003.

④ An Assessment of Transnational Organized Crime in Central Asia 联合国毒品与犯罪控制办公室2007年报告。

万名“伊扎布特”成员。[①] 2012 年的前 9 个月，仅吉尔吉斯斯坦警方备案的犯罪案件就达 24571 起。

（四）中亚五国特殊的地缘政治也为中亚恐怖主义犯罪提供了方便的条件

中亚位于欧亚大陆的腹地，自古以来就是东西方文化交流的桥梁，举世闻名的丝绸之路在推动中亚和欧亚经贸往来方面曾发挥过重要作用。在中亚各国之间，漫长的边境线大多分布在地势险峻的崇山峻岭中，而各国多数民族跨界而居，使各国边防、内务、海关等部门很难实现对各自边境的有效控制。这种特有的情形，成为形形色色恐怖组织活跃在中亚地区的重要生存条件。1999—2000 年间，“乌伊运”在吉尔吉斯斯坦和乌兹别克斯坦两国边境地区持续作乱，就是利用这种独特的地理和人文条件流窜于国境线两侧的山区，以躲避军队和执法部门的围剿。中亚与处于内战当中的阿富汗为邻，在漫长的边界上，三国主体民族均跨界而居，塔吉克族还是阿富汗的第二大民族（人口约 550 万人，约占阿富汗总人口的 30%，人数甚至比塔吉克斯坦共和国境内的塔吉克人还要多），构成了反塔利班北方联盟的主体。而阿富汗从 1979 年“抗苏战争”起就是国际“圣战主义分子”的云集之地。后来又大多集中在本·拉登麾下，成为国际恐怖势力的核心组织。这些极端分子偷越国境，在塔吉克斯坦等与阿富汗接壤的地区制造局势混乱，影响中亚的地区稳定。

（五）中亚地区的恐怖主义具有复杂的国际背景

首先，中亚国家独立之后，泛伊斯兰主义和泛突厥主义渗入中亚。土耳其因为在族源、语言、文化、宗教上与中亚有着相当密切的联系，作为泛突厥主义最主要的倡导者，对中亚国家的伊

---

① 张宁：《2009 年上海合作组织元首理事会会议》，载吴恩远、吴宏伟主编：《上海合作组织发展报告（2010）》，社会科学文献出版社 2010 年版，第 28 页。

斯兰教和政治经济发展表现出了强烈的兴趣，并借机推行它的大突厥斯坦的战略目标。“双泛”不仅直接有力地推动了中亚伊斯兰的全面复兴，而且也在中亚伊斯兰原教旨主义的极端化过程中产生了不容低估的影响。在“双泛”思潮的影响之下，恐怖主义分子实施的频繁的恐怖主义犯罪活动对中亚各国的影响极为恶劣，国家政局不稳，人民不能安居乐业，社会被恐怖气氛所笼罩。泛伊斯兰主义主要是沙特阿拉伯、伊朗和巴基斯坦等国对中亚影响的手段。伊朗试图借助中亚国家增强其在穆斯林世界的影响，摆脱多年来在国际上的被动局面，因此成为较早介入中亚事务的国家之一。伊朗为了扩大在中亚的影响，实施了很多措施对中亚进行泛伊斯兰主义的渗透。例如，拨巨款协助发展中亚各国的伊斯兰教育、修建清真寺、吸引青少年到伊朗进行深造、免费资助塔吉克斯坦穆斯林到麦加朝觐等。巴基斯坦被认为是亚洲的“原教旨主义的中心”，不遗余力地支持中亚国家的伊斯兰复兴，其官方机构或民间组织，或明或暗，或直接或间接地支持中亚国家的政治反对派。乌兹别克斯坦外交部长曾公开指责巴基斯坦包庇致力于推翻乌政府的伊斯兰激进分子。塔什干官方指责巴基斯坦在其境内基地培训伊斯兰战斗队员并通过阿富汗、塔吉克斯坦及吉尔吉斯斯坦将其秘密送到乌兹别克斯坦。①

其次，阿富汗战争的影响及塔利班的支持。阿富汗是个多民族国家。1979 年，苏联入侵阿富汗，最初苏军主要是由中亚穆斯林组成的，但在阿富汗战争期间中亚士兵对阿富汗的同情使当局被迫调回中亚战士，而伊斯兰圣战思想也随之进入中亚②。阿富汗战争不仅促进了中亚伊斯兰教的复兴，而且也加重了中亚的伊斯兰教的激进色彩，特别是伊斯兰圣战思想在中亚扎下了根。

---

① ［俄罗斯］《莫斯科新闻》周报 1998 年 5 月 12 日。

② 转引自赵常庆：《中亚五国概论》，经济日报出版社 1999 年版，第 176 页。

如果说阿富汗战争直接刺激了中亚伊斯兰教的复兴以及“圣战”思想的传播，那么阿富汗内战，特别是塔利班的崛起则直接推动了中亚宗教极端主义和恐怖主义的发展。塔利班主张极端的原教旨主义，对内坚持以伊斯兰法典“纯洁信仰”，对外主张“输出伊斯兰革命”。塔利班所具有的伊斯兰极端化倾向使得它能够轻易地得到一些伊斯兰极端主义组织和阿拉伯国家的经济及武器援助，同时也吸引了世界各地的伊斯兰狂热分子前往阿富汗接受“圣战”的培训和洗礼，其中不乏中亚地区的伊斯兰狂热分子。毫无疑问，塔利班在20世纪90年代中后期的一度胜利曾极大地鼓舞了中亚地区激进的伊斯兰原教旨主义势力，对中亚国家的政治稳定造成了直接的冲击。与此同时，中亚的恐怖主义组织也积极谋求塔利班的支持，“乌伊运”等中亚恐怖主义组织也在阿富汗建立了自己的基地。阿富汗塔利班中有近2万名“乌伊运”成员。

再次，车臣恐怖分子与中亚恐怖组织有着非常密切的关系。在20世纪90年代初，通过从乌兹别克斯坦逃到车臣的宗教极端分子和土耳其的高加索伊斯兰组织，“乌伊运”分子开始与车臣非法武装分子建立联系。据俄罗斯的安全部门调查，车臣分子也参与了1999年2月的塔什干爆炸事件。1999年底，在车臣战地指挥官哈塔卜的帮助下，“乌伊运”在车臣建立了名为“乌兹别克阵线”的训练营①。据俄罗斯情报部门的消息，2000年9月初，来自车臣的非法武装首领哈塔卜潜入塔吉克斯坦，参与了中亚地区的武装颠覆活动②。由此可见，车臣恐怖主义组织不仅给

① 苏畅：《“乌伊运”与其他极端组织过从甚密》，《世界知识》2001年第22期。

② 孙壮志：《极端主义的国际土壤——周边环境与美国因素》，《世界知识》2001年第22期。

中亚各国的恐怖主义组织起到了恐怖犯罪示范作用，而且还与他们紧密地勾结在一起，相互支持、相互提供资金及人员上的援助。这样就大大增加了各国对中亚恐怖主义犯罪的打击难度。

最后，国际恐怖主义组织的支持。有证据显示，本·拉登基地组织与中亚地区恐怖主义组织有着密切的联系。过去几年中，本·拉登在塔利班控制的阿富汗境内建立的武装分子训练营，不仅"培训"了大量来自中亚五国的恐怖主义犯罪分子，而且还参与了中亚各国和邻近地区的一些反政府武装和颠覆破坏活动。有关资料清楚地表明，本·拉登非常"关注"中亚伊斯兰的发展状况，不仅向中亚恐怖主义组织提供军事援助，还为他们提供大量经济援助。在本·拉登的资助下，"乌伊运"成为了一支装备先进、武器精良的国际恐怖主义组织。在美国对阿富汗采取军事报复时，就有"乌伊运"成员参加到塔利班一方，充当了塔利班反美武装行动的马前卒。2003 年 7 月 2 日，吉尔吉斯斯坦国家安全局副局长马梅托夫称，"乌伊运"最近又从境外国际恐怖组织手中得到 40 万美元，准备利用这笔钱在中亚进行一系列恐怖活动，其中包括派大批武装分子从阿富汗潜入中亚国家①。毫无疑问，中亚恐怖主义已成为以本·拉登为首的国际恐怖主义网络的组成部分。

第五节　中亚各国遏制恐怖主义犯罪的措施

恐怖主义是威胁人类生存环境的严重犯罪。恐怖主义所推崇的一些逻辑和行为，不管是出于何种目的，也不管其最终结果如何，都是通过暴力手段来追求实现，对社会具有非常严重的破坏

---

① 杨毅、王国强：《2003—2004 国际战略形势分析》，国防大学出版社 2004 年版。

性，是反人类的犯罪行为。因而，任何社会都不能容忍它的生存。针对各种形式和内容的恐怖主义行为经过人类公认的价值判断来使其法制化，并以此为准绳对恐怖活动进行法律上的鉴别和规制是现代文明社会控制恐怖主义的有效措施之一。目前，世界上大部分国家都已经根据恐怖分子所使用的犯罪手段、犯罪结果和犯罪分子的犯罪目的等制定了相应的反恐法律，刑法、反恐法律和针对某一恐怖行为的单行法律是目前世界各国治理恐怖犯罪中同用的主要法律措施。

中亚国家独立已经 20 多年了。在这些年中，中亚各国在享受独立后的喜悦的同时，还时常会受到各种恐怖主义事件的困扰。特别是以阿富汗为中心的恐怖势力不断向中亚地区扩张并进而破坏中亚地区的稳定，促使所有中亚国家的政府出台遏制恐怖势力的有效措施。“9 · 11”事件之后，美国在中亚地区的存在和国际社会对中亚国家及其周边地区恐怖势力的预防措施使得中亚国家能够予以在努力控制中亚地区恐怖势力蔓延的同时，在国际社会的帮助下相继建立和不断完善自身的恐怖危机处理机制。在这种探索之中，中亚国家效仿世界各国的恐怖危机处理模式，制定以“预防为主、打击与惩罚并重、多种手段和措施共存、国内法律控制和国际合作相协调”的反恐措施，形成了体系完整、及时高效的国内反恐法律体系和国际反恐机制，为中亚的长久稳定、长治久安奠定了良好的法律基础。

（一）完善国内反恐法律，严厉打击各种极端势力和恐怖势力

中亚恐怖分子在国内不断制造血腥恐怖事件，侵犯了国内法律的规定。同时，也侵害了中亚各国人民生活利益的行为，违反了有关的国际刑事法律规定。法治是现代国家的显著特征，通过法律手段对付恐怖主义犯罪行为会为反恐怖斗争提供法律的保障。纵观中亚各国的反恐法律体系，我们可以发现中亚国家试图通过多种法律来界定和控制恐怖犯罪。

第一，在宪法和宗教法上明确规定政教分离，不允许在中亚国家境内建立宗教政党，以此来限制非法宗教活动的出现和蔓延。通过法律以一种简略的方式对那些具有相同或共同要素的典型情形进行辨识并指引人们是法律规范的基本作用之一。在法理学上行为指引是法律通过权利义务的规定，提供人们社会活动的行为模式，引导人们在社会生活中作出或不作出一定的行为。[①] 在中亚地区的5400万人口中，穆斯林居民约占80%，这些穆斯林多数属于伊斯兰教中的逊尼派，只有少数属于什叶派。[②] 独立之初，由于忙于其他国家事务的建设，中亚国家政府并没有严格规范各种宗教活动。因此，一些国际和国内的极端势力便利用独立之后中亚出现的意识形态真空和中亚国家宽容的宗教政策拉拢中亚的一些极端分子，鼓动信仰伊斯兰教的群众，在中亚成立一些极端宗教政党，以宗教名义从事恐怖活动，公开与国家权力机构对抗，企图推翻世俗的政府。目前，在中亚地区存在着不少大大小小打着伊斯兰旗号的极端组织。而且，他们的活动范围已经远远超出一国的范围，遍及整个中亚地区。这些组织大多以宗教信仰宣传为主从事反政府和颠覆政权的活动。

随着时间的推移，中亚国家在实践中逐渐意识到了管理和规范宗教活动的必要性。为了有效控制这些极端宗教势力，中亚各国先后在宪法中规定了宗教团体在社会中的地位和公民宗教活动的范围，明确区分了合法宗教和非法宗教的界限。《吉尔吉斯共和国宪法》第8条规定："宗教及各类祭祀应与国家分离。"该法还规定，"吉尔吉斯斯坦共和国不允许按照宗教派别建立政党，

---

① 陈兴良：《刑法机能的话语转换》，载北京大学法学院刑事法学科群组编：《犯罪、刑罚与人格》，北京大学出版社2009年版，第23页。

② 杨丽、马彩英主编：《转型时期的中亚五国1991—2001》，甘肃人民出版社2003年版，第200页。

宗教组织不得谋求政治目的和任务；宗教组织的神职人员和宗教仪式不得妨碍国家机关的活动；外国政党、社会组织和宗教组织及其代办处和分支机构不得谋求政治目的和活动；不得建立损害宪法建设、国家和社会安全的政党、社会联合会、宗教组织及其他组织，并进行相关的活动”。《乌兹别克斯坦共和国宪法》第57条规定，“禁止成立以暴力改变宪法制度为目标、反对共和国主权、完整和安全以及公民的宪法权利和自由，宣扬战争以及社会、民族、种族和宗教敌视，侵害人民的健康和道德的政党和社会团体以及按民族和宗教特征建立起来的军事化团体和政党，禁止其活动”。塔吉克斯坦和哈萨克斯坦的宪法也明确规定政教分离、禁止建立以宗教原则为基础的政党。中亚国家在对各自宪法中的有关宗教方面的内容进行修正的同时，先后制定出了各自的宗教法，理清了被保护的宗教活动和禁止的非法宗教活动的法律界限。1991年12月，吉尔吉斯斯坦颁布的《宗教信仰自由和宗教组织法》规定，宗教组织可以参加国家的政治生活，但不允许在吉尔吉斯斯坦境内建立宗教政党及其分部，不允许他们进行各种活动，国家的教育系统同宗教组织相分离。乌兹别克斯坦的宗教法律禁止传教士的活动和传教吸收信徒，该国的《宗教信仰自由和宗教组织法》也将禁止建立宗教政党组织及其活动列入法律条文。该国法律还规定，禁止乌兹别克斯坦公民穿着宗教文化服饰出现在公众场合。

2012年塔吉克斯坦国内宗教极端主义势力的影响力有所扩展，尤其是在塔吉克斯坦的年轻人当中，这种情况引起了塔国政府的高度关注。因此，塔吉克斯坦当局决定通过立法打击和开展社会工程来应对恐怖主义和宗教极端主义的扩散。2012年8月2日，拉赫蒙总统签署了一项关于修订《塔吉克斯坦反恐怖主义法》的法案，该法案规定建立关于涉嫌参与恐怖主义人员的国家名单。塔吉克斯坦已认定包括基地组织、塔利班、穆斯林兄弟会、突厥斯坦伊斯兰党、伊扎布特等在内的14个恐怖主义和极端主义组织。该法案生效后，国家安全委员会将有权没收或者冻结嫌疑人的银行账户以及其他财产。塔吉克斯坦最高法院将有权禁止恐怖组织在塔吉克斯坦运作以及有权根据总检察长办公室的建议决定没收他们的财产。这为塔吉克斯坦政府依法打击宗教极端主义和暴力恐怖主义提供了有力的法律依据。

帮助极端分子回归社会、恢复正常生活也被认为是反恐怖主义斗争中的关键措施。目前，塔吉克斯坦政府在这方面的主要措施包括：对负责惩处工作的官员进行培训、吸收非政府组织和国内社会各界的参与、在社会网络、职业培训、工作安置、法律援助以及心理治疗等方面提供支持，以帮助犯罪人重新融入社会。2012年9月10日，拉赫蒙总统呼吁整个塔吉克斯坦社会联合起来抵制极端主义传播，尤其是在青年人当中的传播。拉赫蒙总统强调："我们应当尽力阻止外来的极端主义思想的传播，这些思想可能渗透进我们同胞，特别是青年人的头脑里。"他还要求每一位塔吉克斯坦公民都应该关心国家大事，不要轻信谣言，要随时为保护国家和民族的利益做好准备。此外，塔吉克斯坦政府还非常重视加强对宗教事务的管理。2012年5月4日，塔瓦科达提市法院剥夺了塔吉克斯坦在苏联时期的大穆夫提①图拉忠佐达家

① 穆夫提（المفتى Mufti），阿拉伯语音译，意为"教法解说人"。伊斯兰教教职称谓。即教法说明官。职责为咨询与告诫。对各类新问题、新案件的诉讼提出正式的法律意见，作为判决的依据。卡迪（伊斯兰教教职称谓。系阿拉伯语音译，意为"教法执行官"，简称"教法官"。即依据伊斯兰教法对穆斯林当事人之间的民事、商事、刑事等诉讼执行审判的官员。）在审理案件程序中，每遇到情况复杂的重大案件，裁决前都要向穆夫提通报案情，征询意见。因此，穆夫提在社会生活中具有崇高的地位。在现代，埃及、也门、阿曼等伊斯兰国家设有国家级总穆夫提或大穆夫提，负责有关教法问题的解答，参与国家重大决策活动。有的国家穆夫提起国事政策顾问作用。地区性的穆夫提一般都参与重大法律决定，起一方领袖的作用。

族清真寺作为主麻日清真寺的地位，该清真寺将仅被用于每天做五次礼拜的场所。此外，塔吉克斯坦政府还承诺将每年赴麦加朝觐人员的遴选程序更加透明化。塔吉克斯坦宗教事务委员会成立一个委员会以确保更加公平和透明地分配所有的朝觐名额。在遴选对象时要优先考虑那些在过去5年中没有去过麦加朝觐的人员。在年龄层次方面，18—80岁的男性和女性都有资格参与遴选，而对50岁以下的妇女的要求是必须是已婚的。

第二，是在国家的刑法和专门性反恐法律中界定恐怖主义概念。恐怖主义概念是整个反恐法律体系的基石。在定义什么是恐怖主义犯罪的问题上，中亚国家的刑法、反恐法律和反极端主义活动法从恐怖主义犯罪行为的行为特点和行为方式入手列举并阐述了恐怖主义犯罪。恐怖主义犯罪虽然是犯罪行为的一个类型，但它与其他普通的刑事犯罪不同，它的社会影响和涉及范围比较广。与此同时，恐怖主义犯罪带有很强的政治色彩。恐怖分子往往为了实现自己的政治目的而不择手段地攻击无辜公民。中亚地区恐怖犯罪发生比较频繁，恐怖主义犯罪对中亚的危害基本相同，恐怖犯罪的类型和表现形式也基本相似。根据这些特点和共同点，中亚国家首先在各自的刑法典中定义恐怖主义犯罪为“通过爆炸、放火或扫射，对他人造成破坏，财产损失或者其他严重后果，从而企图实破坏社会安全、震撼群众或者影响国家权力机构的决定的行为。”① 而目前恐怖主义犯罪的行为表现形式多种多样，因此仅仅靠一个定义是不能够解决好控制恐怖主义犯罪的任何问题的。“犯罪对公共利益的危害越大，促使人们犯罪的力量越强，制止人们犯罪的手段就应该越有力”。② 中亚国家在独

① УГОЛОВНЫЙ КОДЕКСРЕСПУБЛИКИ КАЗАХСТАН，2005 года.

② ［意］贝卡利亚著，黄风译：《论犯罪与刑罚》，中国大百科全书出版社2003年版，第65页。

立不久后就先后颁布了自己的反恐法律，进一步细化和补充恐怖犯罪的各种表现形式，统一刑法中的恐怖犯罪概念和反恐法律中的恐怖犯罪概念，从而避免因对恐怖主义理解的歧义所产生的不协调和实际工作中的不合作。如《吉尔吉斯斯坦共和国反恐怖主义法》第2条规定，恐怖主义是指进行危害人类甚至造成人员伤亡，后果十分严重，社会危害性巨大的爆炸、纵火或其他类似活动；企图破坏社会稳定、削弱或推翻现政权，进而恐吓或逼迫居民、国家机关、国际组织和其他组织为或不为某种行为，或为实现上述目的而采取的各种威胁手段。

第三，是与恐怖主义有关的煽动民族、宗教仇恨，极端主义等在刑法和反恐法律中得以充分体现。如《塔吉克斯坦共和国刑法》第182、185、187、310条和402条分别规定了与恐怖主义犯罪有关的“组织犯罪集团罪”、“煽动种族仇恨罪、袒护犯罪亲属和宗教仇恨罪”和“使用暴力夺取和维持权力罪”等罪名，并对其配置了不同级别的刑罚，实现罪有其罚。《塔吉克斯坦共和国刑法》还规定，如果其他犯罪形式是为达到恐怖主义目的而实行的，也属恐怖主义犯罪。极端主义是实施恐怖主义犯罪的一个重要方式。哈萨克斯坦在2004年颁布了《反极端主义活动法》。该法案明确了“极端主义活动”的概念，并将极端主义分为“政治极端主义”、“民族极端主义”和“宗教极端主义”三种类型。2002年5月，吉尔吉斯斯坦公布了《吉尔吉斯斯坦共和国反对政治极端主义法草案》。根据该草案的规定，政治极端主义是指政党、宗教组织、非商业组织和国家权力机构的代表和公民企图通过暴力改变吉尔吉斯斯坦共和国的宪法，篡取政权和侵犯国家主权、领土完整，组织非法武装部队，煽动民族、种族和宗教仇恨，鼓动群众从事有政治目的的非法活动。①

第四，是在反恐工作方面的程序性问题得以解决。反恐工作在严格意义上属于国家行为。在反恐法律体系之内界定国家的反恐职能对在法律中规定相应的特殊反恐措施带来极大的便利。在反恐程序法律方面，中亚各国的反恐怖主义法和反极端主义法都明确规定了反恐主体和反恐机关的任务及其恐怖预防方式，明晰了反恐机构的权力和职责，制定了协调反恐活动及与国际社会联合反恐的措施等。这些法律还规定了参与恐怖主义犯罪行为人的刑事责任以及对参与反恐行动者及其家属的特殊保护和社会恢复措施等问题。

法律在反恐怖主义犯罪中起着不可替代的作用。它一方面为国家打击恐怖主义犯罪提供了法律依据，另一方面也是对国家打击恐怖主义犯罪活动的规范化、理性化，从而有效防止情绪化的报复行动。中亚国家在反恐怖主义的斗争中不断完善自己的反恐法律制度，为中亚地区的稳定提供了有力的法律保障。正因为如此，2007—2009 年中亚国家没有发生重大的暴乱或者极端势力的破坏。虽然中亚国家能够取得这种成就的原因是多方面的，但我们不能不看到通过国内法机制来打击和防范恐怖主义，显然不失为实现积极和平的一条重要途径。其积极意义就表现在，它在消除危害国内社会和国际社会稳定的不利因素，并进而在防止和遏制未来危及国际和平与安全以及国内社会的有序稳定的行为方面发挥积极有效的作用。

（二）国际合作是打击中亚恐怖主义犯罪的一种主要手段

当今世界，恐怖活动已经不仅仅是仅限于一国之内的活动，具有重大影响的恐怖组织，往往都具有跨国性质。中亚恐怖犯罪

---

① 政治极端主义是中亚国家反恐法律中常见的概念。2002 年写入本法之前，它就在政府反恐文件中使用过。

也不例外。恐怖活动危害的国际化，使得各国政府深感仅仅依靠本国法律手段已经力不从心。因此，寻求国际法律合作就成为各国打击恐怖犯罪一种广泛的共识。为了及时打击各种恐怖主义向中亚渗透，中亚各国积极参与反恐国际合作，加入各种反恐国际公约，不断加强自身的反恐能力。迄今为止，国际上生效的有关反恐怖主义犯罪的13部国际公约，中亚国家根据恐怖行为对本国危害的可能性程度和自己的需要选择性地进行了签署和加入，实现了国内的反恐法律与国际反恐公约的有机衔接，形成了统一的恐怖主义犯罪概念。

表1—4　中亚各国加入全球反恐公约情况表①

国家 公约	哈萨克斯坦	吉尔吉斯斯坦	塔吉克斯坦	土库曼斯坦	乌兹别克斯坦
《关于在航空器内的犯罪和犯有某些其他行为的公约》	1995年5月18日加入	2000年2月28日	1996年3月20日	1999年6月30日	1995年6月31日
《关于制止非法劫持航空器的公约》	1995年4月4日	2000年2月25日	1996年2月29日	1995年5月25日	1994年2月7日
《关于制止危害民用航空安全的非法行为的公约》	1995年4月4日	2000年2月25日	1996年2月29日	1999年5月25日	1994年2月7日
《关于防止和惩处侵害应受国际保护人员包括外交代表的罪行的公约》	1996年2月21日	2003年10月2日	2001年10月19日	1999年6月25日	1998年1月19日
《反对劫持人质国际公约》	1996年2月21日	2003年10月2日	2002年5月6日	1999年6月25日	1998年1月19日
《核材料实物保护公约》	2005年9月2日	—	1996年7月11日	2005年1月7日	1998年2月9日

① http：//treaties. un. org/Pages/ViewDetails. aspx? src = IND&mtdsg_ no = XVIII－7&chapter = 18&lang = en，根据联合国的网站上的资料整理。

续表

国家 公约	哈萨克斯坦	吉尔吉斯斯坦	塔吉克斯坦	土库曼斯坦	乌兹别克斯坦
《制止危及大陆架固定平台安全非法行为议定书》	2003年11月24日	—	2005年8月12日	1999年6月8日	2000年9月25日
《制止危及海上航行安全非法行为公约》	2003年11月24日	—	2005年8月12日	1999年6月8日加入	1998年9月25日加入
《关于制止危害民用航空安全非法行为、制止国际民用航空服务的机场上的非法暴力行为的补充议定书》	1995年8月15日	2000年2月28日	1996年2月29日	1999年5月25日	1994年2月7日
《关于在可塑炸药中添加识别剂以便侦测的公约》	1995年5月18日	2000年7月14日	2006年7月18日	2005年1月14日	1999年6月9日
《制止恐怖主义爆炸的国际公约》	2002年11月6日	2001年5月1日	2002年7月29日	1999年6月25日	1998年11月30日
《制止向恐怖主义提供资助的国际公约》	2003年2月24日	2003年10月2日	2004年7月16日	2005年1月7日	2001年7月9日
《制止核恐怖主义行为国际公约》	2008年7月31日	2007年10月2日	—	2008年3月28日	2008年4月29日

除了积极加入国际性反恐公约之外，中亚国家在地区安全方面还与俄罗斯等国在独联体框架内加强了各种形式的安全合作。2002年10月7日，独联体集体安全条约①的签约各方在摩尔多

① 1992年5月15日，哈、吉、塔、乌四国与俄罗斯、亚美尼亚在乌兹别克斯坦首都塔什干签署独联体集体安全条约。随后，阿塞拜疆、格鲁吉亚、白俄罗斯也加入。

瓦首都基希讷乌签署了集体安全条约组织法律地位协议。该章程和协议在2003年9月18日生效，这意味着条约框架内的合作转变成了一个地区性国际组织。[①] 十几年来，独联体集体安全条约在保障成员国国家安全方面发挥了相当大的作用。例如，1995年他们签署了《关于创建反恐统一协调体系的协议》，1999年6月4日在明斯克通过了《独立国家联合体成员国打击恐怖主义合作条约》，2000年和2001年签署了《关于集体安全体系武装力量组建和设施地位的协议》、《集体安全条约成员国集体安全体系武装力量和设施组建及功能程序议定书》。2003年4月，独联体集体安全条约的6个成员国在杜尚别会面，进一步规范了成立独联体集体安全条约组织的文件。和《北约宪章》的第5条相同，该组织将任何针对其成员国的侵略认定为针对集体安全条约组织全体成员的侵略。[②] 2006年3月，独联体集体安全条约组织在塔吉克斯坦首都杜尚别召开会议。会后，该组织秘书长博尔久扎说："我们正在考虑将集体安全条约组织从一个军事和政治集团改革为一个多功能、全方位的安全体系，以适应从军事威胁到恐怖主义、极端主义、非法毒品贸易、工业和自然灾害等各种挑战和威胁。"[③] 俄罗斯国防部长伊万诺夫表示："集体安全条约组织是一个军事政治组织，这一事实无需隐瞒。"[④] 2006年8月，

① 汪金国、王桂香：《中亚地区打击恐怖主义的国际合作》，《俄罗斯中亚东欧研究》2008年第5期。

② Annette Bohr, Regional Cooperation in Central Asia: Mission Impossible, "Helsinki Monitor", 2003, P256.

③ Tajikistan Holds Talks on Securing Afghan Border, http://www..rferl.org/featuresarticle/2006/3/DA86BC5B—OAOA—4175—AAOF—63D7EFOBEAAB.html.

④ 《俄罗斯准备对其盟国实施军事援助》，http://www.rusnews.cn/guojiyaowen/guoji_anquan/20061005/41550319.html.

乌兹别克斯坦重新加入集体安全条约组织后,[①] 除土库曼斯坦外，中亚其他国家都已经成为集体安全条约组织的成员国。目前，独联体集体安全条约组织已成为在各成员国的反恐合作方面起重要作用的一个地区性力量。

由于文化、地缘等方面的原因，处于同一区域的国家往往会面临相同或相似的恐怖主义问题，从而使它们也更加倾向于选择相互联系的反恐措施。中亚国家之间的反恐合作也是中亚地区性反恐协议的一个重要方面。2000 年 4 月，哈萨克斯坦、吉尔吉斯斯坦、乌兹别克斯坦和塔吉克斯坦总统在塔什干联合签署了《一致行动，同恐怖主义、政治和宗教的极端主义、有组织的跨国犯罪和其他威胁稳定安全的因素作斗争条约》。该条约不仅为消除中亚地区业已存在的恐怖主义威胁提供了可能性，而且还规定了联合各国的力量采取预防措施的机构。四国安全条约要求中亚各国联合起来，采取及时有效的措施，打击破坏国家安全、挑起民族和宗教争端的活动，并以此来消除恐怖主义和极端主义的威胁，维护地区稳定和安全。条约呼吁，中亚各国采取具体措施，确保不在本国建立恐怖主义基地和发生针对其他国家的恐怖主义行为。[②]

2012 年，哈政府成立了跨部门反恐委员会；通过开设执法

① 1999 乌兹别克斯坦因不满俄罗斯对其销售武器的政策，退出集体安全条约。

② О ратификации Договора между Республикой Казахстан, Кыргызской Республикой, Республикой Таджикистан и Республикой Узбекистан о совместныхдействияхпо борьбе с терроризмом, политическим и религиознымэкстремизмом, транснациональной организованнойпреступностью и иными угрозамистабильностии безопасности Сторон。

人员培训班，组织反恐研讨会，举行反恐演习①，对执法人员进行绩效考核等一系列手段，提高执法人员对反恐的意识，进而提升执法效率。2012 年 4 月，哈萨克斯坦开始筹建一个用以防范恐怖主义和极端主义渗入军队和其他警备力量的跨部门委员会。2012 年 10 月，哈萨克斯坦议会上院召开会议商讨反恐新举措。哈萨克斯坦国家安全委员会副主席阿布季卡济莫夫在哈议会上院预防犯罪与侵权会议上，指出了成立反恐委员会的必要性。2012 年 7 月 11 日，阿拉木图郊区发生爆炸。次日，纳扎尔巴耶夫总统表示了自己对国家安全委员会工作的不满。为了加强各个政府部门之间的协作水平，纳扎尔巴耶夫总统责令相关政府官员对整个警察监督、调查系统进行重新整合。为了有效打击洗钱犯罪哈萨克斯坦政府主要从立法和司法实践两个层面开展了各种有针对性的工作。首先是完善了相关的立法措施。在这方面，纳扎尔巴耶夫总体签署了《哈萨克斯坦打击洗钱和恐怖主义融资法案修正案及附则》。其次，在实际操作层面，哈萨克斯坦充分借助国际社会的力量，通过举办金融领域犯罪警务工作培训班等方式，有效地提升了执法机构打击洗钱犯罪的综合能力。

鉴于在境外接受培训的极端分子故意在哈国境内犯罪，并在入狱后向罪犯宣传其极端主义思想，使得监狱系统演变成为极端

① 2012 年哈萨克斯坦所做的反恐领域所做的工作主要有：8 月 8 日，美国和荷兰向哈萨克斯坦交付放射性物质安全运输车辆，这将提高哈萨克斯坦境内辐射安全等级，有助于打击世界各地的核辐射恐怖主义。8 月 24 日，哈萨克斯坦军队赴俄罗斯参加与俄罗斯、乌克兰在俄罗斯南部的罗斯托夫地区共同开展反恐演习。10 月，哈萨克斯坦议会上院召开会议商讨反恐新举措。哈国家安全委员会副主席阿布季卡济莫夫在会上称，哈国与欧盟共同签署了联合打击宣扬恐怖主义活动的新协议草案，哈萨克斯坦和欧盟将联合打击宣扬恐怖主义的活动。10 月 26 日，哈萨克斯坦军事情报官员和特种部队开始在该国南部军区的山地步兵营举行为期一个月的反恐演练，参演人数达 1620 人，等。

主义的发源地的事实，哈萨克斯坦政府在2011年之后也相应加大了对监狱系统的监管力度。在应对网络极端主义方面，2011年至2012年，哈萨克斯坦各级法院已关闭境内950个支持极端主义与恐怖主义的网站。此外，还有不少在境外设置服务器的极端主义网站，哈萨克斯坦政府则通过国际刑事合作的途径，寻求相关国家合作关闭了一些境外服务器。①

依照2011年通过的《宗教活动和宗教组织法》，截至2012年10月25日，哈境内所有宗教机构都必须重新注册，哈境内宗教机构被削减1/3，宗教组织减少至原来的2/3。哈萨克斯坦国家安全委员会副主席阿布季卡济莫夫于2012年12月7日称，通过宗教组织的重新注册，一切有恐怖主义与极端主义特征的组织都已遭取缔。针对恐怖主义活动的参与者多为青年人的特点，2012年9月21日，哈萨克斯坦教育与科学部长朱马古洛夫称，哈萨克斯坦的大学和中学将引进旨在区分传统伊斯兰教与伊斯兰极端主义的课程，并且成立青年倡议基金，以防止青年人中间出现宗教极端主义思想和不法行径。此外，哈萨克斯坦于2012年12月21日开通反恐网站“counter - terror. kz”。该网站旨在向哈萨克斯坦国民，特别是青年人介绍有关极端组织的危害，使其远离此类组织。

在上海合作组织框架之内形成打击“三股势力”、维护地区稳定的机制是中亚反恐区域合作工作重心之一。2001年6月15日，中国、俄罗斯、哈萨克斯坦、吉尔吉斯斯坦、塔吉克斯坦、乌兹别克斯坦元首发表了《中、哈、吉、俄、塔、乌元首新闻公报》。在公报中，“六国元首认为，应采取措施加快商签有关文件，以便在比什凯克建立地区反恐怖机构并保障其运作，并制定

① 哈萨克斯坦政府在调查者共发现了服务器位于欧洲国家150个涉嫌支持极端主义与恐怖主义的网站。

其他有关打击犯罪问题的文件。”[①] 同一天，六国元首还签署了《上海合作组织成立宣言》和《打击恐怖主义、分裂主义和极端主义上海公约》（以下简称《上海公约》）两个文件。《上海公约》由21条构成，它分别定义了恐怖主义、分裂主义和极端主义的概念及其成员国之间预防、侦查和惩治恐怖犯罪的国际合作，情报交换，协助请求，建立反恐怖犯罪的对应机构和技术物质支援等事项。《上海公约》中，六国在“认识到恐怖主义、分裂主义和极端主义对国际和平与安全，发展国家间友好关系和实现人的基本权利和自由构成威胁”，以及“对各方的领土完整和国家安全以及政治、经济和社会稳定构成严重威胁”的前提下，签署《上海公约》，“深信在本公约框架内进行共同努力是打击恐怖主义、分裂主义和极端主义的有效方式”。这一文件为六国维护地区安全和稳定、联合打击“三股势力”奠定了法律依据。[②]

随着恐怖主义犯罪对中亚地区危害的日益加深，上海合作组织成员国也不断加强在反对和惩治恐怖主义方面的合作，并陆续签订了一系列文件。2006年6月，上海合作组织成员国签署了包括《打击“三股势力”合作纲要》在内的多个文件。2006年6月15日，上海合作组织成员国元首理事会第六次会议在上海举行。在此次会议上，元首们批准了新版《上海合作组织秘书处条例》和《上海合作组织成员国打击恐怖主义、分裂主义和极端主义2007年至2009年合作纲要》，组织成员国全权代表还签

① 《中、哈、吉、俄、塔、乌元首会议新闻公报》（2001年6月15日），载于潘光、余建华主编：《“上海五国”——上海合作组织资料汇编》，上海社会科学院上海合作组织研究中心，第16页。

② 《打击恐怖主义、分裂主义和极端主义上海公约》（2001年6月15日），载于潘光、余建华主编：《“上海五国”——上海合作组织资料汇编》，上海社会科学院上海合作组织研究中心，第19页。

署了《关于在上海合作组织成员国境内组织和举行联合反恐行动的程序协定》、《关于查明和切断在上海合作组织成员国境内参与恐怖主义、分裂主义和极端主义活动人员渗透渠道的协定》。2008 年 8 月 28 日，上海合作组织成员国元首理事会例行会议在杜尚别举行。在此次会议上，组织成员国全权代表签署了《上海合作组织成员国组织和举行联合反恐演习的程序协定》。2009 年 6 月 16 日，上海合作组织成员国元首理事会第九次会议在俄罗斯叶卡捷琳堡举行。考虑到时代的需要，以及新的挑战和威胁经常变化的特点，这次会议上签署的《上海合作组织反恐怖主义公约》进一步加强了本组织框架内反恐合作的法律基础和能力，标志着该领域合作提高到新的水平。此外，上海合作组织成员国代表在此次会议上还签署了《上海合作组织成员国保障国际信息安全政府间合作协定》和《上海合作组织成员国反恐专业人员培训协定》，批准确认了《打击恐怖主义、分裂主义和极端主义 2010 年至 2012 年合作纲要》。2010 年 6 月 10—11 日，上海合作组织成员国元首理事会第十次会议在乌兹别克斯坦首都塔什干举行。在此会议上，上海合作成员国授权代表签署了《上海合作成员国政府间合作打击犯罪协定》。这些双边和多边的国际反恐合作，使中亚和周边国家的反恐力量联合起来，对恐怖主义和恐怖活动起着有效的抑制或震慑的作用。可以预料，上海合作组织将在加强旨在维护地区安全与稳定的双边和多变合作，挫败恐怖主义、分裂主义和极端主义三种威胁发挥作用。①

第六节　中亚反恐法律对我国的借鉴

法律虽然不是解决社会问题的唯一途径，但是它以国家的强

---

① 参见中国现代国际关系研究所反恐怖研究中心编：《世界主要国家和地区反恐怖政策与措施》，时事出版社 2002 年版，第 302 页。

制力为后盾，通过国家机器来体现自己的威力。同时，它作为社会的调节机制和人的行为标准指明哪些行为被社会接受和哪些行为不被社会接受的范围，从而促使人们对法律的信仰。因此，法律规范对一个社会来说是非常必要的。中亚国家在20多年的时间里根据国内恐怖犯罪的特点和趋势不断完善自己的反恐法律体系，构建了适合于自身恐怖犯罪特点的反恐法律体系。中亚诸国在自己的反恐法律体系中一贯强调以反对极端主义、分裂主义和恐怖主义为主旨，并根据中亚国家恐怖行为的源头和传播途径积极加入了一系列国际性和地区性组织并签署了多项反恐、反有组织犯罪方面的国际性和区域性公约，在恐怖犯罪的概念问题上与国际社会达成一致。这不仅符合中亚恐怖主义犯罪的地区和国际特点，也完全符合打击和控制中亚恐怖主义犯罪的客观需要。

我国也是恐怖主义犯罪的受害国，我们时常遭到恐怖主义、分裂主义和极端主义等“三股势力”的威胁。中国的“三股势力”与中亚国家的恐怖势力有着千丝万缕的联系。“东突”恐怖势力一直以来都与中亚的恐怖势力沆瀣一气，煽动我国新疆的少数民族群众的不满情绪，在我国境内制造了多次血腥事件，严重破坏了国内安定团结的局面。2009年7月5日在乌鲁木齐市发生的打砸抢烧事件也与“东突”势力的幕后操纵和极力煽动有着密切的关系。虽然我国的司法机关长期以来都坚持依靠刑法和有关法律及时对“三股势力”的破坏活动进行有效的打击，并收到了显著的成效，但是一些与界定和反对恐怖主义有关的实际性和程序性问题在我国还没有被引入法律的轨道。中国是上海合作组织的成员国，也是《打击恐怖主义、分裂主义和极端主义上海公约》的主要发起国。然而，由于种种原因，我国反恐法律的立法步伐严重滞后，现行法律中涉及反恐的规定与《上海公约》的内容相差甚远。相对于《上海公约》和作为《上海公约》主要成员国的中亚国家反恐怖主义法律，我国刑法对恐怖主义犯罪的规定比较简单和笼统，目前以恐怖主义犯罪命名的条款只有2个，至今还没有完全贯彻《上海公约》的相关内容和精神。这不得不说是一个严重的缺憾和巨大的不足，因此，从这个意义上来说中亚国家的反恐法律有不少值得我国学习和借鉴之处。

首先，恐怖主义犯罪的定义在我国刑法中没有得到明确的界定。根据《上海公约》，恐怖主义是指：（1）为本公约附件所列条约之一所认定并经其定义为犯罪的任何行为；①（2）指使平民或武装冲突情况下未积极参与军事行动的任何其他人员死亡或对其造成重大损失的任何其他行为，而此类行为因其性质或背景可认定为恐吓居民、破坏公共安全或强制政权机关或国际组织以及实施或不实施某种行为，并且是依各方国内法应追究刑事责任的任何行为。这个定义在中亚国家刑法和中亚国家的反恐法律中基本得到贯彻，而在我国的刑法中却找不到这种清晰的定义。虽然在危害国家安全罪和危害公共安全罪这些部分的内容之中一些具体罪名与恐怖主义犯罪竞合，但是因恐怖主义犯罪明确定义的缺乏，有时候会很容易导致对恐怖犯罪概念的误解甚至是误读，造成普通民众法律理解上的困惑。如乌鲁木齐“7·5”事件发生后，媒体经常混用“‘7·5’打砸抢烧暴力犯罪事件”和“‘7·5’打砸抢烧暴力恐怖犯罪事件”这两种提法，从而使普通老百

① 本公约所列条约包括1970年12月16日在海牙签署的《关于制止非法劫持航空器的公约》、1971年9月23日在蒙特利尔签署的《关于制止危害民用航空安全的非法行为的公约》、1973年12月14日联合国大会通过的《关于防止和惩处侵害应受国际保护人员包括外交代表的罪行的公约》、1979年12月17日联合国通过的《反对劫持人质国际公约》、1980年3月3日在维也纳通过的《核材料实物保护公约》、1988年2月24日在蒙特利尔签署的作为对《关于制止危害民用航空的非法行为的公约》补充的《制止在为国际民用航空服务的机场上的非法暴力行为议定书》、1988年3月10日在罗马签署的《制止危及大陆架固定平台安全非法行为议定书》、1997年12月15日联合国大会通过的《制止恐怖主义爆炸事件的国际公约》、1999年12月9日联合国大会通过的《制止向恐怖主义提供资助的国际公约》等。

姓对“7 · 5”事件的性质产生了误解。因此，笔者认为，我国应该尽快把《上海公约》的内容转化为自身国内立法的实践，像中亚国家的刑法那样在刑法典中明确界定恐怖主义犯罪的具体行为特征和方式，从而为打击“东突”等恐怖势力提供及时有效的法律基础。

其次，通过专门性反恐法律来解决反恐工作所涉及的各种法律和社会问题是我国在反恐斗争中需要向中亚国家学习的另一个重点。虽然我国的专门性反恐法律还没有进入立法阶段，但反恐工作中所涉及的一些程序性问题已经在其他法律和司法实践中一定程度地得以规范和重视。如 2009 年 8 月颁布的《中华人民共和国武装警察法》通过授予武装警察部队在特殊情况下使用武力的权利，从而从程序上规定国家武装警察部队是反对恐怖主义的重要力量。“7 · 5”事件发生后，政府对伤亡者和受害者的情况进行了快速的调查核实，并根据情况及时进行了各种赔偿，积极开展社会秩序的恢复工作，有效地保障了此后社会生活的正常继续。这些善后措施在中亚国家的反恐法律中都已经进行了细致而明确的规定。但是，由于我国的法律制定大大落后于实际工作的步伐，所以实践中已经着手实施的上述措施却并没有在法律法规中得到相应的规定和体现。正因为如此，实践中虽然有上述的积极反恐和社会秩序恢复措施，但这些内容因还没有被写入到国家具体法律法规的内容之中，可想而知我们在遇到恐怖主义犯罪的袭击时，各部门之间的协调就不可能那么理想。因此，我国应该及时出台专门的反恐法律，将反恐方面的程序性和实体性问题写入反恐法律之中，把《上海公约》的精神真正转化为国内反恐法律的内容。

最后，中亚国家的全面性反恐措施为我国的反恐斗争提供一定的借鉴。中国和中亚国家一样面临着“三股势力”的威胁。虽然一直以来我国不断采取积极措施，从意识形态等多个方面防止“三股势力”的渗透，但是法律控制措施的缺失仍为“三股势力”在我国新疆地区的存在创造了一定的条件。中亚国家不仅在刑法和反恐法中规定了恐怖主义犯罪，而且还颁布专门针对极端主义的法律和行动纲领，发动全社会的力量，构筑反对和抵御“三股势力”的坚固防线，防止“三股势力”对社会生活的影响。目前，我们在这方面工作还做得不够。当前，亟待需要改进和解决的问题是在我国反对恐怖主义主要还是国家权力机构的任务，而普通公民对反恐斗争的参与程度非常低也非常消极。因此，通过一系列法律措施来鼓励公民参与全民反恐的行列当中来，最大限度地提高他们的参与积极性，从而从社会基础这个源头上有效地保障反恐斗争的胜利应该成为我们未来反恐法律的一项重要内容。

结 语

中亚恐怖主义犯罪极大地危害了该地区人民的生命财产安全和正常社会秩序，是严重的暴力犯罪，它促使国际社会和中亚国家的政府认识到现在社会业已存在的各种政治、经济与社会问题，从而迫使他们去反思自己的政策，并在制度允许的框架内进行一些政策改革与调整，以缓解国际矛盾或国内民族、宗教、阶级与经济矛盾。

在打击中亚恐怖主义的过程中，适当地使用军事手段是必要的，但不能一味地强调军事手段而忽视其他手段。恐怖主义总体是以一种无形的力量存在，是一种意识形态的畸形表现形式，没有统一的权力中心。这种无形的力量分载于一定的恐怖主义组织甚至个人，这些组织或个人之间或密切联系或独立存在，在共同的理念下构成对国际社会的威胁。以国家机器为后盾的传统军事打击行动，不可能完全消灭分散于世界各地的恐怖主义力量。一场战争可以消灭一个政权，一次军事行动可以捉拿若干恐怖分子，却无法解决滋生恐怖主义的复杂的政治、经济和文化根源问题。中亚恐怖犯罪是一种极其复杂的社会现象，是一种综合征，其存在是由政治、经济、文化等社会因素的综合原因造成的。消除中亚恐怖主义的影响和危害是一项长期的工程，不仅需要耐心，更需要国际社会的广泛合作以及采取最稳妥的方法。从犯罪控制的角度而言，预防恐怖犯罪比打击犯罪更为重要，这不仅是因为预防恐怖犯罪能够提前避免因恐怖犯罪而导致对社会的严重的危害结果，而且预防的成本更低、适用面更广，对于反恐工作的作用更加明显①。因而，对付恐怖犯罪只能采取综合治理的法律手段，将其作为一项系统的社会工程来治理。

中亚恐怖主义犯罪危害了人民的财产安全和正常社会秩序，因而，将其置于具体的法律范围内，通过法律程序来对其进行控制对中亚的长期稳定是极其重要的。事实证明，国内反恐法律、刑事法律与国际反恐公约的相互协调和统一是控制恐怖犯罪的重要途径之一。中亚国家的刑法、反恐怖主义法和特别法三位一体的反恐体系通过统一的恐怖犯罪概念和协调一致的反恐运作模式较为有效地达到了控制中亚地区的恐怖主义犯罪的目的，在中亚地区创造了相对稳定的安全环境。但是，要想彻底摆脱笼罩在中亚国家头上的恐怖主义犯罪的阴影还需要社会生活的法制化和经济发展的制度化。这就要求中亚国家对整个社会的法制建设常抓不懈，付出更加艰辛的努力。我国应该在这方面更多地借鉴中亚国家的反恐法律措施，尽早出台专门的反恐法律，在法律框架内合理协调国内反恐体系和国际反恐体系之间的关系，用法律手段严厉打击“三股势力”，为我国和中亚的长治久安作出应有的贡献。

---

① 解永照：《犯罪学在反恐怖主义上的应用》，《江西公安专科学校学报》2006年第4期。

第二章　中亚毒品犯罪

如果大麻、鸦片和古柯可称得上是毒品“三剑客”的话，那么“金三角”、“金新月”和“银三角”就可以说是世界毒品的“三作坊”。这三个地区呈三足鼎立之势，形成了全球毒品生产基地和毒品走私网络：一是东南亚的缅甸、老挝和泰国三国交界处的“金三角”地区。二是位于安第斯山区的玻利维亚、秘鲁和哥伦比亚，主要种植古柯可和大麻，人称南美的“银三角”。三是南亚的巴基斯坦、阿富汗、伊朗三国毗连的“金新月”地区。中亚国家作为阿富汗的近邻，已成为世界上继哥伦比亚之后毒品走私最严重的地方。阿富汗的毒品严重影响周边国家的稳定。苏联解体后，中亚地区在国际贩毒集团的操纵下逐步变成全球毒品贩运网络的主要通道之一。整个中亚的安全与稳定因此面临愈益严峻的挑战。据联合国官员在2004年“丝绸之路国家的禁毒斗争”研讨会上透露，阿富汗的毒品有65%—70%是经独联体南部各国运出的，塔吉克斯坦、土库曼斯坦和乌兹别克斯坦则是阿富汗毒品“出口”的转运国，每年阿富汗生产的一半以上的毒品经由这三国运出。[①] 目前，中亚已成为世界上最主要的毒品生产和转运中心之一。[②] 尤其是，毒品问题与中亚地区

① 关健斌：《“金新月”毒品加紧渗透中国》，《中国青年报》2004年2月19日。

② 杨恕、汪金国：《中亚安全和阿富汗毒品》，《东欧中亚研究》2001年第四期。

甚嚣尘上的“三股势力”紧密结合，日益猖獗的毒品犯罪为恐怖主义活动提供了重要的资金来源之一。如果相关国家不能采取有效措施，而是听之任之，则中亚国家以及包括中国在内的周边国家的安全与稳定必然遭遇新的变数。

第一节　中亚毒品犯罪问题的现状

进入新世纪以来，世界一极与多级矛盾加深，传统安全与非传统安全威胁的因素相互交织，政治与经济、社会问题相互影响，宗教冲突、民族纷争、地区冲突加剧，世界范围内的不稳定、不确定、不安全因素大量增加，这些都为毒品犯罪的滋生、蔓延提供了广阔的空间和适宜的土壤。中亚毒品犯罪正是在这样复杂的国际环境下得以蔓延并趋于国际化。

中亚地区的毒品种植和走私有着相当长的历史。十月革命后，苏维埃政权基本上消灭了毒品的生产和消费，只有在少数地方还保留着合法的种植区，以供医学之用。但是，随着苏联的解体，灾难又出现了，中亚五国深深感到毒品对本国的威胁。中亚地区几乎每天都有边境哨卡截获走私毒品的消息。1999 年，俄边防部队在塔吉克斯坦——阿富汗边境查获了 385 公斤海洛因。俄罗斯边防军于 2001 年 2 月 18 日在塔吉克斯坦与阿富汗交界地区截获一批毒品。根据俄罗斯边防军介绍，当天他们在边境巡逻时，发现两批走私分子在同一时间准备从阿富汗携毒品进入塔吉克斯坦境内。这些走私分子虽然都有武装人员保护，但在看到俄边防军向他们逼近时，还是丢弃了毒品，仓皇而逃。俄边防军随后缴获了他们留下的几个口袋，发现口袋中一共装有 320 公斤鸦片和两公斤海洛因。① 仅在 2001 年 1—7 月，俄罗斯边防部队就

① 万佳：《毒品害了丝绸之路》，《环球时报》2001 年 6 月 26 日。

查获了500公斤毒品，其中有270公斤为海洛因。除此之外，俄罗斯边防部队还从毒贩身上缴获了37000美元毒资、44支枪和2000多箱弹药。[①] 2002年6月19日晚，俄边防部队在塔吉克斯坦——阿富汗边境查获了96.2公斤高纯度海洛因，共击毙了2名企图从阿富汗一侧潜入塔吉克斯坦境内的贩毒分子。[②] 哈萨克斯坦独立以后，毒品犯罪率连年高速上升。哈缉毒部门领导人称，在与毒贩进行斗争的过程中，他们共没收了20吨毒品，其中有150公斤海洛因，此外他们还查获了31条贩运渠道。目前，哈萨克斯坦的毒品生产和转运在中亚地区所起的作用仅次于阿富汗，居第二位。[③] 2000年，哈特工部门破获了一起令人瞠目的贩毒大案，被捣毁的毒品走私集团竟然与外国驻哈的外交机构有关。哈特工人员先是在塔吉克斯坦某外交官的汽车里发现了62公斤海洛因，然后又在塔某商务代表的车库里查获了10公斤海洛因。按阿拉木图市价计算，72公斤海洛因总价值为100多万美元。在俄罗斯，这些海洛因至少值200万美元。若运到欧洲，其身价则要增加5~10倍。2001年年初，在阿拉木图附近的古里萨拉村，警方在一个外籍毒贩的藏身之处查获了340公斤海洛因。其商标显示，这批价值不菲的毒品是来自阿富汗的“名优产品”。哈萨克斯坦警方仅在2001年第一季度就收缴境外毒品11吨，较2000年同期增长近4倍。[④]

在2000年以前，中亚的毒品查获总数中鸦片占据决定性的比重，1997年，中亚地区查获的海洛因的比重不到3%。2000

---

① 王薇：《俄不想成为贩毒通道》，《人民公安报》2002年8月14日。

② 夏勇敏：《塔吉克斯坦截获大批毒品》，《法制日报》2002年6月22日。

③ 杨絮、汪金国：《中亚安全和阿富汗毒品》，《东欧中亚研究》2001年第4期。

④ 万佳：《毒品害了丝绸之路》，《环球时报》2001年6月26日。

年，被查获的鸦片和海洛因都有大规模的增长，因而毒品的查获数量也达到了历史最高点，超过 13 吨。随后，在经历了前几年的急剧膨胀后，从 2001 年开始，鸦片查获的数量开始呈下降趋势[①]，但查获的海洛因的数量却逐年上升，到 2002 年接近 70%。2003 年，仅塔吉克斯坦一国查获的海洛因数量就接近 3 吨。[②] 2004 年，中亚地区查获的海洛因数量则达到 6 吨的新高。这说明海洛因逐渐取代鸦片成为中亚地区最主要的毒品。[③] 塔吉克斯坦也成为“金新月”[④] 毒品在中亚地区的主要毒品集散地。2005 年，由阿富汗贩卖至塔吉克斯坦的毒品达 2 吨。2007 年前 9 个月，塔吉克斯坦总统直属毒品监控局共处理非法毒品贩运案件 117 起，缴获毒品 916 公斤，其中海洛因 279 公斤。独联体集体安全条约组织 2007 年在独联体范围内连续展开两次“通道 2007”大规模反毒品专项行动，共缴获各类毒品 280 吨，其中鸦片 80 吨，海洛因 1.1 吨，大麻 60 吨等。[⑤] 中亚主要毒品的查获数量一直保持在比较高的水平：从 1997 年到 2007 年均在 4 吨以上。2009 年，塔吉克斯坦总统直属毒品监控局共掌握 152 起非法毒品走私案，比 2008 年增长了 37%，缴获毒品超过 996 公斤，其中海洛因 315 公斤、鸦片 350 公斤、大麻 331 公斤。仅该局就侦破 21 起与毒品有关的有组织犯罪，共逮捕分属 5 个毒品走私

① 据联合国的报告，从阿富汗流经中亚地区的鸦片截获率不到 4%。转引自中国现代国际关系研究院：《国际战略与安全形势评估（2007/2008）》，时事出版社 2008 年版，第 206 页。

② See http：//www. unodc. org/uzbekistan/en/fact_ taj. html，2006－03－15.

③ 这种变化的趋势详见以上的两张表格。

④ “金新月”位于阿富汗、巴基斯坦和伊朗三国的交界地带，因地域形状近似新月，又因盛产利润极高的毒品鸦片，故被称为“金新月”。20 世纪末，“金新月”取代“金三角”成为世界最大的鸦片类毒品产地。

⑤ 转引自中国现代国际关系研究院：《国际战略与安全形势评估（2007/2008）》，时事出版社 2008 年版，第 207 页。

集团的 65 名犯罪分子。[①] 乌兹别克斯坦的毒品走私犯罪逐年攀升，据乌执法部门统计的数据，每年有大量产自阿富汗的毒品流入乌兹别克斯坦。2007 年查获毒品 2114 公斤，2008 年查获 3550 公斤。2009 年焚毁 1. 3 吨毒品，价值约 3 亿美元，其中包括 975 公斤海洛因。2009 年 8 月 14 日，乌兹别克斯坦安全人员在塔什干查获 126 公斤海洛因。同日，警方在花拉子模州乌尔根奇机场飞往莫斯科的行李中查获 1 公斤海洛因。[②]

中亚地区的毒品犯罪主要为毒品走私犯罪。阿富汗是罂粟的主要种植国，每年仅从罂粟中提取的鸦片就达数千吨，是世界上最大的毒品生产国之一。自 2002 年以来，阿富汗年度鸦片总产量一直保持世界总产量 85% 以上的份额，罂粟种植面积占世界总量的 82%，鸦片产量更是占到 90% 以上。处于阿富汗——世界上最大的鸦片生产地与世界上最大最富的消费市场——俄罗斯和西欧之间的地理位置使得中亚迅速成为世界上生产和走私毒品的主要地区之一。据联合国毒品和犯罪问题办公室的报告，俄罗斯海洛因的 95% 和欧洲海洛因的 70%—90% 都来自阿富汗。联合国毒品和预防犯罪办公室曾在 2009 年 10 月公布报告称，俄罗斯的吸毒人数在最近 10 年里增加了 10 倍，俄罗斯人每年消费的阿富汗海洛因在 75—80 吨之间，每年海洛因消费已排名世界第一，占阿富汗海洛因产量的 21%。[③] 从阿富汗进入俄罗斯的毒品

① 杨进：《塔吉克斯坦与上海合作组织》，载吴恩远、吴宏伟主编：《上海合作组织发展报告（2010）》，社会科学文献出版社 2010 年版，第 169 页。

② 苏畅：《乌兹别克斯坦与上海合作组织》，载吴恩远、吴宏伟主编：《上海合作组织发展报告（2010）》，社会科学文献出版社 2010 年版，第 181 页。

③ 徐晓天：《上海合作组织的安全合作》，载吴恩远、吴宏伟主编：《上海合作组织发展报告（2010）》，社会科学文献出版社 2010 年版，第 58 页。

每年造成近 3 万人死亡。[①] 根据俄罗斯边防部队所披露的有关资料，阿富汗所生产的毒品的 65% 是经中亚国家运到俄罗斯和欧洲市场的，而中亚国家的护法机关仅能截获其中的 10% 。2001 年哈萨克斯坦共收缴 360 公斤海洛因，这仅是从哈过境的海洛因总量的十分之一。[②] 长期以来，阿富汗的制毒、贩毒活动十分猖獗。据报道，罂粟种植在阿富汗屡禁不绝，阿富汗 2000 年的鸦片产量占世界的 70% ，2003 年世界海洛因的 1/3 和欧洲海洛因的 95% 都来自阿富汗收获的鸦片，全世界有 1000 万人吸食阿富汗鸦片[③]。2004 年的海洛因产量为 420 吨，2006 年阿富汗的鸦片产量则为 6100 吨，比 2005 年增长 2000 吨，占世界产量的 92% ；2008 年更是达到了创纪录的 8200 吨，比 2007 年增长 34% 。根据联合国毒品与犯罪问题办公室和阿富汗禁毒部联合发布的《2011 年阿富汗鸦片调查》报告显示，2011 年阿富汗的罂粟种植面积达到 196. 5 万亩，同比增加 7% ，同时，鸦片单产反弹至 2. 97 千克/亩，同比上涨 52% ；鸦片总产量约为 5800 吨，同比上涨 61% 。而被查出经塔吉克斯坦、乌兹别克斯坦、土库曼斯坦、哈萨克斯坦等国走私的毒品占阿富汗毒品非法输出的 24%（而专家估计的包括未查出部分的总量占 60% 以上）[④]，中亚各国及俄罗斯已成为向欧洲及世界毒品走私的重要走廊。[⑤] 通过贩卖海洛因，塔利班和基地组织每年可获得的巨额利润高达 2800 万

---

① http：//www. chinadaily. com. cn/hqgj/2010 – 03/12/content_ 9582717. htm《俄罗斯抨击北约放任阿富汗毒品流入俄罗斯》，中国日报网。

② 朱冬传：《哈萨克斯坦全力缉毒》，《法制日报》2002 年 6 月 3 日第四版。

③ ［英］《独立报》，2004 年 4 月 18 日。

④ Ирина Комиссина Афганистан：наркоторговля ирегиональнаябезопасность，ЦентральнаяАзияиКавказ，2005，№6，с. 95 – 99.

⑤ 余建华等著：《上海合作组织非传统安全研究》，上海社会科学院出版社 2009 年版，第 171—172 页。

美元。阿富汗的毒品，不仅已严重影响中亚各国的社会治安，而且与宗教极端主义势力和恐怖主义势力相结合，成为影响地区安全、酝酿冲突的巨大能量。据有关部门称，目前在与塔吉克斯坦接壤的阿富汗边境地区，罂粟种植比2011年同期增加了近50%，这些地区的鸦片加工点的数量增加了一倍。阿富汗的毒品种植和加工有向塔吉克斯坦蔓延的趋势。塔吉克斯坦毒品监管局称，2012年前9个月收缴的毒品比去年同期的5.029吨增加42.5%。2012年上半年，警方还缴获了1.9吨毒品（其中包括160公斤海洛因）。阿塔边境地区已建立起了独特的“海洛因王国”，该地区主要向集安组织国家供应工业纯度浓缩毒品，发起和资助恐怖主义与极端主义活动，这催生整体地区的不稳定。

作为阿富汗毒品向独联体地区流出的第一站，塔吉克斯坦既要堵住阿富汗毒品流入（南部的哈特隆州跨境点喷赤河和东部的戈尔诺——巴达赫尚自治州），又要防止毒品进一步向中亚邻国（北部的粟特州）流出，但塔吉克斯坦防守薄弱的边境无疑只能为毒品泛滥推波助澜。

表2-1　2000—2007年中亚五国截获的鸦片数量（单位：公斤）①

国别	2000	2001	2002	2003	2004	2005	2006	2007
哈萨克斯坦	136	36	14	192	352.8	669	637	336
吉尔吉斯斯坦	1405	469	109	45.684	317.458	261	302	271
塔吉克斯坦	4778	3664	1624	2371.005	2315.608	1104	1387	2542
土库曼斯坦	2300	没有报告	1200	138	655.5	749	2656	2284
乌兹别克斯坦	2008	242	76	151.2	384.744	107	759	731

① 资料来源：UNODC，World Drug Report 2001 - 2009 及 UNODC statistics and fact sheets.

表 2 – 2　2000—2007 年中亚五国截获的海洛因数量（单位：公斤）①

国别	2000	2001	2002	2003	2004	2005	2006	2007
哈萨克斯坦	262.4	138.7	167.69	707	457.7	626	555	522
吉尔吉斯斯坦	216.78	170.898	271.25	104.58	207.259	300	300	431
塔吉克斯坦	1882.929	4239.005	3958.182	5600.309	4794.057	2345	2097	1550
土库曼斯坦	200	71	400	80.5	266	200	200	326
乌兹别克斯坦	675	466.601	256.32	336.4	591.788	467	537	501

中亚地区不仅是天然的贩毒通道，而且自身也种植、生产毒品。哈萨克斯坦南部的江布尔、吉尔吉斯斯坦的伊塞克湖畔和乌兹别克斯坦的撒马尔罕等地区早就有罂粟和大麻种植，这个地区生产的大麻产量占世界大麻生产总量的 5%。② 中亚地区的气候适宜种植大麻等毒品植物，中亚地区的野生罂粟每年可制成 300 吨鸦片。传统的鸦片种植区域是在吉尔吉斯斯坦以及哈萨克斯坦的部分地区；野生大麻则广泛生长于乌兹别克斯坦东部、哈萨克斯坦的楚河流域等地区。在哈萨克斯坦南部的丘亚谷地就有 38 万平方米野生大麻，年产量可达 5000 多吨。吉尔吉斯斯坦是苏联主要的鸦片种植区，曾为苏联提供 80% 的鸦片，当时吉尔吉斯斯坦向国际市场出口的麻醉药品占世界总量的 17%。③ 但是，那个时期这种种植业受到苏联政府的严格控制，这些国家的毒品生产并没有成为主要的经济活动。

苏联解体以后，中亚国家的麻醉品生产骤然失控，鸦片种植

① 数据来源：UNODC，World Drug Report 2001 – 2009 及 UNODC statistics and fact sheets.

② UNODC，2005 World Drug Report.

③ 孙壮志：《中亚安全与阿富汗问题》，世界知识出版社 2003 年版，第 140—141 页。

又死灰复燃。吉尔吉斯斯坦再次成为中亚主要的毒品产地，在伊塞克湖州、贾拉拉巴德州、丘伊盆地生长着“印度大麻”和罂粟，2002年吉尔吉斯的罂粟种植面积就比2001年扩大了近一半以上。吉尔吉斯斯坦人从事毒品贩运的不多，主要是种植和生产毒品。他们将种植的90%罂粟和大麻在地下制毒作坊非法制毒，每年警察局均要捣毁几十家这样的小工厂。[①] 2004年1—6月，吉尔吉斯斯坦共缴获2吨毒品，这些主要是在奥什、贾拉勒阿巴德和巴特肯等南方地区缴获的。地理和气候条件与吉尔吉斯相似的乌兹别克斯坦和塔吉克斯坦也是适合种植大麻和罂粟的国家。乌兹别克斯坦的撒马尔罕州和苏尔汉河州也成为大批种植罂粟和大麻的地区。乌兹别克斯坦的罂粟种植面积早在1991年就已经达到1000公顷以上。罂粟种植近年来在塔吉克斯坦也极为普遍，尤其是在巴达赫尚自治州和帕米尔山区。而费尔干纳盆地以及土库曼斯坦靠近阿富汗的边境地区都有大面积的罂粟田。乌兹别克斯坦国家安全局提供的资料显示，乌兹别克斯坦从1994年开始公开销毁毒品，至今销毁毒品的总量已达到了45吨。2010年，乌兹别克斯坦国家安全局在塔什干郊区的一家工厂销毁了近两吨毒品。销毁的毒品包括749公斤海洛因、6041公斤鸦片和329公斤大麻以及其他麻醉药品和精神药品。[②] 哈萨克斯坦的官方统计显示，在哈萨克斯坦境内已经形成毒品生产基地，种植毒品的土地面积达100万公顷，特别是南部地区大面积种植大麻，每年可以生产14.5吨印度大麻或4－5吨大麻素。[③] 2002年的头5个月，哈民族安全委员会缴获1吨地方产的大麻、大麻膏。在一个

---

① 孙壮志：《中亚新格局与地区安全》，中国社会科学出版社2001年版。

② 《乌兹别克斯坦国家安全局销毁近两吨毒品》，《中亚信息》2010年第7期。

③ 《走私运进哈萨克斯坦的毒品在增多》，《中亚信息》2003年第3期。

村民家中的车库里一次收缴 800 公斤大麻。[①] 哈萨克斯坦警方在 2002 年缉毒专项行动中发现并捣毁总面积达 6066 平方公里的罂粟种植地，清除了 2078 平方公里的野生大麻产区。

尽管毒品作物的种植规模和数量都有扩大的趋势，但中亚各国还不是主要的毒品生产国，毒品的跨境走私在中亚地区的毒品犯罪中占据着压倒性的地位。在国际毒品贩运网络中，中亚地区的角色是阿富汗毒品贩运的过境地区，该地区 99% 的鸦片和鸦片制剂（包括鸦片和吗啡等）来源于阿富汗。2003 年，塔吉克斯坦、土库曼斯坦、乌兹别克斯坦、哈萨克斯坦和吉尔吉斯斯坦截获的鸦片数量分别达到了 2370 公斤、138 公斤、151 公斤、192 公斤和 46 公斤。[②] 中亚地区已经形成了把阿富汗毒品运送到其他国家的中转通道。据吉尔吉斯斯坦毒品管理委员会提供的资料，吉尔吉斯斯坦的毒品转运和输送路线主要是奥什、巴特肯经过阿鲁屯马扎，到离塔吉克斯坦最近的浩瀚市的路线。[③] 另外，乌兹别克斯坦的特尔米兹、塔什干、撒马尔罕和锡尔河都处在毒品转运和输送线上。从阿富汗进入哈萨克斯坦的毒品则主要经过阿拉木图、奇姆肯特、格奥尔吉耶夫市和阿斯塔纳等市。[④] 目前，通过中亚国家转运和输送毒品主要有四条路线：第一条，从阿富汗西部的赫拉特省经过土库曼斯坦，然后再经高加索进入土耳其，这一条路线以运输鸦片为主。第二条，从阿富汗北部进入

---

① 朱冬传：《哈萨克斯坦全力缉毒》，《法制日报》2002 年 6 月 3 日。

② Erica Marat：The State—Crime Nexus in Central Asia：State Weakness, Organized Crime, and Corruption in Kyrgyzstan and Tajikistan，美国约翰霍普金斯大学中亚高加索研究所 2006 年报告。

③ International Narcotics Control Strategy Report. Bureau for International Narcotics and Law Enforcement Affairs, March 2006.

④ Jacob Townsend, , The Logistics of Opiate Trafficking in Tajikistan, Kyrgyzstan and Kazakhstan, The China and Eurasia Quarterly 4 (1) 2006.

塔吉克斯坦，经俄罗斯、爱沙尼亚、拉脱维亚，进入西欧，主要运输海洛因。第三条，从阿富汗北部进入乌兹别克斯坦南部，经塔什干、莫斯科进入西欧，也以运输海洛因为主。第四条经阿富汗北部进入塔吉克斯坦、经哈萨克斯坦进入西欧，也是运输海洛因。其中，塔吉克斯坦、土库曼斯坦、哈萨克斯坦和乌兹别克斯坦是这四条通道上的重要中转地。阿富汗—中亚各国—欧洲贩毒通道是“金新月”毒品走向国际市场的主动脉。此外，贩毒分子可以从阿富汗的任何地方很方便地通向巴基斯坦、伊朗和中亚国家。

2012 年，吉尔吉斯斯坦作为阿富汗毒品重要“转运中心”之一，其国内毒品问题更加严重。仅 2012 年的前 9 个月，吉尔吉斯斯坦登记在案的毒品案件达 1352 起，警方共缴获包括 100 多公斤海洛因在内的 13 吨毒品、898 公斤麻醉品。吉尔吉斯斯坦内务部打击有组织犯罪局共拘捕 129 名有组织犯罪团伙的成员，吉警方同时查获 448 起在职腐败案，涉案金额约 220 万美元。

图 2－1　从中亚到欧洲的毒品走私路线图①

① 转引自万佳：《毒品害了丝绸之路》，《环球时报》2001 年 6 月 26 日。

毒品的大量涌入使中亚各国的吸毒人数急剧增加，青少年吸毒现象更为突出，中亚逐渐变成毒品的消费地区。1992 年苏联刚刚解体时，整个中亚的吸毒人数仅为 3900 人，而到了 1998 年却猛增至 30 多万人，其中哈萨克斯坦的吸毒人数高达 20 多万，平均每千人中吸毒者人数为 12.3 人，是中亚地区吸毒者比例最高的国家。其次是吉尔吉斯斯坦，约有 5 万人使用毒品，平均每千人中有 11 名吸毒者。土库曼斯坦的吸毒者也近 5 万人，每千人吸毒者为 10 人。据哈萨克斯坦国家禁毒局 2000 年 5 月的统计，全国至少三分之二的吸毒者年龄在 30 岁以下。塔吉克斯坦 16—17 岁的在校生中就有 28% 尝过毒品，全国共有 12 万人吸毒。中亚已成为世界上吸毒者比例最高的地区，美国平均每千人吸毒者为 10.5 人，瑞士为 1.9 人，意大利为 7.3 人，吸毒盛行的哥伦比亚达 21.5 人，巴基斯坦为 23.4 人。[①] 近几年来中亚地区吸毒人口有所增长。哈萨克斯坦吸毒人数年均增长率为 24%，吉尔吉斯斯坦为 12%，乌兹别克斯坦为 11%。2012 年 7 月，吉尔吉斯斯坦正是记录在案的吸毒者人数是 10705 人，2008—2012 年，吉尔吉斯斯坦吸毒者人数就上升了 26.5%。而联合国统计资料称，吉尔吉斯斯坦瘾君子人数实际已达 10 万人。乌兹别克斯坦国家毒品管理中心称，乌兹别克斯坦共有登记在册吸毒者 19547 名，但实际人数可能是这个数字的 10 倍。[②] 2012 年 10 月 24 日，塔吉克斯坦国家毒品控制署发布报告称，截至 2012 年 10 月 1 日，塔吉克斯坦登记在册的吸毒者和艾滋病病毒携带者人数分别为 7255 人和 4500 人。塔吉克斯坦国家毒品控制署称，在塔吉克斯坦戒毒机构登记在册的吸毒人员中，有 223 人是妇女。

---

① 邓浩：《中亚毒品问题：现状与前景》，《国际问题研究》2001 年第四期。

② 徐晓天：《上海合作组织的安全合作》，载吴恩远、吴宏伟主编：《上海合作组织发展报告（2010）》，社会科学文献出版社 2010 年版，第 59 页。

2012 年 1 月 1 日以来，塔吉克斯坦的吸毒者人数已经增加了 1.8%。塔吉克斯坦国家毒品控制署称，在该国的 4500 名艾滋病病毒携带者中有 1130 名妇女。在 2011 年底，塔吉克斯坦各级政府登记在册的艾滋病病毒携带者为 3846 人，其中有 859 人为妇女，而这一现象与吸毒时共用针头密切相关。

毒品泛滥、制毒贩毒业的盛行导致中亚地区同毒品有关的犯罪案件急剧增加。多数吸毒者都是以贩养吸，也有相当一部分吸毒者为获取毒资走上盗窃、抢劫甚至是杀人的犯罪道路。1991—1993 年，中亚非法种植鸦片的数量增加了 300%，而相应的与毒品有关的犯罪案件也增加了 65%。据吉官方统计，1994 年该国所拘捕的贩毒犯罪由 1991 年的 1150 人、1992 年的 1901 人、1993 年的 2145 人增加到 2544 人，1994 年比 1991 年增长 1.2 倍。[①] 1994 年，哈萨克斯坦每百万人中与毒品有关的犯罪案件为 564 起，吉尔吉斯斯坦为 553 起，而到 1996 年，哈上升到 1193 起，吉也增至 702 起。哈萨克斯坦的毒品犯罪率连年高速上升，1996 年与 1995 年相比，增长了 29%，而与独立前的 1990 年相比，增长了 3.5 倍。1994 年，哈与毒品有关的犯罪人数为 9600 人，1995 年增至 13200 人，1996 年为 17100 人，1997 年为 14800 人，1998 年头 9 个月就达 17368 人。[②] 哈萨克斯坦 1998 年共破获 1.9 万起与毒品有关的犯罪案件。同年，吉尔吉斯斯坦登记在册的毒品犯罪案件有 3295 起，比上一年增长 6.1%。塔吉克斯坦 1999 年与毒品有关的犯罪占犯罪总数的 13%（1997 年占 4%），犯罪人数占总数的 45%。2000 年 1—4 月，塔吉克斯坦全国共发生各类案件 4.6 万起，其中六分之一与毒品有关。[③] 1996 年，在

① 赵常庆：《中亚五国概论》，经济日报出版社 1999 年版，第 221 页。
② 邓浩：《中亚毒品问题：现状与前景》，《国际问题研究》2001 年第 4 期。
③ 孙壮志：《中亚新格局与地区安全》，中国社会科学出版社 2001 年版。

土库曼斯坦发生与毒品有关的案件2102起，查处毒品种植案436起。1997年1—9月，查获通过土库曼斯坦转运到中亚和欧洲的大麻毒品达46吨。[①] 2001年，乌兹别克斯坦共有9000多人因涉嫌贩运毒品而被追究刑事责任。这一数字仅2002年1—5月就达到了2000多人。[②] 截至2009年11月，哈萨克斯坦国家安全委员共破获49个国际贩毒渠道，捣毁了57个贩毒集团，缴获毒品共计3000多公斤。而据吉尔吉斯斯坦内务部称，吉尔吉斯斯坦2009年上半年共破获涉毒案件834起，其中毒品走私17起，毒品销售156起，缴获毒品超过850公斤。[③] 同时，中亚国家的警察、海关等执法机构的工作人员也有不少卷入到毒品犯罪案中。

2012年11月，哈萨克斯坦内务部部长卡斯莫夫称，哈当前主要面临两种安全威胁：一是流入中亚国家的阿富汗海洛因持续增长；二是通过走私方式进入江布尔州楚河谷地的生鸦片数量不断上升。2012年6月1日至10月31日，仅通过开展"2012罂粟行动"（Mak—2012），哈萨克斯坦内务部共查获各类毒品20吨，侦破1307起毒品犯罪活动，其中包括53起贩毒大案和29起毒品走私活动，同时破获5个有组织犯罪团伙。

第二节 中亚跨国毒品犯罪的特点

中亚跨国贩毒作为一种非常特殊的社会现象，已经走过了一个比较长的历史过程，在历史发展演变过程中，逐渐形成了其自身的一些特点和规律。这些特点与规律是由毒品本身的自然属

---

① 《俄罗斯和东欧中亚国家年鉴（1997年）》，当代世界出版社1999年版，第338、340页。

② 《国际社会关注中亚的吸毒者》，《中亚信息》（维文）2002年第8期。

③ 徐晓天：《上海合作组织的安全合作》，载吴恩远、吴宏伟主编：《上海合作组织发展报告（2010）》，社会科学文献出版社2010年版，第59页。

性、社会属性所决定，受国际政治、经济、社会、文化形势发展变化的制约的。

（一）国际贩毒组织视中亚为向俄罗斯和欧洲输送毒品的中转站和销售地，从阿富汗经过中亚国家向西欧和世界其他地区贩运是中亚跨国贩毒的主流

从犯罪学的角度来说，跨国贩毒也是一个复杂的系统工程，需要有高度的组织和控制能力。因此，跨国贩毒往往是由大的犯罪组织、黑社会集团所操纵和控制的。这些组织为了谋求能够维持其存在和非法活动的高额利润，就必须将毒品从主要生产地贩运到主要消费地。过去，阿富汗毒品的“传统出口通道”是通过伊朗和巴基斯坦运出，但20世纪90年代后期，经中亚向俄罗斯运往欧洲成了最主要的通道。由于阿富汗和中亚国家之间存在着各种各样复杂的联系，特别是苏联的解体使中亚国家对边境失去了有效的控制，两个毒品市场便很快连在了一起。阿富汗毒品的“出口”路线主要有北线和南线两条。北线经巴基斯坦、中亚和俄罗斯，分成两支，一支经印度、中国、蒙古到达亚太地区，另一支经俄罗斯抵达北欧、中欧、西欧，然后被转运到南北美洲。南线经伊朗、乌兹别克斯坦、土库曼斯坦和土耳其等国，运抵欧洲东部和中南部，再转向南方抵达非洲，向西越过大西洋，到达南北美洲。在经北线运抵世界市场之前，阿富汗的鸦片还在“金新月”地带和独联体国家被加工成海洛因。2001年，阿富汗境内已有专门用于生产海洛因的加工厂和实验室400多间。不仅是阿富汗，在巴基斯坦、伊朗、塔吉克斯坦的边境地区，警方还发现当地居民干脆把厨房当成实验室，在厨房里大量精炼毒品，然后按公斤打包。而被加工好的毒品再从这些国家通过千方百计的隐藏方式沿“丝绸之路”，被运抵俄罗斯、波罗的海诸国、波兰、乌克兰和捷克，然后再运往斯堪的纳维亚以及德国等更远的西欧国家。中亚国家则是阿富汗毒品“出口”的转

运国，每年阿富汗生产的一半以上的毒品经由中亚五国运出。阿富汗毒品进入中亚国家，之后又与中亚毒品一起进入世界毒品市场。在中亚毒品生产和交易方面，阿富汗的恐怖主义势力和宗教极端势力起了特殊的作用。一方面，他们鼓励毒品生产，并以此作为重要的经济来源。另一方面，他们用军事手段开拓市场，武装力量到哪里，就把毒品带到哪里，并用恐怖主义手段保持和发展毒品交易。

（二）贩毒的“气球效应”

所谓“气球效应”是国际禁毒领域对毒品犯罪活动规律的一种形象的比喻，意思是气球中的气体在外力的作用下会向不同的方向流动，哪里的压力强，气体就会离开哪里，向其他压力轻的地方流动。跨国贩毒的规律同样也符合“气球效应”。

由于各国在禁毒指导思想上的差异，导致在禁毒立法、执法方面也有所不同。跨国贩毒集团往往选择禁毒立法、执法相对薄弱的国家和地区开辟信道，尽量回避那些禁毒立法、执法相对严厉的国家和地区。对阿富汗毒品，伊朗采取了严厉的措施，杜绝了阿富汗和巴基斯坦毒品把伊朗作为毒品过境运输的信道。中亚各国独立不久，法律不完善，没有专门的缉毒设备。况且，中亚各国是把阿富汗毒品贩运到欧洲的最近路线。所以，毒品贩子自然而然就选择了中亚，使之成为毒品贩运的信道。

（三）中亚跨国毒品犯罪与政治、经济因素有着内在的联系

任何一种社会现象都有其赖以存在的政治经济背景，都与一定的政治经济因素存在着内在的、必然的联系。跨国贩毒作为一种非法的、反社会的特殊社会现象，它之所以能够在人类一致的声讨声中长期存在，并且越演越烈，与当今世界的政治经济发展进程有着直接的联系。

从历史上看，政治腐败是犯罪集团产生和生存的土壤。而当今社会犯罪集团和社会组织的势力往往取决于其在政界的背景和

靠山。政界背景一方面为犯罪集团的存在提供直接和间接的保护，另一方面也为犯罪集团的活动提供了方便和渠道。中亚毒品之所以能够迅速发展，不仅与阿富汗各种势力的参与有很大的关系，而且也与中亚国家的各种国家机构中普遍存在腐败有着直接的联系。从 20 世纪 90 年代末到 21 世纪初，塔利班在阿富汗占上风，并掌握政权，种植罂粟现象的蔓延提供了好机会。阿富汗生产的大量毒品以多种方式、沿多个方向迅速流入世界毒品市场。在这一过程中，中亚国家必然就成为阿富汗毒品输送世界各地的转运站。中亚国家独立之后，各种社会问题限制着中亚经济的发展。在这种情况下，阿富汗把毒品这股祸水引向了中亚，使中亚的毒品问题在短短的几年时间里达到了惊人的规模。中亚国家的一些犯罪团伙在看到毒品交易背后的巨大利润之后，与执法部门的一些官员串通一气，从事毒品交易。虽然这种情况在塔利班政权倒台后有了一定的好转，但因为种种原因阿富汗境内的毒品种植短期内无法彻底杜绝，所以中亚的毒品问题近期内也不可能发生根本性的转变。塔吉克斯坦国家禁毒署署长纳扎罗夫 2002 年 4 月在接受中国记者采访时话锋犀利地指出：“9·11”事件后，在阿富汗进行的国际反恐斗争虽然取得了一定的战绩，但却忽视了打击毒品犯罪。他说：现在还存在一种不正确的看法，以为塔利班和“基地”组织被消灭了，阿富汗的毒品问题也随之解决了，这是一个误区。要铲除阿富汗毒品基地，不是一两年的事，而是一项长期的任务，可能需要数十年。① 正是因为阿富汗的毒品交易与中亚腐败政治的联系使中亚毒品市场得以长期保持旺盛的发展。

---

① 朱冬传：《中亚反毒任重道远——访塔吉克斯坦国家禁毒署署长纳扎罗夫》，《法制日报》2002 年 4 月 9 日。

第三节　中亚跨国毒品犯罪的原因

中亚毒品问题日趋严重绝不是一种偶然的现象，而是有着其复杂而深刻的背景。中亚地区由于普遍存在的贫困、容易渗透的边界和崎岖的地形、腐败的执法和政府机构以及语言和文化的亲缘关系，日益成为毒品贩运到欧洲、苏联地区以及中国的“便利通道”。[①] 具体来说，造成这一状况的原因主要有：

（一）阿富汗作为世界上最大的毒品基地之一，紧邻中亚，是诱发中亚滋生毒品问题的主要根源之一

阿富汗是“金新月”毒源地的核心。阿富汗的罂粟种植在19世纪就已经开始了，尽管开始较早，但其规模一直不大，作用也很有限。因此，在相当长的一段时间里，在世界范围内人们并没有把阿富汗看作是一个毒品生产国。这种状况在20世纪70年代发生了变化。1979年12月24日，苏联大举入侵阿富汗后美国开始在武器装备、技术乃至情报特工人员等方面向阿富汗提供援助。抗苏战争与阿富汗内部的权力斗争使阿富汗整个国家处于无政府状态。正常的生产和生活秩序也不复存在。战争的巨额消耗和生存都需要资金，这就为毒品这种简单、低成本又高利润的生产提供了极为有利的外部环境。阿富汗全国罂粟种植面积在7.4万公顷左右，主要集中在北部、东部和南部的5个省。根据联合国禁毒计划署的资料，1999年阿富汗的鸦片产量达到4600吨，占世界总产量的63%，2001年阿富汗种植的罂粟占到每年世界罂粟产量的75%，其绝大部分用以外销。[②] 据联合国毒品和犯罪问题办公室通报，2009年，阿富汗的罂粟种植面积为12.3

① UNODC and The Paris Pact Initiative, Illicit Drug Trends in Central Asia, April 2008, p. 6 – 14.

② 《阿富汗：罂粟产量占全球75%》，《新疆都市报》2002年6月26日。

万公顷，鸦片产量为6900吨，居全球首位。[①] 2012年阿富汗全国罂粟种植面积为15.4万公顷，同比增加18%。阿富汗总统卡尔扎伊上任后就向国际社会作出了“在阿富汗境内彻底铲除毒品”的诺言，阿富汗政府也接二连三地发布了多道“禁毒令”，禁止本国人民种植、收购、买卖麻醉品。2002年，欧盟还向阿政府提供7000万美元，作为对自愿铲除罂粟田的罂粟种植者的经济补偿，自愿铲除罂粟的农民还将免费得到麦种和化肥。但是，农民抱怨政府给的补偿是“杯水车薪”，连罂粟种植收入的一半都不到。此外，大多数农民所耕种的土地是从土地所有者那里高价租来的。政府的补偿金在交了地租之后，农民手中的钱就所剩无几了。塔吉克斯坦联合国毒品控制中心主任萨罗马休·库西瓦托夫就曾坦言：“阿富汗村民靠种植这种东西维持生计，否则就得饿死！”

由于阿富汗地处内陆，无出海通道，因此包括中亚在内的阿富汗周边地区不可避免地成为运输通道。中亚地区的塔吉克斯坦、土库曼斯坦、乌兹别克斯坦直接与阿富汗接壤。它们与阿富汗接壤的边界线分别为1030公里、744公里和137公里。同时，中亚是向西通往俄罗斯至欧洲，向东通往中国和亚太地区的中间环节。这两大区域恰恰是世界主要的毒品消费区。此外，伊朗信道的受阻，苏联在中亚构筑的发达的交通网等也是促使国际贩毒集团选择中亚作为主要通道的因素。俄罗斯内务部麻醉品管制局副局长奥列格·哈里奇金2002年8月说：“现在，在阿富汗和塔吉克斯坦边界，（毒品贩子的）仓库里已经存放了大约7吨鸦片和近2吨海洛因，都在等着运往俄罗斯和欧洲。”[②] 2007—2008

① 中国公安部：《2010年禁毒报告》，北京禁毒在线 http://www.bjjdzx.com.cn/5/2010-05-18/36731.htm.

② 王薇：《俄不想成为贩毒通道》，《人民公安报》2002年8月14日。

年中亚各国查获的大量来自阿富汗的毒品得以证明这一问题的严重性：2007 年 1—11 月，塔吉克斯坦共查获 5200 公斤毒品，2006 年为 4790 公斤。2008 年新年伊始，塔吉克斯坦便查获 60 公斤阿富汗毒品。① 2007 年 5 月—2008 年 2 月，俄罗斯与中亚国家联合进行代号为“台风”的缉毒行动，在哈萨克斯坦、俄罗斯和乌兹别克斯坦就查获了共 800 多公斤海洛因和 100 多公斤鸦片。②

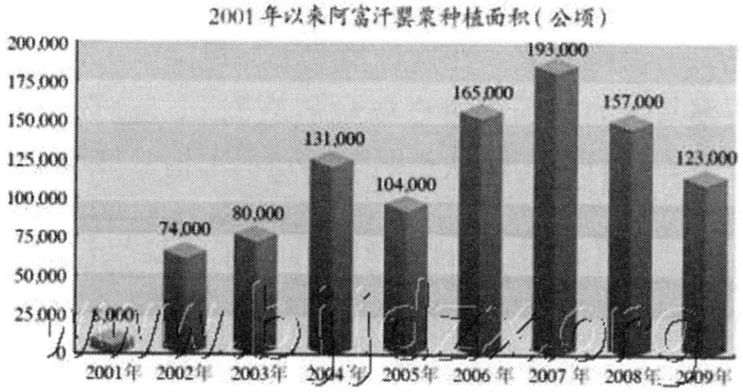

图 2－2　2001 年以来阿富汗罂粟种植面积（公顷）③

（二）贫困是中亚毒品泛滥的一个主要原因

苏联解体后，中亚经济急剧下滑，困难重重的转轨更使各国经济雪上加霜，结果造成贫穷与失业人口剧增。人民越贫困，他

---

① 《塔吉克斯坦在新年缴获 60 公斤来自阿富汗的毒品》，02. 01. 2008，http：//www. ferghana. ru/news. php? id = 8102&mode = snews&PHPSESSID = 676dfd8946e9ea0501008f 42c 348c 24e。

② 孙壮志：《上海合作组织与阿富汗问题》，载吴恩远、吴宏伟主编：《上海合作组织发展报告（2010）》，社会科学文献出版社 2010 年版，第 70 页。

③ 转引自中国公安部：《2010 年禁毒报告》，北京禁毒在线 http：//www. bjjdzx. com. cn/5/2010 －05 －18/36731. htm.

们遵纪守法的意识就越差，爆发内战的可能性也就越高。① 在人均国内生产总值仅 300 美元、人均月收入只有 25 美元的情况下，可以想见，贫困是中亚国家面临的严峻问题。2012 年 5 月 2 日，吉尔吉斯斯坦财政部长 A · 扎帕罗夫称，吉国内将近 10% 的家庭也就是 12.3 万个家庭生活在贫穷线以下，即月收入低于 100 美元。7 月 2 日，非政府组织“儿童保护中心”执行理事米拉 · 伊杰科耶娃称，100 多万名吉尔吉斯斯坦儿童生活在贫困线以下。根据联合国儿童基金会的统计，在吉尔吉斯斯坦儿童死亡事件中有五分之一与饥饿有关。在这种情况下，风险虽大但获益颇丰的毒品便很容易成为贫困者的“救命稻草”。于是，处于困境和失望中的许多人便铤而走险从事贩毒活动，哪怕最终被抓获甚至是判处死刑也在所不惜。② 另外，也有统计数据显示，在中亚从事毒品犯罪 30% 是来自农村的贫困妇女。根据吉尔吉斯斯坦有关部门 2002 年的估计，从事毒品走私者之中有 10%—20% 是妇女，而因毒品犯罪而收到惩罚者中有 12% 是妇女，在塔吉克斯坦这个比例则达到 35% 。③ 据说，毒品每转一次手就增值一倍。在阿富汗，从鸦片种植者手中收购 1 公斤鸦片饼只需 100 ~ 150 欧元，但到了欧洲却能卖到 30 万到 45 万欧元。1 公斤毒品制成品在阿富汗境内价格为 300 美元，运出阿富汗边境后就升至 3500 美元。而运抵欧美市场后，每公斤毒品制成品的批发价高达 2 万—3 万美元，有时甚至高达 10 多万美元，零售价则又是批发价的数倍。

① Erica Marat：The State—Crime Nexus in Central Asia：State Weakness, Organized Crime, and Corruption in Kyrgyzstan and Tajikistan，美国约翰霍普金斯大学中亚高加索研究所 2006 年报告。

② Narcotics Interdiction in Central Asia：Challenges for International Assistance（Open Society Institute 2002, New York）.

③ International Crisis Group，“Central Asia：drugs and conflict”, Asia Report No. 25（26 November 2001）.

根据俄内务部披露的材料，1 公斤鸦片在阿富汗价值为 50 美元，在塔吉克斯坦则升至 200 美元，到吉尔吉斯斯坦达到 1000—1500 美元，到哈萨克斯坦则变成 5000 美元，而到俄罗斯更是增至 10000 美元。如果是 1 公斤海洛因，在塔吉克斯坦边界价值 7000—10000 美元，到莫斯科就可升至 15 万美元，而在纽约或伦敦可达到 20 万美元。在乌兹别克斯坦，1 公顷罂粟的收入几乎等于棉花的 20 倍。面对如此暴利的诱惑，陷入贫困的许多中亚人是难以抗拒的。2000 年，在从哈萨克斯坦奇姆肯特开往俄罗斯新西伯利亚的火车上，哈警方从一名年轻妇女携带的一桶土豆饼中缴获近两公斤海洛因。事发后，这位痛哭流涕的塔吉克妇女才知道，自己所带的竟是商标为“红色天蝎”的极品海洛因。中间人只是告诉她把货送到指定地点后可以获得 300 美元。2001 年，一名 16 岁的男孩在由塔什干开往新西伯利亚的火车上突然休克，经抢救后发现，该男孩的父母为牟取暴利，竟让他将一袋海洛因吞入腹中。[①] 阿富汗和中亚毒品的主要集散地之一、哈俄边界上的俄罗斯叶卡捷琳堡市缉毒警官费奥多尔·阿尼克耶夫说：“我们发现，毒品携带者中，刚刚怀孕的妇女越来越多。只需付给她们 500 美元，她们就愿意把毒品吞进肚子里面藏起来……看着她们苍白、不健康的面容，（机场）缉毒人员很自然地就会把她们叫出来，但医生却拒绝给她们照 X 光检查，因为胎儿会受到 X 射线的伤害。”[②]

另外，苏联解体导致中亚国家的边界防卫能力急剧下降，从而为毒品涌入中亚打开了方便之门。独立之后，中亚国家的军队都是在收编原苏军的基础上建立起来的，由于存在经费不足、军事人才匮乏、军工基础薄弱等“先天不足”，各国的防卫能力普

① 万佳：《毒品害了丝绸之路》，《环球时报》2001 年 6 月 26 日。

② 王薇：《俄不想成为贩毒通道》，《人民公安报》2002 年 8 月 14 日

遍较弱，多数国家不能独立担负起保卫本国边界的任务。这使中亚的对外和内部边界均缺乏有效的防卫。时至今日，塔吉克斯坦与阿富汗交界的穆尔加布段的大部分地区仍是无设防区。塔吉克斯坦与吉尔吉斯斯坦的边界也几乎处于失控状态。哈萨克斯坦与俄罗斯长达6000公里的边界更是有边无防。显而易见，边界控制不严给毒品进入中亚直至俄罗斯和欧洲提供了可乘之机。

（三）阿富汗和中亚的恐怖活动是促使毒品在中亚长盛不衰的重要原因

在中亚地区，极端宗教、恐怖主义和毒品犯罪如同三个魔鬼一样形影不离、阴魂不散。阿富汗毒品大量流入中亚国家，渗透了社会生活的各个领域，对这些国家的安全造成了重大威胁。更可怕的是，毒品是有组织犯罪的最大收入来源，而且已成为破坏社会治安的首要因素。在中亚，毒品贸易早已成为极端宗教主义、分离主义、恐怖主义分子的“钱袋子”。恐怖主义团伙积极组织毒品走私活动，从中获得丰厚的利润，再将其用于恐怖活动。[①] 在“金新月”地带，“东突”组织与“基地”等恐怖组织一起，向周边地区贩运毒品，以筹集活动经费。更严重的是，毒品买卖养肥了不计其数的武装犯罪团伙和大大小小的恐怖主义组织，直接威胁到中亚国家及其邻国的边界安全。俄罗斯边防军总司令康斯坦丁·托茨基将军说：“极端主义需要大量金钱。对他们来说，毒品意味着钱来得既快又容易，而且还一本万利。”[②]

阿富汗塔利班和北方反塔联盟及其军队主要是靠发展毒品业来维持的。对塔利班来说，由于国际社会的制裁和封锁，塔利班得不到国际的援助，无法恢复国内经济，不惜以“毒”养生。

---

① 古丽阿扎提·吐尔逊：《中亚恐怖主义犯罪研究》，中国人民公安大学出版社2009年版，第197页。

② 王薇：《俄不想成为贩毒通道》，《人民公安报》2002年8月14日。

而对反塔联盟来说，它虽出于对独联体军事援助的依赖，不得不下令禁止种植鸦片，但实际上并没有人切实遵守，毒品活动仍十分活跃。“9 · 11”事件以后，美英对阿富汗的军事打击迫使塔利班和毒贩们大量抛出库存的毒品，这直接导致了欧洲黑市上毒品价格的异常下跌。一方面，毒品交易的资金转到塔利班手中后转变为购置武器抵抗美英的资金。另一方面，廉价的毒品会使欧洲的瘾君子急剧增加，这当然是美英政府所不愿看到的。2001 年 11 月 7 日，英国首相布莱尔发表紧急讲话说：“本 · 拉登的恐怖组织网络和塔利班的运作资金很大程度上依靠毒品交易。走私到英国的海洛因 90% 都是在阿富汗生产的。阻止他们的毒品交易同我们的利益直接相关。”阿富汗各种势力对毒品的强烈依赖无疑使毗邻的中亚深受其害。阿富汗的恐怖势力已经认识到控制了中亚的贩毒通道就意味着控制了一个取之不竭的财源。因此，恐怖势力必然会不择手段地控制这一贩毒通道。目前，经过中亚的 70% 的阿富汗毒品处于“乌兹别克伊斯兰运动”组织的控制之下。毒品与恐怖主义的结合大大加深了中亚的毒品危害。1999 年和 2000 年夏秋之交，“乌兹别克斯坦伊斯兰运动”先后两次在塔、吉、乌三国交界的费尔干纳谷地发动大规模越境袭击行动，其主要目的就是要通过制造边界地区的不稳定，分散安全执法部门的注意力，进而积压在塔吉克斯坦境内的近 1.5 吨毒品经中亚运出的目的。[①] 此外，中亚与处于内战当中的阿富汗为邻，塔吉克斯坦局势又比较混乱，给犯罪分子提供了避难所，如在受到打击后，有些乌兹别克人便跑到邻国，租用塔吉克人的土地种植罂粟。

---

① Makarenko T · Crime, Terror and the Central Asian Drug Trade, Harvard Asia Quarterly, Vol. 6, No. 3, Summer 2002. 13.

（四）外国黑社会势力的参透，对中亚毒品犯罪的发生起了推波助澜的作用

近几年来，走私犯罪、贩毒等活动日益猖獗。中亚五国政治不稳定，经济形势严峻，人民生活贫困。所有这些都为黑社会势力在中亚国家抢占地盘，拉拢和腐蚀各地的国家官员和犯罪团伙，培养犯罪精英，倒卖毒品，诱使青少年犯罪，吸毒等提供了可乘之机。仅 1994 年，哈萨克斯坦就抓获了参与贩毒的 400 多名外国公民。2000 年，哈萨克斯坦警方又破获了一个跨国贩毒集团，逮捕了贩卖毒品的两个尼日利亚人和一个哈萨克人。① 据说，哈萨克斯坦黑社会集团和意大利黑手党之间存在着毒品供应关系，意大利黑手党派出的专门贩运毒品的“使节”曾经多次到访哈萨克斯坦南部，并与尤佳诺省的地方犯罪集团建立了合作关系。有关情报显示，意大利黑手党经常从哈萨克斯坦的地方犯罪团伙处和塔吉克斯坦购买海洛因。②

（五）中亚国家普遍存在的严重的腐败问题加剧了了毒品走私的泛滥

2012 年 5 月 30 日，联合国开发计划署塔吉克斯坦代表处公布了一份联合国毒品和犯罪问题办公室（UNODC）此前发布的一份报告，该报告批评中亚国家对毒品走私打击不力。报告指出，每年经由中亚国家运往其他国家的海洛因数量约为 90 吨，占阿富汗毒品年产量的四分之一，而其中只有不到 3% 的海洛因能被中亚国家执法机关截获。90 吨海洛因的利润高达 14 亿美元，这相当于塔吉克斯坦 2012 年国家预算收入的 65%。报告显示，阿富汗的鸦片产量占全球产量的 90%，“中亚国家的腐败现

① 万佳：《毒品害了丝绸之路》，《环球时报》2001 年 6 月 26 日。

② An Assessment of Transnational Organized Crime in Central Asia 联合国毒品与犯罪控制办公室 2007 年报告。

象为阿富汗毒品出口提供了便利条件”。塔吉克斯坦毒品监督署署长纳扎罗夫2012年年初承认，该国几乎每个毒品犯罪组织都有官方“保护伞”。2012年8月23日，塔国最高法院以贩卖毒品罪判处该国毒品署前官员穆左克梅托夫18年监禁。穆左克梅托夫于2012年3月被捕时正在担任塔吉克斯坦国家毒品控制署行动与调查机构的执行主管一职。

第四节 防止中亚跨国毒品犯罪的措施

在现代社会环境下，毒品犯罪在全球泛滥，这已经不是哪一个国家和地区能够单独解决的问题了。毒品问题既然已成为全球性的瘟疫，那么，只有全世界共同行动起来才有希望解决。正是因为认识到了这一点，在治理毒品犯罪方面，中亚国家一方面加强法律法规建设，加大打击力度；另一方面全面发展国际合作，得到国际社会的援助，严厉打击毒品贩运。面对日益严重的毒品问题，中亚国家一直进行不懈的斗争。哈萨克斯坦总统纳扎尔巴耶夫明确宣布反毒品是哈国的基本国策。2000年5月中旬，纳扎尔巴耶夫专门签署命令，制定了2000—2005年打击吸毒贩毒行为的方针。同时，哈政府呼吁国内地方政府将打击毒品犯罪作为重要任务。2001年1月17日，纳扎尔巴耶夫在国家机关领导人会议上强调，打击腐败、贩毒及其他犯罪行为是政府2001年必须完成的主要任务之一。他认为，目前哈腐败、贩毒及其他犯罪现象十分严重。塔吉克斯坦总统拉赫莫诺夫曾定1999年为塔国与恐怖主义、团伙犯罪、贩毒与贪污作斗争年。吉尔吉斯斯坦总统阿卡耶夫曾向丝绸之路沿线各国呼吁在新千年来临之际建立无毒品区。2001年3月，阿卡耶夫发表文章指出国际恐怖主义把中亚视为易于扩张的薄弱地区，强调中亚国家处在反击国际恐怖主义和宗教极端主义活动的最前沿。他还表示，恐怖主义和宗教极端主义同毒品走私密不可分，他们用毒品收入来破坏地区局势的稳定。土库曼斯坦总统尼亚佐夫则向国民发出“无毒品进入21世纪”的倡议。中亚各国还积极采取措施，加强法律法规建设，坚决打击毒品犯罪，尽力禁止在中亚种植与贩运毒品。吉尔吉斯斯坦在中亚地区第一个制定并通过了《反毒品法》。土库曼斯坦则订立了严惩贩毒的法律条款，规定凡贩运2公斤海洛因者将被处以极刑。哈萨克斯坦积极引进先进的缉毒仪器，还经常邀请欧洲的缉毒专家来哈萨克斯坦实地传授经验和培训缉毒人员。中亚各国还不断改革、加强海关制度，严格检查从中亚各国和周边地区进出的运输载体和物品，禁止毒品通过本国境内。2001年3月27日，哈萨克斯坦议会通过了严格检查进入哈境内的运输商品和物品的规定。这个规定明确规定，对从中亚地区来的火车要特别注意，加强检查力度。1999年通过的《塔吉克斯坦麻醉品法》和塔吉克斯坦总统签署的禁毒署条例规定了其职责和权限，刑事诉讼法赋予其侦察、审讯、拘留等权力。塔禁毒署的特性不仅打击毒品犯罪走私，负责监督控制麻醉药品和兴奋剂的正常使用，而且还负责协调塔吉克斯坦各部委禁毒缉毒控毒的活动，直接隶属总统指挥。禁毒署在全国还有3个行政区级禁毒署。禁毒署拥有自己的特种部队、审讯室和拘留所。禁毒署目前的技术装备在中亚国家中属于一流水平。[①] 2010年9月乌兹别克斯坦修改刑事诉讼法，新增了毒品犯罪方面的国际合作和引渡条款。据介绍，中亚地区每年拨款500万美元用于禁毒活动。

2012年5月23日，吉尔吉斯斯坦缉毒机构在该国南部与塔吉克斯坦接壤处建立一个新的毒品检查站。该检查站的建立获得美国中央司令部的金融和技术援助。9月27日，中亚地区信息

① 朱冬传：《中亚反毒任重道远——访塔吉克斯坦国家禁毒署署长纳扎罗夫》，《法制日报》2002年4月9日。

协调中心国家协调员理事会在比什凯克举行了打击非法贩运和滥用麻醉药品、精神药物和管制化学品前体的会议。来自俄罗斯、吉尔吉斯斯坦、哈萨克斯坦、塔吉克斯坦、土库曼斯坦、乌兹别克斯坦和阿塞拜疆的代表出席会议。10 月 17 日，吉尔吉斯斯坦国家毒品监管局当日宣布，作为阿富汗打击毒品倡议的一部分，阿富汗、吉尔吉斯斯坦和塔吉克斯坦的执法官员当日在比什凯克召开会议。三国表示各方已经准备好在打击毒品方面开展合作，并确定了禁毒机构之间合作的新方法和新途径。各方签署了关于建议加强打击毒品走私、联络官员的交流以及考虑在吉尔吉斯斯坦国家毒品监管局与阿富汗打击毒品部之间签署合作协议的草案。11 月 16 日，联合国毒品与犯罪问题办公室向吉尔吉斯斯坦国家毒品监管署赠送了 9 辆 Niva 牌越野车。援助的这些车辆是“联合国毒品与犯罪问题办公室、吉尔吉斯斯坦与哈萨克斯坦共同打击毒品计划”的一部分。2012 年 10 月 17 日，阿富汗、吉尔吉斯斯坦和塔吉克斯坦的执法官员在比什凯克召开会议。三国表示各方已经准备好在打击毒品方面开展合作，并确定了禁毒机构之间合作的新方法和新途径。各方签署了关于建议加强打击毒品走私、联络官员的交流以及考虑在吉尔吉斯斯坦国家毒品监管局与阿富汗打击毒品部之间签署合作协议的草案。11 月 12 日，塔吉克斯坦代表参加了在巴基斯坦召开的国际区域禁毒部长级会议。此次会议的主题为“抵制毒品，加强合作以实现有效的协调，控制毒品走私”。会议旨在加强区域国家间合作，共同打击毒品走私。

由于毒品问题已成为区域性乃至世界性问题，联合国在控制毒品犯罪方面的大量工作对中亚禁毒工作有了很大的帮助。1988 年，联合国在维也纳大会上通过了《联合国禁止非法贩运麻醉药品和精神药品公约》，并在 1990 年联合国第十七届特别会议上通过了《全球行动纲领》和 1998 年联合国第二十届特别会议上通过了《加强国际合作以处理世界性毒品问题的措施》。联合国积极倡导和推动了全球禁毒斗争。它通过召开国际会议，广泛商讨、研究毒品问题及对策，签署公约、条约、协定等，扩大宣传、动员、立法工作；成立国际禁毒组织机构，组织、协调各国、各地区以及全球性的禁毒斗争；提供经济援助，组织禁毒活动，培训禁毒执法人员，建立治疗和恢复正常生活的康复中心，推广毒品替代种植计划等，为国际禁毒事业做了大量工作，并且收到了一定的成效。由于各种因素的制约，全球禁毒统一行动很难组织、协调，效果也不太理想。为此，联合国开始尝试在主要毒品生产地周围地区开展区域禁毒合作。2002 年 1 月，阿富汗临时政府宣布禁止种植罂粟，临时政府主席卡尔扎伊 2 月份签署了禁毒令：禁止在阿富汗种植、生产、加工、使用、运输与走私鸦片及其他毒品。2002 年 4 月，阿富汗临时政府在联合国的帮助下在不少地区强制性销毁已经种植了的罂粟。与此同时，阿富汗国家最高禁毒委员会对联合国专家起草的一部反毒品法草案进行了审议。法案规定：贩毒者一经抓获，立即严惩。为了解决阿富汗的毒品问题，联合国有关机构开始向阿富汗农民提供小额贷款，鼓励他们放弃种植罂粟转向其他农产品的生产。①

跨国毒品犯罪是一种危害性很大的犯罪。中亚与周边国家应开展卓有成效的打击工作，切断跨国贩运通道。要坚持司法协助制度，及时把贩毒分子移交给当事国处理。中亚的毒品问题能否得到圆满的解决与世界人民的利益密切相关。这就要求中亚各国与国际社会相互合作，协调行动，互通情报，共同反对毒品这一世界人民的共同敌人，阻止毒品作为恐怖活动的经济执掌。所以，中亚各国一方面要努力获得国际社会的援助，在国内设立强

① 潘云召：《阿富汗：罂粟花重又开放》，《参考消息报》2002 年 4 月 11 日。

有力的禁毒、戒毒机构，断绝贩毒分子的经济来源。另一方面，国际社会也应该在技术、资金、咨询等方面主动提供援助，预防毒品与恐怖活动的勾结，与中亚各国携手共同打击毒品犯罪。为有效打击跨国毒品分子，中亚国家积极参加了联合国的《反毒品公约》。联合国和中亚国家代表于1998年1月在阿拉木图举行反生产、贩运和吸毒会议，宣布中亚国家同联合国及其他国际组织密切配合，联手打击中亚地区日益猖獗的毒品犯罪，并接纳俄罗斯为1996年签订的中亚反毒品备忘录成员。目前，联合国在中亚国家开展的国际反毒品计划得到了中亚国家的积极支持和配合。迄今为止，在联合国的支持下，已在中亚五国多次召开了毒品监督讲习班会议。近年来，联合国为中亚各国反毒、禁毒行动投入了大笔资金。1993—1998年间，联合国反毒品机构投入中亚反毒品斗争的资金共有680万美元。联合国曾作出计划，在1998年年底前向哈萨克斯坦拨款4500万美元，用于在中亚地区清除野生大麻、戒毒和人员培训。此外，联合国还通过了援助中亚国家技术设备与禁毒专业人员的草案。该草案规定在2001—2005年之间联合国向中亚国家提供3000万美元的援助。其中，向吉尔吉斯斯坦援助80万美元，三年内向塔吉克斯坦援助80万美元。① 与此同时，中亚国家与国际社会开展禁毒方面的合作。美国驻乌兹别克斯坦大使2002年年初表示美国政府已经为乌兹别克斯坦2002年的禁毒工作拨款300万美元。② 作为联合国的合作项目，塔吉克斯坦与德国、挪威、美国合作打击毒品犯罪，他们还专项拨款落实禁毒协议。2002年9月，欧盟向塔吉克斯坦禁毒署提供一批装备和设备，帮助培训禁毒人员，进一步提高他

① 《联合国支持中亚国家打击贩毒犯罪》，《中亚信息》（维文）2001年第6期。

② 《国际社会关注中亚的吸毒者》，《中亚信息》（维文）2002年第8期。

们的业务素质。根据塔吉克斯坦与联合国禁毒署签订的双边协议，塔吉克斯坦国家禁毒署于 1999 年 6 月 1 日正式成立。这一机构在独联体国家中首开先例，至今仍是独一无二的。据俄罗斯联邦麻醉药品与精神药物流通监管总局局长维克托·伊万诺夫透露，由于大量毒品通过吉尔吉斯斯坦境内中转，吉目前在研究关于建立一个专门缉毒机构的问题。①

为有效打击毒品犯罪，中亚国家与周边地区和国家也建立了友好的禁毒关系。中亚国家已就非法贩运毒品问题与独联体国家签订了多项合作协议。1998 年 1 月 16 日，中亚五国和俄罗斯在阿拉木图召开会议并通过打击贩毒的宣言，决定采取措施防止毒品从外国通过中亚和俄罗斯进入欧洲。按照俄罗斯和塔吉克斯坦达成的协议，大约有 2. 5 万人的俄罗斯边防部队负责在塔吉克斯坦和阿富汗边境地区巡逻，协助塔政府进行禁毒行动。2000 年 10 月，在塔什干召开了乌兹别克斯坦与欧洲安全组织、联合国控制毒品和预防犯罪署合办的“加强中亚安全与稳定及联合反毒品、团伙犯罪、恐怖主义”会议。哈萨克斯坦不仅积极参加国际上的各种禁毒活动和组织，还与吉尔吉斯斯坦、塔吉克斯坦、土库曼斯坦合作落实联合国缉毒部门制定的监督中亚毒品原料的联合草案。2002 年 3 月，为期三天的联合国禁毒公约和联合国打击有组织犯罪公约框架内中亚国家司法合作大会在阿拉木图召开。除哈、吉、塔、土、乌中亚五国代表、联合国禁毒和预防有组织犯罪局和其他国际组织机构外，中国、俄罗斯、亚美尼亚、阿塞拜疆、格鲁吉亚以观察员身份参加了大会。此外，还有美、英、法、德等西方九国代表出席了会议。与会者从不同角度探讨了禁毒和打击有组织犯罪领域里的司法合作。会议最后通过一项

① 《中亚信息》2010 年第 8—9 期，第 89 页。

联合声明。2003年八国首脑峰会上，与会各国元首曾共同签署了一项关于《加强同毒品和国际犯罪进行斗争的声明》，并建议召开一次讨论如何阻止“从中亚地区向欧洲走私毒品通道”的国际会议。在联合国的倡议下，有关国家正在筹划在阿富汗周围建立一个阻挡毒品偷运进国境的“安全缓冲地带”。参与这一计划磋商的不仅有与阿富汗接壤的塔吉克斯坦、乌兹别克斯坦、土库曼斯坦、伊朗、巴基斯坦、中国等6个国家，而且还有俄罗斯和美国。中亚国家与独联体成员国合作，严厉打击跨国毒品犯罪。2009年9月22—28日和11月9—16日，集体安全条约组织进行了两个阶段的国际反毒行动“渠道·2009”，重点是在欧亚地区和欧盟国家封锁毒品走私渠道，并围绕阿富汗建立反毒安全带，对毒品走私的“北方路线”和“巴尔干路线”进行查缉，并对毒品走私收入流入中亚国家和阿富汗的行为进行打击。2009年共收缴各类毒品115吨，其中海洛因3.9吨，大麻18.5吨，合成毒品3.5吨，可卡因2吨。① 中亚国家还充分利用了上海合作组织的作用。2004年6月上海合作成员国签署了《上海合作组织成员国关于合作打击非法贩运麻醉药品、精神药物及其前体的协议》，进一步明确了禁毒合作的原则、具体的合作形式与程序，为进一步做好区域性禁毒协作，减少毒品危害打下了基础。2009年3月27日，上海合作组织在莫斯科举行阿富汗问题特别国际会议。上海合作组织成员国、观察员、阿富汗、土库曼斯坦、英国、法国、美国，以及联合国、欧盟、北约、独联体等30多个国家和国际组织代表出席会议。会议发表了《上海合作组织成员国和阿富汗伊斯兰共和国关于打击恐怖主义、毒品走私

① 吴恩远、孙力：《2009年俄罗斯东欧中亚地区形势概述》，载吴恩远主编：《俄罗斯东欧中亚国家发展报告（2010）》，社会科学文献出版社2010年版，第28页。

和有组织犯罪的联合声明》和《上海合作组织成员国和阿富汗伊斯兰共和国打击恐怖主义、毒品走私和有组织犯罪行动计划》，呼吁建立并巩固地区《禁毒和金融安全带》。

2011年6月美国国务院提出了一项名为"中亚禁毒倡议"新的禁毒援助项目。其主要内容包括：美国务院提供420万美元的援助用于帮助中亚五国建设禁毒署。此外，提供1400万美元为中亚国家提供双边执法和法治援助项目；美国许诺在更加广泛的领域内支持中亚国家打击毒品犯罪的行动，包括：1）帮助中亚国家修订法律建立地区性的禁毒特种部队；2）为中亚国家的禁毒署提供设备和培训，帮助建设毒品调查的特种部队；3）指派美国联邦毒品调查机构参与中亚地区的禁毒工作，并以此加强与中亚国家禁毒署和特种部队的合作；4）美国国防部将为中亚的禁毒项目投入10100万美元，并将寻求与美国国防部的其他项目之间的协同增效效应；5）与联合国毒品和犯罪办公室、欧安组织在政策改革、边境安安全、毒品控制方面开展合作，等。虽然俄罗斯坚决反对这个计划，但截至2012年底，中亚五国还是都以不同的方式加入了美国的这项援助计划。

中国是禁毒国际合作的积极推动者和参与者，也是最早签署和批准《联合国禁止非法贩运麻醉药品和精神药品公约》的国家之一。为遏制中亚地区毒品对中国的危害，中国通过双边协定和上海合作组织加强与中亚地区的禁毒合作，努力解决中亚地区毒品对中国的威胁。自20世纪90年代末以来，中国与中亚国家之间在防止毒品扩散，减少毒品危害方面进行了紧密的合作。他们达成了一些协议，初步建立区域性禁毒协作关系，加强了国际社会合作禁毒的意识。1996年，中国先后与俄罗斯、巴基斯坦签订了政府间禁毒合作协议；1999年8月，中塔两国签署了《中华人民共和国和塔吉克斯坦共和国政府关于禁止非法贩运和滥用麻醉药品、精神药物和管制化学品前体的合作协议》等文件；2001 年，中国参加了旨在解决阿富汗毒品问题的“6＋2”机制禁毒技术性会议。[①] 2003 年，中国参加了在塔吉克斯坦举行的上海合作组织禁毒专家会议，与上海合作组织成员国多边禁毒协议草案文本进行了磋商。2004 年 6 月 14—16 日，胡锦涛主席对乌兹别克斯坦进行国事访问，两国元首签署了《中华人民共和国政府与乌兹别克斯坦共和国政府关于禁止非法贩运和滥用麻醉药品和精神药物的合作协议》等文件。多年来，中国通过多渠道积极拓展禁毒国际合作的广度和深度，先后与俄罗斯、哈萨克斯坦等国家签署了海关合作互助协定，已初步形成了“6＋2”机制下的中亚次区域禁毒合作机制，为有效实施区域内国际一级的禁毒合作打下了坚实的基础。近年来，国家禁毒委员会和公安部从防范和打击中亚毒品向中国渗透出发，不断加强与阿富汗、巴基斯坦以及上海合作组织成员国的禁毒执法合作和情报信息交流。2008 年以来，共向巴基斯坦、阿富汗、哈萨克斯坦等国家的禁毒部门发出请求协助核查函件 25 份，涉及相关犯罪嫌疑人 290 名，收到来自“金新月”周边国家的案件协查函件 8 份。公安部协调有关省市区与阿富汗、哈萨克斯坦禁毒部门联合行动，成功地实施了 3 次“控制下交付”，抓获犯罪嫌疑人 15 名，缴获海洛因 7.5 千克，摧毁了一批组织向中国走私“金新月”毒品的贩毒集团。2008 年 3 月，根据哈萨克斯坦国家安全委员会提供的情报，中国公安禁毒部门在北京将新疆 2007 年“10 · 30”案件主犯哈里勒拉赫曼 · 阿卜杜勒 · 拉希姆抓获。

结　语

毒品问题已不仅仅是中亚国家的问题，它也是全人类共同面

① 即阿富汗的六个邻国加上俄罗斯、美国组成的调解会晤机制。

对的“万国公害”，如果无所作为，任其发展，必然影响整个国际社会的正常发展进程。换言之，禁毒也是国际社会刻不容缓的共同责任。有鉴于此，只有相关国家本着坚定的政治意愿，以确认各方共同安全与利益、保持地区的安全与稳定、积极推动建立信任措施、促进地区经济发展和社会进步为首要任务，共同参与地区性乃至全球性多边合作机制的建设，才有利于减弱及至根除毒品这一重大安全隐患。近年来，在中亚各国和国际社会的共同努力下，中亚国家在遏制毒品犯罪方面取得了不少成绩，也付出了巨大的代价，但要想把中亚变成一个无毒品区还需要付出更多的努力。在新世纪，随着中亚国家战略地位的不断提升，各种外部势力争夺地区事务主导权的斗争的日益白热化，地区安全将面临严峻的挑战。尽管存在着种种困难，但人们对中亚毒品犯罪问题不应抱悲观态度。毕竟中亚国家领导人已深刻意识到了毒品犯罪问题对本地区安全和经济发展的严重威胁和消极影响，都在积极采取各种措施。中亚联盟、独联体和“上海合作组织”等地区性机构均已制定了共同与跨国犯罪作斗争的合作措施并在逐步落实之中，联合国机构在中亚的相关活动也在按计划进行。随着中亚国家和国际社会的共同努力，今后毒品犯罪问题在中亚的蔓延和泛滥将受到越来越大的控制。只要中亚国家齐心协力，大力发展经济，不断加强国际合作，毒品犯罪问题对中亚的危害性和破坏力就一定会逐步减小。由于毒品问题的联动性，毒品问题解决得好，也有助于消除有组织犯罪、恐怖主义等非传统安全因素赖以存在的物质基础，同时也会对维护中亚地区安全与稳定提供助力。相信中国与中亚国家一定能够紧密合作，共同应对毒品犯罪问题，为创造一个“无毒世界”做出贡献。

第三章　中亚偷越国境犯罪

面对愈演愈烈的偷越国境犯罪，中亚地区横贯东西的这种独特的地缘优势到如今却成为一把“双刃剑”——昔日的“丝绸之路”正在演变成为一条危险的偷渡通道。中亚地区目前所面临的这种严峻的形势与该地区所处的安全环境有着十分密切的关系。正如乌兹别克斯坦总统卡里莫夫所言，中亚“地区冲突日益成为恐怖主义和暴力、贩毒和非法武器交易……的固定根源。这些现象丝毫不受国界的限制”。[①] 不仅如此，这些现象如今已对中亚国家以及包括中国在内的周边国家和地区的安全与稳定构成了严重的威胁。

第一节　中亚偷越国境犯罪的状况

一国对国境的管理，不仅体现着国家主权的独立性，而且还关系国家安全和社会稳定。偷越国境的犯罪活动破坏出境国和入境国的社会治安，影响出境国在国际舞台上的形象。中亚五国是新兴国家，它们充满活力，也有比较光明的前程，因此而成为冒险家的乐园。同时，在这片多民族、多宗教、跨文化交织的地区中，由于大量跨界民族的存在，一些民族成员追求民族认同感的愿望非常迫切，而各国对出入境事务的管理，又使得这些人出国

---

① ［乌兹别克斯坦］卡里莫夫，王英杰、李禄等译：《临近 21 世纪的乌兹别克斯坦：安全的威胁、进步的条件和保障》，国际文化出版公司 1997 年版，第 9 页。

与自己同胞团聚的愿望不可能全部得到满足。希望与现实之间的矛盾，从一个层面催生了中亚地区偷越国境现象的抬头和蔓延。中亚国家独立之后，它们又成为东南亚非法移民的转运站。据吉尔吉斯斯坦政府1997—1998年的调查，吉尔吉斯斯坦的非法移民人数达5万人左右。阿富汗、孟加拉国、印度、尼泊尔、巴基斯坦、索马里、斯里兰卡等国的非法移民经吉尔吉斯斯坦和哈萨克斯坦进入俄罗斯再转到西欧、美国和加拿大。据吉尔吉斯斯坦2002年的估计，这些非法移民先用300美元到1500美元的价格购买吉尔吉斯斯坦护照，然后再以吉尔吉斯斯坦公民的身份转到其他国家。① 同时，独联体国家之间的非法移民现象也有所增长。2002年，俄罗斯边防警察拘留了29名企图进入俄罗斯境内的乌兹别克斯坦公民。另外，还有19名从乌兹别克斯坦乌尔根奇市来的乘客因未能出示有效证件也在俄罗斯的Mineralnye Vody机场被拘留。②

新疆是我国对外开放的口岸比较多的地区之一，17个口岸分别对中亚五国和蒙古、巴基斯坦等国开放。口岸是对外开放的门户，它担负着同外部世界交往和维护国家主权与经济利益的双重任务。口岸的开放、建设和发展，对于活跃与国外的交流、改善投资环境、发展外向型经济和促进区域经济的繁荣，发挥着十分重要的作用。但是，国内外的偷渡客却早把这些口岸视为偷渡的乐园，不断将犯罪的黑手伸向这些口岸。1982—1995年，红其拉甫边检站的官员共破获各类偷渡案件276起1327人，抓获企图出入境违法犯罪分子64人。从新疆口岸偷渡的偷渡客主要以持假护照企图偷越过境为主。仅1995年，广东、福建、浙江、

---

① An Assessment of Transnational Organized Crime in Central Asia，联合国毒品与犯罪控制办公室2007年报告。

② ITAR-TASS News Agency, 27 April 2002.

新疆、北京、上海等地查获的伪造护照签证，组织偷渡案件就达100余起、2000多人次。[①] 1995年3月，在伊犁地区有一名哈萨克族教师非法越境，我边防军及时发现并对他作了思想工作，但此人于当年6月拍卖家产又企图非法越境，最终在国境被堵截。1995年9月，有一家四口人非法越境到哈萨克斯坦，后来被哈方送回。[②] 独立之后，吉尔吉斯斯坦的一些组织也有向我边境地区的柯尔克孜人发放了邀请定居证。目前，虽然哈萨克斯坦经济状况不佳等因素制约了境外哈萨克人的大规模迁移，但包括新疆在内的一些境外哈萨克人都在密切关注和等待着哈萨克斯坦经济的恢复和综合国力的强大。哈国经济一旦搞上去，民族复兴组织的活动可能会更加频繁，哈萨克人“回归”和迁入哈国将可能大幅增加。因此，我们应该密切关注和深入研究这些组织的活动情况和动向，对于由此可能造成的影响和后果做出一些提前的决策。

苏联解体后，偷越国境随着中亚国家开放程度的不断提高而有所增长。1999年8月29日，新疆克孜勒苏柯尔克孜自治州及阿克陶县的公安干警经过53小时的追捕，抓获了从外县流窜到阿克陶县企图非法越境的一16人的民族分裂主义团伙。1998年夏天，在该县的皮拉力乡也曾抓获过一个企图越境的民族分裂主义团伙。[③] 乌鲁木齐国际机场是新疆唯一的对外开放的空港口岸，是联系中亚、西亚大陆的空中桥梁。随着西部大开发步伐的加快，新疆与周边国家经济、文化交流日益活跃，乌鲁木齐的国

---

① 《当今出国潮面面观》，《边防生活》1995年第五期。

② 买尔旦·赛都拉、帕尔哈提·阿帕尔：《哈萨克民族复兴思潮对人口迁移的影响》，《中亚研究》1995年第4期。

③ 安保国、周海涛：《非法越境团伙哪里藏?》，《新疆都市报》1999年9月14日。

际航线和出入境旅客流量成倍增加。作为国际友好往来的第一窗口，乌鲁木齐边防检查站担负着乌鲁木齐至阿拉木图、莫斯科、新西伯利亚、比什凯克、迪拜、韩国、中国香港等国家和地区共几十条航线的客、货固定航班、包机、来往专机及过境飞机出入边境边防检查任务。近年来，由于中国内地打击偷渡的高压态势，反偷渡工作形势出现新的动向，“蛇头”就不断开辟向西的偷渡路线妄图把新疆的口岸变成其主要的偷渡通道。

2001 年 8 月 3 日，乌鲁木齐边防检查站在对由乌鲁木齐飞往吉尔吉斯斯坦首都比什凯克的 XJ0717 次航班进行检查的过程中，一举查获一起涉及 15 人的非法偷渡案件。[①] 2003 年，乌鲁木齐边防检查站查获偷渡案件 18 起 58 人次，查获违法违规案件 100 起 116 人，其中“五大偷渡案件”引起国内外广泛关注。2003 年 1 月 25 日，乌鲁木齐边防检查站在执行 CZ329 乌鲁木齐—沙迦航班检查任务时，检查人员查获浙江旅客孙某等一行 6 名偷渡客。经审查发现，孙某等 6 人均在当地公安机关申领了因私普通护照。因欧洲国家拒绝为他们签发签证，2002 年 9 月—12 月此 6 人各自分别与当地“蛇头”联系，经协商以 10 万至 13 万元人民币不等的价格办理前往意大利、法国、荷兰等国的签证，同时将各自的护照交于“蛇头”。2003 年 1 月 23 日，此 6 人接到“蛇头”电话通知，1 月 24 日他们乘飞机由温州到达北京。1 月 25 日，“蛇头”来到他们所住的宾馆，在 6 人各自居住的房间内给他们发了护照和北京—沙迦的机票、签证，并告诉 6 人到时有人接他们由沙迦前往欧洲，同时向 6 人交代在接受边检时如何

---

① 李军、范成新：《15 人偷渡被查获》，《新疆都市消费晨报》2001 年 8 月 7 日。

应对。[1]

2003年3月19日，乌鲁木齐边防检查站在执行XO721乌鲁木齐—伊斯兰堡出境航班检查时，发现4名出境旅客有偷渡嫌疑。同时，边检执法人员当场抓获了护送4人出境的彭某、刘某(均为女性)。据审查，这4人均为福建人，准备从新疆偷渡出国，他们与“蛇头”签订了协议，只要到达目的地，每人就给“蛇头”余氏父子6万元美金。就在上飞机的前一天，这4名偷渡者背熟了彭某为他们打印好的一张清单，上面详细罗列着假公司的名称、注册资金、经营业主、访问目的等信息。然而，这4人还是露出了马脚。边防总队的侦查员们通过巧妙地与4名偷渡者周旋，抓获了“蛇头”余父，但他的儿子、另一名“蛇头”余某闻风而逃。2003年4月，余某在湖北省十堰市竹溪县落网。据余某交代：2001年12月底，他认识了在乌鲁木齐某防疫站工作的彭某，开始谋划组织偷渡活动。经过四处活动，余父通过彭某认识了经商的刘某和她的妹妹。刘某在喀什有很强的人际关系，她的妹妹则是有20多年警龄的警察。刘某的妹妹为余氏父子打通了各个关节。2002年12月初，刘某的妹妹为4名偷渡者办妥了喀什户口。为把4名偷渡客的事办成，彭某先后向刘氏姐妹的银行账户汇入近5万元人民币。资金到位后，刘某于2003年1月为4人办好护照，之后刘某又在喀什为4名偷渡者办理好出国境证明、健康证等证件，得到消息的偷渡者随即来到乌鲁木齐。2003年12月15日，乌鲁木齐市天山区人民法院对这起偷渡案5名犯罪嫌疑人余氏父子、刘氏姐妹、彭某作出一审判决，4名被告组织他人偷越国（边）境罪罪名成立，分别判处4年有期

① 柳青、邓婷君、杨礼刚：《58名偷渡者梦断2003》，《新疆都市报》2004年2月27日。

徒刑，并处罚金2万元。[①]

2003年5月28日，乌鲁木齐边防检查站在执行X072乌鲁木齐—巴库出境航班检查任务时，发现夏某、何某、郭某3人在接受询问时神情紧张，回答问题前后矛盾。经边防人员审查得知，嫌疑人何某2002年福建省福清市公安机关办理因私普通护照。同年11月，何某听说一个叫陈某的人可以帮别人办理去英国的有关事项，于是找到陈某，双方协商后何某支付19万元人民币给陈某，并将护照、照片交给陈某去办理签证。3月10日，何某和陈某乘飞机从福清到北京，当天又乘火车抵达内蒙，在其租住房间内认识了要去蒙古办理签证的郭某，于是3人一同从二连口岸乘火车出境。火车上，和3人同在一软卧包厢的夏某称自己也是去蒙古办理土耳其签证。3月15日—5月23日期间，4人住在乌兰巴托。陈某手下曾要求何某、郭某二人将一个用英文书写的香港地址熟记。5月23日，4人由内蒙到银川，两天后再由银川到乌鲁木齐。5月27日，夏某将早已准备好的两本香港护照永久性居民身份证给何、郭两人看，让两人在护照上签名。并称，将带两人出境前往土耳其，之后再安排他们到英国。5月28日，他们在出境时被查获。检查人员在夏某身上当场查获两本伪造的中华人民共和国香港特别行政区护照及两张伪造的香港永久性居民身份证的信封。[②] 2003年7月17日，乌鲁木齐边防检查站在执行乌鲁木齐—巴库出境航班的边防检查时，发现林某等6人形迹可疑，随即对6人进行阻留检查。经审查发现，林某等6人于2002年在福建省公安机关申领了普通护照。2003年5月—6

① 柳青、邓婷君、杨礼刚：《58名偷渡者梦断2003》，《新疆都市报》2004年2月27日。

② 柳青、邓婷君、杨礼刚：《58名偷渡者梦断2003》，《新疆都市报》2004年2月27日。

月间，林某等6人经朋友介绍与当地一姓文的“蛇头”取得联系，双方商定以每人13万元的价格达成协议，将6人送至比利时、西班牙，到达目的地后由家人支付偷渡费用。2003年7月12日，林某等6人在家接到“文老板”通知到福州火车站，在火车站“文老板”介绍6人认识余某，此人先期到达巴库，并教林某等人如何应付边境检查。[①] 2003年7月24日，乌鲁木齐边防检查站在执行乌鲁木齐——巴库的出境航班检查任务时，发现福建籍乘客余某等4人神色紧张，随即对4人进行阻留检查。经审查，余某等4人早就想去国外淘金，由于条件不够，无法通过正规渠道办到签证，便打算通过“蛇头”获得签证。2003年4—5月，余某等通过朋友认识了组织偷渡的“蛇头”，以每人4万元的价格达成协议，“蛇头”将4人送至希腊后由家人向“蛇头”付款。他们在“蛇头”的安排下，从北京出发，打算经过乌鲁木齐过境西亚某国最后到达目的地。7月24日，4人取票后欲乘072航班出境时，被查获。[②]

2003年12月11日，由莫斯科飞往乌鲁木齐的CZ902次航班缓缓降落在乌鲁木齐国际机场。31名满脸沮丧的旅客出现在舱口，他们身上的衣服破旧不堪，仿佛刚刚经历了一场磨难。等候在机场的乌鲁木齐边防检查站的检查人员迎了上去，将31人带出机场。这就是乌鲁木齐边防检查站有史以来受理的最大一起偷渡者遣返回国案。经过审查，确认这31名中国偷渡者系福建人，他们分4批持合法证件从新疆4个口岸出去，先到俄罗斯，然后由“蛇头”办理假护照，最后到达目的地——欧洲一些国

① 柳青、邓婷君、杨礼刚：《58名偷渡者梦断2003》，《新疆都市报》2004年2月27日。

② 柳青、邓婷君、杨礼刚：《58名偷渡者梦断2003》，《新疆都市报》2004年2月27日。

家。他们在莫斯科被当地警察发现，移交移民局，被遣送回国。这 31 名偷渡者基本上都是福建的农民，文化程度最高的不过是初中毕业。据乌鲁木齐边防检查站的审查人员说，这些人在去俄罗斯时，身上都准备了大量的美金，最多的达 3000 美金，最少的也有 500 美金，然而被遣送回国时，他们中身上最多的不超过 100 美金。[①] 2003 年 12 月 15 日，乌鲁木齐边防检查站在执行 CZ921 乌鲁木齐—伊斯兰堡的出境航班检查任务时查获手持伪造的护照企图偷渡出境的新疆籍男子阿某。经查，阿某用 5000 元购买了他人的护照、身份证及出境所需的健康证，用冒名顶替的手法，企图偷渡出国。[②] 2004 年 2 月 26 日，乌鲁木齐边防检查站在执行 CZ922 伊斯兰堡至乌鲁木齐入境航班检查任务时，发现一名巴基斯坦籍男性旅客神情异常。经验证，这名男子所持护照中的第三国（德国）签证是假证件。这名旅代交待，所持护照中的第三国（德国）签证及居留证件是花 8000 美元在巴基斯坦买的，他企图从新疆偷渡到第三国。2 月 29 日，这名旅客被遣返回国。[③]

2004 年 3 月 4 日，乌鲁木齐边防检查站在执行乌鲁木齐—巴库的出境航班检查任务时截获两名欲偷渡到法国的福建青年。经审查，两人是福建福清人，去阿塞拜疆首都巴库其实是一个跳板，真正的目的是到法国。只有初中文化的他们，为了偷渡出国“挣大钱”，他们在半年前找到了当地很有影响的“蛇头”，以每人 9 万元的价格与“蛇头”达成协议；“蛇头”也为他们精心制

---

① 柳青、王彬、邓婷君：《偷渡，通向地狱之路》，《新疆都市报》2004 年 3 月 1 日。

② 邓婷君、聂勇：《手持假护照，妄想出国门》，《乌鲁木齐晚报》2003 年 12 月 17 日。

③ 聂勇、邓婷君：《出境口岸暗藏偷渡“浊流”》，《乌鲁木齐晚报》2005 年 2 月 26 日第。

定了路线，即福建—北京—乌鲁木齐—巴库—土耳其—法国。2月29日，两人从福建出发，3月3日到达乌鲁木齐。两人交代，他们每到一处都有人接应，负责食宿和机票。[①] 2004年4月2日，边检人员执行CZ917乌鲁木齐至比什凯克出境航班检查，在检查一名男青年的护照时，检察员发现他神情紧张，回答问题语无伦次。当检察员询问他时，跟在他后面的一男一女立刻跑到另一个通道，原来他们是一伙的。经审查，这3名旅客均是福建长乐人，年龄都在18岁左右，他们在当地以高价托人办理了合法护照，再以到比什凯克学习英语为由出境，但真正的目的地是美国。3名偷渡者中，其中一个女孩的父亲就是“蛇头”，他已经提前到达比什凯克，以便偷渡成功。[②] 2004年4月28日，边检人员在执行CZ925乌鲁木齐至阿拉木图航班检查任务时，发现张某等8名福建旅客所持前往国签证系哈萨克斯坦国驻新疆签证处办理，有偷渡嫌疑。原来，张某等8人在家申领因私普通护照后，与“蛇头”达成协议，每人支付22万至23万元人民币偷渡到英国和西班牙。4月初，张某等人接“蛇头”通知，4月5日到福州火车站集合，当日再乘火车到北京。4月8日到达北京后，一个自称“小陈”的人将他们接至一处招待所，次日前往乌鲁木齐。4月11日到达乌鲁木齐后，“小陈”带8人住在乌市某酒店。4月27日晚，阿某将办好哈萨克斯坦国签证的8本护照及健康证送至酒店，并交代在接受边防检查询问时就说前往哈国旅游商务考察，到哈国后有人接应。[③] 2004年12月25日，边检

---

① 聂勇、邓婷君、安尼瓦尔江：《福建两青年偷渡梦破碎》，《乌鲁木齐晚报》2004年3月6日。

② 聂勇、邓婷君：《出境口岸暗藏偷渡“浊流”》，《乌鲁木齐晚报》2005年2月26日第。

③ 聂勇、邓婷君：《出境口岸暗藏偷渡“浊流”》，《乌鲁木齐晚报》2005年2月26日第。

人员执行 CZ329 乌鲁木齐—沙迦出境航班检查任务时，发现陈某等 3 名男子企图持假护照出境。经查，陈某真名姓黄，其余两人是他的同乡。据黄某交代：他在福建福清市打工时认识一个绰号“大头”的人，说能办理护照既快捷又便宜。他将照片交给“大头”两天后，以 700 元人民币价格办妥伪造因私普通护照。11 月中旬，他将护照复印件寄给在阿曼打工的海峰，以挂靠公司名义办妥阿曼签证，花费 1700 元人民币。12 月初，海峰将 3 人从厦门—北京—沙迦—阿曼的机票寄给黄彪，之后黄彪与二人联系，约定 25 日一起从福清到厦门坐飞机出境。① 据 2003 年 6 月 23 日的《新世纪商报》报道：新疆阿拉山口口岸边防检查站查获的偷渡案就达 61 起 223 人。边防检查站现任站长和前任站长带领边检战士查获暴力恐怖分子 3 人，其他在控分子 9 人。截止到 2005 年 8 月 31 日，新疆阿拉山口口岸边检官兵共查获违反出入境管理法规人员 409 人次，查获偷渡案 61 起 223 人次，查获企图乘交通运输工具越界人员 113 人次。②

2004 年，乌鲁木齐边防检查站在乌鲁木齐国际机场查处偷渡案件 11 起 21 人次，有力地打击了偷渡活动。据资料统计，1999 年至 2004 年，乌鲁木齐边防检查站共查获偷渡案件 101 起，自 1993 年以来全国口岸边检站查获偷渡人员达 7.9 万人。③ 2005 年，新疆公安边防总队全年共堵截临界或企图越界人员 119 起 264 人，抓获外籍人员非法越界 4 起 6 人。2006 年，新疆公安边防总队全年共堵截临界或企图越界人员 119 起 264 人，抓获外籍

① 聂勇、邓婷君：《出境口岸暗藏偷渡“浊流”》，《乌鲁木齐晚报》2005 年 2 月 26 日第。

② 何志斌、仵小平、赵雪芹：《大风口见证青春和忠诚》，《新疆法制报》2005 年 9 月 15 日。

③ 聂勇、邓婷君：《出境口岸暗藏偷渡“浊流”》，《乌鲁木齐晚报》2005 年 2 月 26 日第。

人员非法越界 4 起 6 人。[①]

哈萨克斯坦面临的偷越国境和非法居留案件也相当多。1995 年 3 月中旬，在哈萨克斯坦进行的打击犯罪的行动中，查出的违反护照制度的外国人达 4500 多人，另有 181 名外国公民由于违反了居住国的法律而被驱逐出哈国境。[②] 目前，中亚与周边国家正在积极采取行动严厉打击偷越国境的犯罪活动。但是，由于国家政策和管理上的一些原因，在有效防治偷越国境的犯罪行为方面所付出的努力还很不够。这在一定程度上影响了出境国和入境国的社会治安和经济发展。

第二节　中亚偷越国境犯罪的特点

中亚偷越国境犯罪与世界非法移民犯罪具有一些共同的特点，中亚的偷渡客也是在经济利益的驱动下进行非法移民的。但是，中亚偷越国境犯罪还具有不同于其他非法移民犯罪的特点。

（一）地缘和人文地区特点

中亚各国之间的国界比较模糊，边界争议较多，地形较复杂。中国与中亚各国之间有十几个口岸，第二亚欧大陆桥横跨中亚国家，有飞往阿拉木图、塔什干和比什凯克等地的航班，这些都为偷渡者提供了便利的条件。语言、文化、宗教等方面的共同点使中亚地区的偷渡者一旦偷渡成功就能够很快地融入对方国家，成为社会的一员。从偷渡行为的地区特点来分析，在中亚五国之间与中亚五国和周边国家之间的偷越国境犯罪较多，从中亚偷越到欧洲和美国的情况则比较少见。目前，比较突出、比较严重的是从中国新疆地区非法偷越到哈萨克斯坦的情况。

---

① 《新疆年鉴》（2005 年、2006 年）。

② 胡红萍：《哈萨克斯坦社会犯罪现象透析》，《中亚研究》1995 年第 3 期。

（二）蛇头参与比较少

受各国对边境口岸地区检查和巡逻力度比较大，加之边境地区不少区域自然地理条件极其恶劣等因素的影响，使得在中亚各国之间进行集团化偷越国境缺乏各种基础。因此，中亚偷越国境犯罪不同于世界其他地区的偷渡犯罪的特点就是他们很少有蛇头组织参与。偷渡者一般都是以单独或者是一个家庭的形式进行偷渡。无论从中国偷渡到哈萨克斯坦或者乌兹别克斯坦和塔吉克斯坦之间的偷渡者都为个人行为，都不具备比较大规模的组织形式，整个过程都很少有蛇头参与和组织。

（三）控制偷越国境的法律单一，偷越国境的行为或结果具有跨国性

独立以来，中亚一些国家无力解决复杂的跨国偷渡犯罪。除了哈萨克斯坦和吉尔吉斯斯坦之外，其他三国都没有制定有关惩治偷越国境犯罪的法律法规。哈、吉两国虽然制定了法律，但因执法不严，法律上的漏洞仍然很多。哈萨克斯坦腐败现象比较严重，偷渡者通过贿赂，可以很容易地办理入境手续。中亚偷越国境犯罪的主要特征是犯罪主体、地点和行为或结果的特殊性，即跨越了边界。也就是说，犯罪的主体以及行为或者结果有一项是跨越中亚各国边界的。如中亚各国的犯罪分子进入彼此境内或其他周边国家境内，或者周边国家的犯罪分子偷越国界到中亚各国作案，或者与周边国家的犯罪分子勾结作案。在这里犯罪的主体与犯罪的行为结果是不可分离的。1992 年，在乌兹别克斯坦和土库曼斯坦两国互免签证以后，就有大批的乌兹别克斯坦移民来到土库曼斯坦，在土库曼斯坦从事抢劫等违法犯罪活动，于是土库曼斯坦政府不久后便被迫取消了互免签证协议，驱逐了大量的乌兹别克斯坦移民。

（四）偷越国境的形式多种多样

为了躲避司法机关的打击，偷越国境的违法犯罪活动逐步向

智能化发展，一些不法分子为了牟取暴利，便想方设法地利用最新的现代科学技术伪造、变造出入境证件，几乎达到了以假乱真的地步，为偷渡者服务或者直接向偷渡者出售。于是，偷渡者持伪造、变造的出入境证件偷越国境情况的不断增多；还有的以劳务输出、经贸往来、旅游或者其他名义，骗取主管部门批准，取得护照、签证等出镜证件后出境；还有的在合法出国后，滞留不归，伺机向第三国偷渡。

（五）中亚地区已经成为了一些犯罪分子偷渡的跳板和中转站

中亚是亚洲和欧洲大陆的连接点。从战略上看，中亚则居于欧洲与中国、俄罗斯与伊朗的中间地带。在中亚各国之间，漫长的边境线大多分布在地势险峻的崇山峻岭中，而各国多数民族跨界而居，使各国边防、内务、海关等部门很难实现对各自边境的有效控制。这种特有的情形，成为偷越国境行为在中亚地区活跃的重要生存条件。加上一些中亚国家的护照签发制度还并不完善，还没有形成有效的移民管理体系，非本国公民花钱就可以得到本国护照。同时，由于中亚国家的出入境管理存在一定的漏洞，以及边境官员之中存在的腐败行为，也使得中亚国家成为偷渡客借道中亚辗转至其他独联体国家迂回偷渡到其他国家的理想的跳板。

第三节　中亚偷越国境犯罪的原因

要想探讨防范恐怖犯罪的对策，就有必要研究其产生的原因。研究犯罪原因，其落脚点就在于有效地预防犯罪。因为，“犯罪预防是以对犯罪原因条件的调查研究、科学分析为前提的，犯罪原因不清楚或者所下的结论不正确，就不能采取针对性的预防犯罪现象的措施”。[①] 研究犯罪原因，有利于我们认识犯罪问题的复杂性，掌握犯罪现象和犯罪行为的变化发展规律，查清犯罪原因的内部结构及对犯罪行为发生作用的机理，可以使我们“有针对性地对社会制度、社会组织、社会控制中存在的问题进行修正，从而使社会肌体更加健康、更和谐、更完善。同时，对微观社会环境中的各部门、各机关团体、各事业单位和基层组织在治安工作中的漏洞进行补救，力图消除有利于犯罪行为发生的各种条件及相关因素”。[②]

中亚偷越国境犯罪问题日趋严重绝不是一种偶然的现象，而是有着复杂而深刻的背景。具体地说，造成这一状况的原因主要有：

（一）国际人口大流动是促进中亚偷越国境犯罪的一个不可忽视的因素

当今国际社会是一个开放的多元社会，在和平、发展的国际秩序下，各国人民相互交流，传播友谊，共同探索人类社会目标实现的有效途径。自 20 世纪 80 年代以来，国际人口流动体现了从未有过的特点。旅游、求学、探亲、从事经贸活动、文化交流，在各个国家的边境、海港、航空港，到处是流动着的国际人口。在国际化较突出的城市，外国人和本国人共同构成城市人口群。以中国为例，改革开放以来，出入境管理活动作了相当大的调整，宽松的管理政策和开放的国际环境，首先出现的是庞大的东渡求学浪潮，“出国热”使大量的城市人口流向日本、美国、澳大利亚、加拿大等国。在北京、上海、广东等地，出国浪潮更是壮观。由于国际贸易、国际合作的需要，尚有大量从事国际商务活动人员、出国考察和交流的人员出关外访。另一方面，中国

① 康树华主编：《犯罪学通论》，北京大学出版社 1992 年版，第 357 页。
② 王顺安主编：《中国犯罪原因研究》，人民法院出版社 1998 年版，第 13 页。

旅游市场的积极开拓吸引了大量的外国友人前来中国旅游、观光，从事经贸活动、国际文化交流、留学的外国人也愈来愈多。与此相关的是，非法移民在偷渡到国外以后从事犯罪行为的人数也逐年增加。

（二）中亚国家为增加主体民族人口而采取的一些鼓励措施也间接地促进了周边国家之间偷越国境行为的泛滥

苏联解体后，随着中亚和周边国家各方面关系的发展，在中亚大民族主义的影响下，偷越国境的犯罪率开始上升。哈萨克斯坦独立以后，哈萨克族成为该国的主体民族。此时民族复兴思潮迅速蔓延，走向极端的民族主义，影响国家决策部门，从而在重大问题上损坏了其他非主体民族的根本利益，人口非正常迁移就是在这种背景下发生的。独立之初，哈萨克斯坦的领土面积虽然有 271 万多平方公里，但独立之初人口却只有 1600 多万，地广人稀。当时，它与独联体其他国家相比，有两个突出特点：一是主体民族即哈萨克族人口不到共和国人口的一半，二是俄罗斯族人口所占比例与哈萨克人所占比例相差无几。1989 年，哈萨克族人占共和国总人口的 39.75%，俄罗斯族人占 37.8%。哈萨克斯坦独立后，随着包括大批俄罗斯族人在内的大量非主体民族人口的迁出，1992 年哈萨克族人的比例上升到 42.5%，俄罗斯族人所占的比例则下降到 36.1%，拉大了它们之间的差距。尽管如此，哈萨克族人与非主体民族相比仍然是少数，这种情况在独联体其他国家是不存在的。当时，在吉尔吉斯斯坦吉尔吉斯族人占 52.4%；在乌兹别克斯坦，乌兹别克族人占 68%；在俄罗斯，俄罗斯族人占 82% 以上。这种情况不免使那些要保障哈萨克族核心地位的人感到势孤力单，他们便把目光投向了居住在其他国家的哈萨克族人，千方百计地动员他们从世界各地迁居哈萨克斯坦。哈萨克斯坦政府当时也是支持这样做的，为了加快哈萨克族人迁移的步伐，强化“哈萨克化”，在独立之初哈政府便采取措施，号召境外哈萨克族人“回故乡”，积极筹划召开世界哈萨克人大会，成立了全世界哈萨克人中心协会、哈萨克斯坦故乡协会等组织，动员哈萨克斯坦境外的哈萨克人回归，并以哈国出台《独立法》的方式从法律上确认这些人的双重国籍，计划在 5 - - 10 年里完成所谓哈萨克人大统一的事业。1992 年，哈萨克斯坦总统纳扎尔巴耶夫主持召开了第一次世界哈萨克人大会，号召居住在世界 40 多个国家的近 450 万哈萨克人“思念故乡”，并回国定居，报效“祖国”。从 1994 年开始，哈萨克斯坦加强了吸引居住在其他国家的哈萨克族人到哈定居的宣传组织工作，并提出口号：“世界哈萨克人是一家，哈萨克人皆兄弟”、“世界哈萨克人统一问题是哈萨克斯坦的头等大事，它关系到国家的发展和政权的稳定”。在同年 1 月中旬召开的“世界哈萨克人中心协会”会议上，纳扎尔巴耶夫总统发表演讲时表示，只要你是哈萨克人，无论是否返回故乡，你都将成为哈公民，并希望中心协会为民族统一做出更大的贡献。①

为了达到帮助境外哈萨克人迁移的目的，一些部门承诺对“回归”的哈萨克族人给予一些优惠待遇。值得注意的是，哈萨克斯坦官方也支持这种观点，由哈地方政府有关机关发给我国居民的准迁证上就写着：根据《哈萨克斯坦共和国国籍法》和《移民法》，作为返回故乡的同胞，有权在哈萨克斯坦居住，同意其迁移。他们不仅通过电台打造舆论，而且采用各种手段向境外的哈萨克人散发准迁证，组织迁移。这种带有明显的大哈萨克主义倾向的做法无疑诱发了偷越国境的违法活动的出现，对生活着 100 多万哈萨克人的中国新疆维吾尔自治区的稳定、发展和社会政治环境都带来了不利的影响。哈萨克斯坦公开声称中国的哈

① 于洪君：《在苏联废墟上的艰难求索》，当代世界出版社 1997 年版，第 166—167 页。

萨克族人为“散居”国外的同胞，还表示关心这些人的文化发展问题，干涉我国内政的动向十分明显。哈萨克斯坦地方政府在我国公民中散发准签证，哈方关于我国公民如何去哈定居的手续说明书在边境地区的一些居民中传抄，其“回故乡”运动已在我国边境地区造成一些消极的影响。在上述的政治背景下，哈萨克斯坦的一些民间组织和协会极力发展队伍，扩大实力并在政治要员的支持下采取各种手段，加快了境外哈萨克人迁移的步伐。虽然，这些组织的5—10年统一大业的“宏伟”计划没有能实现，但我们千万不能低估民族复兴思潮的影响力以及对新疆可能造成的影响。

（三）中亚地区各国之间经济发展水平的不平衡也是导致中亚偷越国境现象发生的原因之一

犯罪现象是一种由各种因素决定的复杂的社会现象。在决定犯罪的复杂因素中，经济因素是起决定性作用和占主导地位的因素。[①] 中亚五国居民平均收入差距已接近10倍，哈萨克斯坦2005年11月人均月收入达到36495坚戈（约合265美元），而乌兹别克斯坦人均月工资为59.2美元，吉尔吉斯斯坦、塔吉克斯坦人均月收入则仅为30美元。[②] 一些人因对自己目前的生活状况不满意或者无法谋生而从自己所定居的国家偷渡到其他国家，企图在其他国家“淘金”。

（四）管理上存在漏洞

苏联时期对各加盟国边界的频繁变动，使得独立后的中亚各国之间存在边界问题，为在边界地区的偷越国境行为提供了场所。由于苏联解体和苏联军队从中亚各国的边境撤出，而中亚各

---

① 公安部政治部：《犯罪学》，中国人民公安大学出版社1997年版，第151—152页。

② http：//www..stat.kz/stat/m_ download/konf_ итоги%2012%202005.pps.

国因受到综合国力下降的影响仍然尚无能力全面控制由于苏军撤出留下的边境真空。因为实力有限，缺乏对边境进行有效管理的经验和资源，加之当地复杂的地形，使得中亚国家之间及其与周边国家间漫长的共同边界长期缺乏有效的控管，有的地段甚至完全处于失控的状态，给偷越国境犯罪以可乘之机。这就导致中亚国家的社会治安管理力量、边防控制能力等基础工作薄弱，情报信息不灵，沿边地区的人员管理存在很多漏洞，给偷越国境违法犯罪分子以可乘之机。

第四节　偷越国境犯罪的防治对策

偷越国境犯罪是一种严重而复杂的犯罪，所以，防止偷越国境犯罪也要求付出多方面的努力。

（一）制定专门的管理偷越国境犯罪的法律法规

目前，只有哈萨克斯坦和吉尔吉斯斯坦颁布了有关公民地位和外国公民在该国地位的法律，其他三国还没有制定这方面的法律法规。哈萨克斯坦共和国根据本国的《宪法》和《移民法》颁布了《外国公民进入哈萨克斯坦居留以及离境的条例》和《对外国公民在哈居留进行法律调整的命令》，不断加强和完善出境入境的手续，用法律手段防止偷越国境的行为。乌兹别克斯坦刑法第 223 条规定了非法出入国境罪。根据本条，违反有关程序，非法出入国境、穿越国境线的，判处最低工资 50—100 索姆的罚金、3—5 年的有期徒刑。[①] 哈萨克斯坦刑法第 330 条也规定了故意非法穿越哈萨克斯坦国境的犯罪。本条对违反该条款的行为人判处月工资 200—500 索姆的罚金、或者最高 2 年的有期徒

① УГОЛОВНЫЙ КОДЕКС РЕСПУБЛИКИ УЗБЕКИСТАН Статья 223. Незаконный выезд за границу или незаконный въезд в Республику Узбекистан

刑。如果本罪是犯罪分子预谋进行、或者由犯罪组织、犯罪团伙使用暴力、胁迫方式进行的，被判处最高 5 年的有期徒刑。[①] 偷越国境犯罪是一个长期性的问题。为更好的解决中亚五国之间人口非法流动问题和非法出入境问题，中亚各国应该与周边国家协调步骤，制定一些针对偷越国境犯罪的专门的法律法规，及时处理有关偷越国境的犯罪行为。

（二）加大执法力度，加强边界管理

从根本上讲，遏制中亚偷越国境犯罪的冲击，就必须加大堵源截流的力度，而这在很大程度上依赖于安全执法部门打击力度的加大和工作效率的提高，最终有效地把偷渡者堵在境外，查获在边境地区。有的地方偷越国境犯罪活动屡禁不止，与当地个别领导的纵容和少数执法机关工作人员的徇私舞弊有关。因此，要想有效地防止偷越国境的活动，必须加强反腐败斗争，将查处偷越国境的违法犯罪行为与查处少数国家机关工作人员的腐败行为结合起来，对于参与、纵容、包庇偷越国境，或者对偷越国境活动有渎职行为，为企图偷越国境的人员办理出入境证件或者明知是偷越国境的人员而予以放行的，都要坚决严肃查处，依法追究其法律责任。中亚国家之间的国境管理不是很严，有的国家之间甚至没有明确的国境。这为犯罪分子创造了偷越国境的良好环境，加大了边界控管的难度。如 1989 年上半年伊犁地区果子沟和清水河两个边防公安检查站在检查验证过程中，共查出无证人员 6711 人次，挡回 684 人。为防止偷渡，各有关国家在国境线上增加边防部队，加大资源投入，加强边界控管，防止犯罪分子偷越国境，确保边界安全就显得十分必要。

---

① УГОЛОВНЫЙ КОДЕКСРЕСПУБЛИКИ КАЗАХСТАН, Статья 330. Умышленное незаконное пересечение Государственной границы Республики Казахстан

(三) 努力拓宽公民正常的出国渠道

堵住非法出境漏洞，打击偷越国境犯罪，切实有效地制止公民非法移居国外活动的同时，有关部门应当从国内劳动力需求和劳动力市场状况入手，并且考虑公民在外国的关系，为他们通过家庭团聚、投亲靠友等自然渠道移居国外提供便利，拓宽公民出国的正常渠道，依法及时办理有关手续，努力满足公民正常出国的需要。

(四) 积极开展国际合作，共同打击跨国偷越国境的犯罪组织

针对中亚偷越国境犯罪跨国性的特点，加强与中亚国家间及地区间的国际合作与协调，共同应对偷越国境犯罪的威胁就显得至关重要。近些年来，中亚各国与我国在上海合作组织的框架下签署了多个打击跨国有组织犯罪合作协议和行动计划，为进一步开展合作奠定了坚实的法律基础。在此基础上，近年来相关国家在打击偷越国境犯罪领域也进行了卓有成效的合作，但总的来看这种合作仍然处于起步阶段。如何切实执行有关协议，并将工作落到实处仍然是各国关注的焦点。鉴于偷越国境犯罪活动的国际性，建议与有关国家加强合作，使用并适时交流有关偷越国境犯罪活动的信息和情报，及时采取共同行动缉捕偷越国境的犯罪分子，并依法予以严惩（包括没收和控制其犯罪收益）。在接受遣返非法出境人员的同时，通过双方所签订的司法协助条约或者双方共同签订、参加的国际公约，或者通过外交途径、国际刑警组织渠道，将部分坐镇国外的偷越国境的组织者、运送者和提供伪造、变造的出入证件者一起引渡回国，依法惩办，肯定会使跨国犯罪分子无法钻各当事国法律管辖的空子而逃避法律制裁。

结　语

如果人口分布是天定的，那么人口流动便是人的自由选择的

结果。正如迈伦·伟纳认为："如果存在一个统一的移民'法则'的话，那便是移民潮一旦开始，它便会自我促进。移民们会为家乡的亲戚朋友提供信息和经费使他们能够移民，并帮助他们寻找工作和住房。其结果就是一个'全球移民危机'。"[①] 中亚国家由于自己特殊的地缘位置和一些人文、社会因素，前几年成为偷渡客的中转站和跳板。中国新疆和中国其他省市的偷渡客甚至民族分裂分子也利用中亚的人文和地缘优势，企图借道中亚辗转至其他独联体国家迂回偷渡到其他国家。虽然最近几年各国政府不断加大打击非法移民的力度，完善移民法律，防止偷渡犯罪，但因全球贫富差距拉大等原因导致的"经济非法移民"的控制还需要丰富的经验、国际合作和技术性知识。这都是中亚国家和我国控制偷越国境行为时要解决的当务之急。

① 转引自［美］塞缪尔·亨廷顿，周琪、刘绯等译：《文明的冲突与世界秩序的重建》，新华出版社2002年第三版，第218页。

第四章　中亚走私犯罪

走私作为一种违法犯罪现象，是随着国际贸易的发展和国家对商品进出境实施管制而产生的。走私是地地道道的侵犯君主和国家的犯罪。[①] 走私最早产生于14—16世纪的西欧。当时，这些国家之间的商品贸易发展迅速，各国政府认识到商品无限制地输出、输入对其不利，于是通过立法对贸易进行管制。为了对对外贸易实施管制，征收关税和其他税赋，这些国家政府还在陆地边境和海港设立了海关，规定任何违反海关进出境管理法规，逃避海关监管，非法运输、携带、邮寄货物、物品进出境的行为都是为走私犯罪。

中亚各国独立后，都把维护地区的稳定与安全放在重要位置。但总的来说，中亚五国的国内和国际环境比较差，经济发展速度较慢，周边和内部存在着一些不稳定的因素。这都为走私犯罪活动的滋生提供了活动空间。犯罪分子利用边界方便和中亚的市场需要，走私各种物品，从事各种走私行为，不但危害中亚各国的经济利益，甚至威胁中亚和周边国家的安全和稳定。目前，影响中亚政治稳定、地区安全和经济发展的主要因素除了恐怖犯罪和毒品犯罪以外，武器走私、珍贵动物的走私和一些限制物品的走私成为影响中亚地位稳定的主要犯罪行为。

---

① ［意］贝卡利亚，黄风译：《论犯罪与刑罚》，中国大百科全书出版社1993年版，第80页。

第一节　中亚跨国走私犯罪状况

中亚跨国走私犯罪是违反中亚五国和周边邻国的海关法律法规，逃避海关监管，通过各种方式运送违禁物品进出口的行为。中亚五国特殊的地缘环境极其复杂的人文环境给走私分子提供了方便之门。中亚地区的走私分子利用这些优势在中亚地区和周边国家之间形成通往世界各地的走私通道，从而威胁中亚地区的经济稳定。作为中亚近邻的中国西北地区理所当然地成为中亚走私犯罪的主要走私走廊。目前，中亚地区存在的影响我国经济社会发展和稳定的走私犯罪主要有以下几种：

（一）武器走私泛滥

中亚地区是向阿富汗等地输送武器的重要通道，走私武器的来源除犯罪组织、恐怖分子从境外购买的以外，还有苏联解体后苏军撤走时遗留的武器弹药。[①] 随着苏联解体，大量武器散落在前加盟共和国，其中中亚五国拥有的苏联的武器较多，而且也是致命的，这些常规武器足以武装一支百万大军。虽然中亚五国政府一致主张建立无核区并取得了一定的成效，但据有关报道，仅在1992—1998年间，就有价值320亿美元的大型及小型武器和弹药以及其他一些军事装备不知去向。[②] 在20世纪90年代初期，苏联武器库中大部分装备都可以拿出来进行买卖，并因此滋生了异常兴旺的武器黑市。分析人士指出，这种交易目前仍然十分火爆，只要价钱合适，什么武器都能买到。根据《2003年小型武器调查报告》的估计，仅2001年在中亚地区流通的小型武器数

① 孙壮志：《中亚新格局与地区安全》，中国社会科学出版社2001年版。

② 《拉丹老大我老二：头号军火走私大鳄披露走私密情》，《中国青年报》2003年8月17日。

量就达 50 万—105 万支。[①] 由于大量武器进入流通领域，中亚国家都非常担心武器走私对本国安全的影响。例如，吉尔吉斯斯坦就特别担心来自塔吉克斯坦的武器走私。因为，中亚地区武器走私路线之中的一条就是沿着古丝绸之路从伊什卡希姆经戈尔诺—巴达赫尚进入霍罗格、穆尔加布和奥什。另一条路线则是从塔吉克斯坦的中部经吉尔吉斯斯坦的莱莱克和巴特肯区进入奥什和比什凯克。[②] 此外，苏联解体前积压的大量军火，不仅为地区冲突提供了武器，而且也能用作货币交换毒品。1998 年 10 月，吉尔吉斯斯坦海关查获了运往阿富汗的 700 吨武器弹药。1999 年，一辆从伊朗伊斯兰共和国开往阿富汗的装载慈善物品的火车在吉尔吉斯斯坦奥什市的一个检查站停车接受检查时，发现这辆车上除了装载 300 吨面粉以外，还装载了 700 吨武器，其中包括坦克、手榴弹、F1 弹药、导弹等武器。最终，经过谈判，这辆火车被允许返回伊朗。但是，相关报告显示，这辆车并没有回到伊朗，而是在途中神秘消失，不知去向。[③] 据吉尔吉斯斯坦海关官员介绍，过去缴获的走私武器充其量不过是几支手枪，而目前已经被破获的一些重大重型武器走私案则更让人忧虑，是否有更多的先进武器曾被走私出境就不得而知了。中亚五国与我国之间的漫长的边界线为走私分子进行走私活动打开了方便之门。近年来，走私武器和毒品在哈萨克斯坦和中国接壤的边境口岸成为严重的问题。在 1700 公里边界线上几乎每个口岸执勤的边境警察都查处

---

① Graduate Institute of International Studies, *Small Arms Survey* 2003: *Development Denied* (Oxford, Oxford University Press, 2003).

② Graduate Institute of International Studies, *Small Arms Survey* 2003.

③ Martha Brill Olcott and Natalie Udalova, "Drug trafficking on the great silk road: the security environment in Central Asia", Working Paper No. 11 (Carnegie Endowment for International Peace, March 2000).

过武器走私案件。[1] 走私分子千方百计地利用各种手段把违禁物品走私到我国。更为可怕的是，境内外“三股势力”也投入到武器走私中来。他们绞尽脑汁采用各种方法筹集武器，中巴边境红其拉甫口岸、中哈边境霍尔果斯口岸、吉木乃、巴克图口岸及中蒙边境等大的口岸都发生过“三股势力”偷运武器和废旧弹药入境的案件。

1998 年 4 月 6 日，在新疆伊犁地区霍尔果斯口岸我海关与边检部门查获了一起武器偷运案。在羊毛集装箱中共查获军用手枪 6 支、折叠式冲锋枪 1 支、子弹 19000 余发、手雷 92 枚、手雷引信 45 个、管状炸药 2 筒、盒式炸药 4 盒、雷管 1 包共 100 枚，成为全国海关系统查获的首例特大枪支弹药走私入境案，受到了海关总署的通电表彰。经查，境外“东突厥斯坦解放组织”主席买买提明·艾孜来提从 1998 年 2—4 月将海米提等 12 名恐怖分子派遣入境，先后 16 次从霍尔果斯口岸偷运武器入境。在随后进行的追枪行动中，我公安人员与犯罪分子发生 7 次枪战，4 名民警牺牲，7 人受伤，追缴包括 2 支冲锋枪、15 支手枪在内的境外偷运军用枪支 28 支以及大批子弹、雷管和炸药。这是建国以来偷运武器数量最大的一起案件。[2] 1998 年 11 月 23 日，民族分裂主义分子卡德尔与某国商人木拉等人一起将 199 枚制式手雷藏在经过伪装的油桶下面从新疆阿勒泰地区塔克什肯口岸入境，此案于 2001 年 3 月侦破，199 枚手雷全部被我警方查获。[3] 1999 年 8 月 14 日，新疆阿拉山口海关人员从一辆由哈方开过来的轿

---

① Bobi Pirseyedi, The Small Arms Problem in Central Asia: Features and Implications, (Geneva, United Nations Institute for Disarmament Research, United Nations publication, Sales No. GV. E. 00. 0. 6) .

② 国务院新闻办公室：《“东突”恐怖势力难脱罪责》，《乌鲁木齐晚报》2002 年 1 月 22 日。

③ 北方、辛勤、宏宇：《跨世纪追踪》，《法制纵横》2001 年第 6 期。

车内发现小口径步枪子弹300发、16号猎枪子弹40发、猎枪底火100只、火药500克、铅弹4公斤。走私犯罪嫌疑人原是新疆某州动物检疫部门的一名工作人员。[①] 2001年9月中旬，新疆吐尔尕特口岸前哨班值勤官兵查验从吉尔吉斯斯坦入境的一辆卡马斯货车时，在货车驾驶室里发现藏有一发高射机枪子弹。经审讯得知，这名吉国司机企想暗藏机枪子弹闯关。如果得手，今后就将携带更多枪支弹药入境，牟取暴利。[②] 2003年2月19日，在公安部的协调下，新疆、河北公安机关联合作战，在河北省保定地区安国市打掉了从境外受训入境的涉枪恐怖分子阿不来提·吐尔逊为首的恐怖团伙，拘捕涉案嫌疑人22名，缴获了一批非法宗教书籍、录音带等宣传品。经查阿不来提·吐尔逊是2002年9月受境外买买提明·艾孜来提的派遣从尼泊尔经西藏樟木口岸入境，并将5支微型冲锋枪、7支印度造"四·八"型手枪、1400余发子弹运至拉萨，后运往新疆。[③] 2004年3月3日，乌鲁木齐海关缉私局在当地公安部门的配合下，侦破李志团伙特大枪支走私贩运枪支入境案，查获五四式手枪234支，抓获犯罪嫌疑人13名。[④] "3·03"特大枪支走私案是新疆乃至全国有史以来破获的最大一起枪支走私案。截止到2005年8月31日，新疆阿拉山口海关边检官兵全年共查获枪支8支，手雷2枚，子弹24发。[⑤] 2006年4月28日，蒙古国海关和安全人员在蒙方布尔根口岸检查出境车辆时，在一辆乘有3名中国新疆籍维吾尔族男子的蒙方

---

① 郝克明：《初露锋芒的缉私警察》，《乌鲁木齐晚报》1999年9月30日。

② 《戍边伙伴，和平卫士》，《人民日报》2002年9月24日。

③ 张秀明著：《新疆反分裂斗争和稳定工作的实践与思考》，新疆人民出版社2009年版，第22页。

④ 刘娜：《国门尖兵筑起边关铁壁》，《新疆法制报》2005年9月27日。

⑤ 何志斌、仵小平、赵雪芹：《大风口见证青春和忠诚》，《新疆法制报》2005年9月15日。

车辆中查获1支手枪。[①] 最近几年在中国警方的严厉打击下，从中亚地区走私武器的案件有所下降。但是，这不能说明以后不会发生类似案件。

（二）走私珍贵动物和其他违禁物品的犯罪比较严重

随着中亚和中国经济贸易的发展，各种形式的走私犯罪也开始泛滥。近几年来，中亚与周边国家之间的国家保护的动物的走私比较严重。特别是中国与哈萨克斯坦之间的珍贵动物走私的犯罪比较常见。

2000年8月17日，新疆霍尔果斯口岸海关员们从一辆驶往伊宁的境外联运客车内查获600只羚羊角重近百公斤。9月18日霍尔果斯海关员们又查获走私入境的羚羊角1800多只，共计286公斤。2000年11月，乌鲁木齐海关走私犯罪侦查分局工作人员破获了从哈萨克斯坦来新疆做生意的马合木提从境外走私入境羚羊角案，一举缴获1793公斤羚羊角。[②] 2002年1月12日，乌鲁木齐海关外勤人员在霍尔果斯口岸现场执行查验任务时，从一名入境的吉尔吉斯斯坦籍女子的行包内查获隐匿的未申报赛加羚羊角7.3公斤，共计56根。据了解，近两年乌鲁木齐海关先后查获数十起羚羊角走私入境案，没收羚羊角3780多公斤。[③] 据2003年6月23日的《新世纪商报》报道：新疆阿拉山口口岸边防检查站仅一次就查获过境人员走私美元8.5万美元。还有一次查获走私羚羊角500多公斤，价值500多万元。2001年9月，乌鲁木齐海关走私犯罪侦察分局根据情报查获走私废钛7.1吨，抓

---

① 张秀明著：《新疆反分裂斗争和稳定工作的实践与思考》，新疆人民出版社2009年版，第22页。

② 刘娜：《走私分子的“天敌”》，《新疆法制报》2005年9月27日。

③ 吴亚东、关轩：《乌鲁木齐海关查获走私羚羊角》，《法制日报》2002年1月16日。

获涉案人员 4 名。据了解，废钛为国家明令严禁进口的商品。经查，这批废钛是夹藏在不锈钢中从伊尔克什坦口岸走私入境的。[①] 2001 年 2 月，乌鲁木齐海关走私犯罪侦查分局工作人员破获了阿勒泰波卡公司经理波拉提·阿布拉从哈萨克斯坦走私稀有金属管材——锆管案，查获 4.5 吨锆管。[②] 2001 年 7 月 31 日上午，阿拉山口海关查验官员在铁路换装区进行巡查，发现一袋可疑物品，打开检查后发现了 13 只四爪陆龟。此前不久，阿拉山口海关查验官员对入境运输工具进行检查时，在装有废钢的车皮内查获国家一级保护动物四爪陆龟 11 只。这是 2001 年以来阿拉山口海关首次在货运渠道查获走私的此类国家保护动物。[③] 2001 年 8 月 27 日，阿拉山口海关查验官员在查验由哈萨克斯坦入境的货车时，在一节装载废钢的车厢内又一次发现了 7 只四爪陆龟。[④] 2001 年 7 月 19 日，霍尔果斯海关与伊犁州公安局霍尔果斯口岸分局，联合查获一起特大麝香走私案，共查获走私麝香 24 个，重约 430 克。据悉，麝为国家二级保护动物，属濒危野生动植物种，国际贸易公约Ⅱ物种，走私麝香 5 个以上为特大案件。经初步调查，这些麝香是一司机从吉尔吉斯斯坦走私入境的。[⑤] 2003 年 4 月 14 日，伊尔克什坦边防检查站在对入境的吉尔吉斯斯坦联运班车实施检查中查获走私羚羊角 1.9 公斤。[⑥] 2000—2003 年，乌鲁木齐海关缉私局先后开展了五次“打击羚

① 海萱、梁晓雁：《海关查获走私废钛》，《乌鲁木齐晚报》2001 年 9 月 6 日。

② 刘娜：《走私分子的“天敌”》，《新疆法制报》2005 年 9 月 27 日。

③ 《海关查获走私陆龟》，《乌鲁木齐晚报》2001 年 8 月 5 日。

④ 《四爪陆龟国门查缴》，《新疆都市报》2001 年 8 月 31 日。

⑤ 《霍尔果斯：查获麝香走私案》，《新疆都市报》2001 年 7 月 27 日。

⑥ 《新疆伊尔克什坦边防站首次查获走私羚羊角案》，《乌鲁木齐晚报》2003 年 4 月 17 日。

羊角走私”专项行动，共查获走私羚羊角 4414 公斤。[①] 据 2005 年 9 月 29 日的《新疆法制报》报道，2005 年 9 月，新疆阿勒泰海关缉私分局破获 2 起涉嫌走私国家二级保护动物雪鸡案件，查获雪鸡 59 只。2001 年 5—7 月间，阿勒泰海关共查获旅客携带美元走私出境案两起，案值 10100 美元。[②] 1994 年，霍尔果斯边检站查获从哈克斯坦进来的走私香烟 500 箱，价值 200 万元。[③] 2003—2005 年近三年以来，乌鲁木齐海关共查获各类走私违规案件 208 起，案值 10.6 亿元。[④] 2005 年 4 月 2 日，喀什海关缉私分局查获一起文物走私案，查获走私处境文物 6 件，抓获犯罪嫌疑人 1 名。这些文物均为毛、丝编织的手工织品，分别为汉代、唐代、清代的文物。经文物部门鉴定，这些文物中，有国家二级文物 2 件，国家三级文物 2 件，一般文物 2 件。[⑤] 2006 年，霍尔果斯海关查验官员对一辆准备出境的哈萨克斯坦籍货车进行随机抽查时，发现申报出口的苹果和扣碗中夹藏走私大米 1120 袋，共计 28 吨。2007 年 1 月 20 日，乌鲁木齐海关隶属伊尔克什坦海关对查获的 18 个藏匿入境废旧电池做出退运处理。2007 年 1 月以来伊尔克什坦海关已连续查获吉尔吉斯斯坦国货车司机携带废旧蓄电瓶入境案件 7 起，累计查获藏匿走私入境废旧铅酸蓄电池 714 个，重量约 1.2 吨。[⑥] 2008 年 1 月喀什海关缉私分局查验人

---

① 刘娜：《国门尖兵筑起边关铁壁》，《新疆法制报》2005 年 9 月 27 日。

② 关勇、赵丽、海萱：《阿勒泰海关严厉打击货币走私》，《乌鲁木齐晚报》2001 年 8 月 2 日。

③ 《国门卫士，文明窗口》，《人民日报》2002 年 10 月 16 日。

④ 刘娜：《国门尖兵筑起边关铁壁》，《新疆法制报》2005 年 9 月 27 日。

⑤ 兴科、王秀苍、马林：《喀什海关查获文物走私案》，《新疆日报》2005 年 4 月 15 日。

⑥ 朱先晶、海萱：《伊尔克什坦海关连续查获走私》，天山网 2007 年 1 月 24 日报道 http://www.tianshannet.com.cn/news/content/2007 - 01/24/content _ 1633808.htm。

员在对入境车辆进行查验时，在一辆申报为空车的货车车厢中查获2653只，共有360公斤羚羊角。[①] 2008年7月28日热扎克·阿布拉将2636克的黄金用黄色透明胶带粘贴隐藏于空调之内，通过与乌兹别克斯坦公民伊斯热伊利试图运往乌兹别克斯坦时在乌鲁木齐机场被海关人员查获。从1999年到2009年乌鲁木齐市海关缉私局共依法立案刑事案件127起，案值15.67亿元，发现偷逃税款13.84亿元，抓获走私犯罪嫌疑人455人，查获走私入境羚羊角5275.8公斤、旱獭皮7700张、麝鼠皮2万余张、猎隼56只、象牙1根，山羊皮114.52吨，山羊绒71.29吨。[②] 2006年7月新疆南部的吐尔尕提海关和伊尔卡什坦海关从中国境内即将返回吉尔吉斯斯坦的车辆中共查获企图走私出境大米40吨，总案值达14.4万元人民币。[③] 2009年8月25日，新疆阿勒泰海关查获一起走私入境国家保护野生动物制品案，查获马鹿角88公斤，案值近60万元。[④] 2010年4月21日，新疆霍尔果斯海关破获一起羚羊角走私案件，查获走私羚羊角66根，抓获涉案嫌疑人两名。[⑤] 2010年9月22日，乌鲁木齐海关所属的阿勒泰海关近日在塔克什肯口岸查获一起走私入境国家保护野生动物制品案，查获旱獭皮538张。早已埋伏在周围的阿勒泰海关警员当场抓获该三名男子，现场查获藏匿于编织袋中的旱獭皮538张，重

---

① 马少宾、段玉莲、李琼、孙涛：《新疆海关查获走私入境高鼻羚羊角360公斤案值达7959万元》，乌鲁木齐在线，2010年1月7日报道。

② http：//china. findlaw. cn/xingfa/xingfadongtai/12828. html。

③ 杨天早、尚小伟：《新疆海关查获40吨企图运往吉尔吉斯斯坦走私大米》，中国新闻网，2006年7月21日报道。

④ 李晓玲、段玉莲：《新疆阿勒泰海关查获走私入境马鹿角88公斤》，新华网2009年9月8日报道。

⑤ 马伊宁：《新疆霍尔果斯海关查获走私入境66根带血走私羚羊角》，亚心网2010年4月21日报道 http：//law. iyaxin. com/content/2010 - 04/21/content _ 1717605. htm。

108 公斤。[①] 可以看出，最近几年中亚和我国之间的走私案件逐年增长。

图 4－1 阿勒泰海关现场查获旱獭皮 538 张

（三）核材料走私

据报道，中亚现在已经成为核材料走私的中转站。自苏联解体以来，许多走私分子将目标瞄准了苏联各个前加盟共和国的核武器与核材料。以前，他们都将欧洲作为走私渠道。但由于近年来欧洲国家加大了打击力度，欧洲之路越来越难走。于是，走私分子瞄准了中亚地区。由于那里的边境管理相对较为松弛，加之该地区的许多国家经济状况不好，海关官员和警察有腐败行为，走私分子的活动迅速蔓延开来。按照国际原子能机构提供的材料，在 1993 年到 1995 年世界各地破获的 104 起核材料走私案中，只有 4 起发生在中亚地区，而从 1996 年到 2001 年，全世界总共破获了 72 起核材料走私案，虽然数量大大减少，但中亚地区却发生了 16 起。[②] 此外，这些走私案还只涉及铀、钚和钍这三

① 吴卓胜、赵丽：《新疆阿勒泰海关查获走私旱獭皮 500 余张》，中国广播网 2010 年 9 月 28 日报道。

② 惠小霜：《中亚成了核材料走私转运站》，《中国青年报》2001 年 9 月 13 日。

种能制造核武器的材料，其他的核材料走私案还没有包括在内。2000 年 3 月，在距乌兹别克斯坦首都塔什干 30 多公里处的乌哈边界检查站，检查人员也曾依靠检测设备查获一辆走私核材料的卡车。这辆卡车表面上装的是废旧金属，实际上却运载了 10 个手提箱大小的容器，里面全是放射性物质。乌兹别克斯坦方面随后将这些核材料送回了哈萨克斯坦，以供对方有关方面进行调查。[①] 2001 年 3 月 26 日，乌鲁木齐海关所属阿拉山口海关侦查支局对抓获的新疆首例涉嫌走私稀有金属铷的 1 名犯罪嫌疑人宣布逮捕。据了解，该支局查获走私入境的金属铷共计 2021.7 克，涉案金额 30 余万元。金属铷目前在国内主要用于高科技研究，天然金属铷用于原子钟和火箭推进器等。[②] 因为我国海关查验人员的严厉控制，虽然中国和中亚国家之间的核走私案件少见，但是，万一那些被走私到我国的核材料落到恐怖分子的手中，必然会严重影响我国的社会稳定。因此，我国海关管理部门应该不断加强对口岸的管理。

第二节　中亚跨国走私犯罪的特点

中亚跨国走私犯罪除了具有国际跨国走私犯罪所共有的特点之外，也有一些自身的独特特点：

（一）中亚跨国走私犯罪的对象不断扩大

犯罪对象是指行为所作用的法律的主体（人）或物质表现（物）。[③] 独立之初，中亚地区的走私犯罪分子主要限制在武器走私领域。特别是，在中亚生活的“东突”分子利用中亚各国独

① 惠小霜：《中亚成了核材料走私转运站》，《中国青年报》2001 年 9 月 13 日。

② 《新疆海关查获用于原子钟和火箭制造的金属走私案》，《法制日报》2001 年 4 月 2 日。

③ 张明楷：《刑法学》（第三版），法律出版社 2007 年版，第 149 页。

立不久，法律不完善的机会把军火物品大量偷运到中国新疆地区，企图破坏我国的统一。但是，随着时间的推移和中国政府对“东突”分子打击力度的不断加强，犯罪分子不再限制于偷运武器，而是把走私的范围扩大到美元、假币、毒品、珍贵动物和其他国家禁止销售的物品。走私的物品趋于多样化。

（二）走私手段趋于隐蔽化、智能化

走私犯进出海关时，或是少报多进、瞒报、伪报；或是假冒保税商品；还有的利用三资企业自用设备、来料加工等名义报关，进关后再非法倒卖走私物品，从中牟取暴利。中亚地区的走私分子在使用这些手段的同时，还采用隐藏手段，把走私物品夹藏在其他合法运输的货物中或者无申报的方式，走私到我国或者其他周边国家。

（三）中亚跨国走私犯罪的主体大部分是个人

这是中亚跨国走私犯罪同国际走私犯罪不同的一个重要方面。从中亚国家与中国之间的犯罪活动的主体来看，搞走私犯罪活动的是没有法人资格的分子，而是个人或者个体商户，这些犯罪分子还没有形成国内法意义上的犯罪团伙或者犯罪集团。他们从事国家禁止运输的非法贸易。特别是“东突”分子所从事的武器走私是危害国家安全的，更是国家坚决禁止的行为。

第三节　中亚跨国走私犯罪的原因

中亚走私犯罪和其他跨国犯罪类型一样有深刻的社会原因。贫困是导致中亚走私犯罪的主要原因之一。除了哈萨克斯坦以外，其他中亚四国独立以后在经济上并没有得到明显的提高。由于中亚国家经济与苏联其他地区相比，基础、底子薄，发展水平低，对外依赖性大，所以其所面临的经济发展困境势必更加深重。苏联解体使中亚国家与苏联其他加盟共和国几十年间形成的经济联系遭到严重破坏甚至中断，这给中亚各国经济造成难以想象的严重冲击。经济联系链条断裂，使中亚许多大中型企业陷入瘫痪，导致中亚各国经济连年大幅度下滑和人民生活水平的下降。在这种情况下，生活陷入贫困的一些人铤而走险，从事走私，企图通过走私而赚到的钱维持自己的生活。

腐败和司法体系的不完善进一步加剧了中亚走私犯罪的泛滥。腐败是指公职人员利用职务上的便利，索取或者非法收受他人财物，得到非法利益以后为他人谋取不正当利益的行为。它的主要主体是国家工作人员。在中亚国家，公职人员的受贿和滥用职权为自己谋取利益的行为大行其道。在这里，政府官员和有组织犯罪之间存在着千丝万缕的相互联系，而且最为可怕的是多年来形成的这种根深蒂固的关系很难被破坏。[①] 犯罪分子通过行贿，大量收买政府官员，为自己的犯罪活动开绿灯。由于法制建设的不完善，公职人员对自己的受贿行为也无太大的担心。目前，中亚各国执法部门每年所侦破的贪污案件只是冰山一角。2000 年由联合国发展规划署资助的一项民意调查报告的结果显示，参与调研的大部分执法官员、商人、普通公职人员和其他参与人都普遍认为腐败是吉尔吉斯斯坦当前所面临的最严重的问题。参与调研的 80% 的人认为警察和内务部是吉尔吉斯斯坦国家权力机构中腐败最严重的部门。[②] 吉尔吉斯斯坦国内存在的腐败行为不仅严重影响它的经济发展，而且还对各种犯罪行为的泛滥起到了催化剂的作用。中亚其他四国也存在不同形式的腐败。2005 年，土库曼斯坦的前石油部长因为腐败问题而被判处 24 年

① An Assessment of Transnational Organized Crime in Central Asia，联合国毒品与犯罪控制办公室 2007 年度报告。

② “Corruption in Kyrgyzstan”, report on a public opinion survey conducted by the Center of Public Opinion Studies and Forecasts sponsored by UNDP (2000, Bishkek)。

的有期徒刑。2004 年，塔吉克斯坦毒品管理委员会的主任因滥用权力、持有武器、杀人等犯罪行为被逮捕。还有一位前议会成员因贪污和杀人而被判处死刑。近几年，在乌兹别克斯坦也有不少执法部门的官员因腐败而逮捕。2002 年，纳沃伊市纳沃巴哈尔地区法院的院长在受贿 105 万索姆后对犯罪人减刑而被判处 13 年有期徒刑。另外，奥力吨赛地方刑事法院的院长也因受贿 11000 美元被判处 13 年有期徒刑。2002 年 11 月，乌兹别克斯坦的一位高级警察因为受贿 400 美元被逮捕。这些腐败行为都与走私犯罪有一定的关系。2002 年，塔吉克斯坦政府对 1000 名边防部队人员进行了审查，解雇了 200 人，调离工作岗位的有 37 人，另外还有 25 名边防警察受到了警告处分。①

法制体系的不完善也为走私分子钻法律的空子提供了便利。中亚五国虽然在刑法中和其他单行条例中规定各种走私犯罪行为及其处罚原则，但是，目前在大部分情况下法典上的法律的执行还仅仅停留在文字上，对走私犯罪的处罚力度还很不够。而且，对犯罪分子所适用的法定刑也不高。另外，一些普通货物的走私在法律上没有加以严厉处罚和规定。这些因素都导致了中亚走私犯罪的猖獗。

第四节　中亚跨国走私犯罪的预防对策

面对走私犯罪的威胁，中亚五国与周边国家进一步加强了海关管理，对犯罪分子进行了不断的打击。哈萨克斯坦在 1992 年 11 月通过的《哈萨克斯坦共和国总统关于实施哈萨克斯坦共和国进口商品关税税率的命令》中，规定了每种商品具体的关税税

① An Assessment of Transnational Organized Crime in Central Asia，联合国毒品与犯罪控制办公室 2007 年度报告。

率，限制了有些商品的进出口。而在1993年3月颁布的《哈萨克斯坦共和国总统关于实施哈萨克斯坦共和国出口商品关税税率的命令》中又进一步明确了各种商品的关税税率，从而加强了对海关进出口商品的管理。吉尔吉斯斯坦共和国作为世界贸易组织的一个成员国，其海关管理法比较完善。1992年7月2日，吉尔吉斯斯坦颁布了由19章组成的《吉尔吉斯斯坦共和国海关法》，在中亚五国中第一个明确规定了海关的法律地位、任务等。在本法的第13章到第18章提出了违反海关规定及应承担的责任、检查走私机构和法律程序，对企业和单位违反海关规定的诉讼程序、对麻醉品和精神损害品的稽查、对无主货物和其他物品的处理等具体问题，通过规范化的海关制度打击并惩罚了犯罪分子。2006年3月中旬，吉政府总理菲利克斯·库洛夫签发了《关于将出售武器及其他非法进口或走私物品的非法所得收缴国家预算的实施细则》。该细则是根据吉尔吉斯斯坦《关于加强打击走私活动力度的补充实施》的政府令而制定的对出口武器及其他非法进口或走私物品的非法所得进行没收的规定。该实施细则规定，法庭依据刑法和行政法做出判（裁）决，其中20%留归共和国预算，80%划入发现和追缴走私的护法机关和监察机关的预算账户；参加扣留、侦查和揭露走私犯罪等违法行动的护法机关和监察机关将把这些资金用于对有关工作人员和揭发走私和其他违法犯罪活动有功人员进行奖励。

除海关法以外，中亚各国的刑法也对走私犯罪加以规定。《乌兹别克斯坦刑法》第十二章第182条规定了违反海关法的犯罪。本条规定，任何没有合法通过乌海关部门检查的货物或贵重物品，或者用虚假证明通过海关或者无申报、以其他货物名称申报货物通过海关的行为，如果数额较大的，在受到行政处罚的同时还将被判处罚金、2 年以下的社区矫正或 5 年有期徒刑。[①]《哈萨克斯坦刑法》第 209 条经济违禁品罪这一条规定了未经海关部门的检验或者隐瞒海关检查，用虚假证明、他人的申报证明、无申报、虚假申报等方式从哈萨克斯坦海关运输商品和贵重物品的，根据行为人的经济状况每个月罚 200—500 索姆、或者 2—5 个月的工资，根据行为人的收入状况被扣除、或者被判处 4—6 个月的拘留、1—2 年的社区矫正处罚、3 年有期徒刑并处每月罚金 100 索姆。第 250 条则分别规定了走私退出流通领域的物品和违禁物品的犯罪。根据本条款，未经海关部门的检验或者隐瞒海关检查，用虚假证明、他人的申报证明、无申报、虚假申报等方式走私药品、精神药物，有毒、有害、放射性物品，或者走私爆炸物、军火设备、爆炸装置、武器、弹药，具有巨大破坏力的核武器、化学武器、生物武器，或者其他具有破坏功能的材料的，将被判处五年有期徒刑并没收财产。[②] 吉尔吉斯斯坦和塔吉克斯坦刑法也都有相似的规定。它们的刑法也禁止各种走私行为，并对其加以处罚。

中国是中亚国家的近邻，所以中国也常常受到走私犯的侵犯。为惩罚走私犯罪，维护国家利益，在制定颁布大量有关法规和条例的同时，中国立法机构一直试图将严重的走私行为规定为犯罪行为。从中国 1979 年刑法中有关走私罪的 3 条规定看，每个条款都是为了解决一个方面的问题。走私是破坏社会主义经济秩序，损害国家利益的违法行为。随着走私物品品种的不断增多，1997 年《中华人民共和国刑法》将走私罪单独列为一节规

① УГОЛОВНЫЙ КОДЕКС РЕСПУБЛИКИ УЗБЕКИСТАН Статья182. Нарушение таможенного законодательства.

② УГОЛОВНЫЙ КОДЕКСРЕСПУБЛИКИ КАЗАХСТАН Статья 250. Контрабанда изъятых из обращения предметов или предметов, обращение которых ограничено.

定在刑法分则第三章中。在这一节共规定了 10 个罪名。它们分别包括走私武器、弹药罪；走私核材料罪；走私假币罪；走私文物罪；走私贵重金属罪；走私珍贵动物、珍贵动物制品罪；走私珍稀植物、珍稀植物制品罪；走私淫秽物品罪；走私废物罪；走私普通货物、物品罪等。我国刑法中对走私犯罪的惩罚也比较严，走私罪的法定最高刑是死刑，走私罪中共有 7 个死刑罪名，其他罪名则规定了无期徒刑、有期徒刑、拘役和管制。因为走私犯罪是破坏社会主义市场经济秩序的经济型犯罪，全部罪名均规定了罚金刑，部分罪名还规定了没收财产。新刑法不仅明确规定了走私犯罪的对象和走私罪的内容，而且又将全国人大常委会相继颁布的《关于严惩破坏经济犯罪的决定》、《惩治走私罪的补充规定》、《关于禁毒的决定》、《关于惩治走私、制作、贩卖、传播淫秽物品的犯罪分子的决定》等补充规定的内容也一并统一规定在修改后的刑法中，完善刑法中所规定的走私犯罪的内容和结构。这就使我国刑法更加严密、规范，也便于执法者更好地执行法律。这对我国海关部门正确适用法律严厉打击走私分子有很大帮助的同时，也为对各种中亚走私犯罪依照刑事法律加以处罚，防止中亚走私犯罪对我国稳定的影响起到了重大作用。

结　语

走私作为一种伴随着经济贸易的发展和交通工具的方便而出现的犯罪现象。中亚地区的走私分子利用中亚的地缘优势不仅在中亚五国之间从事犯罪活动，而且在周边国家也从事走私活动。中亚地区的“东突”势力利用我国对中亚开放的口岸，企图把武器走私到我国新疆。我国国内的走私分子和中亚地区的走私分子也对各方珍贵动物制品的需要也很熟悉。近几年，我国海关部门相继侦破了多起珍贵动物走私案。中亚各国都很希望通过法律途径预防和遏制中亚跨国走私案件，但是，中亚国家普遍存在的腐败现象阻碍了从根本上铲除造成中亚走私犯罪的根源。况且，中亚各国在刑法和一些有关海关条例中规定处罚走私的法定刑，但是因为对走私犯的法定刑较低，这些法律规定对犯罪人没有起到足够的威慑作用。中亚国家如果要想有效防止走私犯罪，不仅要在完善自己的国内法律方面下大力气，而且还需要不断加强与周边国家的合作，共同打击走私犯罪。

第五章　中亚跨国经济诈骗犯罪

随着国际经济交往的发展，市场竞争日益激励，跨国经济犯罪这一黑色逆流正在世界各地蔓延，吞噬着巨额财富，危害国家安全，对国际经济秩序造成了严重的威胁。特别是，国际经济欺诈案件多有发生，有越演越烈的趋势。据联合国贸发会的统计，自 1979 年以来，平均每月发生三起欺诈事件，每年因欺诈而损失的金额高达 130 多亿美元。我国也深受欺诈之害。据我国保险公司统计，自 1985—1998 年所处理的 20 多起海运赔偿案中，属于欺诈和具有欺诈性质的就有 10 多起，总金额达 4000 多万美元。

新疆维吾尔自治区位于我国西北边陲，是我国向西对外开放的前沿，特别是在我国与中亚地区及俄罗斯的地区经济合作中，充当着“桥头堡”的重要作用。其中，新疆的 11 个地（州）和 33 个县（市）处于边境地区，也就是说新疆县级行政单位接近半数处于开放的前哨。随着我国改革开放步伐的不断加快和西部大开发战略在新疆维吾尔自治区的全面实行，这些边境县（市）这些年来充分利用地缘优势，与其接壤国家发展多方面的经济合作，推动了这一地区的经济发展。有交往就会不可避免地出现一些利益冲突。冲突是一种过程，它在一定条件下具有维护社会秩序或社会的某些重要部分的功能。① 在积极的经济交往过程中，

---

① 吴宗宪著:《西方犯罪学》，法律出版社 1999 年版，第 547 页。

虽然信誉良好的贸易公司会尽力遵守经济贸易规则，但有些不良商家也会利用双边经贸法律法规的不完善，浑水摸鱼欺骗对方，企图达到非法牟利的目的。鉴于这类案件的涉外性质以及双边相关合作机制的缺失等原因，我国各级司法部门在处理解决和调解此类问题时常常感到力不从心，非常棘手。中亚国家的司法机关也因各种原因未能及时介入案件的审查、审判。本部分中，笔者在观察新疆与周边国家经贸关系的基础上，透析新疆与中亚国家外贸关系中遇到的实际问题，并对自己在新疆各级司法部门收集和了解到的相当数量的经济诈骗和民事纠纷案件事实进行针对性的分析，从而梳理出解决我国与中亚国家之间经济诈骗犯罪和其他涉外经济纠纷的相应措施和对策，为解决同类案件提供一些建议。

第一节　中亚跨国经济犯罪和纠纷定位考量

地处我国西北边陲的新疆维吾尔自治区是我国向西对外开放的前沿，也是西北内陆各省对外开放的重要通道，它与蒙古、俄罗斯、哈萨克斯坦、吉尔吉斯斯坦、塔吉克斯坦、阿富汗、印度和巴基斯坦接壤，边境线总长达5600多公里，是我国沿边各省中，边境线最长，毗邻国家最多的一个省。在这个优越的辐射扇面上，历史上就形成了国家之间和边民之间相互往来的众多通道，而且在边境上建立起了一些重要的口岸。这些口岸在保持和促进我国和周边国家的经贸关系方面起到了很大的作用。口岸是对外开放的门户，它担负着同外部世界交往和维护国家主权与经济利益的双重任务。口岸的开辟、建设和发展，对于活跃与国外的交流、改善投资环境、发展外向型经济和促进区域经济的繁荣，发挥着十分重要的作用。我国在实施西部大开发战略之后，新疆充分利用自己的地缘优势，新开辟了边境线的7个口岸，从而把改革开放之前的 6 个口岸扩展到 13 个口岸。随着国家沿边开放战略的实施，新疆已成为中国西部对外开放的前沿，经国家批准开通的一类口岸有 17 个；二类口岸 12 个。新疆东边有向蒙古国开放的老爷庙、乌拉斯台、塔克什肯和红山嘴口岸。西出新疆可通哈萨克斯坦的阿黑土别克、吉木乃、巴克图、阿拉山口、霍尔果斯、多拉塔和木扎尔特口岸，向吉尔吉斯斯坦开放的吐尔尕特、别迭里和伊尔克什坦口岸，向塔吉克斯坦开放的卡拉苏口岸，西南向巴基斯坦开放的红其拉甫口岸。除了这些陆路边境口岸外，乌鲁木齐航空口岸和喀什航空口岸也对周边国家开放。这些口岸的开放，使新疆形成了陆地、航空交叉，公路、铁路、管道并举，沿边、内陆互补的全方位、多层次的口岸对外开放格局。以这些地缘优势，新疆已成为中国对外开通国际客货运输线路最多、营运里程最长、车次最多的省份。随着中国改革开放步伐的加深，这些对外开放通道使新疆与世界紧密连接，促进新疆与世界各主要国家之间的经济贸易关系。截止到 2008 年年底，新疆与世界 148 多个国家和地区建立了经贸往来关系，比 2000 年增加 48 个，增加了近 1/3。其中，与新疆接壤的近邻国家贸易来往频繁，新疆与中亚各国及俄罗斯的贸易额达 195.3 亿美元，占新疆进出口总值的 87.9%。尤其是与新疆直接接壤的哈萨克斯坦、吉尔吉斯斯坦和塔吉克斯坦等国的商贸公司与我国新疆的公司和商人有深层次的经贸来往。其中，对哈萨克斯坦进出口 90.7 亿美元，占全区贸易额的 40.8%。[①] 除了各种大层次的技术合作之外，边贸往来已给我国新疆和周边国家的人民带来了很大的发展机遇与机会。

中国新疆与哈萨克斯坦、吉尔吉斯斯坦和塔吉克斯坦等中亚

---

① 《新疆外贸发展优势明显，大外经贸格局基本形成》，人民网 2009 年 5 月 31 日 http://politics.people.com.cn/GB/8198/155488/155493/9384323.html。

国家山水相依，新疆的少数民族与中亚各国有着近似的民族文化构成，新疆地区各民族的文化、语言、风俗习惯等许多方面也与中亚人民有着很大的相似性。新疆地方贸易和边境贸易这些年来的蓬勃发展正是得益于这些得天独厚的便利条件。自从1986年2月，国家正式批准新疆恢复与苏联哈萨克斯坦等中亚地区的几个加盟共和国的地方边境贸易以来，新疆的边境贸易取得了令人瞩目的成绩。中亚国家向中国新疆出口钢材、棉花、羊毛、金属矿产、化肥、木材、石油、电解铜、马口铁、机械设备等商品，从中国进口粮食、食品、酒精类产品、砂糖、服装、鞋帽、家电产品、药品和医疗器械、石油化工产品、农用机械设备、粮油加工设备、包装机械、工艺品等。近年来，在中国和中亚各国的共同努力之下，双边边境贸易也趋于成熟，双方的边境贸易内容也从上述贸易来往发展到工程承包、劳务合作、经济技术合作等领域，进出口总额也由1988年的3600万美元上升到2008年的176.42亿美元，占我国新疆边贸进出口总额的79.4%，占全国边境贸易进出口总值的57.1%。[①] 2009年新疆与周边国家的对外贸易额占当年全疆对外贸易总额的85%。新疆边境贸易进出口成为新疆对外贸易的“半壁江山”。新疆北部的伊犁哈萨克自治州、阿勒泰、塔城等地区和首府乌鲁木齐的边疆宾馆和最近开放的西域外贸基地作为我国新疆的主要边贸集散地，为进一步推动中亚国家和我国之间的边境贸易的发展发挥了非常重要的作用。

因中亚和周边国家对与我国发展经贸关系很感兴趣，我国也需要与他们进行经贸往来，从1990年起国家给新疆各种优惠政策，鼓励新疆的对外开放，为新疆对外贸易的迅速发展提供了良好的机遇。“乌洽会”作为我国自1990年6月6日在哈尔滨创办

① 唐红梅：《新疆边贸发展前景广阔》，《乌鲁木齐晚报》2009年9月4日。

的“哈尔滨边境地方经济贸易洽谈会”之后第二个面向全国的边境地方经贸关系的重要场所，成为我国与中亚国家的商人和外贸公司发展经贸关系的另一个重要的平台。它由西北5省（区）及西安市、新疆建设兵团联合创办于1992年9月2日，是新疆边境贸易的进一步升华。从1992年第一届“乌洽会”起，经过一年一度连续三届的大跨度发展，到了1995年由国家批准正式把它更名为“中国乌鲁木齐对外经济贸易洽谈会”[①]，赋予“乌洽会”除地边贸易、易货贸易以外，功能更为广泛的、全国性的区域经贸洽谈会的地位。时至2008年的乌洽会由商务部、中国贸促会和新疆维吾尔自治区人民政府共同主办，乌洽会改变了以往以年份命名的惯例，对外统一称“第十七届中国乌鲁木齐对外经济贸易洽谈会”，使之成为中国主要面向中、西、南亚和俄罗斯、东欧国家的国家级投资贸易综合性的展会，“乌洽会”也由一个地方性展会升级为国家级展会。2009年乌洽会再次升格，成为由商务部、中国贸促会等14个省部委主办，面向中亚甚至欧洲的国家级展会，这一质的飞跃，无疑为乌鲁木齐市对内对外特别是向西开放，提供了更为广阔的发展空间。这样，周边国家的商家不仅能在口岸从事经贸活动，还可以通过“乌洽会”这个平台展示和推荐自己的商品和技术。中国的商人也利用参加“乌洽会”的机会对外介绍自己的商品，它为全国和周边国家都提供了一个相互了解、加强合作的新舞台。通过这些年来的发展，“乌洽会”的对外辐射面不断扩大，成交对象也由以往那种单纯以中亚、周边国家为主，转向全方位、多元化成交，也已经开始与欧美国家、日本、韩国、新西兰等国的一些大企业实现大笔成交。2010年7月，中央又下发了《关于深入实施西部大开

① 此前的几年里一直叫做“乌鲁木齐边境地方经济贸易洽谈会”。

发战略的若干意见》（中发〔2010〕11 号），明确提出“提升乌鲁木齐对外经济贸易洽谈会的功能，将其升格为‘中国—亚欧博览会’，国家给予资金支持”。中国 - 亚欧博览会是乌鲁木齐对外经济贸易洽谈会的继承和升华，由商务部、中宣部等 27 个国家部委和新疆维吾尔自治区人民政府、新疆生产建设兵团联合主办，19 个对口援疆省市及重庆市、四川省、陕西省协办的首届中国亚欧博览会于 2011 年 9 月 1 日至 5 日在新疆国际会展中心举办。2012 年 9 月 2 日，第二届中国亚欧博览会在乌鲁木齐市开幕。

“乌洽会”和亚欧博览会全面推动了新疆的经济开放。2012 年，新疆的对外贸易总额达到 251. 7 亿美元，是 1995 年的 25 倍。[①] 在升格为亚欧博览会之前的 19 届“乌洽会”上共有 70 多个国家和地区的客商参会参展，国内所有省区市万余家企业参展，累计对外经济贸易总成交 396. 5 亿美元，国内贸易总成交 1585. 06 亿元人民币，外贸进出口总成交 302. 7 亿美元，对外经济技术合作项目成交 93. 8 亿美元，国内经济技术合作项目成交合同累计 11586 份，总额 9430. 43 亿元人民币。[②] 2010 年 5 月召开的中央新疆工作座谈会明确指出，将霍尔果斯口岸列为国家级特殊经济开发区，这意味着在新疆一轮开发建设中，霍尔果斯口岸将成为新疆及全国的向西开放的桥头堡。2012 年 12 月，中哈第二条铁路通道——霍尔果斯至阿腾科里铁路正式开通，预计霍尔果斯口岸铁路线运营后，其进出口过货量将成倍增加。

---

① 其中 2012 年新疆对中亚五国进出口 175. 8 亿美元，占新疆对外贸易总额的 69. 8%。吕淑华：《2012 年新疆对外贸易额达 251. 7 亿美元，创历史新高》新疆网 http：//www. xinjiangnet. com. cn/top/manage/201301/t20130121_ 3050243. shtml。

② 韩晓怡、张新军：《第 19 届乌洽会圆满闭幕》，天山网 http：//www. ts. cn/news/content/2010 - 09/05/content_ 5212514. htm。

发展与中亚国家的经贸合作，提高了新疆对外贸易规模和水平，加快了新疆对外开放的步伐，带来了看得见、摸得着的实惠。但是，新疆与中亚国家的经贸合作在取得许多令人瞩目的成绩的同时，我们也应该清醒地认识到所面临的问题和挑战。虽然，这些年来中亚国家在经济发展方面取得了很大的进步，各项经济法律法规也正在逐步建立健全，但如贸易仲裁、银行结算等问题，一直未得到有效解决，贸易风险仍然很大。此外，由于对中亚国家政策、法规、市场调研力度还很不够，信息不灵，合作方面有着很大的盲目性和随意性，新疆对中亚国家贸易一直以来存在一定的不规范性，出现许多贸易纠纷和经济诈骗行为。中亚国家相当一部分企业信誉差，拖欠货款乃至欺诈现象频繁发生，其中不少的欠款问题长期悬而未决，我方许多企业负担过重，经营困难，贸易代价很大。① 同时，一些中亚国内治安环境较差，我方经商人员的人身安全得不到保证，被无理关、审、打、搜甚至伤害等事件时有发生。但不可否认的是，我国的商家也存在一些问题。新疆的一些商人向中亚国家出口假冒产品，不履行合同，也使得中亚商人遭受了不少的损失。这些问题从历届乌洽会的合同履约率的统计数字中也可以得到一定程度上的印证。据了解，前17届乌洽会平均履约率为51.2%。其中，对外经济技术

① 我国与中亚国家的经贸合作按照投资和贸易规模的不同可以简单地划分为国家合作项目、地方政府间合作项目以及民间合作项目等几个层次。由于国家间和地方政府间合作项目中存在的问题，国家以及政府有关部门可以通过与对方国家政府协商、交涉等各种途径可以较为便利和圆满地解决所出现的各种纠纷，因此笔者在这里提到的这些种种弊端主要涉及民间层次上的经贸合作之中。根据2008年的统计，国有外经贸企业出口额占新疆外贸总额的比重仅为30%。而以股份制企业、外资企业和私营企业为主体的非国有企业出口占总额的比重达70%。

合作项目平均履约率为 38.6%，内联项目平均履约率为 81.12%。[①] 其中，双方合同违约、不履行合同义务的情况都比较严重。在地边贸易关系中，商人合同违约、不履行合同的情况更为严重，在新疆的伊宁、塔城、阿勒泰等地区大部分商人都有被中亚商人欺骗的经历。有的商人为讨回外商拖欠多年的货款至今已经花费几千万元。

第二节　中亚跨国经济诈骗犯罪和经济纠纷考察

目前，我国新疆与哈萨克斯坦、吉尔吉斯斯坦、俄罗斯、巴基斯坦、塔吉克斯坦五大贸易伙伴的贸易额占到了全区对外贸易总额的 80% 以上。现在，新疆有 5811 家外贸企业从事进出口贸易，其中进出口额超亿元的企业有 59 家。[②] 在众多的企业中，超过 1000 家企业从事边境贸易。这些年来，双方之间贸易往来的跨越式发展，显示出了新疆与中亚国家的贸易交往的光明前途。据了解，新疆边贸额已连续 10 多年占据进出口总额的一半以上，目前边贸规模在全国沿边省区中名列第一。[③] 但是，我们在看到取得成绩的同时，也应该清醒地看到其中存在的一些隐患。尽管新疆与中亚国家合作多年，双方基本形成了从无序到有序、从不规范到逐渐规范、适合双方市场共同需求的外贸规则，但中亚国家的市场规范程度与国际市场相比，还有很大差别。尤其在开展边境贸易方面，政策不稳定、政府机构工作效率低下、口岸管理

---

① 刘书成：《今年乌洽会拟签约额超越 1000 亿》，《都市消费晨报》2009 年 8 月 1 日。

② 《新疆外贸额跃居西部第一 外贸交易环境亟待升级》，中国经济网 http://www.ce.cn/ztpd/xwzt/guonei/2009/hexiexinjiang/huoliwaimao/200905/31/t20090531_19207867.shtml。

③ 《新疆外贸向 200 亿美元目标奔跑》，中广网 2008 年 12 月 3 日 http://www.cnr.cn/zggbb/zjxj/200812/t20081203_505167009.html。

不够规范、"灰色清关"、运输摩擦等现象时有发生，不公平竞争、不讲究信誉、商品同质不同价成为普遍现象。各种形式的经济纠纷和合同诈骗同时也侵蚀双方贸易，严重影响和破坏双方之间互利互信的良好关系及国际贸易规则，给各国带来了巨大的经济损失。

1995 年，中国商人就曾落入"钢铁陷阱"。当年，中国的 20 家外贸公司与哈萨克斯坦卡拉干达钢铁公司（以下简称卡钢）签订合同，并按照合同规定 7、8、9 三个月先后向卡钢的银行账户上汇入了 2000 万美元预付货款。但哈方公司在收到货款后却背信弃义，违反国际法和国际贸易准则，停止与中国外贸公司所签署的所有合同的执行，停止发运钢材，并把用中国公司的预付货款购买的原材料生产出来的钢材压在仓库。中国的这 20 家公司均来自与哈萨克斯坦所接壤的新疆维吾尔自治区，损失最大的是中国国际贸易旅游公司和新疆亚环国际贸易有限公司，他们共向卡钢支付了总计 300 多万美元的预付货款①。这就是当时轰动一时的"卡钢事件"。除此之外，由于中亚国家的一部分公司对合同履行不认真，也导致了一些中国公司的破产。在哈萨克斯坦的阿拉木图市，提起十几年前有一个"阿克布拉克"合资企业与中国人合作生产保温瓶的事，人们都不陌生。1990 年 10 月，"阿克布拉克"中哈合资企业举行正式开业典礼。由于是产出型企业，"阿克布拉克"很快就脱颖而出，成为苏联哈萨克斯坦加盟共和国与外国合资企业的样板。中国新疆保温瓶工业总公司与另两家控股 10% 的中国公司（称乙方）与苏联哈萨克斯坦加盟共和国阿拉木图克孜尔图塑料加工联合企业（甲方）关于成立合资企业的合同书载明：乙方按 46.1% 的比例投入 1463440 卢

---

① 尹树广、屈伟：《中国商人落入钢铁陷阱》，《环球文萃报》1995 年 11 月 19 日。

布，购入主机设备和引进工业技术。中方一分未少地投入了上述资金并主动多投入了3台注塑成型机。合同规定，甲方按53.9%的比例投入1711200卢布，折合成提供厂房、基础设备、生产保障运输工具以及40万卢布的流动资金，投入合资企业。但哈方实际上只投入了约26%的资金，约合1021460卢布。结果厂房面积未达到标准，部分基础设备不配套，运输工具只购入了1/3，规定的流动资金只到位7万卢布。时至1994年第三季度，合资企业连中方供应瓶胆的货款也没有支付（这笔20万美元货款至今未付），造成中方难以继续供货，合资企业终于陷入瘫痪。①

合同诈骗也时常使我国和中亚商人遭受一定程度的经济损失。我们在调研过程中了解到，近几年我国新疆的一些商人因中亚一些商人的合同诈骗行为而受到经济损失，从而被迫把中亚国家的几个商人告上国内法院。2001年4月，哈萨克斯坦人塔拉诺夫·哈米特以贸易为名和新疆博尔塔拉蒙古自治州（博州）国际贸易公司经理孙建军口头协议做废钢、废纸生意。双方达成协议后，塔拉诺夫·哈米特让孙建军先后支付6.5万美金，并承诺当年5月起供货到9月全部供货完毕。但截至2001年9月塔拉诺夫·哈米特只给孙建军提供了1.5万美元的废钢、废纸。后来，经博尔塔拉蒙古自治州国际贸易公司多次催要货款后，塔拉诺夫·哈米特要求对方再预付1.5万美金手续费，并承诺将于2001年年底送达交付全部货物。博州国际贸易公司为了挽回经济损失，于2001年10月不得不又支付了1.5万美金。然而，截至2001年年底塔拉诺夫·哈米特尚有价值49700美金的货物没有交付。当博州国际贸易公司要求塔拉诺夫·哈米特供货或返还货款时，塔拉诺夫·哈米特却以种种理由拖延时间，并多次向该

① 于海波：《这家合资企业跨了》，《环球时报》1997年5月18日。

公司业务人员索要钱财，若不答应，就拒绝供货。该公司在万般无奈的情况下，多次派业务人员赴阿拉木图、比什凯克等地，经实地了解，塔拉诺夫·哈米特根本不是什么亚洲运输公司的经理，既无经营场所，又无货源。无奈之下，2002 年 5 月博州国际贸易公司向博州公安局报案，要求对方退还货款并承担相应的法律责任。在另外一起案件中，2003 年 12 月 6 日，吉尔吉斯斯坦人盖什·谢尔盖·亚历山大维奇以俄罗斯别好禾特公司副经理名义与乌鲁木齐和诚信园林公司在乌鲁木齐市签订废钢材购销合同。他们在合同中注明乌鲁木齐和诚信园林公司从俄罗斯别好禾特公司购买 3 万吨废钢材，总价值 580 万美金，交货日期为 2003 年 12 月至 2004 年 12 月。合同签订后，乌鲁木齐和诚信园林公司向盖什·谢尔盖·亚历山大维奇支付了 8 万元人民币。2004 年 1 月 4 日，盖什·谢尔盖·亚历山大维奇向乌鲁木齐和诚信园林公司提供了一套铁路国际联运单复印件，乌鲁木齐和诚信园林公司在见到此铁路国际联运单复印件后，通过阿勒泰工商银行向俄罗斯别好禾特公司汇货款 4.7 万美金，但一直未收到货物。2005 年 5 月 31 日，经过俄罗斯和吉尔吉斯斯坦警方的协查，乌鲁木齐和诚信园林公司发现在阿勒泰边疆区既无盖什·谢尔盖·亚历山大维奇的人口登记信息，又无叫做俄罗斯别好禾特公司的一家公司。

随着我国西部大开发步骤的加深，边境贸易也得到繁荣，我国与中亚国家的规范边境贸易的法律也不断出台。但是，相当一部分私营企业信誉差，拖欠货款乃至欺诈行为多，不履行合同任务或者携款、携货潜逃的情况至今没有得到有效的遏制和解决。据了解，1995 年仅伊犁地区直属外贸公司就有 240 万美元在境外收不回来。哈方公司欠新疆伊犁州某国营公司 500 万美元，占该公司年进出口任务的四分之一，这笔账至今要不回来。有的企业因此而破产，告状无门。[①] 笔者于2009年7—8月在乌鲁木齐市、伊宁、塔城等地所进行的调查中发现，凡与周边国家进行外贸的经商都有过被外商携款、携货逃跑以及因遭遇欺诈而被骗的经历。他们有的在国内法院起诉，有的因考虑以后的经济往来放弃通过诉讼方式来解决问题，有的则在国外进行起诉保护自己的债权。1997年6月，新疆阿勒泰地区吉木乃县经协公司对哈萨克斯坦斋桑县努尔塔斯公司拖欠2.6万美元货款一案向斋桑县法院提起诉讼。当年12月，经斋桑县法院裁决，判决吉木乃县经协公司胜诉。[②] 但是，起诉到中亚国家的法院之后案件常常久拖不决，往往不了了之，因此能够胜诉这样的好运对大部分中国商人来说还是可望而不可即的。

第三节　中亚跨国经济诈骗案件中的法律问题分析

国际贸易中的欺诈，是具有涉外因素的欺诈，它超越了一国的范围，涉及两个或两个以上的国家。这种欺诈表现为：一是，一般欺诈人与被欺诈人具有不同的国籍。二是，欺诈人与被欺诈人不在一国，即双方的住所或营业场所分别设在两个不同的国家，不在一国领域内。三是，欺诈人的欺诈行为实施地方、被欺诈人的意思表示所在地与损害发生地一般也不在同一个国家。但是，跨国犯罪就其本质而言仍属于国内法管辖的范围，各有关国家一般都是根据本国刑法的规定罪处罚。针对在我国境内发生的中亚跨国经济诈骗，我国法律按照属地原则依法追究犯罪嫌疑人的责任。我国刑法是惩罚犯罪人的主要法律。在司法实践中涉外经济诈骗和经济纠纷的责任性质，一般属于民事责任。因而，我

① 《中哈边境贸易和社会情况调查报告》，《中亚研究》1995年第4期。
② 《吉木乃在哈国首起债务案胜诉》，《乌鲁木齐晚报》1997年12月22日。

国民事诉讼法和民法通则也对涉外案件的概念与适用法律给予了界定。最高人民法院《关于贯彻执行〈中华人民共和国民法通则〉若干问题的意见（试行）》第 178 条规定：“凡民事关系的一方或双方当事人是外国人、无国籍人、外国法人的；民事关系的标的物在外国领域内的；生产、变更或者消灭民事权利义务关系的法律事实发生在外国的，均为涉外民事关系。”对一件民事纠纷是否属于涉外案件均是以主体一方或双方当事人是否系外国人、外国法人为标准进行区分。我国《民事诉讼法》第 237 条规定：“在中华人民共和国领域内进行涉外民事诉讼，适用本编规定。”最近几年，乌鲁木齐市、伊犁哈萨克自治州、塔城和阿勒泰地区基层法院受理的涉外经济贸易案件的数量日益增加。笔者在乌鲁木齐市、伊宁市和塔城市基层法院进行调查过程中发现，新疆的涉外经济贸易案件主要是合同诈骗、欠款纠纷、买卖合同纠纷案件和民间借贷纠纷案件，乌鲁木齐市天山区是涉外经济案件发生率最高的地区之一。据乌鲁木齐市天山区人民法院提供的一些信息和资料，天山区人民法院立案审判或调解的涉外经济纠纷案件逐年增长，比乌鲁木齐市的其他地区和新疆其他县市法院立案审判的涉外经济案件数量高出几倍。[①] 这主要是因为乌鲁木齐市的两大对外开放的口岸——边疆宾馆和西域对外贸易基地位于天山区范围之内。按照管辖权的相关规定，在这里发生的涉外案件除了一些严重的刑事案件和涉案标的额较大的案件之外，大部分当事人都到天山区法院进行起诉和应诉。法院受理案件之后如需要审判的，就会组织合议庭公开进行审理，作出公正、公平的判决。有的当事人到庭应诉时要求调解，这时法院就会根据各

① 根据在天山区法院办涉外案件的法官提供的资料，天山区法院在 2007 年办的涉外（主要是中亚国家的案件）是 10 件，2008 年是 15 件，而截止到 2009 年 10 月份，他们已办理了 25 件涉外案件。

方当事人的要求在我国法律的框架内主持调解。

然而，涉外案件又不同于国内的案件。在不少情况下，由于与诉讼有关的当事人、标的物或其他证据可能不在一国之内，要使诉讼活动顺利进行和有效的判决得以履行，需要诉讼当事人和其他有关人员的积极配合。但是，目前因各种原因涉外案件的处理和最终解决常常遇到各种困难和问题。

一是法律文书的送达问题影响新疆涉外案件的及时解决。我国新疆与中亚国家商人之间发生的经济纠纷属于民商事纠纷。民商事纠纷的顺利解决需要依靠各种民事法律文书及时向各方当事人的送达。送达是某些诉讼文书发生法律效力的条件之一。民事诉讼中的送达，是指人民法院依照法定的方式和程序，将诉讼文书送交当事人和其他诉讼参与人的行为。诉讼文书包括起诉状副本、答辩状副本、上诉状副本、各类通知书（如案件受理通知书、应诉通知书、举证通知书、出庭通知书等）、传票、判决书、裁决书、决定书、调解书、支付令等。涉外民事诉讼的送达，是对我国领域内没有住所的当事人送达诉讼文书而言的。[①] 由于涉外案件的当事人往往一方在国外，国内一方当事人在中国法院提起诉讼时、如何向在国外的当事人送达法律文书是一个非常棘手的问题。最高人民法院已经颁布了许多司法解释来解决涉外案件中的文书送达难问题，但是这个问题还是没有得到有效的解决。目前，由于中亚国家还不是《关于向国外送达民事或商事司法文书和司法外文书公约》（《海牙送达公约》）的成员国，因此，中国法院在送达法律文书上不能适用该公约。况且，虽然中国和哈萨克斯坦、乌兹别克斯坦、吉尔吉斯斯坦和塔吉克斯坦之间有民事和刑事司法协助的条约，并且条约规定缔约双方应根据请求相

① 江伟主编：《民事诉讼法》（第三版），高等教育出版社 2007 年版，第 520 页。

互送达司法文书和司法外文书，但在司法实践中因各种原因，这个条约没有充分发挥自己应有的作用，而只是停留在纸面上。[①]在不能直接送达的情况下，法院一般采取公告送达的方式。[②] 但对这种送达方式在《民事诉讼法》上有一些限制。《民事诉讼法》第 84 条和第 247 条规定，在受送达人下落不明或者通过其他方式无法送达的情况下法院可以公告送达。但国外一方当事人并非下落不明，只是远在国外，国内一方当事人不知其具体住所罢了。公告送达法院一般在涉外婚姻案件中适用，并且只限于解决身份关系，不包括财产纠纷。如果案件涉及财产问题，一方当事人因无法送达不能出庭，诉讼就难以继续进行下去。另外，如果国外一方当事人在国内法院应诉，但庭审后又返回国外，此时，送达裁判文书就成为一个难题。在审判实践中也经常出现因为裁判文书无法送达而延误诉讼进程的情况。刑事案件的法律文书的送达也常常遇到困难。刑事案件的犯罪嫌疑人还在国内的情况下，法律文书的送达比较容易。但是，有的犯罪嫌疑人在国内通过合同欺诈诈骗对方，骗取其财产后立即离开中国。对这样的犯罪嫌疑人在没有得到对方国家的协助下是不可能进行诉讼活动，追究他们的责任的。

二是执行难。执行行为是执行机关基于债权人的申请，运用

---

① 在新疆的各级法院系统内至今为止无一件涉及中亚国家的经济纠纷案件适用国际公约和中国与中亚国家之间的民事司法协助条约进行解决的实践。这主要是因为通过国际公约、双边条约来解决环节特别繁琐、所需周期也很长，案件因此而拖上一两年是非常常见的事情。

② 如目前新疆乌鲁木齐市中级人民法院一般采用在《人民法院报》上刊登公告这种公告送达方式。以前他们也曾经尝试过通过最高人民法院、外交部向对方国家的使领馆、外交机构进行转交，最终再通过外国的这些机构来送达给涉案当事人的做法。但这种做法在实行了一段时间之后，因为所需周期太长而不得不停止执行。转而实行了当前这种在报纸上刊登公告的形式。

国家公权力，强制债务人履行债务，以实现债权人权利的公法上行为。民商事诉讼或者仲裁机构裁决的目的是实现债权人的权利。如果被执行人自觉执行债务义务，那就不存在以国家强制力为后盾执行法院的有效判决或裁决的事。然而，在被执行人有执行能力而有意没有执行债务义务的情况下，根据债权人的请求，为了实现生效法律文书所确定的权利，人民法院会穷尽各种执行办法、措施和途径，对被执行人的财产进行必要的执行行为。但是，执行的前提是必须有被执行的人和被执行的标的物。在新疆发生的大部分涉外经济纠纷主要是欠款纠纷和合同纠纷，一方当事人与案件有关的可执行的财产一般不在国内，或者我方应诉人的财产不具备执行的条件或者存在影响执行的因素。在这种情况下，法院在根据案件情况作出有效判决之后，因被执行人的财产不在我国，国内法院与中亚国家法院之间的合作途径也不顺畅，以至于中国法院无法到国外执行国内法院作出的判决，导致有效判决没有得到落实。

三是我国对涉案外国人的控制方面也存在一些缺陷。边控措施①是法院根据国家的有关规定，为了保证诉讼的正常进行，避免诉讼当事人或有关的人在法院通知他应诉的情况下擅自离开我国，影响诉讼活动的正常进行而采取的措施。这种边控措施主要是通过对涉及有关案件的外国人采取限制出境的措施，暂扣他的护照，从而要求他应诉并履行义务来实现。但是，这种措施的使用有一定的限制。在一般情况下，法院受理涉外案件之后，如果认为需要立案审理，为了避免当事人逃避诉讼，会暂扣他的护照，并在48小时内到新疆维吾尔自治区高级人民法院办理有关

① 也被称为限制出境。它是人民法院为防止涉案的外国人或者中国公民因其借出境之机逃避司法机关追究法律责任，给境内的国家、集体或个人财产等带来重大损失而通过法定程序在国边境口岸对之采取限制出镜，促其履行义务的一种强制保全措施。它是对特定人实施的一种特殊的强制执行措施，边控措施涉控对象的范围比较特定。司法实践中，一般用于被执行人在国内查无财产，或有向境外转移财产可能性的；有频繁出入境记录或有出入境可能性但下落不明、无法对其人身进行实际控制的被执行人。在涉外民商事诉讼中，由于案件所涉及的当事人或者其法定代表人往往有境外身份，而在境内没有可供保全或执行的财产，通过采取边控措施对其限制出境就显得尤为重要。这是一种根据《中华人民共和国外国人入境出境管理法》第23条第二项（“‘人民法院通知有未了结民事案件不能离境的’外国人不准离境。”）以及最高人民法院、最高人民检察院、公安部、国家安全部《关于依法限制外国人和中国公民出境问题的若干规定》第2条第四项的规定实施的措施。法院在限制外国人和中国公民出境时，可以：向当事人口头通知或书面通知，在其案件（或问题）了结之前，不得离境；根据案件性质及当事人的具体情况，分别采取监视居住或取保候审的办法，或令其提供财产担保或交付一定数量保证金后准予出境。扣留当事人护照或其他有效出入境证件。不过应在护照或其他出入境证件有效期内处理了结，同时发给本人扣留证件的证明。法院如留当事人护照或其他有效出入境证件，如在出入境有效期内不能了结的，应当提前通知公安机关。在限制出境期间，一般情况下，并不限制被控对象在国内活动的自由。对持有外国护照的当事人实施扣留护照、限制出境等措施后，必须在四十八小时内逐级报告上级人民法院，同时向同级人民政府外事办公室通报。决定限制出境时，扣照后，必要时可以通知外国使、领馆该外方当事人护照已被法院扣留，防止被扣照人到使、领馆以护照遗失为由申请补办护照出境，造成强制措施落空。

手续，商请自治区公安厅发函至自治区公安边防总队，将被执行人名单向全国各口岸通报备案，依法限制其出境，最后把有关决定书送达被告人手上。如果在48小时之内无法办理完这些手续，法院就没有权利继续扣留被告人的护照，只能把护照及时还给当事人。即使能够在规定的时间内及时办理完相关手续并把批准书送达给当事人，但被告人如果无力支付自己的吃住费用，或者在我国滞留期间遭到损失，要求赔偿，法院如何处理也是一个难题。① 伊宁市曾经就发生过这样的案例。虽然伊犁州中级人民法院最终没有立案，但是这些问题还是需要考虑。这种问题的存在，亟待通过两高出台司法解释的途径来进行有效的规制和改进。②

由于存在上述问题，使涉外民商事案件的审判比较复杂，审判效果不尽如人意。因此，随着近年来新疆涉外经济贸易发展很快，涉外纠纷亦呈不断上升趋势的情况下，如何选择适合新疆外经贸关系发展规律的涉外贸易纠纷解决途径也就成为新疆司法系统所面临的亟待解决的一个重要课题。

---

① 按照公安部规定，每次边控的申请周期为三个月（一般为1个月，最长不超过3个月），期满如果案件还没有审结完毕还可以申请续控。因此，如果在执行边控措施时出现差错，而被执行边控措施的外国当事人要求进行赔偿时，因为这种要求缺乏法律基础，虽然这种过错发生的责任在我方，我国的法院往往拒绝其要求。所以，事后救济措施的缺乏是当前边控措施实行中的一个主要的缺陷，可以说边控决定做出之后，除了3日内向法院申请复议之外，再无其他救济方法。

② 据笔者所了解到的情况，为了避免这种问题的出现，国内一些地方的法院，如南京市中级人民法院，对“边控措施”的申请制定了一些限制性的条款，规定“边控措施”申请人必须提供相应的经济担保，承担“边控错误”的经济赔偿责任等。虽然它在实践中的效果究竟如何还有待于进一步观察，但是这种做法不失为解决这个问题的一种有益的尝试。

第四节　解决中亚跨国经济诈骗和经济纠纷的建议

纠纷，或争议、争端、冲突，是特定的主体基于利益冲突而产生的一种双边（或多边）的对抗行为。在现代社会，纠纷解决总是与法律密切相关的，通过司法途径解决纠纷，是文明社会的重大标志，也是法治的题中之义。[①] 在本文中阐述的我国和中亚国家商人和公司之间的经济诈骗和经济纠纷因诉诸司法可以说是法律纠纷。法律纠纷，通常指属于法律调整范围的纠纷：既包括由于法律所确认的权利受到侵害或无法实现时提出的救济诉求，也包括需要并可能通过司法裁决作出判断的各种利益纷争。[②] 法律纠纷的解决不仅要求原有司法体系的正确适用，也要求对不合理或不完善的司法运作模或者还没有被启动的司法协助条约进行适当地修正或启动，从而保障全部司法活动的有效运作。虽然，我国和周边中亚国家的经济诈骗和经济纠纷在数量上与国内法院每年立案审理的其他相似纠纷相比只能算是九牛一毛，但是，新疆各级法院仍然坚持我国缔约的各种国际公约和司法协助条约正确适用国内法律和国际公约，保障涉外案件的及时处理。然而，上述阐述的一些问题现实存在，在相当程度上影响了新疆对外贸易的健康发展。因此，我们需要找出这些问题合适的解决途径，扫除对我国新疆对外贸易的发展带来不利影响的各种阻碍因素，从而从根本上有力保障我国新疆良好的对外贸易秩序。为此，我们要充分重视目前对中亚贸易中存在的种种隐患，积极采取应对措施。

鉴于我国新疆涉外审判工作遇到的上述问题，笔者提出如下

---

① 陈兴良、周光权著：《刑法学的现代展开》，中国人民大学出版社 2006 年版，第 58 页。

② 范愉：《纠纷解决的理论与实践》，清华大学出版社 2007 年版，第 70 页。

几个建议。

一是探索适合我国涉外民商事案件的送达方式。

法律文书的送达是保障涉外民商事案件顺利进行的一个重要环节，它是从诉讼行为的衔接与贯通的角度来保障诉讼活动的有序进行。[①] 为解决涉外案件中法律文书送达难的问题，1965 年 11 月订立的《关于向国外送达民事或商事司法文书和司法外文书公约》（简称《海牙送达公约》）在其各条款中明确规定成员国在司法文书中的送达程序，从而规范成员国之间送达法律文书的各种实体性和程序性义务。通过《海牙送达公约》送达是司法文书送达的一种方式，受送达人所在国为公约缔约国或参加国时，法院并不必然适用公约进行送达，是否适用公约的需要，应根据具体情况而定。一般情况下，能通过公告送达以外的其他方式送达的，就不必再适用公约规定的方式送达；法院能合理推断出通告公约规定的方式仍不能完成送达的，也没有必要启动《海牙送达公约》进行送达。通常具备下列条件时，可以启动《海牙送达公约》进行送达：（1）通过相对简便的方式（公告送达除外）无法完成送达，确实存在公约规定的“有须递送司法文书或司法外文书以便向国外送达的情形”；（2）受送达人所在国是公约的缔约国或参加国，且与中国没有缔结司法协助协定或者缔结的司法协助协定中没有关于司法文书送达方面的安排。关于《海牙送达公约》送达的具体操作程序 1992 年最高人民法院、外交部、司法部联合发布了《关于执行〈向国外送达民事或商事司法文书和司法外文书公约〉有关程序的通知》（简称《通知》）和《关于执行〈海牙送达公约〉的实施办法》，安排了贯彻《海牙送达公约》在我国司法实践中的具体程序。《通知》在第 7 条中

① 江伟主编：《民事诉讼法》（第二版），高等教育出版社 2004 年，第 213 页。

规定，我国与成员国签订有司法协助协定的，按协定的规定办理。[①] 我国与乌兹别克斯坦、哈萨克斯坦、吉尔吉斯斯坦和塔吉克斯坦签订了民事和刑事司法协助条约。在这些双边司法协助条约中都有司法文书送达方面的内容。如《中乌民事和刑事司法协助条约》在其第二章“送达文书和调查取证”部分第12条中规定了协助的范围包括根据请求相互送达司法文书和司法外文书；《中哈民事和刑事司法协助条约》第3条也规定了司法协助的范围包括代为执行送达文书。《中吉民事和刑事司法协助条约》在“第二章送达文书和调查取证”部分第11条中规定了协助的范围包括缔约双方应根据请求，相互送达司法文书和司法外文书。《中塔民事和刑事司法协助条约》也有这样的条款。我国与中亚四国签订司法协助条约的目的是通过司法途径解决我国与中亚国家之间的各种民事和刑事法律问题，从而保障我国与中亚国家之间的良好贸易和其他方面的关系顺利发展。但是，令人感到遗憾的是无论是新疆司法机关还是中亚国家的司法机关在司法实践中至今为止却从来没有在民商事案件中启动过这些条约所提到的司法协作机制。按照我国法律的规定，我国缔结或者参加的国际条约同我国的民事法律有不同规定的，适用国际条约的规定，但我国声明保留的条款除外。因此，笔者认为，现在当务之急是我们需要充分利用这些双边司法协助条约，根据条约规定的条款尽量保证司法文书被送达到当事人的手上，以此来促进公平、公正地解决好各方之间的民间贸易摩擦。

此外，在电子商务飞速发展的今天，司法机关是否也可以考虑一下通过电子邮件送达法律文书，并把电子邮件方式送达法律文书的条款写入双边司法协助条约的内容之中。涉外民事诉讼中

---

① 《关于执行<向国外送达民事或商事司法文书和司法外文书公约>有关程序的通知》，1992年3月4日，外发［1992］8号。

的送达方式应依我国《民事诉讼法》第247条和最高人民法院于2006年8月10日公布的《关于涉外民事或商事案件司法文书送达问题的若干规定》（自2006年8月22日起施行）加以确定。①涉外民事诉讼的送达，根据当事人的住所地或者居所地的不同而有所不同。对于在我国领域内有住所地或者经常居住地的当事人，按照我国《民事诉讼法》规定的一般送达方式送达。② 对于在我国领域内没有住所地的当事人的送达，包括外国当事人和中国当事人以及无国籍人的送达，一般按照我国《民事诉讼法》对涉外民商事案件规定的以下七种送达方法进行：（1）依照受送达人所在国与中华人民共和国缔结或者共同参加的国际条约中规定的送达方式；（2）通过外交途径送达；（3）对具有中华人民共和国国籍的受送达人，可以委托中华人民共和国驻受送达人所在国的使领馆代为送达；（4）向受送达人委托的有权代其接受送达的诉讼代理人送达；（5）向受送达人在中华人民共和国领域内设立的代表机构或者有权接受送达的分支机构、业务代办人送达；（6）受送达人所在国法律允许邮寄送达的，可以邮寄送达，自邮寄之日起满六个月，送达回证没有被退回，但根据各种情况足以认定已经送达的，期间届满之日视为送达；（7）不能用上述方式送达的，公告送达，自公告之日起满六个月，即视为送达。在司法实践中，常常是先使用公告方法之外的几种送达方式不能送达后，最后才能适用公告送达，因而有时候仅为送达就需要花费相当长的时间。中亚国家承认多种送达方式，邮寄送达是国际通行的一种送达方式。在具体案件中，法院可以根据不同的情况选择最有利、最快捷的几种送达方式同时使用。同时，

① 江伟主编：《民事诉讼法》（第三版），高等教育出版社2007年版，第234页。

② 廖中洪主编：《民事诉讼法学》，厦门大学出版社2006年版，第400页。

在电子信息技术快速发展的今天，受送达人所在国家或地区的法律允许通过传真或者电子邮件送达的，可以通过这类方式送达，但应当有书面证明确认受送达人已收到有关诉讼文书。法院应将该书面证明归卷作为送达证明。

二是采取积极措施，在审判实践中适用有关的协定、公约和条约，督促缔约国对有效法律文书的执行。

在一般情况下，一国法院的判决和仲裁机关的裁决，只在一国领域内发挥效力。但涉外民商事案件因为具有涉外因素，一国法院的判决、调解书或仲裁机关的裁决的执行需要他国法院的协助。中国与中亚四国之间有民事和刑事司法协助条约。这些条约都明确规定缔约国应依本条约的规定，在各自境内承认本条约生效后在缔约另一方境内作出的法院的民事裁决和仲裁裁决。根据我国《民事诉讼法》第 267 条、第 268 条的规定，外国法院作出的发生法律效力的判决、裁定，需要我国法院承认和执行，也可以由当事人直接向我国有管辖权的中级人民法院请求承认和执行，也可以由外国法院依照该国与我国缔结或参加的国际条约的规定，或者按照互惠原则，请求人民法院承认和执行，我国法院根据情况予以承认或执行。中亚国家的法院也根据双边条约承认和执行在我国境内作出的法院的判决。新疆法院和中亚国家的法院今后应该在这些双边条约的范围内，在不违反国家法律的基本原则或者国家主权、安全、社会公共利益的前提下，进行更多的合作，贯彻条约规定的裁决的承认和执行条款，最大限度地保障债权人合法权利的实现。

此外，还应该在上海合作组织框架之内建立起更加广泛的刑事和民商事司法协助关系，从而为成员国之间法律文书的送达和有效判决的执行、法律信息的交流提供区域舞台，从而有力推动我国与中亚国家以新疆为中心成立经济贸易区目标的尽快落实。上海合作组织所倡导的“上海精神”的精髓是“五个 C”与

"三个新"。"五个C"就是信任（Confidence）、交流（Communication）、合作（Co－operation）、共存（Coexist）、共同利益（Common interest）。"三个新"就是新型国家关系、新型安全观和新型区域合作模式。[①] 贸易利益作为上海合作组织成员国的主要利益，在"上海精神"中得到了充分的体现。随着上海合作组织不断发展，各成员国也越来越重视彼此之间的贸易来往。在近几次的"乌洽会"上，上海合作组织的秘书长和中亚诸国的驻华使节相继到乌鲁木齐市参加"乌洽会"的活动，表明"乌洽会"已经成为上海合作组织成员国之间和中亚地区一个重要的国际贸易交流以及国际贸易合作的长期机制类的平台。目前，在上海合作组织框架内成员国之间的合作领域主要局限在能源合作和安全合作方面的实体性合作层面上。程序性合作因涉及国家主权等问题还没有真正进入上海合作组织的实际工作日程当中。如果在不久的将来我们能使中国和中亚国家之间的合作提升到区域合作层次，把有关解决涉外经济纠纷的程序建构在上海合作组织框架内，建立以双边司法协助条约为基础、上海合作组织框架内的纠纷解决为后盾的多元化的涉外经济贸易纠纷解决模式，将可以大大提高我国和中亚国家之间司法协助的效率。

三是充分发挥仲裁在解决涉外纠纷中的作用。

社会纠纷解决机制的"有效性"描述的是，一个大社会的绝大多数纠纷得以通过各种解决纠纷的方式获得解决，其结果为纠纷当事人及社会一般人普通认可的状态。[②] 仲裁作为多元化争议解决机制中重要的纠纷解决方式，是由争议双方共同选定的与

---

① 中国现代国际关系研究所民族与宗教研究中心著：《上海合作组织——新安全观与新机制》，时事出版社2002年版，第10页。

② 吴英姿：《"大调解"的功能及限度——纠纷解决的制度供给与社会自治》，《中外法学》2008年第2期。

该争议无利害关系的第三者解决他们之间争议的制度。它是当事人之间达成的自愿的解决争端的方式，是意思自治原则的充分体现。在经济全球化的今天，它作为一种行之有效、为世人所瞩目和青睐的争议解决机制，从其起源于商人解决商事争议需求的临时仲裁开始，直接发展为现代的以机构仲裁为主的现代商事仲裁制度，被全世界推崇为处理涉外贸易纠纷的最佳纠纷解决方式之一。

目前，世界上大部分国家都已经制订了自己的仲裁法。与此同时，一些国家在双边司法协助中明确规定根据《关于承认与执行外国仲裁裁决的纽约公约》相互承认与执行在对方境内作出的仲裁裁决。我国与乌兹别克斯坦和吉尔吉斯斯坦缔约的民事和刑事双边条约中都规定了缔约双方应根据 1958 年 6 月 10 日在纽约签订的关于承认和执行外国仲裁裁决的公约，相互承认与执行在对方境内作出的仲裁裁决。但是，因有关交流的缺乏和对对方仲裁机构的认识和理解不足，在新疆各地发生的涉外合同纠纷中，从来没有使用过仲裁机制。新疆各级法院既没有收到过这些国家的各级法院协助执行裁决的任何请求，也没有向中亚国家法院发出过协助中国法院执行民商事裁决的请求。有效启动仲裁机制方面的缺失可能是目前在新疆各地未决经济贸易纠纷频繁出现的重要原因之一。涉外纠纷双方往往希望尽快解决他们之间的贸易合同纠纷，但因一是诉讼周期较长，二是诉讼成本较高，三是不相信对方法院能够不偏不倚地公平、公正地进行审理、调解案件等原因不敢诉诸于一国的法院。仲裁是解决这些担忧的最佳方式之一。因而，笔者认为在解决这些问题时，对不同国家当事人之间产生的纠纷，应根据当事人的申请，由我国和中亚相关国家的法律界、经贸界人士组成中立的仲裁委员会按照国际通行的仲裁原则和司法协助条约，公平、公正地作出裁决，以快捷的仲裁方式解决他们之间的经济纠纷，努力实现涉外案件当事人的愿望。

经济全球化是当今世界主要的发展趋势，而对外贸易关系的顺利进行和发展是经济全球化的助推器。我国和中亚国家正努力在上海合作组织框架内建立区域经济合作区，从而推动中国与中亚地区贸易合作关系的进一步升华。而这项计划的落实和最终实现则要求建立和完善解决双方之间对外贸易关系中出现的各种纠纷的程序性问题。笔者相信，在法律框架内充分利用上海合作组织的作用，及时启动和真正实践业已存在的双边司法协助机制来解决双方在对外贸易关系中遇到的各种问题及纠纷，将对中国和中亚国家的贸易关系提高到新的水平有很大的帮助，同时也将会对我国新疆对外贸易的健康发展注入新的生命力。

第六章　中亚跨国犯罪与我国西北边疆地区的稳定

中国是陆海兼备的东亚大国，现有的陆地疆域为 960 万平方公里，海洋国土约 300 万平方公里。中国是世界上陆海邻国最多的国家，而且多陆海强邻，这是中国周边安全环境最显著的特点。中国陆地边界 22000 多公里，苏联解体后，有陆地邻国 15 个。其中，中亚五国中的哈萨克斯坦、吉尔吉斯斯坦和塔吉克斯坦三国与中国的新疆地区直接接壤。中国是一个多民族的国家，跨境民族的存在已成为中国的一种特殊的国情。这种情况在新疆最为突出，新疆共有 47 个民族，新疆不少的民族在中亚各国跨界而居，跨界民族的存在使中亚国家人民与我国新疆各民族人民有了千丝万缕的联系，这种联系在许多方面加强中亚国家与中国在各个领域内的合作、促进双方的友谊的同时，也为中国的周边安全环境带来了不少消极的因素和负面影响。“冷战”后，中亚地区出现的分裂主义、极端主义和国际恐怖主义势力的影响不断扩大，已经给中国西北边疆带来了很大的压力。在此背景下，自从 20 世纪 90 年代以来，中国新疆地区的分裂主义和宗教极端势力相结合，制造了一系列血腥事件，严重威胁中国的国家安全。中亚地区的一些犯罪分子充分利用人文地理方面的这些优势，跨越国境从事恐怖犯罪、贩卖毒品和武器犯罪等各种犯罪活动，严重危害了我国西北边疆地区的稳定和发展。

第一节　新疆的社会稳定受到威胁[①]

中亚五国都是在苏联解体后建立起来的，军事力量和综合国力都相对较弱。因此，从安全角度来说，中亚五国直接以武力威胁中国安全的可能性不大。但是，中亚五国的独立为“东突”分子提供了发展基地和藏身之地。新疆不仅是中亚三国的近邻，而且新疆同中亚国家之间存在着大量的跨界民族问题。哈萨克族、柯尔克孜族（吉尔吉斯族）、乌孜别克族、塔吉克族在新疆是少数民族，而在哈萨克斯坦、吉尔吉斯斯坦、乌兹别克斯坦、塔吉克斯坦却是主体民族。另外，与这些民族语言相近、宗教信仰相同的维吾尔族主要居住在新疆地区，但也有一部分在中亚国家生活。这些民族相互交流没有障碍。1990 年，苏联爆发“8·19”事件，最终导致有 60 多年历史的社会主义苏联于一夜之间解体，各民族加盟共和国纷纷独立，这对新疆民族分裂分子产生了巨大的诱导。中亚五国独立以后，在中亚地区发生的巨变和极端宗教、民族分裂活动促使我国新疆民族分裂分子的分裂活动。

在中亚“三股势力”和国际恐怖活动的影响下，我国西部地区“东突”势力的恐怖主义犯罪活动开始抬头和蔓延。一是在“泛伊斯兰主义”和“泛突厥主义”的渗透和分裂势力的煽动下，日益增长的极端民族意识和情绪与宗教狂热相结合并趋向政治化，“宗教外衣”和“民族解放独立运动”成为分裂势力的精神支柱和理论武器。二是部分地区基层政权程度不同地受到民族分离意识和宗教意识的侵蚀。三是境外分裂组织活动猖狂，加强了对新疆的渗透和策反，西方敌对势力和一些伊斯兰教国家的

① 本节的内容同时也是 2012 年度国家自然科学基金项目“我国新疆暴力恐怖事件的统计分析与对策研究”（71240025）；2013 年度中国博士后科学基金资助项目“新疆暴力恐怖犯罪的量化分析与对策研究”（2013M532099）的阶段性成果。

宗教势力也加大了对新疆的渗透与宣传。国际上的反华反共势力也积极扶植偷生于我国境内和逃亡国外的民族分裂主义分子，煽动和鼓噪“东突厥斯坦独立”，加紧进行旨在把新疆从中国版图分裂出去的阴谋活动。在1962年伊塔事件中逃到中亚的数万名少数民族中有不少民族分裂分子，相对于其他在国外的民族分裂分子来说，他们熟悉新疆的情况，而且和新疆的一些人有千丝万缕的联系，便于向新疆渗透。中亚五国独立后，他们蠢蠢欲动，纷纷成立组织，从事分裂颠覆活动。民族分裂势力公开声称“中亚五国都能独立，我们新疆为什么不能独立?”“民族独立运动是当今世界发展的一个潮流，新疆的独立是不以人们的意志为转移的”。[①] 在这种大背景下，分裂势力建立各种组织，并将暴力恐怖犯罪作为主要的手段，杀死无辜公民，破坏国家基础设施，进攻国家机关，在我国新疆和国外制造一系列的血腥事件，引起广大群众对他们的痛恨。

（一）“东突”势力在中国国内的犯罪活动

采用暴力恐怖手段分裂国家已经成为境内“东突”势力恐怖活动最为明显的一个标志。据不完全统计，1990年至2001年，境内外“东突”恐怖势力在中国新疆境内制造了至少200余起恐

① 朱听昌：《中国周边安全环境与安全战略》，时事出版社2002年1月第一版，第24页。

怖暴力事件，造成162人丧生，440多人受伤的严重后果①。仅从1992年到1997年，我公安机关就摧毁了境内的“东突”恐怖组织30多个，抓获恐怖分子数百人。1997年1月5日，在捣毁恐怖训练营过程中，因恐怖分子暴力拒捕，我公安干警被迫击毙恐怖分子18名，捕获17名，缴获自制手雷22枚，半成品手雷1500多枚，严厉打击了恐怖分子的嚣张气焰。② 从1990年至2000年的11年间，新疆警方共打掉暴力恐怖组织、集团487个，破获“东突”恐怖分子制造的各类危害国家安全犯罪案件1034起，其中有影响的重大暴力恐怖案件253起。其中，1996年至2000年发生的武力对抗案50余起，爆炸案100多起，暗（凶）杀案70余起，投毒案30起，纵火案20起。在维护稳定的斗争中，装配线维吾尔族自治区有170名民警英勇牺牲，947名民警受伤。③“据不完全统计，从1990年至今，新疆公安机关从‘三

① 国务院新闻办公室：《“东突”恐怖势力难脱罪责》，载《人民日报》2002年1月21日。中国公安部反恐局副局长赵永琛2005年9月5日在北京举行的“世界法律大会”上提供的数据是：“最近十几年来，新疆地区的恐怖主义、分裂主义和极端主义势力在新疆境内外共制造了260多起恐怖事件，造成包括维吾尔族在内的无辜群众、基层干部和宗教人士等160多人丧生，440多人受伤。”见《“东突”十年制造260多起恐怖事件致160余人死亡》，载《东方早报》2005年9月6日。马大正、许建英：《“东突厥斯坦国”迷梦的幻灭》一书中的说法是：“据不完全的统计，自1990年至2000年6月，境内外‘东突厥斯坦’恐怖势力在中国新疆境内制造了253起恐怖暴力事件，造成各民族群众、基层干部、宗教人士等162人丧生，440多人受伤。”（新疆人民出版社2006年版，第167页）熊光楷著：《国际形势与安全战略》一书中的数据是：仅从1995年至2003年，“东突”恐怖分子就在中国新疆制造了300多起恐怖事件，造成200多人死亡，300多人受伤。（清华大学出版社2006年版，第115页）。另外，还有一种说法是，20世纪90年代以来“东突”恐怖势力在新疆共制造恐怖事件350余起。

② 《央视新闻调查》，http：//www. chinaxinjiang. cn. 2003—12—18。

③ 《新华网各地要闻新疆公安维护稳定报告会举行》，http：//www. xinhuanet. com. 2004—10—19。

股势力’手中收缴炸药41300公斤、制爆原材料4150公斤、爆炸装置832枚，手榴弹、手雷6540多枚，雷管、拉火管76640多枚、震源弹330余枚，数量惊人。[①] 根据2002年1月21日国务院新闻办公室公布的数字计算，自1990—2001年“东突”恐怖势力在人员伤亡方面给国家造成的直接经济损失达9739万余元[②]。

表6-1 20世纪90年代以来“东突”势力在中国境内的主要恐怖活动

时间	事件	地点	主谋
1990	“伊斯兰改革者党突击队”于喀什叶城县建立恐怖分子训练基地。	新疆南部	伊斯兰改革者党突击队
1990.4.5	克孜勒苏克尔克孜自治州阿克陶县巴仁乡反革命暴乱，致使武警、民兵等8人死亡，重伤7人。	新疆南部	
1991.2.28	阿克苏地区录像厅爆炸案	新疆南部	
1991	阿克苏地区沙雅县50万元抢劫案	新疆南部	
1992.2.5	在乌鲁木齐市52路、30路等公共汽车、录像厅、文联家属楼制造系列爆炸案，造成3人死亡、20多人受伤。	新疆北部	
1993.6	喀什、和田、阿克苏等地发生10起爆炸案，造成2人死亡、36人受伤。	新疆南部	
1993.8.24	喀什地区政协常委、大清真寺主持被刺成重伤	新疆南部	
1995.7.7	在和田市制造骚乱，冲击、打砸和田地委、行署和公安机关	新疆南部	
1995.8.14	伊宁“8·14”非法游行事件	新疆北部	

① 《都市消费晨报》2006年8月29日。

② 刘汉太、都幸福主编：《为了至高利益：中国打击“东突”报告》，新疆人民出版社2003年版，第6页。

续表

时间	事件	地点	主谋
1996. 3. 22	枪杀阿克苏地区新和县伊斯兰教协会副主席、热斯特清真寺主持阿克木·司地克阿吉	新疆南部	“东突厥斯坦伊斯兰反对党”组织成员阿卜都拉·卡斯木等2名恐怖分子
1996. 4. 12	阿克苏地区沙雅县“4. 12”枪战	新疆南部	
1996. 4. 29	阿克苏地区库车县阿拉哈格乡原乡党委书记卡吾力·托卡一家5口被杀害	新疆南部	
1996. 5. 20	对喀什市艾提尕尔清真寺大毛拉、自治区政协副主席、宗教人士阿荣汗·阿吉实施暗杀	新疆南部	“伊斯兰反对党”骨干分子努尔买买提、阿卜都拉·塞甫拉等人
1996. 8. 27	杀害喀什叶城县干部群众	新疆南部	
1997. 2. 5—1997. 2. 7	伊宁市大规模骚乱，打死7人、打伤200多人，砸毁汽车20多辆。	新疆北部	
1997. 2. 25	乌鲁木齐市10路、44路、2路公共汽车上发生5起公共汽车爆炸案，炸死9人，炸伤68人。	新疆北部	
1997. 3. 23	在阿克苏地区杀害村干部	新疆南部	吐尔逊·吐地
1997. 6. 4	杀害和田地区墨玉县恰其克乡村干部	新疆南部	
1997. 11. 6	枪杀阿克苏地区拜城县清真寺主持	新疆南部	买买提·吐尔逊
1998. 1. 27	枪杀喀什地区叶城县大清真寺主持	新疆南部	买买提·吐尔逊
1998. 1. 30—1998. 2. 18	恐怖分子在喀什市制造了23起投毒案，致使4人中毒，1人死亡。	新疆南部	东突解放组织
1998. 2	境外“东突伊斯兰运动”头目艾山·买合苏木派遣数十名恐怖分子入境	新疆和内地	艾山·买合苏木

续表

时间	事件	地点	主谋
1998. 2. 20	喀什地区系列爆炸案	新疆南部	
1998. 3	喀什地区叶城县 219 国道线管道爆炸	新疆南部	
1998. 4. 7	喀什地区叶城县公安局、喀什地区爆炸案	新疆南部	
1998. 4. 16	东突解放组织从霍尔果斯口岸向中国境内偷运武器。霍尔果斯口岸一次截获军用手枪 6 支、微型冲锋枪 1 支、子弹 1900 余发、军用手雷 90 余枚。“东突厥斯坦解放组织”派遣 12 名恐怖分子入境，先后 18 次偷运武器入境。在追枪行动中，发生 7 次枪战，民警 4 人牺牲、7 人受伤	新疆北部	买买提明 · 艾孜来提
1998. 5. 23	乌鲁木齐系列纵火案	新疆北部	买买提明 · 艾孜来提
1999. 6	东突解放组织碎尸案	新疆	阿不力米提 · 吐尔逊
1999. 8. 23	杀害泽普县波斯喀木乡政法委副书记胡达白尔地托乎提及其子。	新疆南部	牙生 · 买买提
1999. 10. 11	和田市棉麻公司棉花爆炸案	新疆南部	
1999. 10. 24	喀什地区泽普县赛力乡派出所遇袭案	新疆南部	
2000. 1. 25	恐怖分子在乌什县袭击两家汉族群众，杀死 7 人，2 人受伤。	新疆南部	
2001. 2. 3	杀害喀什地区疏附县干部	新疆南部	
2001. 9	东突解放组织从境外偷运武器入境	西藏樟木口岸	阿不来提 · 吐尔逊和艾合买提
2003. 3	“东突信息中心”阴谋在我国境内甘肃兰州至新疆哈密的铁路上进行爆炸破坏活动	新疆和内地	“东突信息中心”

续表

时间	事件	地点	主谋
2007. 1. 5	新疆公安机关捣毁“东伊运”的恐怖训练营	新疆帕米尔高原	
2008. 3. 7	南航空难未遂事件	南航乌鲁木齐至北京航班	
2008. 8. 4	暴力恐怖袭警案件，致 17 人死亡，15 人受伤	新疆喀什	
2009. 7. 5	乌鲁木齐 7. 5 打砸抢烧暴力恐怖事件	新疆乌鲁木齐	
2010. 8. 19	阿克苏爆炸袭击案件	新疆阿克苏	
2011. 7. 18	和田 7 · 18 严重暴力恐怖事件	新疆和田市	
2011. 7. 30、7. 31	2011 年喀什暴力恐怖袭击事件	新疆喀什	东突厥斯坦伊斯兰党
2012. 6. 29	天津航空 7554 号班机劫机事件	天津航空和田至乌鲁木齐航班	
2013. 4. 23	新疆巴楚县恐怖事件	新疆喀什地区巴楚县色力布亚镇	

“东突”恐怖势力选择活动方式的一个重要的手段是“简单实用”。在所有的恐怖活动中，爆炸、暗杀、袭击、组织（策划）骚（暴）乱是“东突”恐怖势力最得心应手的几种手段，它们杀伤力极强、影响极大。

1. 爆炸。爆炸是恐怖活动中出现比较晚的方式，大约在 19 世纪末开始出现，这与火药与炸药的普遍使用基本同步，也是科学技术表现其“恶魔”一面的例证。在各种恐怖手段中，爆炸已成为恐怖袭击的主要手段，其具有威力大、危害强、材料易得、作案后易逃身等特点。所以，爆炸便成为恐怖分子进行活动的主要和首选方式，也是现代国际恐怖主义分子最乐于使用的恐怖手段。据估计，每年世界上发生的恐怖活动中约有一半是用爆炸方式进行的。爆炸既可以用来暗杀特定对象，摧毁特定建筑物和军事设施，又能用来屠杀无辜群众，制造恐怖气氛，震动社会，引起强烈反应。因此，恐怖分子越来越频繁地在世界各地制造爆炸事件。恐怖分子如此偏爱使用爆炸手段，同科学技术的进步有关。炸药的种类越来越多，破坏力越来越大，而且不少恐怖分子也精通制造、藏匿、引爆炸弹的技术。爆炸袭击的方式和手段也更加残酷，已经从20世纪的“让更多人看，不让更多人死”转变为21世纪“既让更多人看，也让更多人死”。从近期发生的数起严重恐怖爆炸犯罪来看，恐怖分子已穷凶极恶，为达到其犯罪目的，不择手段地采取更残酷、更恶劣的方式和手段，不顾无辜群众的死活。据统计，我国20世纪80年代以来发生的暴力恐怖活动80%以上是以爆炸案件的形式表现出来的。

1991年2月28日，“东突”恐怖组织在新疆阿克苏地区库车县客运站录像厅制造了一起爆炸案，造成1人死亡、13人受伤。同日，恐怖分子还在县城一个体商店安置了炸弹，爆炸未遂。1992年2月5日，正当中国各族人民欢度春节时，恐怖组织在新疆首府乌鲁木齐市五十二路、三十路公共汽车上制造了两起爆炸事件，两辆公共汽车被炸毁，造成3人丧生、23人受伤。他们还在一家影剧院和居民住宅楼中各安置了一枚定时炸弹，被发现后排除。1993年6月17日至9月5日，“东突”恐怖组织相继在新疆南部地区的商场、集贸市场、饭店、文化场所等地制造了十起爆炸案，造成2人丧生、36人受伤。1997年2月25日，“东突”恐怖组织再次将恐怖活动引向新疆首府，制造了乌鲁木齐市二路、十路、四十四路公共汽车爆炸案，造成三辆公共汽车被炸毁，包括维吾尔、回族、柯尔克孜族、汉族群众在内的 9 人丧生、68 名乘客被炸得腿断肢残，严重受伤。1998 年 2 月 22 日至 3 月 30 日，“东突”恐怖组织在喀什地区叶城县连续制造了六起系列爆炸案，致 3 人受伤，天然气输送管道被炸坏引起大火，直接经济损失一百多万元。1998 年 4 月 7 日凌晨，恐怖组织在叶城县公安局负责人住房窗台、县政协副主席和喀什地区行署副专员住宅门前等处，连续制造八起爆炸事件，炸伤 8 人。2001 年 1 月，喀什地区一恐怖组织计划在春节期间对部队弹药库及其他重要目标实施爆炸①。2010 年 8 月 19 日上午 10 时 30 分，阿克苏市依干其乡 1 名协警员带 15 名联防队员巡逻至喀拉塔路与乌喀路 T 字路口（阿克苏市乌喀路多浪河以西 50 米处）路段整队时，暴力犯罪分子驾驶三轮摩托车冲向巡逻队所处位置抛出爆炸装置引发爆炸，致 5 人当场死亡、2 人送医院抢救无效死亡，14 人受伤，造成现场数辆警用摩托车及民用两轮电动摩托车被炸毁。②

2. 暗杀。暗杀是人类历史上最古老的一种恐怖形式，今天仍是国际恐怖主义者的拿手好戏。暗杀，是恐怖分子用秘密手段从肉体上消灭某些特定政治对手的一种恐怖活动方式。暗杀的对象有多种人，包括政府首脑、敌对势力的代表者和支持者、知情人、叛徒等等，甚至自己一方内部的政府或持有不同意见的人。③ 在恐怖分子眼里，干掉一个国家元首或政府首脑将是一本万利的事。它一方面能消灭最大的政敌，促使该国改变政策，或

① 军事科学院编：《民族宗教问题与国家安全研究》，2001 年版，第 239 页。

② 韩立群、敬璐：《新疆阿克苏召开新闻发布会公布爆炸袭击案》，人民网 http：//society. people. com. cn/GB/41158/12490659. html。

③ 胡家福主编：《国际恐怖主义研究》，公安部办公厅研究室 2001 年版，第 116 页。

给对手带来巨大的混乱；另一方面，它所造成的影响将是暗杀别人无法匹敌的。尽管各国政府加强了管理和打击的力度，但暗杀活动仍层出不穷。

为了制造恐怖气氛，“东突”分子不但把矛头对准汉族群众，而且也对准维吾尔族干部群众和爱国宗教人士，把他们当作“异教徒”杀害。1993 年 8 月 24 日，两名“东突”恐怖分子将喀什地区叶城县政协常委、大清真寺主持阿不力孜大毛拉刺成重伤。1996 年 3 月 22 日，两名恐怖分子蒙面持枪闯入阿克苏地区新和县伊斯兰协会副主席、清真寺副主持阿克木司地克阿吉家中，将其枪杀。1996 年 4 月 29 日凌晨，10 余名全副武装的恐怖分子分别闯入库车县阿拉哈格乡库纳斯村全国政协委员、自治区人大代表卡吾力·托卡和当地的 3 名维吾尔族基层干部家中，采取爆炸、枪击、刀刺等手段，制造了血腥的恐怖事件。恐怖分子向卡吾力·托卡家投掷了 2 枚炸弹，致卡及其妻重伤；卡的弟弟阿吾力托卡被恐怖分子连刺 7 刀致死，其妻被刀刺后又遭枪击身亡；卡吾力·托卡的儿子艾尼瓦尔卡吾力被恐怖分子连刺 9 刀、头部遭枪击身亡，其妻也身中 8 刀、头部中两枪身亡；村干部加如甫·买买提明被刺成重伤。1996 年 5 月 12 日，“东突”恐怖组织策划了对全国伊斯兰教协会常委、新疆政协副主席、喀什伊协主席阿荣汗阿吉的暗杀。当日清晨，阿荣汗阿吉和其儿子在去艾提尕清真寺做礼拜的途中遭四名恐怖分子袭击，恐怖分子对阿连刺 21 刀，其儿子被刺 13 刀，两人均致重伤。1997 年 3 月 23 日凌晨，以吐尔逊·吐地为首的一伙恐怖分子，闯入阿克苏地区金银川垦区负责人艾买尔江家中，将艾夫妇杀害；同年 7 月 3 日凌晨，这伙恐怖分子又闯入阿瓦提县拜什力克乡一村干部吐尔地·尼牙孜家中，将吐夫妇二人杀害。1997 年 11 月 6 日凌晨，以买买提吐尔逊为首的恐怖组织，秉承境外“东突”组织的旨意，将全国和新疆伊协委员、阿克苏伊协主席、拜城县清真寺主持尤努斯·斯迪克大毛拉枪杀于去清真寺做礼拜的途中；1998 年 1 月 27 日，这伙恐怖分子又将去清真寺做礼拜的叶城县政协常委、县大清真寺主持阿不力孜阿吉枪杀。1997 年 6 月 4 日，4 名恐怖分子闯入和田地区墨玉县恰其克乡荒地村干部买买提肉孜·买买提家，对买连捅 11 刀致其死亡。1999 年 8 月 23 日，以牙生·买买提为首的 10 余名恐怖分子闯入喀什地区泽普县波斯喀木乡派出所指导员胡达拜尔迪·托乎提家中，将胡及其儿子杀害，胡身中 38 刀，其子头部中枪。杀人后，恐怖分子又纵火，胡妻被烧成重伤。2001 年 2 月 3 日，一伙恐怖分子闯入喀什地区疏附县法院干部买买提江·亚库甫家中，对买连捅 38 刀，将其杀害。

3. 袭击警察和政府机关。国际恐怖组织常常派出一些突击队或敢死队，在经过秘密策划和准备以后，突然行动，对预定目标实施公开的武装攻击。这种活动是最明目张胆的一种恐怖活动。这些袭击除了少数是为了占领某一机构，铲除政敌外，一般都是滥杀无辜，制造恐怖气氛，在社会上引起惊慌和震荡。1996 年 8 月 27 日，6 名恐怖分子身着迷彩服，乘车到叶城县江格勒斯乡政府，割断电话线，杀死副乡长和在此值班的一名警察；随后又闯入该乡一村，将 3 名治安员和 1 名水管员绑架到 10 公里外的戈壁滩上杀害。1999 年 10 月 24 日凌晨，恐怖分子携枪支、大刀、爆炸燃烧装置，袭击了泽普县赛力乡公安派出所。他们包围派出所，连续投掷燃烧瓶和爆炸装置、开枪射击。之后，闯入派出所枪杀了 1 名联防队员和 1 名留置审查的犯罪嫌疑人，开枪击伤了 1 名警察和 1 名联防队员。后将派出所 10 间房屋、1 辆吉普车和 3 辆摩托车烧毁。2008 年 8 月 4 日，喀什市边防支队集体出早操时，突遭两名犯罪分子驾车袭击，并引发车上的爆炸物，造成 17 人死亡，15 人受伤。2008 年 8 月 12 日，在疏勒县亚曼牙乡与伽师县米夏乡交界处一综合治理卡点，4 名值班人员遭到一伙歹徒的突然袭击。8 月 27 日，喀什地区公安民警在调查此案时，又遭到一伙歹徒持刀袭击。8 月 29 日，执行搜捕任务的公安民警、武警和群众在疏勒县英尔力克乡一片玉米地里，遭到持刀歹徒暴力拘捕，致 1 名民兵和 1 名武警战士受伤。公安民警果断处置，将歹徒全部制服。2011 年 7 月 16 日 18 名暴徒先后潜入和田市，购买、制造各种施暴凶器。18 日 12 时许，暴徒按照预先计划冲进和田市公安局纳尔巴格街派出所，手持斧头、砍刀、匕首、燃烧瓶、爆炸装置等，疯狂进行打、砸、烧，杀害 1 名联防队员和 2 名人质，重伤 2 名无辜群众，劫持 6 名人质，在派出所楼顶悬挂极端宗教旗帜，纵火焚烧派出所。公安、武警经过多次法律宣传和警告无效，果断采取措施，击毙行凶和负隅顽抗的暴徒 14 人，抓获 4 人，成功解救 6 名人质，缴获大量斧头、砍刀、匕首、燃烧瓶、爆炸装置等作案工具。事件处置过程中，1 名武警战士牺牲，1 名特警、1 名联防队员受伤。[①] 木沙·艾山、艾尼瓦尔·阿布都热依木、买买提明·巴拉提、买买提明·马合木提、艾比布拉·巴拉提等人自 2012 年 9 月以来开始参加喀斯木·买买提组织的地下讲经班，观看宗教极端和暴恐内容的音影视频，形成了以喀斯木·买买提为头目的团伙。当年 12 月初，喀斯木·买买提带领众人及家人集中至巴楚县色力布亚镇分散租住，并与大家在家中进行体能训练，模仿视频练习杀人技巧。2013 年 3 月初，喀斯木·买买提与众人筹备活动经费，制造爆炸装置、头套、遥控器等，3 月中旬，制造了 8 把大刀，先后进行 5 次试爆活动，并预谋这年夏天在喀什市人员密集的公共场所“干大事”。4 月 23 日上午 10 时许，喀斯木·买买提命买买提明·马合木提、艾尼瓦尔·阿布都热依木在买买提明·巴拉提家制火药，自己与其他人在附近干活。13 时许，买买提明·巴拉提、

---

① 田山：《和田市严重暴力恐怖案件 14 名暴徒被击毙》，天山网 http://www.ts.cn/news/content/2011-07/20/content_5998286.htm

艾比布拉·巴拉提返回家时遇见社区工作人员和警察入户走访，艾比布拉·买买提借口取钥匙向喀斯木·买买提等人报信。喀斯木·买买提等5人随即乘坐摩托车赶回，将木沙·艾山出租房内的大刀等分发给大家，在买买提明·巴拉提家附近观察情况，当看到制爆物品被发现、制爆人员被控制后，喀斯木·买买提带领团伙成员冲进院内，与院内成员对在场社区干部及民警进行砍杀。镇派出所所长开枪击毙暴徒1名、击伤1名，3名社区女干部被杀害，其余9人被逼至房内，暴徒向屋内泼洒汽油并纵火，致全部遇难。后赶来的乡镇干部及民警相继遭伏击，民警击毙暴徒1名，1名乡镇干部遇害，两名民警重伤不治身亡。此后，4名暴徒冲出巷道打砸烧毁车辆，在冲击镇政府时1人被击毙，另3人劫持一辆三轮摩托车转而冲向派出所，将派出所档案室和民警宿舍点火焚烧，被击毙。

4. 投毒。1998年1月30日至2月18日，“东突解放组织”的成员在喀什市制造了23起系列投毒案，致4人中毒、1人死亡，数以千计的牲畜死亡或中毒。

5. 纵火罪。1998年5月23日，在境外接受过专门训练、被派入境的“东突解放组织”成员在乌鲁木齐市华都商厦、大西门、河滩路布料批发市场、长征旅社批发市场、红山木材市场、乌鲁木齐旅社、商贸城等繁华场所投放了40多枚化学自燃纵火装置，制造了15起纵火案，扬言“要将乌鲁木齐变成一片火海，要造成几百万、几千万、几亿元的损失”。由于及时发现和扑灭，才未造成重大危害。1999年10月11日，3名恐怖分子在和田市棉麻公司棉花收购站棉花堆中安放3枚定时爆炸引燃装置，其中一枚爆炸引起棉垛起火，烧毁棉花约2吨。另两枚爆炸装置被及时拆除。

6. 策划、组织骚乱、暴乱事件，制造恐怖气氛。1990年4月5日，在“东突伊斯兰党”的组织策划下，一伙恐怖分子在新疆阿克陶县巴仁乡制造了恶性恐怖事件。他们明目张胆地鼓吹“圣战”、“消灭异教徒”，叫嚣要成立“东突厥斯坦共和国”。恐怖分子劫持10名人质要挟政府，并在交通要道炸毁两辆汽车，残杀6名武警官兵，还用冲锋枪、手枪等武器向被围困的政府人员射击，投掷炸药包、手榴弹。1990年，“伊斯兰改革者党突击队”在叶城县伯西热克乡一偏僻地建立了训练恐怖分子的基地。该基地先后办了3期训练班，共培训了60余名恐怖分子。训练内容主要有：宗教极端主义和恐怖主义理论，爆炸、暗杀等恐怖活动的技能，体能训练等。训练班学员多数参与了1991年至1993年发生在新疆各地的爆炸、暗杀、抢劫等重大恐怖活动。

1997年2月5日至8日，“东突伊斯兰真主党”等恐怖组织策划、制造了伊宁打砸抢骚乱事件，恐怖分子高喊“建立伊斯兰王国”等口号，袭击平民，捣毁商店，烧砸汽车，杀死7名无辜群众，使200多人受伤，30多辆车遭毁坏，两间民房被烧毁。其中，一对青年夫妇在回家途中遭袭击，妻子被恐怖分子残忍地用刀毁容后再遭杀害，丈夫则被打成重伤。1998年2月，境外“东突厥斯坦伊斯兰运动”头目艾山·买合苏木派遣数十名恐怖分子入境。他们入境后，即在新疆和内地一些地方建立了十多处训练基地，培训了15期恐怖分子，共150多人。除了这种比较集中的基地外，还有大量零散的，3—5人一组的训练点。一些训练点同时也是武器、弹药和爆炸装置的制造窝点。

2007年1月5日，新疆公安机关捣毁“东伊运”（东突伊斯兰运动）的一处恐怖训练营。在被联合国公布的恐怖组织名单中的“东伊运”（东突伊斯兰运动），曾派遣骨干分子入境，纠集一伙暴力恐怖分子潜入我帕米尔高原山区，建立恐怖活动训练营地，进行恐怖训练活动。2007年1月5日在我国公安机关搜捕过程中，这伙暴力恐怖分子进行武装反抗，我公安干警一人牺牲一人负伤，18名恐怖分子被击毙，17名被捕获，缴获自制手雷22

枚、半成品手雷1500多枚。目前仍有少数恐怖分子逃窜，我公安机关正在进行全力追捕[①]。

新疆警方在2008年1月底在乌鲁木齐捣毁了一个暴力恐怖团伙，行动中，警方击毙了两名恐怖分子，其余15人被逮捕，这是新疆一年来破获的最大一起暴力恐怖团伙[②]。2009年7月5日，在乌鲁木齐市发生的打砸抢烧暴力恐怖事件是新疆解放以来发生的最严重的暴力事件。这起事件已造成197人死亡，1721人受伤。这次事件还造成了重大财产损失，有331个店铺被砸被烧，被砸烧的汽车627辆，直接经济财产损失达6895万元。这些恐怖犯罪行为严重危害我国西北地区的社会稳定，影响群众的正常生活。

7. 非法持有枪支和炸弹。新疆警方在打击恐怖活动过程中，查获了许多地下的恐怖训练点和武器弹药制造工场，收缴了大量的手雷、手榴弹、雷管、枪支、弹药等。1998年9月，在乌鲁木齐火车北站一仓库里，一次就缴获制爆化学原料20多种300多箱，达6吨之多。1999年12月30日，警方在泽普县波斯喀木乡查获一恐怖分子的地下制爆窝点，该窝点距地面深3米，长3米，宽2米，高1.7米，缴获电钻、电焊机等制爆工具和图纸以及已制成的手雷等。1999年，在和田地区7个县市仅被警方缴获的手雷就有4500多枚，各种枪98支以及制枪制爆的工具等。2000年2月25日，警方在喀什地区莎车县卡琼乡三村抓获7名恐怖分子，并在恐怖分子家中发现一地道和地下室。地道长7米，高2.5米，地道后面连接一长12米、宽3.8米、高2米的地下室，室内有通风和上下水设施。在地道内缴获手雷38枚，

---

① 天山网 http://www.tianshannet.com.cn/ 2007年1月8日。

② 石华、程刚：《新疆捣毁恐怖团伙击毙2名逮捕15名恐怖分子》，《环球时报》2008年2月18日。

电雷管22枚，爆炸装置18个，炸药17公斤，拉火管20多个。2001年8月，警方在搜查阿克苏地区库车县乌尊乡色根苏盖提村一恐怖分子家时，发现一处深4米的地道，里面有制造武器弹药的各种设备，缴获了爆炸装置61枚。大量证据表明，在新疆境内发生的大多数恐怖暴力事件都是由境外“东突”组织直接策划、指挥，境内一小撮人呼应，共同制造的。

8. 杀人。2011年7月30日23时45分，两名犯罪嫌疑人在新疆喀什市美食街路口劫持一辆正在等候红绿灯的单排座卡车，持刀杀害一名司机后驾车冲向人群，并下车持刀砍杀路边群众，现场造成6名无辜群众死亡，28名群众受伤。周围群众奋力抓捕，搏斗中一名犯罪嫌疑人死亡，一名犯罪嫌疑人被抓获。7月31日16时许，一伙暴力恐怖分子按事先预谋，冲入喀什市香榭街一餐厅（位于步行街），杀害店主和1名服务员，并实施纵火。公安民警、消防官兵赶赴现场救火时，这伙暴徒冲出餐厅，肆意砍杀周围无辜群众，又致使4名群众死亡，12名群众受伤。

9. 劫机。2012年6月29日，由新疆和田飞往乌鲁木齐的天津航空GS7554航班于12：25分起飞，12：35分飞机上有6名歹徒暴力劫持飞机，随后被机组人员和乘客制服，飞机随即返航和田机场并安全着陆，6名歹徒被公安机关抓获。在制服歹徒过程中，有多名机组人员和乘客受伤。2012年12月11日新疆和田地区中级人民法院一审公开开庭审理木沙·玉素甫等4名被告人暴力恐怖劫机案并当庭宣判，判处被告人木沙·玉素甫、艾热西地卡力·依明、吾麦尔·依明死刑，剥夺政治权利终身；判处被告人阿里木·木沙无期徒刑，剥夺政治权利终身。

（二）“东突”势力在国外的犯罪活动

自从1997年伊宁发生骚乱事件以来，新疆的恐怖活动进入了一个活跃期。“东突”势力不但在新疆制造血腥事件，一些恐怖活动甚至蔓延到我国驻外机构。

表 6－2　20 世纪 90 年代以来“东突”势力在境外的主要恐怖活动

时间	事件	地点	主谋
1997	“东突解放组织”派员参加车臣战争	俄罗斯	“东突解放组织”
1997. 3	袭击中国驻土耳其大使馆	土耳其	境外东突恐怖分子
1998. 2	数十名恐怖分子潜入新疆和内地秘密训练基地培训恐怖技术	中国新疆和内地	东突伊斯兰运动
1998. 3. 5	炸弹袭击中国驻伊斯坦布尔总领事馆恐怖事件	土耳其	境外东突恐怖分子
1998. 3. 19—3. 22	“东突伊斯兰运动”与“东突解放组织”签署《联合宣言》，共同成立“东突伊斯兰圣战者联盟”	吉尔吉斯斯坦比什凯克	“东突伊斯兰运动”、“东突解放组织”
1998. 4. 6	从霍尔果斯口岸偷运军火入境	中国新疆	“东突解放组织”
1998. 5	化学自燃剂纵火案	中国新疆	“东突解放组织”
1999	新疆和田地区建立地下组织		“东突伊斯兰运动”
2000. 3. 28	枪击吉尔吉斯斯坦“维吾尔青年联盟”主席	吉尔吉斯斯坦	“东突解放组织”
2000. 5	绑架、勒索、杀害新疆商人，并逃往吉尔吉斯斯坦	中国新疆、吉尔吉斯斯坦	维吾尔解放组织
2000. 5. 18	武装抢劫阿拉木图世界银行，被查获	哈萨克斯坦	“东突解放组织”哈萨克斯坦极端组织
2002. 6. 29	杀害中国驻吉尔吉斯斯坦外交官王建平	吉尔吉斯斯坦比什凯克	艾尔肯·亚合甫、热合木图拉·伊斯拉伊尔
2003. 3. 27	袭击从吉尔吉斯斯坦首都比什凯克开往新疆喀什的中国长途客车	吉尔吉斯斯坦比什凯克至吐尔尕特公路	阿布都纳比·阿布利亚托夫、吐尔逊·托合提

1. 攻击我国驻外机构和工作人员。1997 年 3 月，境外“东突”恐怖分子开枪袭击中国驻土耳其使馆，冲击中国驻伊斯坦布

尔总领馆，焚烧中国总领馆悬挂的国旗。1998 年 3 月 5 日，境外“东突”恐怖组织策划制造了用炸弹袭击中国驻土耳其伊斯坦布尔总领馆的恐怖事件。1998 年和 1999 年，“东突”分子曾扬言要在中亚地区，特别是吉尔吉斯斯坦和哈萨克斯坦绑架中国驻当地的外交官，其中包括中国大使。当时情况十分紧急，中国驻哈萨克斯坦大使馆还专门加高了使馆的围墙，增加了使馆周围的电子眼的数量。2002 年 6 月 29 日，“东突解放组织”成员艾尔肯·亚合甫、热合木图拉·伊斯拉伊尔在吉尔吉斯斯坦比什凯克将中国驻吉尔吉斯斯坦外交官王建平枪杀。吉尔吉斯斯坦警方在其住处缴获了作案手枪和手雷，并进行了司法鉴定①。2002 年 7 月 4 日，热合木土拉·伊斯拉伊尔和艾尔肯·亚合甫被从吉尔吉斯斯坦引渡回国，10 月 31 日被批准逮捕。2004 年 1 月 12 日，新疆乌鲁木齐市中级人民法院判处热合木土拉·伊斯拉伊尔和艾尔肯·亚合甫死刑。2004 年 3 月 25 日，这两名犯罪分子在乌鲁木齐被执行枪决。② 2004 年 6 月 10 日，中国工人在阿富汗北部省份昆都士遭遇恐怖袭击，10 余人伤亡。后来这起事件被证明是“东突”恐怖分裂分子所为。

2000 年 5 月，境外“东突厥斯坦解放组织”成员，为筹集资金，绑架了一名新疆商人，勒索 10 万美元，并杀害了该商人的侄子，之后又纵火烧了比什凯克市的中国商品市场。5 月 25 日，恐怖分子策划并实施了对新疆维吾尔自治区人民政府赴吉尔吉斯斯坦处理纵火、绑架案的工作组的袭击事件，工作组在比什凯克市中心遭“东突”分子袭击，工作组分乘的两辆汽车遭到冲锋枪的扫射，造成新疆克孜勒苏柯尔克孜自治州外事办公室的

① 《第一批“东突”恐怖组织、恐怖分子及其累累罪行》，《中国青年报》2003 年 12 月 16 日第四版。

② 新华网新疆频道，2004 年 3 月 31 日。

一名主任被杀害，该州公安局副局长被打伤。吉警方在随后的追查中，在吉南部的奥什州抓获了直接行凶的枪手。而参与策划谋杀的2名恐怖分子则潜逃到哈萨克斯坦，并与同年9月28日，在阿拉木图市杀害了2名执行清查任务的哈萨克斯坦警察①。当警方顺藤摸瓜找到他们时，他们正躲在距总统府仅一街之隔的市中心共和国广场附近的居民楼内。哈警方在发现恐怖分子后，迅速出动警力将居民楼团团围困，数百名特警疏散了楼内的居民，将炸药从窗口投入屋内，将2名亡命徒炸死。搜查的结果让警方吃惊不小，他们不仅查获了各类枪支、炸药和毒品，而且还找到了大量的美元现钞和卫星联络设备②。

2. 暗杀。2000年3月，吉尔吉斯斯坦“维吾尔青年联盟”主席尼合买提·波萨科夫因拒绝与“东突解放组织”合作，被该组织成员枪杀在家门口。

3. 抢劫和杀害其他国家的公民。2001年5月18日，5名“东突厥斯坦解放组织”成员武装抢劫了阿拉木图市的世界银行，抢走了30万美元，并打死两名银行职员。哈方仅在一周内便将此案侦破，5名罪犯全部落网。③

4. 纵火。2003年3月26日，一辆属于中国新疆喀什地区旅客运输责任有限公司的定期旅客班车自吉尔吉斯斯坦首都比什凯克返回喀什途中在吉境内距比什凯克260公里处遭到袭击后被烧毁，车内包括19名中国公民和2名吉尔吉斯斯坦公民在内的21名乘客全部遇难。2003年7月吉内务部副部长博罗特别克·诺

---

① 国务院新闻办公室：《“东突”恐怖势力难脱罪责》，《人民日报》2002年1月21日。

② 万佳：《恶势力威胁六国》，《环球时报》2001年6月19日第一版。

③ 国务院新闻办公室：《“东突”恐怖势力难脱罪责》，《人民日报》2002年1月21日。

果巴耶夫向媒体宣布该案已经告破，吉方已确定了犯罪嫌疑人的身份，两人均为极端分裂组织“东突厥斯坦解放组织”成员。①

5. 偷运武器。1998 年 4 月 6 日，在霍尔果斯口岸中国海关与边检部门查获了一起武器偷运案，在羊毛集装箱中共查获军用手枪 6 支、折叠式冲锋枪 1 支、子弹 18000 余发，手雷 110 余枚。据抓获的罪犯供认，他们是受境外“东突国际委员会”和“东突解放组织”的指派行动的，此前已 17 次偷运武器弹药入境。1998 年 6 月 2 日，在南疆吐尔尕特口岸查获 47 枚火箭弹。1998 年 6 月 24 日，在塔城地区巴克图口岸查获军用生化毒剂 68 支，毒剂喷雾器 2 套②。境外“东突”恐怖组织还不断向新疆偷运武器，仅 1998 年新疆警方从霍尔果斯、吐尔尕特、巴克图口岸就查获枪支 7 枝、子弹 1.8 万发、手雷 110 枚、火箭弹 47 枚、军用生化毒剂 68 支、毒剂喷雾器 2 套③。2000 年 4 月，中亚地区宗教极端势力为境外“东突”势力走私了 338 箱各类武器弹药。2001 年 9 月，“东突解放组织”派遣阿不来提 · 吐尔逊和艾合买提（化名帕尔哈提），从境外购买 5 支微型冲锋枪、7 支印度制造的“四 · 八”型手枪、1000 余发冲锋枪子弹和 400 余发手枪子弹，偷运入境，2 人则从西藏樟木口岸入境，图谋实施破坏活动。2001 年 11 月，哈萨克斯坦境内的“东突厥斯坦委员会”主席玉素甫 · 莫合里索夫利用沙特维吾尔族商人的援助，购买了 700 支手枪、200 支冲锋枪、10 多挺机关枪及 2 枚火箭筒等苏式武器，企图从中吉边境偷运新疆，以支持新疆民族分裂势力搞破坏活动。仅“九五”期间，我国公安机关缴获境外各类走

① 《吉国公布新疆客车遇袭案调查结果》，《都市消费晨报》2003 年 7 月 11 日 A3 版。

② 厉声主编：《中国新疆历史与现状》，新疆人民出版社 2003 年版，第 372 页。

③ 王拴乾主编：《辉煌新疆》，新疆人民出版社 2003 年版，第 159 页。

私枪支551支，子弹72000多发，炸药2500公斤，手雷、手榴弹等5800多枚，其他爆炸装置791枚。2004年3月3日、10日公安机关分别在喀什地区伽师县、喀什市查获由红其拉甫口岸走私的194支仿真五四手枪[①]。

6. 在国外参与反对我国和其他国家的恐怖活动。多年来，“东突”恐怖势力一直与国际恐怖组织相互勾结，先后有100多名“东突”恐怖分子接受了“基地”组织和塔利班政权的恐怖训练[②]。1999年初，哈萨克斯坦总统纳扎尔巴耶夫顶住西方国家强大的政治压力，向我国引渡了3名新疆民族分裂主义分子。2000年，2名“东突”恐怖组织成员在车臣战争中被俄罗斯军队俘虏，遣返回中国。有关国家警方也向中方引渡、移交了10多名被抓获的“东突”恐怖分子[③]。2003年7月15日，哈萨克斯坦国家安全委员会主席纳尔达伊·杜特巴耶夫说，哈国家安全部门对“东突厥斯坦伊斯兰党”组织成员进行搜查时，发现他们藏有爆炸品、武器和军用装备。调查结果证实，“东突厥斯坦伊斯兰党”哈萨克斯坦支部确实同阿富汗、伊朗、吉尔吉斯斯坦和乌兹别克斯坦的恐怖组织有着密切的联系。7月，哈国家安全部门根据线报在哈南部重镇奇姆肯特市一普通住宅内搜查时发现屋内藏有爆炸品、武器和军用装备。后经查实，房主系“东突厥斯坦伊斯兰党”组织成员，该组织正秘密筹划在奇姆肯特市从事暴力恐怖活动。10月10日，哈萨克斯坦国家安全委员会宣布，哈国家安全部门抓获10名“东突”组织成员，缴获1000余份反

---

① 解放军西安政治学院编：《军队民族宗教工作与国家军事安全研究》2004年版，第11页。

② 熊光楷著：《国际形势与安全战略》，清华大学出版社2006年版，第115页。

③ 国务院新闻办公室：《“东突”恐怖势力难脱罪责》，《人民日报》2002年1月21日。

动宣传品。①

“东突”恐怖势力在国内外制造的血腥事件不仅影响驻在国的社会稳定，而且也严重影响了我国西北地区的政治安全和社会稳定。

第二节　正常的对外贸易受到影响

发展同中亚各国的经贸合作是中国政府的一项重要决策。中国对中亚各国发展经贸合作表现出极大的兴趣和热情。针对同中亚各国的经贸合作，中国专门制定了许多原则和措施，提出了许多主张。其中最有代表性的是，李鹏总理在1994年访问中亚四国时提出的发展中国与中亚国家经贸合作问题的6点建议。其主要内容是：（1）坚持平等互利原则，按经济规律办事；（2）合作形式多样化；（3）从实际出发，充分利用当地资源；（4）改善交通运输条件，建设“新的丝绸之路”；（5）中国向中亚国家提供少量经济援助是一种友谊的表示；（6）发展多边合作，促进共同发展。

中国和中亚国家是近邻，拥有多种优势，发展经贸合作有很大的潜力。双方都在进行经济改革和对外开放，这为开展经贸合作提供了良好的机遇。中亚国家是苏联时期重要的原材料生产基地，石油、天然气、有色金属等资源极为丰富，但经济改革起步较晚，工业基础设施严重老化，消费品生产不足。中国与中亚国家国情相似，如都实行过计划经济，农业在国民经济中占有重要位置等，经济也可以互通有无，取长补短，中国需要中亚的能源和其他产品，中亚五国则需要中国的轻工产品，中亚五国对中国

① 中国现代国际关系研究院反恐怖研究中心：《国际恐怖主义与反恐怖斗争年鉴—2003》，时事出版社2004年版，第54—55页。

经济改革的经验也非常重视。

在双方的合作过程中，作为双方之间最重要的合作领域的中国和中亚国家之间能源合作得到了较好的法律保障。中国与中亚各国政府都鼓励双方企业加强合作，考虑市场因素，注重效益，逐步扩大合作规模。中国和中亚国家的经济合作在多个层次上展开，签署了许多政府间经济合作协议，主要有：经济贸易合作协定、鼓励和相互保护投资协定、银行合作协定、汽车运输协定、铁路运输合作协议、对所得避免双重征税和防止偷漏税的协定、石油领域合作协定等。同时，中国与中亚国家在相互信任的基础上还就共同开发一些资源问题达成了一系列具有法律意义的协议。这些协议为中国和中亚国家之间的大型公司之间的经济来往打下了坚实的法律基础，并促使双方国有企业在能源领域的合作。中亚五国政府多次表示，希望中国的大企业能够到中亚投资办厂和开发资源。中国方面也逐步开始参加一些大项目的建设，最典型的例子是 1997 年，中国石油天然气集团公司击败俄、美等国的大型石油公司，成功地获得了哈萨克斯坦两处大油田的开采权。1997 年 6 月 4 日，中国石油天然气集团与哈萨克斯坦财政部私有化局签订购股协议，购买了哈萨克斯坦第四大石油公司阿克纠宾斯克油气股份公司 60.3% 的股份。按协议规定，前 5 年中国石油天然气集团公司的投资义务为 5.85 亿美元，而实际上 5 年共完成了投资总额的 6.86 亿美元。1997 年 9 月，中国国务院总理李鹏和副总理李岚清先后对哈萨克斯坦进行了访问，双方签署两国政府关于在石油天然气领域合作的协议、海关合作与互助协定以及中国石油天然气勘探开发公司和哈萨克斯坦有关部门、企业关于阿克纠宾斯克油田石油生产合同，在国际上引起了很大的反响，被认为是中国加大对中亚投入和参与石油开发的重要步骤。2003 年 6 月，中石油就使用百般解数，加大对阿克纠宾斯克的控制。7 月份，中石油集团凭借其子公司，通过股票市场，增持了阿克纠宾斯克油气股份有限公司25%的股权，即持股比例超过了85%。[①] 2003年10月20日，中石油从美国石油巨头谢夫隆—德士古石油公司购买了位于哈萨克斯坦西北部的北布扎奇油田65%的股权。由此，北布扎奇油田成为中石油第一个海外全资控股的油田。目前，中油集团已经在哈萨克斯坦开拓十多年，拥有年产油500万吨的油田，积累了与哈方合作的大量宝贵的经验。为进一步发展中哈能源合作，哈萨克斯坦于1997年9月向中方提出了修建一条通向中国的石油管道的方案，预计工程总造价为30亿美元。1997年9月，中国石油天然气集团公司（中油集团）同哈国政府达成实施管道项目的协议。1997年至1999年，中哈双方完成了管道建设的可行性研究报告。消息公布后，俄罗斯专家分析，中国可通过铺设输油管道，与中亚地区的石油管道网络接轨，把石油供应国（中东、中亚国家和俄罗斯）与亚洲的主要石油消费国（中国、日本、韩国）连接起来，使中国处于“泛亚全球能源桥梁”的战略枢纽位置上。根据当时的设计方案，中哈石油管道西起哈萨克斯坦西部的阿特劳，东至中国新疆的独山子，全长3088公里，其中哈萨克斯坦境内2818公里，中国境内270公里，年输送原油2000万吨以上。按照最初意向，这条管道应在2005年建成投入运营。整个工程计划分三期完成：一期工程，从哈萨克斯坦的阿特劳到肯基亚克，管道全长448公里（已经于2003年3月建成，中国石油天然气集团公司占49%的股份）；二期工程，从哈萨克斯坦的阿塔苏到中国新疆的独山子，管道全长1300公里；三期工程，对接肯基亚克、阿塔苏两地的管道，全长约1340公里。此后，由于修建从哈方到中方的管道成本太高、哈国内当时的石油年产量难以确

① 张毅、蒋彩云：《中石油借道撬动里海油田》，《都市消费晨报》2003年7月16日。

保这条管道进行赢利性运转所需的2000万吨最低供应量以及开采成本过高等原因，中哈石油管道的整体建设延期。2002年年底，哈萨克斯坦总统纳扎尔巴耶夫在结束访华前向媒体透露，他此次北京之行的一个重要目的，就是与中国领导人商谈铺设哈中石油管道。当时，他兴奋地强调说："这条管道将把中哈经济合作提高到新的水平。"此后，情况又出现了转机。2003年10月13日，哈萨克斯坦石油天然气公司执行总裁卡贝尔金宣布，该公司已经同中国石油天然气集团公司共同做出了关于在2004年中期开始修建石油管道的决定，中方将提供修建管道所需的一切资金（8亿美元）。卡贝尔金表示，中石油在哈萨克斯坦西部开发的油田（年采油量约为800万吨）以及俄罗斯卢克石油公司和加拿大的"哈萨克斯坦石油"公司在哈南部开发的油田（年采油量约1000万—1200万吨）将为新的输油管道供油。2003年3月28日，阿特劳—肯基亚克石油管道正式投入运营。2003年6月初，中国国家主席胡锦涛对哈萨克斯坦进行国事访问，中哈两国举行了首脑会晤。双方发表了《中华人民共和国和哈萨克斯坦共和国联合声明》，能源合作是其中的主要内容之一。联合声明称，两国认为，中哈两国在能源领域的合作具有战略意义，双方将加强在石油天然气领域的合作，采取有效措施，确保现有合作项目的顺利实施，并继续就中哈石油管道项目和相应的油田开发项目，以及建设由哈萨克斯坦至中国的天然气管道的可能性进行研究。哈方支持中方参加里海大陆架油田的勘探和开发。

哈萨克斯坦—中国原油管道是一条自西向东的大规模跨国输油管道，是中国第一条跨国原油管道，是连接里海油田到中国内陆的重要能源通道，也是中国石油在中亚俄罗斯地区能源博弈的重量级筹码。2004年9月28日中哈管道一期工程（阿塔苏—阿拉山口管道）开始建设，2005年12月开始投油；2006年7月20日正式投入商业运行。2008年4月28日中哈管道二期一阶段

（肯吉亚克—库姆科尔管道）现场开工建设，2009 年 10 月 9 日投入商业运行。规划输油能力为 2000 万吨/年，全线总长度 2800 多公里，起点是哈萨克斯坦西部的阿特劳，途经肯吉亚克、库姆科尔和阿塔苏，从中哈边界的阿拉山口进入新疆境内，终点在距国境线 2.2 公里的阿拉山口—独山子输油管道首站。建设中哈原油管道，有利于发展中哈两国油气工业，拓展原油进出口渠道，保障原油购销安全和进一步加强两国间的经济和政治关系。中哈石油管道不仅为中国的石油战略安全找到了一条稳定的通道，也为管线经过的沿途地区带来生机。“这不仅是一条发展经济的管道，也是一条具有战略意义的管道”。[①] 中哈石油管道的进口原油管道终点在新疆的独山子。计划首期将独山子的原油处理能力提高到 1000 万吨/年，乙烯加工能力提高到 100 万吨/年。远期将达到 2000 万—5000 万吨的处理能力，这将视哈国的石油产能而定。同时，除了修建中哈石油管道之外，中国还将修建一条从独山子—兰州—郑州的成品油管道，将独山子提炼的成品油源远不断地输送到中原地区，并利用中原地区已经形成的石油管网，辐射到中国的东部。中乌天然气管道和中哈天然气管道都是中国—中亚天然气管道的一部分，这条管道连接土库曼斯坦、乌兹别克斯坦、哈萨克斯坦，在新疆霍尔果斯进入中国境内后，与西气东输二线相连，全长 1833 公里，已于 2009 年 12 月实现单线投产通气。截至 2010 年 2 月底，该管道向中国输气已突破 5 亿立方米。截至 2010 年 12 月 16 日，中哈管道向国内累计输送原油 3000 万吨。另外，中国石油建筑工程公司帮助土库曼斯坦修复 100 座石油钻井的工程耗资 200 万美元。土库曼斯坦石油天然气部门在中国石油专家和工人的帮助下改造和修复设备，石油和天然气将

① 廖中华：《6200 公里：里海石油直输郑州》，《新世纪商报》2003 年 10 月 13 日—19 日。

成为两国经济合作的主要领域。中国和中亚国家把这些合作通过协议和合同使其得以具有法律意义并得到法律保障，也使得其与私营企业之间的合同相比，拥有更大的法律保障。因此，这些协议和合同都得到了中国和中亚各国的法人的遵守并顺利付诸实施。

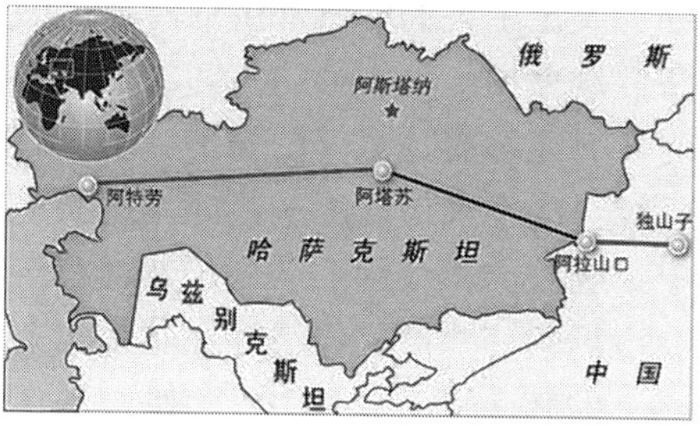

图6－1　中哈石油管道路线图①

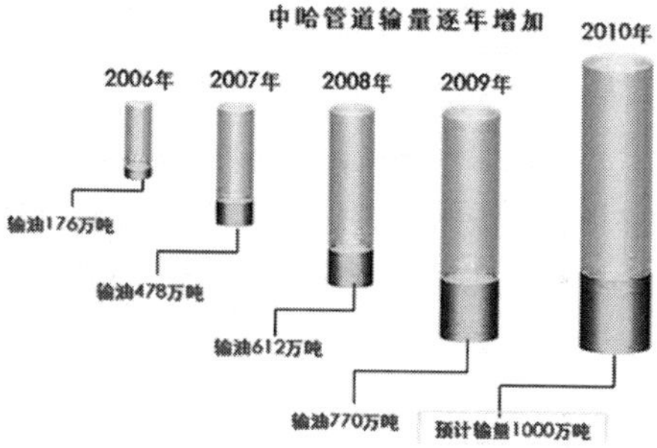

图6－2　中哈石油管道输油量逐年增加②

① 转引自新华网。

② 转引自《中哈原油管道合作双赢开辟能源通道》，中国石油新闻中心网站 http：//news. cnpc. com. cn/system/2010/12/17/001317076. shtml.

除资源开发、建筑等领域外，中国同中亚国家在轻工业和农业生产等方面也不断加强合作，如纺织和日用消费品工业部门。中国已成为中亚地区的重要投资国之一，在中亚五国建立了一批中国独资和合资企业。客观地说，中国商品缓解了中亚五国市场供应不足的局面，满足了人们的日常生活需要。但是，相对于国家层次上的经济活动来说，私有公司之间的贸易往因法律调整措施的缺陷或无力没有能够得到足够的保护。由于苏联时期的反华宣传，以及20世纪90年代初我国一些商人把质量低劣的商品输运到独联体国家，导致的不良影响至今仍然存在。据了解，现在我国出口到中亚市场的一些商品仍然存在着以次充好的质量问题甚至是冒充国际上的知名商标的问题。① 如大米含铅量过高。此外，从新疆边贸出口到哈萨克斯坦的一批中国产的汽车中发现了一些安全隐患，造成了极坏的影响。汽车制造厂和销售商都没有在哈萨克斯坦设立维修站、零配件商店。这件事会严重影响中国对哈国的汽车出口。这也从一个侧面暴露出我方有关机构对出口商品检验不严、不规范，存在着一定的漏洞和不足。中国在哈国市场上出售的一些高质量的产品被冠以“韩国产”、“日本产”，大部分商品进入了跳蚤市场。像边贸、旅游购物，对商品的把关尤其松，导致一些质量差的商品流出国门。这种做法不仅损害了中国商人、中国企业和中国人的声誉、形象，还为哈萨克斯坦激进的民族主义者的反华行为找到了借口，使得“排华”、“反华”思潮一度找到了泛滥的温床。苏联解体后，新疆啤酒因其质优价

① 2010年12月2日，乌鲁木齐市天山区工商局经检大队在位于大湾金悦巷的一个库房内查处了上万条准备发往独联体国家的侵权牛仔裤。这些牛仔裤都是从内地运到乌鲁木齐的。货主孙某介绍，牛仔裤的客户主要是中亚五国的经销商，这批无厂名、厂址和合格证的“三无”产品中的“ARMANI”和“BOSS”等知名品牌商标都是他自己贴上去的，而这些牛仔裤每一条成本仅30元左右。参见唐红梅、陈瑞：《假冒阿玛尼成本30元》，《乌鲁木齐晚报》2010年12月3日。

廉而一直畅销于中亚国家。但到了 1995 年 8 月，在中亚市场占尽风光的新疆啤酒一夜之间被哈萨克斯坦报刊诬为“死亡啤酒”并被禁止销售。1995 年 8 月 15 日，在哈萨克斯坦颇有影响的《商队报》抢先登出一条新闻：阿拉木图市一老妇人在喝了新疆啤酒后中毒死亡，另有 4 人被送入医院抢救。紧接着，几百名警察奉命上街没收中国啤酒，且战果辉煌：共没收新啤 1.5 万多瓶。经此番“清剿”，“新啤”一夜之间从阿拉木图市消失得无影无踪。随后，哈新闻媒体开始对中国商品进行“全面围攻”。这就是对新疆的啤酒业带来灾难性的影响的“新疆啤酒事件”。后来经过调查证实，该新闻纯属子虚乌有，哈萨克斯坦有关方面也出面向中方进行了道歉，但新疆啤酒从此一蹶不振，很快退出了中亚市场。

如前所述，中国与中亚国家的经济互补性很强，双方合作潜力特别大。如果双方都能够严格按照国际贸易规则办事，提高合同履约率，加强双方之间的信任，那么双边贸易将会有更大的发展，同时也可以走出目前的低谷。但是，国家保护主义、商业诚信的缺乏等不正常因素的存在成为目前制约中国与中亚国家经济贸易正常发展的最大的隐患。2010 年吉尔吉斯斯坦临时政府颁布命令，成立政府专门委员会，负责在吉中边境城市吐尔尕特、伊尔克什坦口岸吉方一侧建立货运分装站，目的是限制中方货运车辆进入吉尔吉斯斯坦境内，以保护吉尔吉斯斯坦本地货运商的经济利益。如分装站建成，中方货车则最远只能行至吉尔吉斯斯坦境内分装站卸货，然后空车返回，所载商品转由吉尔吉斯斯坦货运商分装向吉尔吉斯斯坦境内其他地区转运。这将大大提高中方运输成本，亦将因此引发更多的行业纠纷。

有关对外贸易法律的不完善也影响了中国和中亚国家之间外贸关系的健康发展。世界银行题为《2006 年的商业：创造工作岗位》的报告中对世界 155 个国家的开放与商业管理简化程序进行了排名。其中，哈萨克斯坦排名第 86 位，吉尔吉斯斯坦第 84 位，乌兹别克斯坦第 138 位。根据英国“Maplecroft”风险评估公司日前公布的2010 年《法律和法规环境地图》，哈萨克斯坦被列为法律环境差的高风险国家。① 值得注意的是，在中国和中亚经济贸易关系中双方相互了解对方的法律法规对促进经济贸易关系有很大的帮助。可惜，这方面的沟通却很少。例如，哈萨克斯坦在宪法和其他的一些法律法规中，对投资者在哈境内的商务投资给予了各种保证，如，国家工作人员、机关的公开性，收入使用，经营中的法律保障，包括国有化和征用时对投资人利益的保障等等。哈萨克斯坦法律规定哈萨克斯坦批准的国际协议优先于国家法律。但是，问题还是存在的。主要表现在，该国虽然法律比较完善，政府高层也鼓励外国投资，但在实际执行过程中，往往出现偏差，如基层官员缺乏长远眼光，营私舞弊等。对此，中国商人和企业也有很多抱怨。中哈企业在贸易方面的风险主要表现为支付问题，其原因是多方面的，除了有人恶意拒付以外，就是由双方相互不了解，互信程度不高等原因造成。投资方的风险在于中方企业不了解哈法律法规的要求。如在签订合同时不够谨慎，让对方钻了法律空子，或是不熟悉哈方的税法制度，从而导致被查被罚。② 这些问题都在一定程度上影响中国和中亚之间的贸易合作水平提高到新的、更高的发展水平。

第三节　在意识形态领域所产生的影响

苏联时期，因中苏两国同属社会主义国家，意识形态相同，在同属两国少数民族地区的中亚和新疆，双边对一些问题持有相

① 《中亚信息》2010 年第 6 期。

② 刘亚新：《中国驻哈萨克斯坦商务参赞张地为中国企业支招：投资卡萨克斯坦放长远眼光》，《中亚信息》2010 年第 1 期。

同或者近似的态度，如对民族分裂主义、泛伊斯兰主义、泛突厥主义等都采取了积极防范的措施。但苏联解体以后，新独立的中亚国家已抛弃了马列主义，西方的价值观念、政治制度成了有些国家所追求的理想。泛突厥主义和泛伊斯兰主义在中亚国家得到鼓励并得以泛滥。对我们更具威胁的是，中亚各国的民族主义、各种民族复兴思潮和极端宗教思想对新疆构成了较强的冲击。作为“东突”的理论基础、思想滥觞——“双泛”，植根于内亚的地缘文化，但从根本上说，是19世纪内亚地缘政治的产物。[①] 由于中亚五国主要民族与新疆不少少数民族都信仰伊斯兰教，文化、传统、习俗相似、语言相通，因而中亚的民族主义思潮和宗教极端思想对新疆产生了消极影响，使那些坚持搞民族分裂活动的人受到鼓舞。

（一）突厥主义思潮活跃

与民族主义紧密关系的是中亚的“泛突厥主义”思潮。泛突厥主义在中亚的主流是文化民族主义。目前，在中亚地区有十多个操突厥语的民族，其中包括4个国家主体民族（哈萨克斯坦、乌兹别克斯坦、吉尔吉斯斯坦、土库曼斯坦），人数超过地区总人口的一半以上。“泛突厥主义”曾一度又称为“奥斯曼主义”，也是19世纪后半叶开始形成的一种社会思潮。[②] 泛突厥主义是俄国现实的产物，它在土耳其的伊斯坦布尔只是找到拥护者和崇拜者。[③] 20世纪40年代以前，中亚一直是泛突厥主义活跃的地区。后来因为苏联政府对地方民族主义的严厉打击使其偃旗

---

① 潘志平、王鸣野、石岚：《“东突”的历史与现状》，民族出版社2008年版，第24页。

② 厉声：《“东突厥斯坦”分裂主义的由来与发展》，新疆人民出版社2007年版，第7页。

③ 阿尔沙鲁尼等：《俄国泛伊斯兰主义和泛突厥主义简论》，新疆社会科学院《“双泛”研究译丛》（第二版），1992年。

息鼓。在苏联解体前，土耳其的泛突厥主义者就开始活跃起来。1989 年，哈共中央做出决定，为历史上所有被作为“民族主义”而遭批判的历史、文化和文学著作一律平反，恢复名誉。这对于刺激中亚地区根深蒂固的泛突厥主义的再度活跃，无疑是一催化剂。中亚国家独立后，有的国家领导人曾提出建立“突厥联盟”的构想，也有的主张对泛突厥主义进行“全面客观的分析”。

近年来，文化泛突厥主义观点重新大量出现在中亚报刊舆论上已不是个别现象。中亚各国随着主权扩大与土耳其直接建立对等的国家关系，在两国的某些舆论中从一开始便被涂上了所谓“突厥民族重修旧好”的色彩。早在 1990 年 8 月 28 日—9 月 5 日，土耳其派出了一个所谓“突厥世界调查团”到苏联中亚地区“考察”，连同苏联中亚方面参加者达 154 人之多。这个“调查团”先后在乌兹别克斯坦、土库曼斯坦和阿塞拜疆的大城市活动，广泛结交学术文化界人士。在阿塞拜疆，他们开办了一家专营土耳其出版的文化泛突厥主义出版物的书店，命名为“突厥世界”。受土耳其大肆推动的泛突厥主义的影响，在中亚和外高加索地区兴起了倾向于泛突厥主义的政治力量。土耳其所宣扬的泛突厥主义和当地新兴的民族主义相结合，使泛突厥主义地区化和民族化。在哈萨克斯坦境内出现了“阿拉什”党派和“大哈萨克主义”。“阿拉什”积极主张要恢复伊斯兰信仰和突厥传统，标榜自己是民族解放政党，其政治纲领是“复兴哈萨克民族，并使其成为未来统一的突厥——伊斯兰国家——大突厥斯坦的历史核心”。“阿拉什”对试图建立一个跨国突厥——伊斯兰联合体表现出极大的兴趣，若不是在哈萨克境内遭禁的话，还打算成立泛伊斯兰阵线。与此同时，泛突厥主体的另一个变种“大乌兹别克主义”也在中亚区域作祟。在乌兹别克斯坦，“别尔利克”（统一）运动则宣扬“撒马尔罕是中亚历史和文化的中心，乌兹别克帝国是中亚的统治者”等极端民族主义思想，主张建立以乌兹别克斯坦为中心的泛突厥主义主体。

清末至民国初年，泛伊斯兰主义和泛突厥主义思想开始传入新疆。[①] 随着中亚五国的独立和中亚国家与我国政治、经济贸易关系的发展，极端分子乘机加紧对中国新疆的渗透并宣传分裂思想和所谓的“统一的突厥民族”主张，企图影响新疆的少数民族，从而在意识形态领域造成混淆和困惑，促使一些极端分子铤而走险，从而走上分裂国家的罪恶道路。

（二）美化宗教，为宗教泛滥大开绿灯

突厥语民族因素和伊斯兰因素在中亚已经无法截然分开，两者相辅相成。可以说，突厥语民族因素是肉体，伊斯兰因素是灵魂。苏联解体、冷战结束以后，号召回到伊斯兰原旨教义中去的伊斯兰原教旨主义运动风起云涌，他们制造了一起起震惊世界的爆炸、劫持人质事件甚至是血腥的战争，使西方世界惊呼“绿色威胁的幽灵”正在取代冷战时期的“红色威胁的幽灵”。阿麦德·拉什第在《圣战：伊斯兰激进派在中亚的崛起》一书中详细分析了冷战结束后在中亚出现的伊斯兰激进势力三大派，即“伊斯兰复兴党”、“伊斯兰解放党”和“乌兹别克伊斯兰运动”的社会基础、内部组织架构、彼此关系、战略目标及其发展趋势，得出了由于宗教极端势力的存在和发展，“9·11”前，中亚是一个火药桶；“9·11”后，中亚还是一个火药桶，并且这个火药桶还有变大趋势的结论。这个结论虽过于悲观，但不失为一个有益的警示。

中国的西北地区是少数民族聚居的地区，其中信仰伊斯兰教的民族较多。据统计，仅新疆地区就有 1130 多万名穆斯林[②]。冷

---

① 潘志平、王鸣野、石岚：《“东突”的历史与现状》，民族出版社 2008 年版，第 68 页。

② 国务院新闻办：《新疆的发展与进步》白皮书，2009 年 9 月 21 日。

战结束后，伊斯兰教在中亚的复兴已对中国的西北地区，尤其是新疆地区产生了重大影响。如果中、西亚地区涌现新一轮宗教极端势力浪潮必将波及我国，严重危及新疆地区。近年来，伊斯兰教瓦哈比派在新疆的传播和发展，“依扎布特”等组织在新疆秘密发展组织，开展地下活动已对新疆的稳定构成威胁。

1. 反对党的宗教政策，对抗党的领导

在一小撮伊斯兰极端分子的眼中，中国共产党信奉的马克思主义无神论和他们对“真主”的信仰是背道而驰的。因而是地地道道的异教徒。对于极端伊斯兰教教徒来说，所有非伊斯兰政权和非穆斯林都是异教徒，都是他们的敌人，是“圣战”的对象。在他们看来，中国政府奉行的宗教信仰自由政策是远远不够的，他们要的是建立一个世界性的、统一的、政教合一的，以伊斯兰法律为指导的伊斯兰国家。这些伊斯兰极端分子不仅仅停留在理论上，他们还积极追随世界范围内的“伊斯兰复兴运动”，利用各种场合攻击中国共产党的宗教政策，煽动民族仇恨，鼓吹“新疆独立”。

2. 通过在青少年中传播极端伊斯兰思想，企图培养民族分裂主义分子

近年来，伊斯兰极端势力创办的非法清真寺以及经文学校的发展已经威胁到新疆地区的长治久安。在新疆，伊斯兰极端势力传播其思想的最重要的途径就是大量非法修建清真寺和兴办经文学校。据统计，新疆地区共有清真寺2.43万座①，平均每215名穆斯林就有一所清真寺，维吾尔族穆斯林则平均每258人就有一所清真寺。除了大量兴建清真寺外，伊斯兰极端分子还开办了各式各样的地下经文学校，向青少年灌输极端伊斯兰宗教思想。他

① 国务院新闻办：《新疆的发展与进步》白皮书，2009年9月21日。

们利用在经文学校布道之机，散布分裂言论。久而久之，伊斯兰极端思想便在这些青少年的头脑里扎下了根。1990 年 4 月，新疆巴仁乡发生暴乱，暴乱的策划者和领导者则丁·玉素夫和加马里丁·买买提都曾在经文学校里学习过。

3. 伊斯兰极端分子利用伊斯兰教中的“圣战”思想，在新疆乃至全国制造恐怖事件

伊斯兰极端分子声称用宗教消灭马列主义，消灭异教徒，用“圣战”推翻汉人的统治，建立以伊斯兰教法为基础的正教合一的所谓“东突厥斯坦”伊斯兰共和国。

（三）中亚对新疆也可能产生一些人文方面的影响

所谓人文影响，主要是由于中亚国家独立以后对中亚历史名人（如帖木尔）的过分推崇和目前对中亚一些有威望的政治领导人的赞扬而产生的人格崇拜。由于中亚和新疆在民族、文化方面的联系很强，因而这种崇拜可能会对新疆的民族团结起一种不可忽视的负面影响。为了消除这种影响，除了需要继续加强民族团结的宣传和教育以及加强经济文化建设之外，还应该注意在报道和宣传对方的各种人物时做到客观、适度，避免过分渲染。

此外，中亚各国的生活方式、价值观念的影响可能减弱新疆各民族的凝聚力，也可能引起带有政治色彩的不满情绪。苏联时期，中亚各国的社会经济发展水平在总体上要高于新疆，在某些方面这些国家甚至已经接近或超过西欧发达国家的水平，社会基础设施也比较完善，因而其居民的生活水平和质量都要好于我们。加上在苏联的几十年期间，俄罗斯化很深，改革时期又深受西方各种思潮的影响，国民的生活方式和价值观念和新疆有很大的不同。从双方目前的实际情况来看，这种不同往往可能对我们的居民形成一种吸引力。中亚各国独立以后，经济生活普遍恶化，因而对新疆的普通群众的吸引力可能减弱，但恐怕对知识分子的吸引力仍然很强。可以预料，中亚各国经济克服衰退走向发

展以后，我们也许会面临更加严峻的挑战。

在生活方式和价值观念方面的差异也可能会使有些人把矛头指向社会主义制度，从而制造反党、反社会主义的舆论，在合适的社会经济条件下，这种舆论便有转化成破坏性行动的危险。更值得警惕的是，在新疆这个多民族地区，任何对政府和共产党的不满很容易转化成对国家统一、民族团结的攻击，这种势力在“7·5 事件”中表现得很充分，我们应该引以为戒。

(四)“民族自决”思潮

应该更加重视的是“民族自决”思潮问题。虽然在中苏友好时期，我国也没有盲目套用苏联加盟共和国模式，但“民族自决”思潮并未从理论上彻底清算，而中亚各国的独立和“民族化”的倾向，可能在群众的思想、心理上造成混乱，极少数民族分裂主义者会因此受到鼓舞，趁乱加紧活动。总之，中亚民族问题的发展将直接影响中亚政局的稳定，并不可避免地影响新疆的稳定，对此应有清醒地认识和充分的思想准备。

第四节　中亚毒品问题对中国的影响

中亚毒品问题已经成为一个国际问题，对国际安全（特别是非传统安全）造成严重的消极影响，特别是周边邻国。中亚毒品和有组织犯罪、恐怖主义、毒品消费、艾滋病毒的传播等非传统安全问题联系起来，不但对中亚各国本身，而且还对周边国家以及其他毒品消费国带来一系列麻烦。在“金新月”地带，“东突”组织与“基地”等恐怖组织一起，向中亚地区贩运毒品，从中获得巨额利润，以筹集活动经费。可见，毒品犯罪和极端宗教、恐怖主义相互交织，已渗透了社会生活的各个领域，这不仅破坏中亚地区的经济发展，而且也对该地区和包括中国在内的周边国家的政治稳定和国家安全造成了重大威胁。

近年来，中国日益感受到了来自中亚地区毒品的压力，尤其是中亚的毒品犯罪与“三股势力”互相勾结，直接危及中国的安全稳定与发展。中亚毒品犯罪直接破坏了中国的边界稳定，危及人民的正常生活秩序和社会安宁。中亚毒品问题已经不是简单的毒源问题，它已经发展成为关系到中国国家安全的严重问题。

在中国各个省市中，新疆因其特殊的地理位置、漫长的边境线和跨界的民族宗教联系，极易被国际毒贩看好，而对于东亚地区的贩毒网络来说，新疆正成为与阿富汗毒源地相通的连接点。新疆与哈萨克斯坦、吉尔吉斯斯坦、塔吉克斯坦等中亚国家的边界线长达3300多公里，有17个一类开放口岸，被称为中国开拓中亚市场的桥头堡和重要门户。特别是20世纪90年代以来，中亚国家毒贩利用中国对外开放政策，把中国作为毒品过境国。新疆作为中国毗邻“金新月”毒源地最近的省区，首当其害。

早在1991年6月4日，新疆查获了第一起来自于中亚的毒品走私入境案件。1992年10月26日，新疆乌鲁木齐市天山区公安分局在天山大厦查获原独联体旅游购物团成员携带鸦片毒品案。1993年10月，巴基斯坦缉毒部门查获即将通过苏斯特口岸进入红旗拉甫口岸的美国和荷兰的两名女性游客藏在大腿和臀部的海洛因毒品达4公斤之多。2001年1月26日，塔城地区公安局在海关的配合下，在巴克图口岸查获一起俄罗斯商人非法走私6万片安非拉酮案。2001年4月7日，一名阿富汗商人和一名巴基斯坦商人相互勾结，企图将6.57吨醋酸酐夹杂在运输地毯的货柜中偷运出境到阿富汗，被乌鲁木齐市海关查获。①

随着阿富汗鸦片产量的大幅增长和多条由阿富汗地区通往中国新疆的国际贩毒通道逐步被打通，流入新疆境内的“金新月”

① 彭霞、杨苏群:《禁毒担子沉甸甸》,《新疆都市报》2001年6月26日。

海洛因随之剧增，并迅速抢占新疆的毒品交易和消费市场，直逼甚至超越传统“金三角”海洛因的市场地位。

从20世纪90年代初至今，中国警方在向中亚开放的口岸累计查获海洛因913千克、鸦片79千克、大麻32千克，并截获流向境外的醋酸酐66吨、安非拉酮60.6万片。2001年，新疆各级公安禁毒部门共破获贩毒案件1060起，抓获贩毒嫌疑人932人，缴获海洛因33.418千克、大麻375.365千克，与2000年相比较，案件上升0.95%，缴获海洛因和大麻数量分别增长了55.72%和1.12倍。[①] 自1991年6月4日新疆查获第一起“金新月”毒品走私入境案件到2004年，新疆有关部门在各口岸共查获毒品案件二十余起，缴获“金新月”海洛因、鸦片和麻烟共127.55千克，查获走私出境易制毒化学品醋酸酐66吨，精神药品安非拉酮80.6万片。

进入2005年之后，中国警方查获的中亚毒品走私入境案件开始大幅攀升，对中国的危害逐年升级。2005年，新疆警方破获“金新月”案件9起，抓获犯罪嫌疑人14人，缴获海洛因14.215千克，2006年上升至24起，抓获犯罪嫌疑人76人，缴获海洛因65.14千克，分别是2005年的2.67倍、3.29倍和7.17倍。2006年新疆抓获的外籍犯罪嫌疑人，分别来自巴基斯坦、阿富汗、泰国、塔吉克斯坦及非洲诸国共9个国家。[②] 2007年，又破获“金新月”案件29起，抓获犯罪嫌疑人50人，其中外籍犯罪嫌疑人29人，缴获海洛因147.386千克，大麻4848千克，缴获的毒品数量已超过2006年全年的总和。2008年，新疆警方

---

① 《“东突”染指毒品犯罪，获取暴利筹集活动经费》，中国新闻网新疆网乌鲁木齐2002年1月29日消息。

② 张西：《新疆吸戒毒情况调查报告》，载汝信、陆学艺、李培林主编：《2008年中国社会形势分析与预测》，社会科学文献出版社2009年版，第255页。

共破获“金新月”毒品走私贩运案件25起，抓获犯罪嫌疑人49名（其中外籍人员16名），占全年抓获贩毒嫌疑人的2.5%；缴获海洛因95.74千克，占全年缴获海洛因总数的66.3%。

2006年，新疆公安边防总队破获的“12·17”阿富汗籍人员希尔·穆罕默德（Shir Mohanmmad）人体藏毒走私运输毒品案，缴获海洛因572.8克，就是由阿富汗喀布尔经阿富汗—塔吉克斯坦边界到塔吉克斯坦首都杜尚别，再乘坐塔吉克斯坦航空公司的TJK114航班飞到乌鲁木齐市然后计划转道广州。2008年6月，乌鲁木齐机场海关连续查获了4起来自塔吉克斯坦的毒品案件，这进一步表明境外毒枭已经将塔吉克斯坦至乌鲁木齐的“金新月”空港通道打通，贩毒网络已经形成。2007年1月，新疆警方破获一起贩毒大案，所缴获的31公斤液体海洛因就是从阿拉山口口岸走私入境的。2008年1月26日，公安部门又成功破获一起走私贩卖“金新月”毒品案，涉案人员17名，缴获海洛因2.671千克。

2007年10月30日，新疆警方在哈萨克斯坦、塔吉克斯坦警方的协助下破获一起境外贩毒集团利用集装箱，通过铁路向新疆走私渗透“金新月”毒品案件，缴获毒品海洛因67.5千克，大麻脂4848千克，抓获犯罪嫌疑人4名。这是目前中国国内查获的最大一起“金新月”地区跨国走私毒品案件。新疆警方在哈萨克斯坦、塔吉克斯坦警方的协助下，摸清了这批毒品的来源和贩毒集团所有情况，2008年3月6日，该案主要犯罪嫌疑人哈里勒拉赫曼·阿卜杜勒·拉希姆在北京首都国际机场入境时被抓获。这是目前中国国内查获的最大一起“金新月”地区跨国走私毒品案件，该案被公安部列为2007年全国十大毒品案件之一。[1] 2008 年 1 月 26 日，新疆警方破获一起境内外贩毒集团勾结走私贩运“金新月”毒品案件，抓获犯罪嫌疑人 17 名，缴获“金新月”毒品海洛因 2.671 千克，毒资 5 万元，运毒车 1 辆，摧毁了一条由吉尔吉斯斯坦至中国的贩毒通道。2008 年 1 月至 9 月，新疆警方就已破获“金新月”案件 22 起，抓获犯罪嫌疑人 43 人（外籍犯罪嫌疑人 29 人），缴获海洛因 76.232 千克。从中可以清晰地反映“金新月”毒品向新疆走私渗透的严重态势。

从中国警方近几年来破获的中亚毒品案件分析，中亚毒品向中国的渗透已不是过去的零星贩毒，而是国际贩毒集团有组织、有预谋地开辟通道，构建网络，正由潜在危险变为现实危害。境内外贩毒集团相互勾连，形成了境外指挥、中亚渗透、新疆中转和粤沪京集散的格局。

近年来，中亚毒品对中国的影响不断加大，主要表现在：

1. “金新月”毒源地日益发展，鸦片产量已雄踞世界首位，紧靠中国新疆的中亚国家毒贩加紧了对中国的毒品渗透。因此，使得中国面临的毒品冲击与压力加大。阿富汗毒品销售的主要对象是西方国家。中亚—俄罗斯—欧洲是其贩毒的主要通道。当前美国在阿富汗的军事行动，对中亚国家的影响与日俱增。一些原来通往欧洲的贩毒路线因美军在阿富汗的军事存在被暂时切断，或者是因为欧美国家的压力而被迫转向。作为毗邻中亚国家的中国，因境内庞大的毒品消费市场的拉动，[2] 2006 年，在中国境内查获的海洛因数量达 9 吨，紧随巴基斯坦的 24 吨和伊朗的 12 吨

---

① 《自治区公安厅召开禁毒工作新闻发布会》，法治新疆网［EB/OL］，http：//www. fzxj. cn/view. asp？ id = 6266. 2008—05—30。

② 截至 2012 年底，全国累计登记吸毒人员 209.8 万名，其中全国累计发现登记吸食海洛因人员 127.2 万名，占吸毒人员总数的 60.6%。涉毒区域已经遍布全国 31 个省区市的 2148 个县（市区）。《2013 年中国禁毒报告》，福建禁毒网 http：//fjncc. fjgat. gov. cn：5678/showinfo. asp？ infoid = 32177。

之后，居世界第三位。《2007 年世界毒品报告》中指出，从阿富汗流向中国的毒品大多经过巴基斯坦和中亚的塔吉克斯坦等国流入，而且很多是走陆路。[①] 对中亚毒品入境形成巨大诱惑，面临着前所未有的冲击和压力。20 世纪 90 年代以来，西北五省毒品案件呈现出持续上升的态势。在毒品犯罪中，大宗毒品案件同样以较快的幅度上升，刺激境内毒品犯罪，致使我国西部地区毒品犯罪活动集团化、规模化、国际化。以新疆为例，过去，中亚国籍的毒贩是新疆涉外贩毒的主要主体，自从我国警方将检查重点放在了中亚籍旅客身上后，犯罪集团很快调整了策略，发现了新疆人人熟、地熟、情况熟的优势，大量发展新疆籍毒贩参与国际贩毒活动。在中亚毒品形势的影响下，新疆境内的贩毒网络日趋完善。近年来，该地区毒品向我国渗透规模、手段明显升级，在利用航空渠道、人体藏毒、小规模渗透不减的同时，利用集装箱藏运、大宗走私增多，对我国的危害明显加大。2009 年，我国共缴获"金新月"毒品 1.5 吨，超过我国前 4 年缴获"金新月"海洛因总和的 2 倍；缴获"金新月"海洛因数量占全国缴获海洛因总量的比例由 2008 年的 8.8% 上升到 2009 年的 30%。[②] 2011 年新疆禁毒部门共破获 10 起"金新月"毒品案件，其中千克以上案件有 4 起，缴获海洛因 610.9 千克，比 2010 年增加了 20 倍。[③] 2012 年共破获"金新月"毒品案件 98 起。近年来，新疆公安机关破获的大量案件表明，新疆籍贩毒团伙与国际贩毒集团相勾结，开辟了"金新月"毒品入境、分流通道。他们以新疆

---

① 孙壮志：《上海合作组织与阿富汗问题》，载吴恩远、吴宏伟主编：《上海合作组织发展报告（2010）》，社会科学文献出版社 2010 年版，第 69 页。

② 国家禁毒委员会：《2010 年中国禁毒报告》，北京禁毒在线 http：//www.bjjdzx.com.cn/5/2010－05－18/36731.htm.

③ 国家禁毒委员会：《2012 年中国禁毒报告》，中国警察网 http：//626.cpd.com.cn/n2004620/c14574880/content.html。

为中转地，以广州、上海、北京等大城市为目的地，形成集购、运销一体化的贩毒网络，犯罪呈现组织化、集团化、规模化、国家化的趋势。

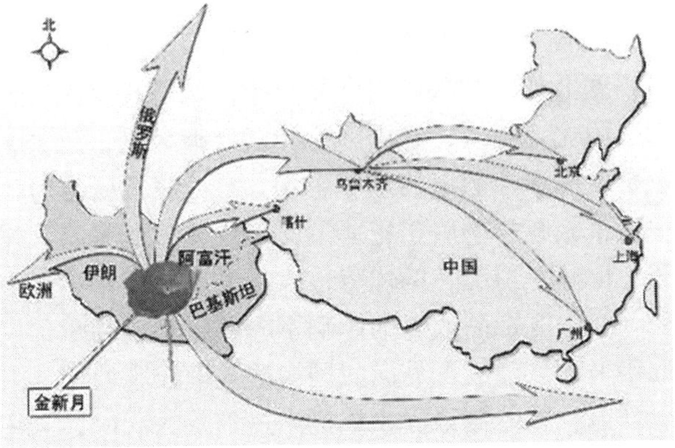

图 6－3　“金新月”毒品对我国渗透的线路图①

2. 中亚贩毒活动与“三股势力”相纠结。

“三股势力”为筹集经费，与境内外贩毒集团相互勾结，在“金新月”地带，向周边地区，特别是向中国新疆地区大量走私、贩运毒品，从中获得巨额利润，以筹集购买武器的资金和支付其开展民族分裂、暴力恐怖等破坏活动的所需。新疆地区“三股势力”一直进行着秘密的恐怖袭击活动，而毒品问题正是其中的重要隐患。“三股势力”与毒品犯罪形成了共生关系，“以毒养恐、以恐保毒”的局面正在形成。2001 年 10 月，新疆警方将 1997 年 6 月 25 日制造暴力恐怖事件并杀害喀什地区泽普县古里巴格乡 12 村支部书记的主要犯罪嫌疑人吾不力派孜·买买提明

① 马伊宁：《新疆 2008 年破获毒品案 1563 起“金新月”成最大威胁》，亚心网 http：//www. iyaxin. com/frame/content/2009－01/19/content_ 657878. htm。

抓获。其于2001年7月先后以人体携带的方式，将毒品4550克分六次偷运到北京、上海、广州等大城市，从中获利34000余元用于其从事暴力恐怖活动的经费。值得警惕的是，不少恐怖组织被国际社会冻结其资产后，为筹措资金，贩毒活动势必会进一步加剧。2006年新疆警方破获的“9·1”专案，就是典型的涉毒、涉黑、涉恐的复合型跨国贩毒案件，共抓获该贩毒团伙主犯加帕尔·再依丁、马金奎等29名犯罪嫌疑人，缴获海洛因7502.3克、海洛因添加剂14千克、冰毒0.6千克和毒资96万元。该案境外毒枭阿迪力在哈萨克斯坦社会关系复杂，与境内外“三股势力”关系密切，经常为来往哈萨克斯坦的民族分裂组织提供资金帮助。据了解，阿迪力还准备在阿拉木图市建立训练基地，并从新疆招募人员进行培训。此外，目前新疆维吾尔自治区第一监狱关押的危案犯中已经有几十人参与毒品交易，人数虽然不多，但问题的严重性早已不容忽视。资料表明，盘踞在哈萨克斯坦的“维吾尔人民党”头目卡哈尔曼·霍加别尔迪尤夫已经派人入境组建贩毒集团，企图通过我边境口岸偷运毒品入境。“三股势力”插手新疆毒品问题，使新疆的毒品形势更为复杂，也使打击新疆毒品犯罪的斗争具有艰巨性、尖锐性和长期性。因此，笔者认为对于中亚毒品问题对中国的影响应该从国际政治和国家安全稳定的高度来对待。

3. 中亚毒品渗透和蔓延必将影响西北地区的经济发展和社会稳定。中亚毒品对中国西北边疆地区的渗透与蔓延，尤其是贩毒活动与“三股势力”的勾结，对新疆乃至西北地区的政治稳定和社会治安构成巨大威胁。中亚毒品犯罪严重干扰社会正常经济秩序，毒品对经济带来了严重破坏。毒品泛滥、制毒贩毒业的盛行导致中国西部地区同毒品有关的犯罪案件急剧增加。多数吸毒者都是以贩养吸，也有相当一部分吸毒者为获取毒资走上盗窃、抢劫甚至是杀人的犯罪道路。2004年3月2日，新疆警方成功破获一起偷运枪支入境案，在喀什地区伽师县境内缉捕了由犯罪嫌疑人李某等人组成的犯罪团伙，他们除了做枪支生意以外，已经将5公斤海洛因运到中吉边境，等2004年5月伊尔克斯坦口岸开关之后再将毒品偷运入境。毒品犯罪带来的利润远远超过其他类型的犯罪，而且需要大量的人力、资金以及严密的组织。这也就使得毒品犯罪在中亚地区成为最基本的有组织犯罪形态。最近，在中亚地区出现犯罪团伙与跨国犯罪网络合并的趋势，同时，毒品走私的路线和犯罪网络还经常被用来走私轻武器、买卖人口，而且成为大规模杀伤性武器走私的潜在组织。所以，中亚地区毒品相关犯罪也随之增长。毒品犯罪在犯罪结构中的比重显示出毒品犯罪日益猖獗。在20世纪90年代早期，每23件犯罪案件中就有一件与毒品有关。但是到了90年代末，每10件就有1件与毒品有关。1993年以来，新疆破获的非法持有毒品案件的数量逐年增长，年均占全部案件的75%。1991年，新疆警方共破获毒品犯罪案件105起，抓获毒品犯罪嫌疑人182人，缴获海洛因1779克。而到了2012年，新疆共破获毒品犯罪案件1929起，抓获毒品犯罪嫌疑人2000余名，缴获海洛因73.17公斤。21年间，破获案件数、抓获犯罪嫌疑人人数和缴获海洛因的数量分别增长了18.4倍、11倍和41.1倍。①

除了安全影响之外，中亚毒品也给中国造成严重的社会问题。据UNODC的估算，世界上使用鸦片制剂数量最大的国家和地区排名前七位的依次是印度（300万）、俄罗斯和东欧（230万）、中国（170万）、西欧（160万）、伊朗（120万）、美国（120万）和巴基斯坦（70万）。② 与毒品贩运相伴随的是毒品消

---

① 姜岚、王宁：《2012年新疆破获1929起毒品案》，《新疆都市报》2013年3月7日。

② UNODC/MCN, Afghanistan Drug Use Survey 2005, November 2005.

费问题，20 世纪 90 年代大规模的毒品贩运开始之前中国西部地区就存在“传统毒品”的消费——如吸食鸦片和大麻，但是，中亚毒品的大规模贩运改变了西部地区毒品消费的模式。可以相对容易地获得廉价海洛因的情况造成了海洛因逐渐成为主要的消费毒品，同时，不安全的海洛因静脉注射行为的增加也导致了艾滋病毒的感染和传播。20 世纪 90 年代以来，中国西部地区毒品消费的主要趋势是一方面毒品消费人数持续增加，另一方面是海洛因使用比例和注射毒品使用比例持续增加。例如，在 1990 年，新疆仅发现吸毒人员 194 人。从那以后，由于毒品走私在中亚地区的日益猖獗，新疆经历了远远超过其他地区的最高速增长，到 2008 年底吸毒人员已经增加到 23900 人，比 1990 年增长了 123 倍，占全区人口的 1.3‰，超出全国 0.8‰的平均比例。以每个吸食海洛因的人周边至少有 3 名吸毒者推算，新疆目前至少有 7.1 万名吸毒者。同时，新疆还聚集着部分外来和外国吸毒人员，毒品交易市场远未饱和，刺激着中亚地区的毒贩不断扩大对新疆的“经营规模”。新疆毒品犯罪利润巨大，在中亚边境地区购买 1 克海洛因约需要几十元人民币，到新疆就要卖到 200 元/克到 400 元/克之间，差距巨大。按新疆 7.1 万名吸毒人员每人每天消耗 0.1 克海洛因计算，按照 200 元/克的最低购买价每天购买毒品就需要 143.4 万元人民币，每年因吸食海洛因耗费就高达 5.23 亿元，占 2009 年全区生产总值的 0.12%。

同时，不安全的海洛因静脉注射行为的增加也导致艾滋病毒的感染和传播。毒品消费导致艾滋病毒的传播，这是与毒品相关的最严重的健康问题。1996 年，新疆在伊宁市静脉吸毒人群中发现 9 例感染者。此后，艾滋病在吸毒人群中扩散。截至 2012 年 9 月底，新疆 15 个地、州、市 94 个县、市、区累计报告艾滋病病毒感染者及病人 40110 例，其中艾滋病病人 8600 例，死亡 5929 例，约占全国报告总人数的 9%，累积报告人数列全国第五位。据疫情评估，新疆艾滋病感染者人数已超过 6 万例，感染者主要分布于城市静脉吸毒人群中。[①] 数据显示，新疆艾滋病感染人群中有 73% 的感染者与吸毒有关（共用注射器静脉吸毒是新疆艾滋病传播与流行的最主要方式），大大高于全国因吸毒而感染艾滋病的平均 40% 的比率。[②] 静脉注射吸毒人数在中亚增长很快，使用静脉注射吸毒人数的增加导致艾滋病例的增多。很多女性静脉注射吸毒者靠卖淫来付毒资，这又增加了传染艾滋病的几率。

在我国西部地区，越来越多的人吸毒特别是青少年吸毒，使人口素质和劳动力素质下降，劳动生产效率降低，患艾滋病等疾病的人数迅速上升，又大大增加了对社会保障体系的压力，从而影响社会财富的创造。毒品犯罪还直接导致了日益猖獗的洗钱活动。这种恶性循环，加剧了贩毒与吸毒给社会带来的更大经济损失。

尽管中央不断加大对新疆禁毒投入，2005 年至 2008 年分别达到 670 万、2990 万、1460 万、3800 万元[③]，2011 年自治区人民政府出台《关于进一步加强艾滋病防治工作的通知》，又投入中央转移支付艾滋病防治专项经费约 1.2 亿元，自治区专项资金近 5000 万元用于艾滋病防治工作。但新疆禁毒工作基础薄弱，地方投入十分有限，难以满足实际工作需要。与禁毒人民战争期间中央为云南投入 7.26 亿元、云南地方投入 12.13 亿元相比，新疆禁毒经费差距巨大。据了解，中央财政通过转移支付形式加

---

① 梁艳：《新疆艾滋病疫情上升势头减缓，防治工作任重道远》，亚心网 http://www.iyaxin.com/content/2012－12/01/content_ 3709866.htm。

② 该数据更是大大高于全球范围内由注射毒品引起的大约 10% 的艾滋病感染率。

③ 再加上自治区经费 925 万元、地方经费 700 多万元，2008 年为新疆禁毒工作共拨款 5400 多万元。

大了对新疆艾滋病防治工作的经费支持力度，已累计投入防治资金近1.8亿元，新疆财政艾滋病防治专项资金已由1999年的50万元增加至2011年的5000万元。从上看来，虽然，经费数额并不那么巨大，但是我们应该清醒地认识到中国是一个经济发展极不平衡的国家，西部地区的经济发展水平远远低于东部地区，尤其是边疆少数民族地区。中国现有的国家级贫困县（市），多数就分布在西部。截止到2011年年底新疆总共有78万户、329万贫困人口，占全区农村人口的31%①，试想如果这些有限的经费能够用在扶贫工作之中，② 将可以大大减少扶贫资金方面的缺口，为贫困人口脱贫发挥更大的作用。

4. 给国际反华势力以借口，对中国构筑战略包围圈，严重威胁中国的国家安全。

一直以来，以美国为首的西方势力为贯彻其遏制中国的战略，不断制造事端，常常以各种事件和借口，在中国周边国家和地区建立军事据点，以期对我形成战略包围圈。以中国为原产地的化学合成毒品的大量走私输出，引起了周边国家的强烈反感，国际反华势力借此大肆炒作“中国威胁论”，乘机在我周边进行军事渗透；阿富汗的毒品犯罪问题更是成为其插手中亚事务、在中亚地区进行战略渗透的最佳借口。由于中亚地区在中国国家安全战略格局中占有举足轻重的位置，西方势力在此的军事渗透，将会使中国西部地区的安全形势急剧恶化。这种影响我们可以从前一段时间曾经引起中国和英国之间巨大的外交纠纷的英国人阿克毛贩毒案件中可见一斑。2009年，21世纪第一个十年即将走

---

① 宋林遥：《2012年新疆将努力减少30万贫困人口》，新疆新闻在线网2012年1月1日 http：//www. xjbs. com. cn/news/2012 – 01/01/cms1357116article. shtml？ nodes =_ 551_ 370。

② 2007年中央和自治区为新疆扶贫投入的资金为9.8亿元。

进历史，关系一向稳定的中英之间突然发生争执，而且由于英国首相布朗、英国外交部和众多媒体的强势介入，一下拉抬到国家层面，在长达六个月的时间里，英国政府竟然十次和中国交涉，最后布朗本人甚至放弃首相之尊，向中国发出请求。其声势不由得令人想起80年代的马岛战争。然而出乎所有人意外的是，能让当今联合国常任理事国英国如此大动干戈的，居然是为了一个毒犯：阿克毛。2007年9月12日凌晨，英国人阿克毛从塔吉克斯坦共和国杜尚别市携带4030克海洛因（价值25万英镑）乘坐国际航班抵达新疆乌鲁木齐国际机场，被中国海关安检人员当场查获。2008年10月29日，乌鲁木齐中级人民法院一审判处阿克毛死刑。① 阿克毛案宣判后，在英国国内引起了轩然大波，英国政府和媒体都抓住这个机会来强化中英两国敌对情绪。不仅有媒体以阿克毛需要做精神病鉴定为由指责中国，一些英国政要也插手案件，向中方提出各种各样的要求，想左右我国的司法独立。在阿克毛2009年12月29日被执行死刑之后，英国首相布朗又发表声明强烈谴责这种做法。英国BBC等媒体当天宣扬中国处死了一名“被认为患有精神病的英籍犯人”，一些媒体甚至认为中国把死刑当成对英国的报复。再加上阿克毛亲属在中国驻英使馆外的哭诉，这些人及英国政府共同制造的大合唱在国际舆论中明显压过了中方的声音，再次制造出中国“专制”、“无情”的形象。

结 语

中亚国家的独立和独立后在中亚发生的一些社会、政治问题

① 2008年10月29日乌鲁木齐市中院一审判阿克毛死刑。2009年12月21日最高人民法院驳回其上诉，维持原判。12月29日高法核准阿克毛死刑，上午10点半执行死刑。

对我国西北地区产生了一定的影响。我国新疆的一些不稳定分子与中亚的恐怖主义组织沆瀣一气，煽动疆内少数民族从事分裂活动，并在疆内疆外制造了多起血腥事件。他们的恐怖活动严重危害了我国的统一和社会稳定。走私犯罪、合同诈骗、假冒商品严重影响中国和中亚国家关系的健康有序发展。虽然，经过双边协议和上海合作组织成员国的共同努力，一些问题得以及时解决，但是如果中亚国家的政府不能为自己的公民提供就业机会、不能减贫和有效地执行法律的话，中亚地区的有组织犯罪将继续在中亚活动和存在，① 并将对我国西北地区构成威胁。因此，为积极防止中亚跨国犯罪对我国和整个中亚地区的负面影响，我们必须从多方面、多层次上采取更多有力的措施，尽力堵住跨国犯罪的传播途径。

① Erica Marat：The State—Crime Nexus in Central Asia：State Weakness, Organized Crime, and Corruption in Kyrgyzstan and Tajikistan，美国约翰霍普金斯大学中亚高加索研究所2006年报告。

第七章　防止中亚跨国犯罪的对策

近年来，中亚国家在反对恐怖主义和禁毒方面付出了相当大的代价和艰苦的努力，使恐怖主义和其他有组织的跨国犯罪得到了有效的抑制。“9·11”事件以后，中亚国家成为美国主导的反恐战争的前线国家，赢得了反恐方面空前有利的外部空间。国际社会对阿富汗毒品的关注减少中亚国家单独与贩运和种植毒品进行斗争的负担。中亚国家日趋完善的反跨国犯罪法制推动中亚国家的法治步伐，加强中亚国家依法惩罚跨国犯罪的意志。但是，中亚跨国犯罪的原因是错综复杂的，既有深刻的内在原因，又有极为复杂的外部原因。因此，在中亚，打击和防范跨国犯罪的任务异常艰巨。鉴于中亚恐怖主义、毒品犯罪和走私犯罪产生原因的异常复杂，中亚国家在反跨国犯罪方面决不可掉以轻心，否则，中亚恐怖主义和极端主义充分利用中亚特殊的地缘位置和“毒品优势”仍有可能再度崛起和激化，对中亚地区、周边国家乃至整个欧亚大陆的安全与稳定构成严重的威胁，甚至影响整个世界的稳定与发展。为有效消除中亚跨国犯罪存在的根源，防止各种跨国犯罪对中亚地区及其对我国稳定的影响，我们必须在充分利用好国内现存的政策法规和双边、多边的国际合作在控制跨国犯罪方面的作用的同时，还应该从国内和国际层面通过利用合理合法的措施，改善国内经济环境，不断提高人民的生活质量，消除贫困，努力避免跨国犯罪成为影响中亚稳定的最大隐患。

第一节　大力发展经济、消除贫困是防止中亚跨国犯罪的重要对策

传统的社会整合一般说来有三种形式：制度性整合、功能性整合和认同性整合。从理论上讲，制度性整合是指国家运用各种政策、法规对各种社会关系进行重组，使其更加符合社会运行的秩序与规范。功能性整合主要着眼于经济上的整合，往往是在市场引导下的自发过程。① 中亚国家独立之前，实行的是联盟中央统筹的计划经济体制。中亚国家独立之后，均决定彻底改革原有的经济体制，选择市场经济，对国有财产实行非国有化和私有化，建立以非国有企业为主体的多种经济成分并存的所有制结构。为实现非国有化和私有化，各国都相继出台了《非国有化和私有化法》和有关稳定经济、发展对外贸易、吸引外资的各种政策法规。1993 年，哈萨克斯坦总统纳扎尔巴耶夫在其《哈萨克斯坦共和国作为主权国家的形成和发展战略》一书中，提出了哈国对外经济联系的战略和开发性的对外经济政策，其内容包括扩大出口，尽可能减少进口限制，制定统一的关税，为吸引外国投资创造优惠的环境。此外，哈萨克斯坦还颁布了《投资法》和其他相关吸引外国投资的法律法规，治理对外经济方面的混乱。乌兹别克斯坦也先后发表了《乌兹别克斯坦共和国对外经济活动法》、《经营法》、《自由经济区法》、《激励小型企业和私营企业发展法》、《外国投资法》、《维护外国投资者的权利的法规》、《保障企业和企业经营活动法》、《刺激对外经济活动和吸引与保护外资法》等一系列法律，允许外国人在乌兹别克斯坦通过建立

① 高永久：《中亚与新疆历史学与民族学专题研究》，民族出版社 2004 年版，第 251 页。

合资企业的方式开展经贸活动，并以法律手段及时禁止和防止破坏经贸关系的犯罪行为。吉尔吉斯斯坦也专门制定涉外经济法律法规，建立了四个比较大的自由经济区，规定了有关自由经济区和提供外国投资者优惠政策的法律法规，防止非法行为干涉对外经济活动。土库曼斯坦在《关于外国投资者的有关法律规定》中提出外国投资者的投资方式、投资结构、外国投资者权利、给予外国投资与外国投资者的保障等，在法律上保护外国投资者的利益。然而，令人遗憾的是这些法律法规大多只停留在纸面上，致使中亚各国多处于有法不依、有令不行的恶性循环的状况。与此同时，虽然中亚国家也在努力完善行政管理制度，加大对腐败行为的打击力度，但是从上而下的各级官员的腐败却严重影响了中亚社会保持良性运行。此外，国内经济体制的单一化也一直以来影响着中亚经济的突破性增长。中亚地区蕴藏着丰富的自然资源，但是由于中亚各国对资源开发利用的政策性保障的缺乏，导致资源实际开发利用的比率相对较低，没有创造出中亚各国所希望的经济繁荣和就业机会。功能性整合也会受到经济体制改革的严重制约，中亚的社会化分工仍然在加剧，大量失业人口的增加无疑也给中亚各国的经济改革带来了各种令人担忧的社会问题。[①] 各种社会问题的聚集进一步加重了中亚地区的贫困和失业，埋下了社会不稳定的隐患。经济发展虽然不能从根本上消除犯罪，但是它却能有效地防止犯罪。因此，中亚国家都把经济发展放在政府工作的首要地位，从经济体制改革入手，努力改善各自国家的经济政策和基础设施环境，制定对外贸易和吸引外资方面的法律法规并将其付诸实施，鼓励外商向中亚的基础建设设施进行投资。与此同时，中亚国家计划合理的减少贫困、减少失业

---

① 孙壮志：《中亚五国经济转轨中的失业与就业问题》，《东欧中亚研究》1997年第4期。

政策，加强政府对创业的投入，创造更多的就业机会，减少贫困人口，防止贫穷、失业和腐败成为跨国犯罪分子从事犯罪活动的借口。最近几年，塔吉克斯坦采取积极措施，在国内政策方面统筹减贫政策的同时，还争取国际社会的财力帮助，减少塔境内的贫困。塔吉克斯坦劳动和社会保障部的资料表明，全国53%的人口生活贫困，其中17%的居民属于极度贫困，每人每天平均支出不足2美元。在政府的努力之下，最近几年来塔吉克斯坦的贫困水平从2003年的72.4%降低到了2009年的50%。2010年2月24日，塔吉克斯坦议会下院通过了“2010—2012年减贫战略”。塔吉克斯坦经济发展和贸易部长法鲁赫·哈姆拉利耶夫指出，新的减贫战略包括改革国家管理体制，发展私营经济和吸引投资。塔吉克斯坦在实施2007—2009年减贫战略时投入了50亿美元。新的减贫战略实施的方法和机制将得到极大改善，投入的资金将增加到53亿美元。塔吉克斯坦政府认为，在减贫战略得到有效落实的情况下，到2012年，塔的贫困水平将下降到40%。同时，联合国开发计划署与塔吉克斯坦经济发展部2009年12月17日签署了一份援助协定。根据协定，塔吉克斯坦在2010—2015年间将获得联合国提供的4.47亿美元扶贫款项。联合国开发计划署驻塔吉克斯坦代表处协调员琼斯说，这一协定的目标主要涉及四个方面：减贫、保障粮食供给、食品和饮用水安全、保护自然环境和确保电力供应。哈萨克斯坦实施新的就业战略，解决社会的失业问题。政府出资86亿坚戈用于保障就业和实现再培训计划，将其指标作为考核各级官员的重要标准。①

中亚国家还可以通过吸引外资和发展对外贸易促进本国经济发展，从而消除跨国犯罪赖以生存的基础。对外贸易不仅为中亚

① 包毅：《哈萨克斯坦与上海合作组织》，载吴恩远、吴宏伟主编：《上海合作组织发展报告（2010）》，社会科学文献出版社2010年版，第115页。

国家提供各国所需的基础建设物品和人民所需要的日用品，而且也创造国家所需要的外汇和普通老百姓的就业机会。中亚五国独立后从本国的具体国情出发，制定了自己开展对外经济活动的战略目标与基本原则，追求积极地对外经济关系。为此，他们改善对外经济关系所需的基础设施，颁布了一系列相关的法律法规，努力创造有利于对外经济关系的国内环境。但是，由于国家财力有限、外资保障环境不甚理想，中亚的对外经济关系只能限制在西方国家的少量外资和独联体国家之间的对外贸易圈子里，中亚各国引进外资数量与实际需要之间差距较大。中亚国家是内陆国家。中亚国家资源的外运依靠与世界各国发展良好的对外贸易关系。中亚国家如果要发展对外贸易关系，必须完善自己的对外贸易法律法规，保障投资者的利益，为投资者创造一个安全的投资环境。中国和中亚经济之间存在较强的互补性。中亚国家需要大量的中国的日用品，中国则需要中亚国家的自然资源。过去 20 多年，我国与中亚五国的贸易近 80% 是通过新疆完成的。目前，我国新疆有开放的一类口岸 17 个，3 个国家级开发区，3 个边境经济合作区，1 个出口加工区以及中哈跨境经济和投资合作区，是中国向西开放、沿边开放的重要省区，是中国与中亚地区开展经贸合作，以及中国产品进入中亚市场的重要基地。新疆与周边国家已开通客货运输线路 110 条，国际航线 46 条。但是，在中亚和中国的贸易关系中民间对外贸易的法律保障的缺乏，严重影响这种地缘人文优势发挥应有的作用。通过完善有关国有企业和私有企业对外贸易的法律，平等对待不同的经济主体，使其活动得到法律保护，鼓励中国和中亚商人在相互信任的基础上从事对外贸易将对中国和中亚国家之间的民间贸易有很大的帮助。因而，中亚国家不妨在今后的对外法律制定过程中增加民间对外贸易纠纷解决方式方面的规定，依法保障不同主体的经济利益。

在通过发展经济消除犯罪根源的过程中，我们需要值得注意的最后一个问题是腐败行为对经济改革的影响。包括贪污受贿在内的经济犯罪问题是独立后中亚国家一个十分突出的问题。独立以来，中亚国家经济犯罪的特点是不但种类多、涉及部门广，而且数量与日俱增。① 掌握国家权力部门的一些政府官员除了利用各种手段攫取或占有国有资金，或将它转移到私营经济领域而从中牟利以外，还收受或者索取贿赂，歪曲执行国家的法律法规，与犯罪团伙合谋从事走私活动，严重影响公民对政府的公信度。因此，中亚各国政府必须加大监督力度，依法惩处贪官，为经济建设的健康发展创造条件。

第二节 加强国际合作是打击中亚跨国犯罪的有效途径

跨国犯罪因涉及多个国家，跨国犯罪的复杂性和随意性使世界各国普遍意识到，仅靠一个国家或少数国家的努力往往是难以完全奏效的。因此，共同防止跨国犯罪的国际合作已经成为一种必要。事实上，共同打击有组织的跨国犯罪已经得到了世界上大多数国家的认同。2000 年，第五十五届联合国大会通过的《联合国打击跨国有组织犯罪国际公约》中，明确规定了国际社会共同合作联手打击贩运妇女和儿童问题、打击非法制造和贩运枪支及其零部件和弹药问题以及非法贩运野生动植物群濒危物种、破坏文化遗产等犯罪活动。与此同时，联合国又公布了一系列的有关跨国犯罪的补充规定和议定书，详述各种跨国犯罪行为及其防止对策，呼吁国际社会共同打击各种形式的跨国犯罪。这些犯罪行为不仅对国际社会造成危害，而且也危害东道国的社会稳定和发展。中亚国家作为跨国犯罪的受害国，先后批准或参加打击跨

① 赵常庆:《中亚五国概论》，经济日报出版社 1999 年版，第 218 页。

国犯罪的这些公约，表示自己愿意接受国际社会在反跨国犯罪方面的帮助和严厉打击跨国犯罪的决心。

表 7-1　中亚地区国家参加反跨国犯罪国际公约的状况①

	中国	哈萨克斯坦	吉尔吉斯斯坦	塔吉克斯坦	土库曼斯坦	乌兹别克斯坦
《联合国打击跨国有组织犯罪公约》	2003 年 9 月 23 日批准	2008 年 7 月 31 日批准	2003 年 10 月 2 日批准	2002 年 7 月 8 日批准	2005 年 3 月 28 日加入	2003 年 12 月 9 日批准
《贩运人口特别是妇女和儿童的补充议定书》	2010 年 2 月 8 日加入	2008 年 7 月 31 日加入	2003 年 10 月 12 日批准	2002 年 7 月 8 日加入	2005 年 3 月 28 日加入	2008 年 8 月 12 日批准
《陆、海、空打击移民走私议定书》		2008 年 7 月 31 日加入	2003 年 10 月 12 日批准	2002 年 7 月 8 日加入	2005 年 3 月 28 日加入	2001 年 6 月 28 日签字
《非法制造和贩运枪支及其零部件和弹药》	2002 年 12 月 9 日签字	2008 年 7 月 31 日加入			2005 年 3 月 28 日加入	
《联合国反腐败公约》	2006 年 6 月 13 日	2008 年 6 月 18 日加入	2005 年 9 月 16 日批准	2006 年 9 月 26 日加入	2005 年 3 月 28 日加入	2008 年 7 月 29 日加入

除了积极参加这些公约以外，中亚国家还注重充分利用一些国际组织在打击跨国犯罪方面的作用。中亚地区的国际组织或论坛，包括集体安全条约组织、欧亚经济共同体、中亚合作组织、上海合作组织、北约和平伙伴关系计划、欧安组织和“亚信”峰会等在内，覆盖中亚的多边合作组织竟有 10 余个之多。中亚各国渴望借助多边机制确保安全的愿望之强烈可见一斑。

① United Nations Office on Drugs and Crime, available online at http://www.unodc.org/unodc/en/crime_cicp_signatures_convention.html, http://www.unodc.org/unodc/en/crime_signatures_corruption.html.

目前，在全球控制跨国犯罪活动中一共有三个层面：一个是全球性的层面，由联合国主导；一个是区域性的层面，如北约、上海合作组织、海湾国家合作组织、非盟等等；另外就是双边的层面，包括国与国之间。这三种层次的合作在有效打击跨国犯罪方面起着不同的作用。中亚国家重视这些不同层次的组织在打击跨国犯罪方面的作用。

与本地区国家在反恐领域加强合作有利于保障整个中亚地区的安全与稳定。面对日趋紧张的地区形势，中亚各国进一步加强了相互合作。2000 年 4 月 21 日，哈萨克斯坦、乌兹别克斯坦、吉尔吉斯斯坦、和塔吉克斯坦四国总统在乌兹别克斯坦首都塔什干举行会晤，并签署了关于打击恐怖主义、政治和宗教极端主义、跨地区有组织犯罪和其他威胁地区稳定和安全行为的条约。四国安全条约要求中亚各国联合起来，采取及时有效的措施，打击破坏国家安全、挑起民族和宗教争端的活动，消除恐怖主义和极端主义的威胁，维护地区稳定和安全。条约呼吁中亚各国采取具体措施，确保不在本国建立恐怖主义基地和发生针对其它国家的恐怖主义行为。2000 年 8 月，哈萨克斯坦、乌兹别克斯坦、吉尔吉斯斯坦、和塔吉克斯坦等四国总统在比什凯克举行会晤并发表联合宣言，表示要在打击国际恐怖主义的斗争中更加紧密的合作。同年 8 月 20 日，哈、吉、塔、乌四国总统和俄总统特别代表、俄联邦安全委员会秘书伊万诺夫举行会晤，发表中亚各国将采取坚决措施打击恐怖主义的声明。2001 年 1 月 5 日，中亚经济共同体四国元首在阿拉木图举行会议，讨论了中亚经济共同体成员国合作的现状和前景，一致主张采取积极措施，共同防止国际武装恐怖分子再度危害中亚。四国元首一致表示，安全问题是没有国界的，国家稳定是地区稳定的保障。中亚国家将与俄罗斯共同努力，采取具体行动，切实履行四国 2000 年在塔什干签署的地区安全条约，尽可能地防止国际恐怖主义势力第三次入侵中亚。

2002年6月4日，“亚洲相互协作与信任措施会议”（“亚信”）成员国首次领导人会议在哈萨克斯坦的阿拉木图举行。来自阿富汗、阿塞拜疆、中国、埃及、印度、伊朗、以色列、哈萨克斯坦、蒙古、俄罗斯、吉尔吉斯斯坦、巴基斯坦、巴勒斯坦、塔吉克斯坦、土耳其、乌兹别克斯坦等16个“亚信”成员国的国家元首、政府首脑或代表出席了这次领导人会议。部分“亚信”观察员也出席了会议。与会各成员国领导人签署并通过了旨在增进亚洲和平、安全与稳定的多边措施的《阿拉木图文件》和《关于消除恐怖主义和促进文明对话的宣言》。2006年6月17日，在阿拉木图召开的亚信会议和2008年8月召开的亚信会议上，反恐、打击跨国犯罪和禁毒成为会议的主要议题。同时，中亚国家也在欧安组织框架内发展打击跨国犯罪的合作。2002年6月12日，题为“打击和预防恐怖主义高级会议”的国际反恐会议在葡萄牙首都里斯本召开。此次国际反恐会议由欧洲安全与合作组织轮值主席国葡萄牙发起，50余名来自欧安组织领导机构、欧安组织议会、联合国、北约、欧盟、欧洲委员会、独联体以及美国和俄罗斯的代表出席了会议。会议代表在为期一天的会议中讨论了国际和地区组织在反恐斗争中的作用、打击恐怖主义、预防恐怖主义、国际和地区组织间的反恐合作等四项议题。这次会议的宗旨是为起草欧安组织的反恐宪章作准备，并讨论加强反恐合作的具体措施。在此后的时间里，欧安组织充分认识到中亚地区存在的恐怖犯罪、毒品犯罪和其他有组织犯罪对整个地区的危害性，相继制定和颁布了有关决议和措施，表示在打击跨国犯罪方面与中亚国家统一立场，不断加强合作。例如，就仅在2008年内，欧安组织反恐部门的领导人 Raphael F. Perl 就先后发表关于网络在恐怖犯罪过程的使用及其对国际安全的挑战，反恐斗争中的挑战和机遇等重要讲话，号召欧安组织成员国统一反恐立场，共同打击恐怖犯罪。①

中亚国家通过双边协议，加大跨国犯罪的打击力度。1995年4月，德国总统赫尔佐克访问哈萨克斯坦，双方签署了打击有组织犯罪等几项协议。1995年11月，乌兹别克斯坦总统卡利莫夫出访德国，双方签订两国共同打击有组织犯罪作斗争等协议。1998年2月，赫尔佐克总统访问吉尔吉斯斯坦，签署了关于两国合作打击有组织犯罪、恐怖活动和其他恶性犯罪的协议等文件。中亚国家与其他一些欧洲国家，特别是东欧国家，也建立了在打击跨国犯罪方面的联系。这是因为来自中亚的毒品目的地之一是东欧。1995年6月，乌克兰总统库奇马访问乌兹别克斯坦，与卡利莫夫总统就扩大和加深两国合作关系发表联合声明，签订两国在打击犯罪等领域进行合作的协议等文件。1998年4月，哈萨克斯坦与捷克签署两国《关于在打击有组织、贩毒和恐怖活动方面进行合作的协定》。1993年5月，印度总理拉奥访问乌兹别克斯坦，签订乌印两国关系原则与合作条约等文件。两国领导人还就共同打击恐怖活动和非法买卖毒品达成协议。1993年4月，土耳其总统厄扎尔出访乌兹别克斯坦，签订关于两国共同反对恐怖活动、非法扩散武器和麻醉品的协议等多项合作文件。2000年10月，土耳其总统塞泽尔访问中亚，在乌兹别克斯坦与卡利莫夫总统签署了一项联合声明，表示两国要合作打击恐怖主义、毒品走私和有组织犯罪。在会谈后举行的联合记者招待会上两国领导人表示，恐怖主义对两国安全构成威胁，因此在打击恐怖主义和有组织犯罪方面应该加强合作。卡利莫夫总统还特别强调，土耳其不仅在政治方面支持乌兹别克斯坦为打击恐怖主义和极端主义所作的努力，还将为乌提供军事技术援助。塞泽尔访乌

---

① http：//www. osce. org/atu/.

期间，两国军事部门签署了军事合作协议。随后，塞泽尔在访问吉尔吉斯斯坦时，土吉双方签署关于同恐怖分子作斗争的联合声明。两国总统签署了联合声明，表示将合作打击恐怖主义、毒品走私和宗教极端主义。

中国已与38个国家缔结了54个司法协助条约、引渡和被判刑人员移管条约。其中，中哈、中吉、中塔与中乌双边刑事司法协助条约及双边引渡条约均已生效。从1987年9月至2004年12月，中国与波兰、蒙古、罗马尼亚等41个国家签订了44个司法协助的协定或条约。这些协定或条约主要是关于刑事司法协助的协定或条约。为了加强惩罚犯罪方面的国际合作，中国于2000年12月28日通过并公布了《中华人民共和国引渡法》；并且从1994年3月开始，先后同泰国、白俄罗斯、俄罗斯等国家签订了引渡条约。截止到2009年5月，中国与外国签订了引渡条约32个。中国分别于1992年、1993年、1996年、1997年和俄罗斯、哈萨克斯坦、吉尔吉斯斯坦、塔吉克斯坦、乌兹别克斯坦缔结了双边民事和刑事司法协助条约；1995年、1996年、1998年、1999年和俄罗斯、哈萨克斯坦、吉尔吉斯斯坦、塔吉克斯坦、乌兹别克斯坦分别签订了引渡条约；1992年、1993年、1999年和俄罗斯、哈萨克斯坦、吉尔吉斯斯坦、塔吉克斯坦、乌兹别克斯坦分别签订了警务合作协定。1999年8月，在塔吉克斯坦总统拉赫莫诺夫访华期间两国有关部门签署了中塔两国政府关于禁止非法贩运和滥用麻醉药品、精神药物和管制化学品的合作协议。2003年9月，中国又与塔吉克斯坦签署了《中华人民共和国和塔吉克斯坦共和国关于打击恐怖主义、分裂主义和极端主义的合作协定》，将其作为上海公约的补充。① 本协定明确

① 《中华人民共和国和塔吉克斯坦共和国关于打击恐怖主义、分裂主义和极端主义的合作协定》第一条规定，本协定是对《上海公约》的补充。

规定恐怖主义、分裂主义和极端主义的概念、特征和行为方式及其中国和塔吉克斯坦在打击“三股势力”的程序和合作范围。2010 年 11 月 25 日，中国和塔吉克斯坦发表联合声明强调进一步深化在反恐领域的两国执法安全部门的协调与合作，落实《中塔两国政府关于禁止非法贩运和滥用麻醉药品、精神药物和管制化学品前体的合作协议》，严厉打击跨国毒品犯罪活动。2009 年 4 月 16 日，在北京发布的中国和哈萨克斯坦联合声明中双方强调，严厉打击“三股势力”以及跨国有组织犯罪、毒品走私等活动，共同应对国际和地区安全威胁与条件。早在 1992 年的中国和吉尔吉斯斯坦联合声明中双方就表示，在与有组织的犯罪、国际恐怖活动、贩毒、走私和其他犯罪活动的斗争中合作。2002 年 12 月，中吉两国又签署了《关于打击恐怖主义、分裂主义和极端主义的合作协定》，界定了恐怖主义、分裂主义和极端主义的概念及其中吉在反恐领域的合作范围和程序。2006 年，中国和吉尔吉斯斯坦的联合声明中又一次强调两国执法部门将加强在反恐领域的协调和合作。2003 年 3 月，中国和乌兹别克斯坦签署了中乌关于打击恐怖主义、分裂主义和极端主义的合作协定，2004 年 6 月又签署了中乌政府关于禁止非法贩运和滥用麻醉药品和精神药物的合作协议。随后，中国和乌兹别克斯坦公检法机关之间的各种合作也不断开展。至今为止，中国通过国际刑警组织发布的红色通报已达 800 多分；从 1993 年到 2005 年 1 月，通过国际刑警组织的配合，中国已经先后将 230 多名外逃嫌疑人从 30 多个国家和地区缉捕回国，也将从外国潜逃至中国的嫌疑人遣送回其所在国。1997 年 8 月，在车臣战争中，被俄罗斯军俘虏的“东突”恐怖分子阿布力克木 · 库尔班被引渡回国。2006 年 3 月，乌兹别克斯坦警方逮捕了持加拿大护照的维吾尔族人侯赛因 · 塞利尔，并将他引渡至中国。2006 年以来，哈萨克斯坦、乌兹别克斯坦等国已向中国引渡、遣返了多名“东突”恐怖分子。

除了充分利用双边协议严厉打击跨国犯罪，地区性组织对控制中亚跨国犯罪方面也起到了很重要的作用。1992 年 5 月 15 日，俄罗斯等独联体国家在乌兹别克斯坦首都塔什干签署了《独联体集体安全条约》。2002 年 5 月 14 日，在俄罗斯总统普京的倡议下，独联体集体安全条约参加国（俄罗斯、白俄罗斯、哈萨克斯坦、吉尔吉斯斯坦、塔吉克斯坦和亚美尼亚）宣布升格为独联体集体安全条约组织，并成立联合军事管理机构，下设在俄军总参谋部内。普京总统表示，成立该组织的主要目的是同恐怖主义和毒品威胁作斗争。2002 年 3 月，在俄罗斯的圣彼得堡市召开了由独联体议会和欧洲议会共同发起的国际议会反恐论坛。会议通过了《圣彼得堡宣言》，呼吁联合国尽快通过全球性公约，广泛打击恐怖主义。[①] 2002 年 10 月 7 日，在摩尔多瓦首都基希纳乌举行的独联体国家首脑会议上俄罗斯、白俄罗斯、哈萨克斯坦、吉尔吉斯斯坦、塔吉克斯坦和亚美尼亚 6 国签署了《独联体安全条约组织宪章》和有关法律地位的文件。[②] 此外，在本次首脑会议上还签署了独联体国家联合反恐备忘录，通过了 2003—2004 年打击犯罪活动纲要以及同非法贩毒斗争的合作构想，并决定在中亚建立独联体成员国反恐中心分支机构。[③]

2003 年 4 月 28 日，俄罗斯、白俄罗斯、哈萨克斯坦、吉尔吉斯斯坦、塔吉克斯坦和亚美尼亚六国领导人在塔吉克斯坦首都杜尚别市郊举行峰会，并签署了关于成立集体安全条约组织的 20 多个文件。此举标志着一个新的地区性军事政治组织正式成立。为充分发挥该组织的作用，在此次杜尚别峰会上六国领导人决定组建联合参谋部。目前，集体安全条约组织划分为三个地区

① 《国际议会反恐论坛通过“圣彼得堡宣言”》，《法制日报》2002 年 4 月 1 日。

② 吕岩松：《独联体推动一体化进程》，《人民日报》2002 年 10 月 13 日。

③ 吕岩松：《独联体峰会闭幕》，《人民日报》2002 年 10 月 9 日。

和三个集体安全方向，即由俄罗斯和白俄罗斯组成的东欧方向，由俄罗斯和亚美尼亚组成的高加索方向，由俄罗斯、哈萨克斯坦、吉尔吉斯斯坦、塔吉克斯坦组成的中央——亚洲方向。为保证中亚各国的安全，集体安全条约组织决定在中央——亚洲方向组建集体快速反应部队。这支部队包括哈萨克斯坦的一个空降突击营、吉尔吉斯斯坦的一个山地步兵营、塔吉克斯坦的一个空降突击营和俄罗斯的一个摩托化步兵营。必要时，俄驻塔吉克斯坦第 201 摩步师也将参加战斗行动。根据俄吉两国签订的协议，俄驻吉尔吉斯斯坦坎特空军基地的航空兵群也将编入快速反应部队。随着集体安全条约组织的成立，在中亚地区出现了独联体、集体安全条约组织和上海合作组织并存的局面。普京总统认为，集体安全条约组织具有其他两个组织所不具备的机构。在保障集体安全方面，这三个组织互不影响，又互为补充。俄罗斯方面已表示，集体安全条约组织是个开放组织，今后可以吸收新成员。① 2009 年 2 月 4 日独联体集体安全条约组织成员国首脑在莫斯科举行的特别峰会上一致同意组建集体快速反应部队，其主要任务是抵御军事侵略、救灾、打击国际恐怖主义和有组织跨国犯罪等。2009 年 5 月，俄罗斯颁布的新版《俄联邦国家安全战略》明确提出，集体安全条约组织是“抵御军事政治性和军事战略性地区挑战和威胁的主要工具”，主要任务是应对美国和北约在该地区的军事存在以及阿富汗战争对地区安全局势的影响，打击恐怖主义、极端主义和毒品走私。2009 年 10 月 16 日，独联体集体安全条约组织在哈萨克斯坦举行了大规模军事演习。这是独联体集体安全条约组织组建快速反应部队后的首次军演。② 此外，独

① 韩庵：《独联体六国想建“小华约”》，《环球时报》2003 年 5 月 19 日。

② 吴宏伟：《2009 年中亚政治经济形势与未来发展趋势》，载吴恩远主编：《俄罗斯东欧中亚国家发展报告（2010）》，社会科学文献出版社 2010 年版，第 85 页。

联体针对反恐、打击有组织罪、打击毒品走私和非法移民采取了一些联合行动，对维护地区安全和稳定起到了很大的作用。

可以看出，这些地区性组织在打击跨国犯罪方面所采取的措施在遏制跨国犯罪方面起到了重要的作用。但是，我们还必须清醒地认识在阿富汗问题还没有得到充分解决、中亚地区的恐怖势力和极端势力、贩毒分子等存在的基础没有被消除的情况下，中亚地区的国家还需要继续加强与国际社会的合作。在以后的反跨国犯罪过程中，中亚国家要避免成为跨国犯罪的受害国，必须尽快批准所有的反跨国犯罪公约，并将其付诸实施。与此同时，中亚各国还需要加强与各种地区性组织的合作。集体安全条约组织的成员是前苏联的加盟共和国，成员国之间不仅有传统的友好交往，而且也存在着较强的相互信任。中亚国家应该紧紧抓住这些联系，进一步加强合作，把合作的范围从打击恐怖主义犯罪的领域扩展到各种形式的跨国犯罪，并在有可能的情况下尽量多推出一些地区性反跨国犯罪公约，协调各成员国之间的打击跨国犯罪的行动，相互交换有关跨国犯罪行为的信息，跟踪各种跨国犯罪在各国的活动，从而形成打击跨国犯罪的合力。

第三节　充分发挥上海合作组织在遏制中亚跨国犯罪方面的作用

1996 年 4 月，以中国为一方和以俄罗斯、哈萨克斯坦、吉尔吉斯斯坦以及塔吉克斯坦为另一方的双边边界问题会谈在上海举行，由此便形成了每年一次的五国首脑会晤机制。这一机制是适合冷战结束后欧亚大陆出现的新地缘政治现实而产生的。其起初的目的仅仅是为了解决历史遗留的边界问题。然而，随着边界问题的解决，各方互信的增强以及对各方构成共同威胁的新的地区和国际问题的出现，五国感到有必要使合作在范围上不断扩展，在程度上不断加深，在形式上日益制度化和规范化。于是，在2001年的第六次首脑会晤上，各方同意将上海论坛升格为一个正式的地区性国际组织——“上海合作组织”，并共同发表《上海合作组织成立宣言》。同一天，六国元首还签署了《打击恐怖主义、分裂主义和极端主义上海公约》。“上海合作组织”成员国总面积3000多万平方公里，约占欧亚大陆的五分之三；人口14.81亿，约占世界人口的四分之一。工作语言为汉语和俄语。“上海合作组织”的出现是各成员国为对付共同的威胁、追求共同发展与繁荣和摒弃冷战思维以及张扬新的安全理念的结果。2002年6月，上海合作组织成员国元首在圣彼得堡举行会晤，签署《上海合作组织宪章》，标志着新组织从国际意义上得以真正建立。

（一）在上海合作框架内打击跨国犯罪

上海合作组织自成立以来一直都将严厉打击跨国犯罪作为自己的一个重要的工作目标。上海合作组织成立以后，“上海合作组织”成员国元首第二次峰会2002年6月7日在俄罗斯圣彼得堡市举行。会上，中、俄、哈、吉、塔、乌六国元首签署了《“上海合作组织”宪章》、《“上海合作组织”成员国关于地区反恐怖机构的协定》、《“上海合作组织”成员国元首宣言》三个政治、法律文件。《“上海合作组织”成员国元首宣言》指出：在本组织框架内将采取切实步骤，落实《打击恐怖主义、分裂主义和极端主义上海公约》，制定关于多边合作打击非法贩卖毒品、武器和其他形式的跨国犯罪活动以及非法移民等相关文件。“上海合作组织”成员国决心积极合作打击恐怖主义、分裂主义、极端主义、有组织犯罪、非法走私毒品、麻醉品和贩卖武器，视其为跨国危害，国际社会只有共同努力，才能有效应对。通过这些文件各成员国表示坚决反对一切恐怖主义行为、方法和活动。打击恐怖主义应在国际法准则和原则基础上进行，不能混同于反对某种宗教、个别国家和民族，不能有倾向性，不能搞“双重标准”。成员国认为，有必要在联合国和安理会的核心协调作用下建立应对新威胁和挑战的全球体系，包括建立早期预报、防止可能的威胁并对其作出坚决一致反应的有关多边协作机制。成员国坚信，消除滋生恐怖主义的社会基础，包括消除贫困、失业、愚昧和种族、民族、宗教歧视是全球反恐斗争的一个重要方向。成员国支持彼此为肃清恐怖主义、分裂主义和极端主义所做的努力，以及国际社会切断恐怖活动融资渠道的努力，并将加大自己本国的打击力度，不允许在本国境内培训恐怖分子、给恐怖活动提供资助，拒绝向恐怖分子提供庇护所。

《“上海合作组织”宪章》以法律形式进一步明确规定了组织的宗旨原则、机构设置和运行规则。根据《“上海合作组织”宪章》，“上海合作组织”的基本宗旨和任务是加强成员国间的相互信任和睦邻友好；发展多领域合作，维护和加强地区和平、安全与稳定，推动建立民主、公正、合理的国际政治经济新秩序；共同打击一切形式的恐怖主义、分裂主义和极端主义，打击非法贩卖毒品、武器和其他跨国犯罪活动，以及非法移民；鼓励开展政治、经贸、国防、执法、环保、文化、科技、教育、能源、交通、金融信贷及其他共同感兴趣领域的有效区域合作。《宪章》规定，“上海合作组织”成员国必须坚持以下原则：相互尊重国家主权、独立、领土完整及国家边界不可破坏，互不侵犯，不干涉内政，在国际关系中不使用武力或以武力相威胁，不谋求在毗邻地区的单方面军事优势；所有成员国一律平等，在相互理解及尊重每一个成员国意见的基础上寻求共识；在利益一致的领域逐步采取联合行动；和平解决成员国间的分歧；“上海合作组织”不针对其他国家和国际组织；不采取有悖于该组织利益的任何违法行为；认真履行在宪章及该组织框架内通过的其他文件中所承担的义务。“上海合作组织”框架内合作的基本方向是：维护地区和平，加强地区安全与信任；就共同关心的国际问题，包括在国际组织和国际论坛上寻求共识；研究并采取措施，共同打击恐怖主义、分裂主义和极端主义，打击非法贩卖毒品、武器和其他跨国犯罪活动，以及非法移民；就裁军和军控问题进行协调；支持和鼓励各种形式的区域经济合作，推动贸易和投资便利化，以逐步实现商品、资本、服务和技术的自由流通。通过本次会议，上海合作组织今后的发展方向和指导方针更加明确，组织的机制化、法制化建设迈出了重要的一步。《关于地区反恐怖机构的协定》表明各成员国将在维护地区安全稳定，打击恐怖主义、分裂主义和极端主义“三股势力”方面采取更加坚决有力的行动。《“上海合作组织”成员国元首宣言》阐明了六国对当前重大国际问题和地区热点问题的一致立场和原则主张。

为落实《上海合作组织宪章》的宗旨和任务，成员国在此后的时间里又颁布了一系列的有重要的法律意义的文件。

表7-2 上海合作组织主要的反恐法律文件

《上海合作组织成立宣言》	中国上海	2001年6月15日
《打击恐怖主义、分裂主义和极端主义上海公约》	中国上海	2001年6月15日
《上海合作组织宪章》	俄罗斯圣彼得堡	2002年6月7日
《上海合作组织关于地区反恐怖机构的协定》	俄罗斯圣彼得堡	2002年6月7日
《上海合作组织成员国关于合作打击非法贩运麻醉药品、精神药物及其前体的协定》	乌兹别克斯坦塔什干	2004年6月17日
《上海合作组织成员国合作打击恐怖主义，分裂主义和极端主义构想》	哈萨克斯坦阿斯塔纳	2005年7月5日
《关于在上海合作组织成员国境内组织和举行联合反恐行动的程序协定》	中国上海	2006年6月15日

续表

《上海合作组织成立宣言》	中国上海	2001 年 6 月 15 日
《关于查明和切断在上海合作组织成员国境内参与恐怖主义、分裂主义和极端主义活动人员渗透渠道的协定》	中国上海	2006 年 6 月 15 日
《上海合作组织成员国打击恐怖主义、分裂主义和极端主义 2007 年至 2009 年合作纲要》	中国上海	2006 年 6 月 15 日
《上海合作组织成员国政府间合作打击非法贩运武器、弹药和爆炸物品的协定》	塔吉克斯坦杜尚别	2008 年 8 月 28 日
《上海合作组织成员国首次公安内务部长会议关于打击跨国犯罪的联合声明》	俄罗斯叶卡捷林堡	2009 年 5 月 18 日
《上海合作组织反恐怖主义公约》	俄罗斯叶卡捷林堡	2009 年 6 月 16 日
《上海合作组织成员国反恐专业人员培训协定》	俄罗斯叶卡捷林堡	2009 年 6 月 16 日
《上海合作组织成员国打击恐怖主义、分裂主义和极端主义 2010 年至 2012 年合作纲要》	俄罗斯叶卡捷林堡	2009 年 6 月 16 日
《上海合作组织关于应对威胁本地区和平、安全与稳定事态的政治外交措施及机制条例》	俄罗斯叶卡捷林堡	2009 年 6 月 16 日
《上海合作组织成员国政府间合作打击犯罪协定》	乌兹别克斯坦塔什干	2010 年 6 月 11 日
《上海合作组织关于应对威胁本地区和平、安全与稳定事态的政治外交措施及机制条例》（修订）	中国北京	2012 年 6 月 7 日
《上海合作组织成员国关于打击恐怖主义、分裂主义和极端主义 2013 至 2015 年合作纲要》	中国北京	2012 年 6 月 7 日

这些协定、公约为上海合作成员国共同合作打击各种形式的跨国犯罪打下了坚实的法律基础。它作为国际法的一个部分不仅对控制中亚地区的恐怖主义犯罪和贩毒犯罪有很大的意义，而且

也对打击国际恐怖主义犯罪，贩卖毒品、武器和非法移民等犯罪行为有很大的帮助。

（二）上海合作组织在打击跨国犯罪方面的作用

联合反对跨国犯罪对“上海合作组织”成员国来讲是一项长期的任务，因为无论是消除产生恐怖主义的根源，还是铲除各国的毒品走私都不是一蹴而就的事情。单个国家跨国犯罪问题的解决都仰仗整个国际层面的跨国犯罪问题的解决。

1）“上海合作组织”对遏制中亚地区跨国犯罪的举措与作用

自 20 世纪 90 年代以来，国际恐怖主义和毒品犯罪在世界范围内迅速蔓延。随着国际局势的急剧变化，毒品与恐怖活动越来越严重地威胁着世界各国的和平与安全。严厉打击各种形式的跨国犯罪已成为今天各国的共识。而“上海合作组织”在反跨国犯罪的斗争中正在发挥着越来越重要的作用。

1. 上海合作成员国统一反恐立场，协调反恐行动，建立反恐机构，健全反恐机制。

2001 年 6 月 15 日，新加入上海五国首脑合作机制的乌兹别克斯坦元首与五国元首在上海举行峰会，签署了《上海合作组织成立宣言》和《打击恐怖主义、分裂主义和极端主义上海公约》。“上海合作组织”成员国签署的《打击恐怖主义、分裂主义和极端主义上海公约》，对恐怖主义做出了明确界定，表明六国就恐怖主义问题的认识达成了共识，这就为各国打击国际恐怖主义以及展开广泛的反恐合作奠定了坚实的基础。

2002 年 6 月 7 日，“上海合作组织”成员国元首在俄罗斯圣彼得堡签署了《上海合作组织成员国元首宣言》。该宣言指出，“本组织成员国支持彼此为肃清恐怖主义、分裂主义和极端主义所做的努力，以及国际社会切断恐怖活动融资渠道的努力，并将加大自己本国的打击力度，不允许在本国境内培训恐怖分子，给恐怖活动提供资助，拒绝向恐怖分子提供庇护所。”[①] 六国要继续深化在安全领域的合作，加大打击“三股势力”的力度，以确保地区有一个和平、稳定的大环境。

为有效开展和协调各成员国的反恐行动，“上海合作组织”一直重视反恐机构的建立、发展以及相关机制的不断完善。2001年6月15日，上海合作组织决定在比什凯克建立“上海合作组织反恐怖中心”。2002年1月7日，“上海合作组织”成员国外长非例行会议通过应急机制原则，它包括两方面内容：一是如遇重大突发事件，两国以上外长可提出倡议，召开六国外长紧急会议，商讨对策、协调立场；二是可以以外长声明的形式，阐述组织对事件的看法和主张。应急机制的确立为上海合作组织应对突发事件、及时采取有效措施创造了有利的条件。6月7日，“上海合作组织”成员国在俄罗斯圣彼得堡签署了《上海合作组织成员国关于地区反恐怖机构的协定》，将地区反恐机构的发展推向了一个新的阶段。11月25日，在莫斯科举行的上海合作组织外长会议发表联合公报，宣布成员国在北京建立秘书处，及在比什凯克建立地区反恐怖机构总部达成共识，这标志着该组织的功能和范围不断扩大。2003年5月29日，中、哈、吉、俄、塔和乌六国元首在莫斯科签署了《上海合作组织成员国元首宣言》，六国元首批准了包括常设机构——北京秘书处和比什凯克地区反恐怖机构在内的本组织各机构活动的法律文件。六国元首强调，上海合作组织常设机构的启动不应晚于2004年1月1日。六国元首还表示应加快地区反恐怖机构理事会的筹组工作，以解决《上海合作组织地区反恐怖机构协定》涉及的有关问题。上海合作组织建立了各级执法，情报部门以及军事部门的合作机制，这

① 《上海合作组织成员国元首宣言》（2002年6月7日），第三部分。

是对只停留在领导人层面上的反恐怖合作的一个重要发展，因为只有具体执法部门的参与，反恐怖的具体措施才能得到落实。①可见，该组织的成立标志着六国在深化安全合作的道路上迈出了重要的一步。

2. 进行反恐演习，强化反恐效率是上海合作组织打击恐怖主义犯罪的一项重要举措。

2002 年 10 月 10 日至 11 日，中国和吉尔吉斯斯坦联合反恐军事演习在两国边境地区成功举行。这是中国军队第一次与外国军队联合举行实兵演习，也是在上海合作组织框架内中吉两国首次举行的双边联合军事演习。这次中吉两国军队联合举行反恐军事演习是落实《打击恐怖主义、分裂主义和极端主义上海公约》的具体举措，也是上海合作组织在军事领域合作的新尝试。2003 年 5 月，在“上海合作组织”莫斯科峰会期间，中、哈、吉、俄、塔国防部长共同签署了《关于举行上海合作组织成员国武装力量联合反恐演习的备忘录》。这是“上海合作组织”框架内成员国军队首次多边联合反恐演习，于 2003 年 8 月成功进行。“和平使——2007”上合组织军演于 2007 年 8 月 9 日至 17 日举行，其中战略磋商阶段在新疆乌鲁木齐进行，实兵演练阶段在俄罗斯车里亚宾斯克进行。这是上合组织自成立以来举行的参演国家最多、规模最大的联合反恐军事演习，共有 4000 多名官兵参加了演习，具有重要的战略意义。2009 年 4 月 17—19 日在塔吉克斯坦境内举行了成员国“诺拉克反恐——2009”首长司令部联合反恐演习。在“上海合作组织”框架内进行的反恐演习，不仅有助于协调相关国家的反恐行动、增强反恐效力，而且对地区恐怖主义必将产生直接的震慑作用。

① 李伟：《国际恐怖主义与反恐怖斗争合作》，《国际资料信息》2001 年第 8 期。

3. 打击非法贩运毒品、武器和爆炸物是上海合作组织打击中亚跨国犯罪的一个重要措施。上海合作组织各成员国为联合打击非法贩卖毒品、非法移民和其他犯罪活动，还制定了相应的多边合作文件，为预防和打击跨国犯罪活动提供了有力的法律保证。2004 年，上海合作成员国签署了《上海合作成员国关于合作打击非法贩运麻醉药品、精神药物及其前体的协议》。在该协定中成员国认识到非法贩运麻醉药品对各方人民的健康和福祉构成严重威胁，决定共同打击非法贩运麻醉药品的犯罪行为。各成员国在该协定中阐述了各方在打击非法贩运麻醉药品中应遵守的基本原则、合作的具体内容、合作的形式、主要联系机构、程序和应注意的事项。2008 年 8 月，又签署了《上海合作成员国政府间合作打击非法贩运武器、弹药和爆炸物的协定》。该协定充分考虑各成员国的有关法律和犯罪实践，把非法贩运武器、弹药和爆炸物品界定为违反各方国家法律制造或维修、买卖、转让、获取、储存、携带和运输武器、弹药和爆炸物的行为。本协定总共由 15 条构成。它从第二条到第十四条规定了各方在该领域的合作内容、合作形式、程序、义务，进而为跨国贩卖毒品、武器、爆炸物犯罪的概念和打击这一类犯罪的程序打下了法律基础。2009 年 5 月 19 日，上海合作组织成员国禁毒部门领导人在莫斯科召开会议，讨论建立上海合作组织成员国禁毒部门高官会议机制，在上海合作组织成员国禁毒部门领导人会议框架内成立法律基础、缉毒执法、易制毒化学品管制及减少毒品需求 4 个专家工作组，建立临时专家工作组负责制定 2009—2010 年上海合作组织成员国禁毒战略草案。这就加强了上海合作组织打击跨国犯罪的能力。此外上海合作组织框架下的内务合作也把打击跨国犯罪作为自己工作的重点。2009 年 5 月 18 日，上海合作组织成员国公安内务部长会议在俄罗斯叶卡捷琳堡举行，会议就如何开展务实有效合作，共同打击跨国犯罪等议题广泛而深入地交换了意见。会议希望推动成员国开展联合缉捕、遣返嫌疑犯合作。会议还签署了《关于商签上海合作组织成员国政府间打击跨国犯罪协议的决议》、《关于反洗钱合作的协议》、《关于上海合作组织公安内务部门法制局长会议的决议》等文件，提升了社会组织打击跨国犯罪的水平。

4. 上海合作组织在促进和规范经济合作方面也起到了积极的作用

上海合作组织发展的另一根支柱是—加强经济合作。[①] 上海合作成员国都意识到，由于经济全球化加速发展，各国经济运行中的风险增加，与可持续发展相关的水资源、环境保护等跨国问题日益增多。[②] 因此，上海合作成立以来，几乎每个文件都提到加强组织内各国经济和技术合作重要性的问题。2001 年 9 月，上海合作组织成员国总理通过了《上海合作组织成员国间关于区域经济合作的基本目标和方向及启动贸易和投资便利化进程的备忘录》。2002 年 5 月 29 日，上海合作组织成员国经贸部长们签署了关于该《备忘录》的议定书。部长会议还发表联合声明指出，开展区域经济合作成为上海合作组织活动的重要组成部分，它将深化成员国间的经济联系，促进各国经济发展，巩固本地区在世界经济中的作用。几年来，成员国有关部门相继颁布和签署了一系列的经济合作协议，为在上海合作框架内发展多项经济贸易合作奠定了法律基础。上海合作组织成员国通过几次的高层会议已经把成员国之间加强经济合作的框架基本搭建起来，很多决议也已逐步开始落实。目前，在贸易和投资便利化、交通、能

① 李敏伦：《中国“新安全观”与上海合作组织研究》，人民出版社 2007 年版，第 133 页。

② 中国现代国际关系研究所民族与宗教研究中心著：《上海合作组织—新安全观与新机制》，时事出版社 2002 年版，第 185 页。

源、通信和农业等领域的合作也得以健康发展。从目前的情况来看，虽然目前大部分大型能源合作协议主要依靠双边协定，但是上海合作组织成员国之间的互相信任和友好关系为双边能源协定提供了坚实的基础。可以肯定地认为，上海合作组织框架内的经济贸易合作，尤其是大项目合作的开展必将有效地促进地区经济的发展，使该组织具有更大的吸引力。① 这些经济合作将对消除跨国犯罪的根源起到重要的作用。

2）“上海合作组织”的反跨国犯罪特点

上海合作框架内的反对跨国犯罪机制是以反恐为重点，打击各种跨国犯罪为主要内容，将促进成员国之间的经济往来从而消除跨国犯罪的根源作为最终目标的一种综合性的控制跨国犯罪机制。上海合作组织联合反恐的首要目的是为了保障地区安全，维护地区稳定，为各成员国的经济发展创造一个良好的发展环境。而上海合作组织框架内加强合作，发展经济，将为反恐和打击各种跨国犯罪的顺利进行提供有力的经济保障。

1. 在联合国框架内打击恐怖主义犯罪和进行反恐斗争是上海合作组织的工作重点。因此，有关合作打击恐怖主义的协定在上海合作组织的工作中占有重要的地位。当前，国际恐怖主义已成为各国面临的共同威胁。要想彻底铲除它，就需要国际社会的通力合作。为此，在国际反恐领域发挥联合国的主导作用非常重要。所以，各成员国都自觉地把自己的反恐活动纳入到联合国主导的世界反恐斗争的框架内，不仅能为自己扩大反恐空间，而且也能够提高反恐斗争的成效。在反恐问题上，《上海合作组织成员国元首宣言》明确指出：“自觉尊重与维护联合国的权威，并把本组织的反恐纳入联合国的框架之下，为该组织赢得国际上的

---

① 李永全：《加强上海合作组织框架内的经济合作》，载马振刚等主编：《稳步向前的上海合作组织—专家学者纵论 SCO》，世界知识出版社 2006 年版，第 25 页。

广泛支持以及推动世界反恐斗争的发展都具有重要意义。在联合国框架内制定反恐原则，奠定明确的、各方都必须遵守的国际法律基础尤为重要，以免产生双重解释，并被用作干涉他国内政和侵犯别国主权的借口。”[①]《联合国宪章》也明确地将区域性组织纳入了解决地区冲突与维护国际和平的世界安全体系之中，并规定区域组织在“将地方争端提交安理会以前，应依该区域办法、或由区域机关力争和平解决”。上海合作组织早在2002年公布的《上海合作组织宪章》中将“恪守《联合国宪章》宗旨和原则，其他有关维护国际和平、安全及发展国家间睦邻友好关系与合作的公认的国际法原则和准则”作为处理地区及国际事务的基本国际法指南，并在广泛领域的安全合作中建立起具有预防地区冲突功效的各种机制，使多边安全合作形式在更多的领域中替代了解决边界和领土争议阶段的双边磋商。不尊重联合国的作用，仅从本国利益出发或者以反恐为借口谋取、扩大本国利益，已成为当今世界反恐领域值得注意的一个危险倾向。对此，应予以有效地防止和抵制。上海合作组织所签署的反恐合作协议和展开的联合反恐行动，在坚持《联合国宪章》的原则上，界定中亚地区的恐怖主义犯罪及其中亚地区所面临的犯罪行为，从而为反对国际恐怖主义、维护地区安全、谋求地区社会发展等方面，切实发挥了作用，构成了自身鲜明的特点。上海合作组织框架内的联合反恐斗争为维护本地区的安全与稳定发挥了重要作用，促进了六个成员国的政治稳定与经济发展和地区和谐，尤其是随着蒙古、巴基斯坦、伊朗、印度相继成为上海合作组织的观察员国家，使该地区的恐怖活动处于成员国与观察员国的联合打压之中，恐怖组织无处流窜，大大改善了该地区的反恐形势。

---

① 《上海合作组织成员国元首宣言》(2002年6月7日)，第三部部分。

上海合作组织的联合反恐既是国家元首间的会晤，同时还建立了切实可行的各级执法、情报、军事等机构的合作机制。由于恐怖主义是一种政治现象，各国因阶级立场、政治利益和价值取向存在重大差别，对恐怖主义的界定和评价有很大差异。目前，国际社会虽就在世界范围内打击恐怖主义形成广泛共识，国际反恐合作开始形成，但打击恐怖活动成果不彰，原因之一就是每个国家都在强调打击“每个国家的恐怖主义”。没有认识上的共识，也很难有行动上的一致。[①] 这一点对联合反恐尤为重要。在“上海五国”会晤机制上升为上海合作组织合作机制后，六国国防部长在上海举行了首次会晤，并签署了《联合公报》，陈述了六国在“加强军事领域的合作，确保军队在打击恐怖主义、极端主义和分裂主义中的实质性协作”等问题上的一致立场。2002年5月，上海合作组织六国国防部长在莫斯科会晤，商定成立上海合作组织成员国国防部联合专家小组，以磋商有关举行联合反恐怖演习的问题。这对只停留在国家领导人层面的反恐合作是个促进。只有具体的执行部门的合作参与，才能使反恐怖合作措施得到落实，最终收到维护地区的安全与稳定之效。联合反恐议题的制度化也为上海合作组织其他议题的制度化建设提供了一个有效的推进模式，从而使上海合作组织的机构建设顺利开展起来。

上合组织成立后，中国与其他成员国在联合反恐演习方面进行了卓有成效的合作。经过几次大规模多边反恐军事演习，成员国探索了编组多国联合反恐部队的方法，完善了成员国军队进行反恐特种作战的样式和方式，为进一步完善反恐合作机制打下了良好的基础。2010年9月18日上海合作组织成员国武装力量联合反恐军演“和平使命—2010”在哈萨克斯坦的马特布拉克举

---

① 中国现代国际关系研究所国际反恐怖研究中心编著：《国际恐怖主义与反恐怖斗争》，时事出版社2001年版，第47页。

行。它充分展示合作组织成员国团结合作，震慑“三股势力”，维护地区和平与稳定的坚强决心和强大实力的战略举措。

目前，双方的反恐合作从军事部门又拓展到执法安全部门。2006 年 3 月初，在乌兹别克斯坦举行了上合组织首次执法安全部门联合反恐演习。随后，8 月 24 日至 26 日，“天山—1 号（2006）”中哈执法安全部门联合反恐演习在哈萨克斯坦阿拉木图州和中国新疆维吾尔自治区伊宁市举行。这是上合组织框架内中哈执法安全部门首次举行的反恐联合演习。[①]“上海合作组织”的成立与发展，在反恐方面，协调了六国之间的行动，使得六国之间的反恐合作有了长足的进展，挤压了国际恐怖主义的活动空间。特别是反恐机构的建立与反恐演习的开展，对国际恐怖主义更是产生了震慑作用。“‘上海合作组织’，可以说是在国际反恐合作上树立了一个可供借鉴及效仿的范例。”[②]

2. “互信、互利、平等、协商，尊重多样文明，谋求共同发展”为核心的“上海精神”奠定了合作打击跨国犯罪的基础。

“上海合作组织”成员国之间既存在不少共同点，同时也有明显的差别。这主要表现在：第一，社会制度不同。中国是社会主义国家，其他五国作为苏联的成员都已完成转型，不再是社会主义国家。第二，国力相差悬殊。无论经济、科技实力，还是军事实力，中、俄大大强于哈、吉、塔、乌四国。第三，在国际社会中的地位和影响大不相同。中俄两国都是联合国安理会的常任理事国，无疑都是政治大国，在国际社会中具有重要影响，而其他四国作为国际社会的新成员所具有的影响力相当有限。第四，文化传统迥异。俄罗斯是东正教国家，而中亚四国是穆斯林国

① 陈斌：《中哈举行联合反恐演习》，《人民日报》2006 年 8 月 27 日。

② 李伟、杨明杰：《国际恐怖主义与反恐怖斗争》，时事出版社 2001 年版，第 42 页。

家。此外，彼此相互关系亲疏、远近也有差异。面对艰巨的反恐任务，各国能否进行有效的合作至关重要。2000 年 7 月，时任中国国家主席的江泽民在“上海五国”元首第五次会晤时，提出上海五国的合作体现了“睦邻互信、平等互利、团结协作、共同发展”的时代精神。[①] 在“上海五国”的发展过程中，经过各方的积极努力，已经形成“互信、互利、平等、协商、尊重多样文明、谋求共同发展”为基本内容的“上海精神”，并已将其写入成立宣言，使之成为新世纪“上海合作组织成员国之间相互关系的准则”。应该看到，“上海精神”恰恰体现了上海合作组织成员国之间的合作是一种不结盟的、开放性的、不针对第三国的合作，而这也奠定了反对和打击各种跨国犯罪的国际合作的基础。成员国把各种差别抛在脑后，共同面对恐怖主义、贩卖毒品、武器等严重刑事犯罪事，通过共同努力，及时打击了日益猖獗的跨国犯罪，并努力消除这些犯罪行为在中亚地区的生存空间。事实证明，致力于打击跨国犯罪的国际合作必须建立在平等、互利、相互尊重的基础上，才能使各种跨国犯罪得以控制，为维护地区乃至世界的和平稳定做出积极的贡献。

3. 促进中亚地区的经济发展和发挥各成员国之间的经济互补性是上海合作组织保障中亚地区安全的一个着眼点。运用军事手段消灭已经对地区稳定和各国安全构成威胁的恐怖势力，只是上海合作组织反恐合作的主要途径之一。针对防止贩卖毒品、武器的协定和各国的犯罪控制措施只不过是对各种跨国犯罪的一般性国际层面的刑事政策而已。最好的社会政策是最好的刑事政策。消除各成员国顺利发展经济关系的各种屏障，以法律途径促进和保障对外贸易的健康发展从而为控制跨国犯罪提供有利的社

---

① 上海社科院“上海五国”研究中心编：《“上海五国”资料汇编》2001 年版，第 25 页。

会环境是上海合作组织的最终目标。上海合作组织 2003 年《莫斯科元首宣言》明确指出，“消除滋生恐怖主义的社会基础，包括消除贫困、失业、愚昧和种族、民族、宗教歧视是全球反恐斗争的一个重要方向”。胡锦涛主席 2009 年参加上海合作组织成员国元首会议时在讲话中强调，“军事手段可以赢得一时的胜利，但不会带来持久的安全”，并倡议“为了切断‘三股势力’活动的资金来源，更全面、更有效地打击‘三股势力’，应尽快把反毒问题提上安全合作日程”。在上海合作组织安全合作框架下，以联手防范恐怖主义和毒品犯罪对地区稳定的恶性影响为重点、争取通过互利合作促进各国经济发展、解决中亚不发达地区居民的生存与发展问题、建立不同民族和不同宗教间和睦互助的良性关系、铲除滋生极端主义思潮的社会土壤等措施，目前正在成为各国政府关注的领域，并开始写入地区合作的日程里。在 2009 年 10 月 14 日北京举行的上海合作组织第八次总理会议上，成员国讨论经济发展问题，会议批准了《上海合作组织成员国关于加强多变经济合作，应对全球金融经济危机、保障经济持续发展的共同倡议》、《上海合作组织秘书处关于〈上海合作组织成员国多变经贸合作纲要〉实施情况的报告》、《上海合作组织成员国海关培训和提高海关官员专业技能合作一定书》等重要文件。只有在上海合作组织框架下进一步加强经济合作，不断推进成员国的共同繁荣，从而逐步形成全方位系统治理的综合安全合作机制，才能在本地区彻底杜绝各种跨国犯罪。上海合作组织最近几年在经济合作领域所取得的成绩以及多项上海合作组织框架下的双边合作协定就是其朝这个目标前进的过程中的大胆尝试。

4. 将阿富汗问题作为上海合作组织成员国的一项重要工作日程也使得上海合作组织打击跨国犯罪的能力趋于完善。由于阿富汗是上海合作组织的近邻，阿富汗的动荡势必影响上海合作组织的顺利发展以及各成员国的利益。中亚“三股势力”的泛滥以及跨国犯罪活动的猖獗，都与阿富汗的战乱与毒品种植、走私有着直接的关系。上海合作组织是最早意识到这个问题，并主张采取措施的国际组织之一。几年来，上海合作组织成员国一直密切关注阿富汗的和平进程，并提出实现阿富汗和平的独特的观点，主张建立一个没有恐怖、战争、毒品和贫穷的稳定的阿富汗。[①] 2005 年 7 月 5 日发表的上海合作组织阿斯塔纳峰会宣言指出，上海合作组织愿与阿富汗在共同感兴趣的领域开展交流与合作。上海合作组织愿积极参与在阿富汗周边构筑“反毒带”的国际努力，参与制定并实施专门计划，帮助阿富汗稳定社会经济形势。2008 年 8 月 28 日，在上海合作组织杜尚别峰会上通过的联合宣言强调，该组织面临的外部威胁与挑战来自阿富汗的毒品走私和跨国有组织犯罪，提出必须加强与阿富汗的合作，建立对上述威胁和挑战进行共同分析、预防和反应的机制。2009 年 3 月 27 日，上海合作组织阿富汗问题特别国际会议在莫斯科举行。这是上海合作组织倡导召开的首次阿富汗问题国际会议，体现出上海合作组织作为维护本地区安全与稳定、促进共同发展的一支重要建设性力量，对阿富汗和平重建的高度重视。[②] 会议发表了《上海合作组织成员国与阿富汗伊斯兰共和国关于打击恐怖主义、毒品走私和有组织犯罪的声明》、《上海合作组织成员国与阿富汗伊斯兰共和国关于打击恐怖主义、毒品走私和有组织犯罪行动计划》等一系列重要文件，明确了上海合作组织成员国和阿富汗合作打击恐怖主义、毒品走私和有组织犯罪的重点领域与合作方式。这为指导成员国与阿富汗及国际社会共同合作解决阿富汗问

---

① 张义山大使代表上海合作组织在第 60 届联大审议阿富汗问题的发言，2005/11/29，http：//www. china - un. org。

② 孙壮志：《上海合作组织与阿富汗问题》，载吴恩远、吴宏伟主编：《上海合作组织发展报告（2010）》，社会科学文献出版社 2010 年版，第 73 页。

题提供了“路线图”。

3）上海合作组织在打击中亚跨国犯罪中的局限性

近年来，上海合作组织在联合打击恐怖主义犯罪、毒品犯罪方面起到了不可忽视的作用。中亚地区目前的相对稳定已经很好地说明了这一点。但是，上海合作组织成员国之间因地缘、文化和社会环境等差异的存在，上海合作组织在打击有组织犯罪、恐怖犯罪和毒品犯罪方面也遇到了一些局限性。

1. 恐怖主义犯罪的内容、反恐程序需要进一步迎合有关的规范性法律和公约的基本精神。

2001 年 6 月 15 日，上海合作组织成立当天，成员国即签署《打击恐怖主义、分裂主义和极端主义上海公约》，在国际上首次对恐怖主义、分裂主义和极端主义“三股势力”作了明确定义，并提出成员国合作打击的具体方向、方式及原则。在恐怖主义的概念问题上，《公约》采取了以列举的方式加以界定，从犯罪的结果和行为方式阐述恐怖主义犯罪，回避政治目的的界定方式。这不得不说是打击恐怖主义犯罪的现实需要，符合中亚对恐怖主义犯罪进行惩治的要求。但是，这种界定方式仍然可能导致惩治恐怖主义犯罪的扩大化。此外，在程序上，上海合作成员国通过公约的方式对反恐的方式和内容作出规定，在《上海合作组织关于地区反恐怖机构的协定》中规定了地区反恐怖机构的职能包括：准备有关打击恐怖主义、分裂主义和极端主义的建议和意见；协助成员国打击“三股势力”；搜集、分析并向成员国提供有关“三股势力”的信息；建立关于“三股势力”组织、成员、活动等信息的资料库；协助对“三股势力”活动进行侦查并对相关嫌疑人员采取措施等。然而，这些职能过于笼统，缺乏具体的操作性。例如，对于“协助对‘三股势力’活动进行侦查并对相关嫌疑人员采取措施”这一职能，由什么机构进行侦察？以什么方式进行侦察？对相关嫌疑人员采取什么措施？是否涉及成员国的管辖权问题？这些涉及具体操作并涉及各成员国刑事司法协助的程序性的问题，公约并没有细则予以规定。这将导致各成员国在实践中打击恐怖主义犯罪时出现分歧。

恐怖主义犯罪是一个有机的过程，恐怖组织为了实施犯罪，会进行招募人员、筹集资金、训练人员、制订计划等犯罪预备活动，最后实施犯罪是这些预备活动的最终结果。目前，上海合作组织对恐怖主义犯罪的打击基本上都是在犯罪发生之后，而缺乏对恐怖主义犯罪在恐怖组织犯罪预备阶段的打击，这一点需要进一步深入考虑。

2. 在上海合作组织框架内，对非法贩卖、贩运毒品、武器、弹药和爆炸物的管理和控制还不够完善

恐怖主义犯罪与毒品犯罪和贩卖武器犯罪紧密联系。恐怖分子靠贩卖毒品的资金来养活自己的恐怖活动。从阿富汗到中亚的乌兹别克斯坦、塔吉克斯坦和吉尔吉斯斯坦的毒品运输转运站，毒品分子和恐怖分子都是相互联系。在贩运毒品的过程中，贩毒分子在恐怖势力的武装保护下公开从事毒品和恐怖犯罪活动。上海合作组织成员国在 2004 年和 2008 年颁布了有关控制贩卖毒品、武器和爆炸物的协定。这些协定虽然提出了上海合作框架内各成员国合作的内容、原则和一些程序，但是，这些协定的具体实行和贯彻因为各国的经济实力和他们态度上的一些区别而没有能得到充分落实，从而使其无法发挥自己应有的作用。这种情况从中亚国家之间以及中亚国家与中国之间逐年增加的毒品犯罪数量中已得到证明。

3. 如何在上海合作组织框架内实现经济贸易关系的法制化是该组织所面临的一个新挑战

上海合作组织的经济合作的先后顺序是先贸易后产品。[①] 目前，上海合作组织成员国在经济领域的关注点主要集中在能源领域。而能源贸易的主体大部分情况下是国家或者国有公司。上海合作组织成员国的能源贸易合作主要是通过双边协定和高层领导人的单方面接触来实现的。因而，可以说国家层面的贸易关系在上海合作组织内还是能够得到很好的法律保障的。但是，私营企业和个人之间的贸易却存在不少的问题。上海合作组织成立已经有将近 10 年的时间了，但是时至今日上海合作组织仍然未能建立起符合国际规范要求的经济贸易合作机制，上海合作组织成员国之间的民间贸易混乱、无序、信誉度差和履约率低等问题一直困扰着各方，这在极大程度上阻碍了成员国之间经贸关系健康、稳定与有序地发展。因此，在上海合作组织的框架内不断完善有关贸易的法律法规是当前摆在该组织面前的亟需认真对待的一项新课题。

（三）上海合作组织打击中亚跨国犯罪的完善建议

1. 在界定恐怖主义犯罪时要充分考虑其特点和危害

鉴于一直以来，国际社会对恐怖主义犯罪概念界定的困难，上海合作组织采取了回避政治目的的方式，对恐怖主义犯罪以列举的方式作了界定，然而这有可能导致对恐怖主义界定的扩大化。例如，在《打击恐怖主义、分裂主义和极端主义上海公约》中，成员国将恐怖主义界定为包括“致使平民或武装冲突情况下未积极参与军事行动的任何其他人员死亡或对其造成重大人身伤害、对物质目标造成重大损失的任何其他行为……”，而如果是跨国有组织犯罪集团出于某种原因，导致平民伤亡的行为，是否也属于恐怖主义犯罪而应由上海合作组织予以打击呢？这种行为

① 李敏伦：《中国“新安全观”与上海合作组织研究》，人民出版社 2007 年版，第 151 页。

在客观上导致了平民的伤亡，但其犯罪目的并不包括政治目的或社会目的。显然，这种犯罪是危害公共安全的犯罪，但并不应当归入恐怖主义犯罪的范畴。因此，基于《上海公约》的规定，将这类行为认定为恐怖主义犯罪而进行打击，将会导致恐怖主义犯罪的泛滥。所以，为了避免惩治恐怖主义犯罪的扩大化，我们必须坚持上海合作组织在《上海公约》中对恐怖主义犯罪的界定方式，避免用政治目的来界定恐怖主义犯罪。应当肯定，这种回避政治目的、列举式的界定方式是明智而现实的。上海合作组织作为其成员国政府间的组织，在实际运行时必然涉及国家间关系、国家各自利益的问题，政治目的的确定显然是敏感的，而且各国都会在主张本国国家利益的基础上作出不同的判定，那么，采取主张政治目的的观点来界定恐怖主义犯罪，必然导致成员国之间观点的分歧。同时我们也应当看到，恐怖主义犯罪在中亚地区日趋严重，已经成为危及地区安全与和平的重大威胁。因此，为了整个中亚地区人民的生命、财产安全，打击恐怖主义犯罪刻不容缓。如果我们仍然在对恐怖主义犯罪的“政治目的”上纠缠不清，那将使中亚地区的安全处于危险之中。在这种情况下，为了避免国家利益的冲突，也为了更加及时有力地打击恐怖主义犯罪，各成员国回避了恐怖主义犯罪的“政治目的”，具有现实性和重要性。由于恐怖主义犯罪具有暴力破坏性，针对无辜平民，制造恐怖气氛的特征，这些特征都与放火罪、爆炸罪等危害公共安全的犯罪相似，因此在实践中很难区分。中亚地区的恐怖主义犯罪大都由恐怖组织实施，恐怖组织是具有政治目的或社会目的进行犯罪的组织，它与其他跨国犯罪集团的最大区别就在于其政治或社会目的性，即他们的目标基本都是推翻世俗政权，建立宗教国家。而这样的政治目的与中亚各国的根本利益相违背，因此在对这些恐怖组织进行认定时，中亚各国的立场和根本利益是一致的。同时，上海合作组织可以考虑以公布恐怖组织名单的方式对恐怖主义犯罪进行限定。这样做可以防止恐怖主义犯罪的扩大化。目前，已经有一些国家与组织为适应反恐斗争的需要，陆续公布了他们认定的恐怖组织的名单。例如，俄罗斯在 2003 年公布了包括车臣和塔吉斯坦国民大会、伊斯兰组织、穆斯林兄弟会、伊斯兰解放党等恐怖组织的名单。欧盟作为国际组织，也对其认定的恐怖组织予以公布，包括爱尔兰共和军、巴勒斯坦伊斯兰圣战组织（哈马斯）等恐怖组织。这些国家和国际组织对恐怖组织进行公布的实践，表明上海合作组织公布恐怖组织具有可能性。中亚各国在一致的基础上，通过上海合作组织达成对恐怖组织认定的一致，表明上海合作组织公布恐怖组织名单具有现实性。

通过以上构想，上海合作组织在界定恐怖主义犯罪时，分为两步：第一步，以《上海公约》中对恐怖主义犯罪的列举为依据，将具体的犯罪行为初步纳入恐怖主义犯罪的范畴；第二，在此基础上，再判定这些具体犯罪行为是否是上海合作组织公布的恐怖组织所为，答案若是肯定的，则可判定这些具体犯罪行为属于恐怖主义犯罪，从而由上海合作组织各成员国对其进行联合打击。那么，可能存在的问题是，如果具体犯罪行为仅符合上述第一步的条件，不符合第二步条件，即不是上海合作组织公布的恐怖组织所为。那么，对于这样的犯罪行为，可以采取交由其犯罪地国进行属地管辖，由犯罪地国对其进行界定，并予以打击，需要刑事司法协助时，其他成员国应给予必要的司法协助。在犯罪地国认为该行为具有政治目的，属于恐怖主义犯罪的情况下，可以在查明行为主体的基础上，将该犯罪组织提交上海合作组织进行讨论，以便将其作为恐怖组织进行公布。

2. 为有效打击中亚跨国犯罪，在上海合作组织框架内签署和执行更多的行之有效的刑事司法协助的公约

上海合作组织自成立以来，成员国签订了一系列的反恐、反

毒、反武器贩卖公约和协定，规定了一些机构在打击跨国犯罪的方面职能和程序。例如，搜集情报，协助对“三股势力”的活动进行侦查并对相关的犯罪嫌疑人员采取措施等职能，预防、发现、制止和侦破非法贩运武器的新方法、对麻醉品及其前体的流通实行严格管制等。但是，其规定较为笼统。打击跨国犯罪必然需要各成员国间进行刑事司法协助，对跨国犯罪的惩处最终要依赖各国国内刑法的惩处。而国家间的刑事司法协助通常是以国家间签订条约来加以明确，即“一对一”的方式，而基于中亚各国间在打击跨国犯罪中的密切联系，我们设想可以上海合作组织为平台，在各成员国间签订一系列关于刑事司法协助的公约，这样不但可以弥补上海合作组织关于反跨国犯罪的规定过于笼统和不易操作的问题，还可以避免国家间“一对一”签订条约的繁琐。在实践中，上海合作组织成员国间可以签订涉及以下问题的关于打击跨国犯罪的刑事司法协助条约：

①引渡。引渡是指一国应他国的请求，将本国境内的而被他国指控为犯罪或已被他国判刑的人，移交该请求国追诉和处罚的制度。在打击中亚跨国犯罪的过程中，引渡是各国普遍采取的主要的刑事司法协助的方式之一。在引渡领域，国际上现行最通行的方法是当事国双方通过订立双边或多边条约，为履行条约的义务而给予引渡。目前，我国与中亚主要国家（哈萨克斯坦、乌兹别克斯坦、吉尔吉斯斯坦）都签订了双边引渡条约，但条约的内容有待于进一步深化，同时仍有一些中亚国家之间尚未签订引渡条约。因此，在上海合作组织框架下，各成员国共同制定多边的引渡公约，并对已有的引渡条约进行充实，有利于对跨国犯罪的共同协作打击。

②刑事诉讼移转管辖。刑事诉讼移转管辖是一种新型的国际刑事司法协助方式。尽管各主权国家一般不愿意放弃本国对案件的刑事管辖权，但是在惩治国际犯罪和涉外犯罪行为的司法实践

中，各国逐步认识到，对于某些案件而言，将案件管辖权移转给他国是有效且有利的。因此，对于跨国犯罪的管辖权，各成员国可以在平等协商的基础上达成刑事诉讼移转管辖的公约。

③另外，刑事司法文书送达和调查取证，被判刑人的移管，相互承认和执行法院生效刑事判决等都是刑事司法协助的重要内容，上海合作组织可以以公约的形式将这些内容确定下来，成为成员国共同打击跨国犯罪的依据。

3. 加强上海合作组织对跨国犯罪预备活动的打击

上海合作组织成立以来，在打击恐怖主义犯罪方面取得了显著的成效。然而，我们应当看到，恐怖主义犯罪作为一种犯罪，其发生、发展都有一定的过程，而现今对其进行打击，只是在恐怖主义犯罪发生之后，即事后惩治。这是远远不够的。上海合作组织还应注重对恐怖主义犯罪预备活动的遏制。在大部分恐怖主义犯罪背后都存在着毒品犯罪、非法武器买卖，洗钱和其他各种犯罪活动。恐怖主义犯罪是一种有组织犯罪，恐怖组织在实施犯罪之前，通常要经过招募人员、筹集资金、训练成员、制订计划等一系列犯罪预备活动。恐怖分子的恐怖活动前期涉及甚至牵连多种犯罪行为。将跨国犯罪扼杀在犯罪预备阶段，会大大降低各种犯罪的危害性，这就是对跨国犯罪进行“事前遏制”，这比打击已经发生的跨国犯罪即“事后惩治”有效得多。

如何预防跨国犯罪，笔者认为，一种有效的途径就在于对跨国犯罪组织进行时时监控。上海合作组织应对中亚地区的跨国犯罪组织进行公布，并建立一个专门机构，调查和监控跨国犯罪组织，对组织的人员、资金等进行侦察，侦察的情报在各成员国之间实行共享，以便在跨国犯罪组织实施犯罪之前，各国共同协作，及时将犯罪组织人员抓获，彻底捣毁跨国犯罪组织，使跨国犯罪无疾而终。

4. 上海合作组织接受阿富汗为成员国，利用上海合作组织的作用遏制跨国犯罪。阿富汗不仅已成为“生产”各种跨国犯罪的场地，而且也成为“出口”跨国犯罪的基地。它的邻国不断受到来自阿富汗的恐怖犯罪、毒品和武器走私的威胁。问题的根源在于阿富汗。[①] 阿富汗是恐怖分子的集结地，其中包括来自中国新疆的分裂分子。阿富汗的恐怖势力已经几次袭击过我国在阿富汗的商人。2004 年 6 月 10 日，一伙武装分子袭击中铁十四局承包的昆都士公路项目沥青拌和站工地，造成 11 名中国工人死亡，4 人受伤。2008 年发生过中国工程师在阿富汗被武装分子绑架的事件。中亚地区也连续来自阿富汗的极端主义恐怖分子的侵扰和毒品走私的困扰。从 2005 年开始，出现了从阿富汗通过巴基斯坦和中亚抵达中国的走私海洛因的新路线。阿富汗成为上海合作组织的成员，并接受上海合作组织的约束性规则和经济援助，不仅对阿富汗的长久稳定有帮助，也对整个中亚地区的稳定有重要意义。上海合作组织可以考虑一下有条件的接受阿富汗为成员国，在上海合作组织内设立专门的阿富汗反跨国犯罪机构，法律、技术，财物甚至军事上援助阿富汗的反跨国犯罪行动，使上海合作组织真正变成为中亚地区甚至世界上的维护稳定的“卫士”。

第四节　中国打击中亚跨国犯罪的对策

中国作为中亚的近邻，中亚地区发生的任何波动和各种形式的跨国犯罪都将直接影响我国的稳定。特别是恐怖主义犯罪、毒品犯罪和走私犯罪已经对我国形成了直接的威胁。因此，如何防止这些犯罪行为和犯罪分子对我国稳定的影响是我国需要认真对

---

① ［乌兹别克斯坦］伊斯拉姆·卡里莫夫：《临近 21 世纪的乌兹别克斯坦：安全的威信，进步的条件和保障》，中译本，国际文化出版公司 1997 年版，第 24 – 25 页。

待的现实问题。目前，我国在打击中亚跨国犯罪方面除了利用上海合作组织的作用和中国与中亚各国之间签订的打击跨国犯罪的双边协定之外，还充分利用我国刑法和其他有关法律法规，努力防止中亚跨国犯罪对我国稳定的影响。

1. 我国通过比较完善的民族法制，揭露“三股势力”的各种谣言，以法律手段打击“三股势力”在我国的生存空间和防止“三股势力”对我国边疆地区的渗透。中亚地区的“三股势力”为了破坏我国的稳定，别有用心地歪曲和恶意攻击我国的民族政策，从而企图达到破坏民族团结和国家统一的目的。民族政策是指国家和政党为调节民族关系，处理民族问题而采取的相关措施、规定等的总和。民族平等团结政策是我国民族政策的总政策，民族区域自治政策是我国民族政策的基本政策，民族干部政策以及有关民族统一战线、经济、文化、教育、风俗习惯、语言文字、宗教等方面的政策是具体政策。[①] 我国法律通过根本法和部门法把我国在各阶段出台的民族政策转化为国家的法律，从实体和程序上充分体现少数民族的各项权利，从而实现了切实保护少数民族的权利。这对戳穿“三股势力”针对我国民族政策的各种污蔑，揭露“三股势力”的险恶意图具有重要的现实意义。

宪法是国家的根本大法，它不仅统帅一个国家的全部法律体系，也引导人们的行为方向。我国宪法第 4 条规定，“中华人民共和国各民族一律平等。国家保障少数民族的合法的权利和利益，维护和发展各民族的平等、团结、互助关系。禁止对任何民族的歧视和压迫，禁止破坏民族团结和制造分裂的行为”。这个条款不仅是对社会主义民族关系的一个确认，而且也是对破坏民族团结和国家统一的行为的否定性的评价。宪法第 4 条所强调的

① 杨治长主编：《中国民族与宗教问题概论》，四川大学出版社 2008 年版，第 315 页。

反对任何形式的民族歧视，禁止破坏民族团结和制造分裂的行为是对“三股势力”恶意挑动民族冲突从而分裂国家的意图的有力回击。民族之间的压迫、歧视，是实现民族团结的最大障碍；没有民族的平等，自然就无从谈及什么民族团结；民族团结只有在民族平等的基础上才能实现。① 民族歧视是对其他民族的排斥和否定，它与民族平等是水火不容的两个对立面。破坏民族团结是动摇社会主义统一国家的重大隐患。我国宪法的这个规定充分体现了我国民族政策的这些核心内容。坚决禁止和打击“三股势力”通过向我国边疆地区渗透进而在我国的少数民族群体之中传播影响民族关系的谣言或者煽动群众反对国家的民族政策和教育政策，从而在少数民族地区形成民族对立气氛或者制造分裂也是本条款所包含的应有之义。

《民族区域自治法》和其他与民族问题有关的法律法规都充分体现和贯彻了这一民族政策。《民族区域自治法》作为我国解决民族问题的基本原则、基本制度、基本形式和基本政策，使我国宪法中所规定的与少数民族有关的条款进一步具体化和明细化，成为调整民族地方和国家的关系以及民族自治地方内的民族关系的重要法律。1984 年 5 月，六届全国人大二次会议通过了《中华人民共和国民族区域自治法》，以基本法的形式把民族区域自治固定下来，实现了我国民族区域自治的制度化、政策化、法制化的三位一体。②《民族区域自治法》第 9 条重申了宪法第 4 条的内容，强调禁止任何的民族歧视和压迫，禁止破坏民族团结和制造民族分裂的行为。它是维护和发展平等、团结、互助的社

---

① 彭谦著：《中国民族政策法律化问题研究》，中央民族大学出版社 2006 年版，第 16 页。

② 杨治长主编：《中国民族与宗教问题概论》，四川大学出版社 2008 年版，第 317 页。

会主义民族关系的保证。

“三股势力”在没能找到我国政府足够的“把柄”来吸引少数民族群体的情况下，他们不甘失败，企图用宗教途径来拉拢青少年。针对他们的这种图谋，我国明确规定合法和非法宗教活动的范围，保护合法的宗教活动，禁止和打击非法宗教活动。中国经过60多年来的努力，在宗教立法和依法管理宗教事务取得了很大的成果，初步形成了以宪法为原则，宗教法律法规为主要形式、其他部门法为辅助的宗教法律体系。这些法律法规通过保护性条款和禁止性条款，明确辨别合法宗教活动和非法宗教活动的界限，在保护公民的合法宗教活动的同时，禁止和预防非法宗教活动打着合法宗教活动的旗号从事危害国家安全和社会稳定的活动。

我国《宪法》第36条第一款规定，“中华人民共和国公民有宗教信仰自由”，这是对宗教信仰自由的一般性规定。中华人民共和国公民有信仰宗教的自由和不信仰宗教的自由，国家保护公民的宗教信仰自由和不信仰宗教的自由。可以说这些是对合法宗教活动的保护性规定。《宪法》第36条第二款进一步规定，“任何国家机关、社会团体和个人不得强制公民信仰宗教或者不信仰宗教，不得歧视信仰宗教的公民和不信仰宗教的公民”。在这个意义上，宗教信仰自由是指每个公民有信仰宗教的自由，也有不信仰宗教的自由；有信仰这种宗教的自由，也有信仰那种宗教的自由；在同一宗教里面，有信仰这种教派的自由，也有信仰那个教派的自由；有过去不信教而现在信教的自由；也有过去信教而现在不信教的自由。宗教信仰自由政策的实质是要使宗教信仰问题成为公民个人自由选择的问题，成为公民个人的私事。任何国家机关、社会团体和个人不得限制公民信仰宗教或者不信仰宗教的自由。

除《宪法》外，在我国的许多法律中，都有关于保护公民宗教信仰自由，不得歧视信仰宗教或者不信仰宗教公民的相应条文。如《中华人民共和国选举法》、《中华人民共和国组织法》、《中华人民共和国民法通则》、《中华人民共和国民族区域自治法》、《中华人民共和国兵役法》、《中华人民共和国劳动法》、《中华人民共和国刑法》、《中华人民共和国刑事诉讼法》等都规定了不侵犯公民的合法宗教信仰自由。刑法是我国的强制法。侵犯刑法的任何人将受到严厉的惩罚。我国《刑法》第 251 条规定："国家机关工作人员非法剥夺公民的宗教信仰自由和侵犯少数民族风俗习惯，情节严重的，处二年以下有期徒刑或者拘役。"这是对宗教信仰自由的严格保护。宗教活动的进行需要一定的活动场所、活动资金和活动方法。我国《民法通则》第 77 条规定："社会团体包括宗教团体的合法财产受法律保护。"

宗教不仅是主观的观念，而且是客观存在的社会事实；宗教不仅是个人对某种超自然力量的信仰，而且是某种与社会结构密切相关的非常现实的社会力量。① 正确处理公民的宗教信仰问题对社会的凝聚力有很大的帮助。为了更好地保护公民的宗教信仰自由，从 20 世纪 80 年代开始，我国就着手宗教事务立法的调研和探索。2005 年 3 月 1 日，我国颁布实施了《宗教事务条例》，它是我国宗教界和宗教工作中的一件大事，标志着我国宗教方面的法制建设取得重要进展，是我国宗教事务管理走向法制化的重要里程碑。②《宗教事务条例》第一章第 2 条规定："公民有宗教信仰自由。任何组织或个人不得强制信仰宗教或者不信仰宗教，不得歧视信仰宗教的公民或者不信教的公民。信教公民和不信教

① 杨治长主编：《中国民族与宗教问题概论》，四川大学出版社 2008 年版，第 444 页。

② 熊坤新著：《宗教理论与宗教政策》，中央民族大学出版社 2008 年版，第 350 页。

公民、信仰不同宗教的公民应当相互尊重、和睦相处。”这是对宪法第 36 条的重申，它确认了我国对待和处理宗教问题的一项长期的基本政策。除了法律规范，我国把这一宗教政策也反映在相关文件和规定中。1994 年，国务院发布的《宗教活动场所管理条例》和《中华人民共和国境内外国人宗教活动管理规定》；1988 年，国家宗教事务局、国家外国专家局、公安部颁发的《宗教院校聘用外籍专业人员办法》；2000 年，国务院宗教事务局发布的《中华人民共和国境内外国人宗教活动管理规定实施细则》在很多条款中阐述了公民所享有的宗教活动的范围。根据这些规定，宗教信徒在宗教活动场所内所进行的正常宗教活动，包括按照宗教习惯自愿的布施、献仪、奉献以及在自己家里进行修持、念经、祷告，均受国家法律保护。宗教团体按照宪法、法律和政策的有关规定，可以开办宗教院校，出版宗教书刊，销售宗教用品和宗教艺术品，开展宗教方面的国际友好往来，进行宗教学术文化交流等。

宗教是个人的信仰问题，但是它需要宗教信仰的实践场所，因而，它涉及公共利益。况且，如果对宗教没有依法进行规范，一些不法分子就会利用宗教自由和虔诚的公民对宗教的信仰，煽动或者组织他们打着宗教自由的旗号进行犯罪活动。因此，必须对宗教活动依法进行管理，禁止非法宗教活动。宗教事务是特殊、复杂、敏感的社会公共事务，需要对相关行为、活动、事务进行法律规制，将依法管理宗教事务纳入国家制度化、法制化的轨道。依法管理宗教事务，是根据宪法和有关法律、法规及规范性文件，对涉及国家利益、社会公共利益的宗教行为，进行管理，规范宗教活动的行为。宗教不能成为犯罪分子进行犯罪活动或者输入非法思想的工具。《中华人民共和国宪法》第 36 条第三款规定，“任何人不得利用宗教进行破坏社会秩序、损害公民身体健康、妨碍国家教育制度的活动”。《宗教事务条例》第 3 条也有这样规定，“任何组织或者个人不得利用宗教进行破坏社会秩序、损害公民身体健康、妨碍国家教育制度以及其他损害国家利益、社会公益和公民合法权益的活动”。这些都是对非法宗教活动的禁止性规定。根据这些规定，任何组织或者个人的宗教活动都必须在法律和政策范围内进行，都必须接受政府的依法管理。这些有关少数民族和宗教信仰方面的法律法规一方面在充分展现了中国政府在保护少数民族合法利益的立场的同时，另一方面也表现出了中国法律对周边地区“三股势力”进行严厉打击的立场和态度。

2. 我国刑法和其他法律法规中有关恐怖行为的条款是打击恐怖主义犯罪的一项重要的刑事政策和法律基础。

我国至今为止还没有制定专门惩治恐怖主义犯罪的法律，也没有在刑法典中专章或专节规定恐怖主义犯罪，而是将恐怖主义犯罪分散规定在刑法的不同条文之中。我国刑法对恐怖主义犯罪的规定采用的是分散立法模式。这对明确区分各种形式的恐怖主义犯罪的行为特点和危害具有很重要的意义。

我国 1979 年第一部刑法典中虽然没有明确涉及惩治恐怖主义犯罪的内容，但在特别条款中蕴涵了惩治恐怖主义犯罪的内容，如“危害公共安全罪”中有不少内容与恐怖犯罪有关。而到了 1997 年刑法典不仅设专条明确惩治恐怖主义犯罪，如第 120 条设定了“组织、领导、参加恐怖组织罪”，而且还针对恐怖主义犯罪的不同行为特征，在刑法典中某些部分规定可适用于惩治这些罪行的诸多条款，如设定了绑架罪和危害航空安全、航海安全、核材料方面的犯罪等。2001 年的《刑法修正案（三）》又对刑法典专门规定恐怖犯罪的条款进行修订并增设新的内容。综合起来看，我国的刑法典除了在危害公共安全罪中明确规定了与恐怖犯罪有关的行为外，还规定了专门的有关恐怖犯罪的内容。如规定组织、领导恐怖活动组织罪；积极参加恐怖活动组织罪；资助恐怖活动罪；投放有毒有害物质罪；非法制造、买卖、运输、储存有毒有害物质罪；盗窃、抢夺有毒有害物质罪；抢劫有毒有害物质罪；投放虚假的爆炸性、有毒有害性物质罪；编造恐怖信息罪；故意传播恐怖性谣言罪；绑架罪；洗钱罪，等等。这些规定为我们惩治恐怖犯罪提供了明确而有力的法律武器。

2003 年，公安部反恐怖局公布了我国认定恐怖组织、恐怖分子的标准。据此认定恐怖组织的标准是：（1）以暴力恐怖为手段，从事危害我国家安全，破坏社会稳定，危害人民群众生命财产安全的恐怖活动的组织（不论其总部在国内，还是在国外）；（2）具有一定的组织领导或分工体系；（3）符合上述标准，并具有下列情形之一：①曾组织、策划、煽动、实施或参与实施恐怖活动，或正在组织、策划、煽动、实施或参与实施恐怖活动；②资助、支持恐怖活动；③建立恐怖活动基地，或有组织招募、训练、培训恐怖分子；④与其他国际恐怖组织相勾结，接受其他国际恐怖组织资助、训练、培训，或参与其活动。认定恐怖分子的标准是：（1）与恐怖组织发生一定联系，在国内外从事危害我国家安全和人民群众生命财产安全的恐怖活动的人员（不论其是否加入了外国国籍）；（2）符合上述条件，同时具有下列情形之一：①组织、领导、参与恐怖组织的；②组织、策划、煽动、宣传或教唆实施恐怖活动的；③资助、支持恐怖组织或恐怖分子进行恐怖活动的；④接受上述恐怖组织或其他国际恐怖组织资助、训练、培训或参与其活动的。这些区分标准使我国刑法在打击跨国犯罪领域具有了更强的实际操作性。

3、走私罪和偷越国境罪在我国刑法典中的分别规定表明这两种犯罪行为所具有的危害程度和我国严厉打击这些犯罪行为的刑事政策立场。

虽然，走私罪和偷越国境罪都违反国家的国境管理制度和海关管理制度，在理论上可以放在同一犯罪类型里面来研究，但是因为这些犯罪所侵犯的具体客体有所区别，所以它们在我国刑法中分别放在在破坏社会主义市场经济罪和妨害社会管理秩序罪这两个部分中进行了规定。这种立法安排对于及时有效打击走私犯罪分子和偷越国境犯罪分子而言具有重要的实际意义。

走私罪是违反海关法规，非法运输、携带、邮寄国家禁止或限制进出口的货物、物品，或者依法应缴纳关税的货物、物品进出国（边）境，逃避海关监管，偷逃关税，破坏国家对外贸易管理的行为。[①] 它是我国刑法分则第三章第二节规定之罪，从第151到157条共7个条文，规定了10个罪名。刑法分则第四章第八节规定走私、贩卖、运输、制造毒品罪。走私毒品犯罪是其中的选择性罪名，因此本罪名又可以作为选择性罪名分解使用。[②] 中国和中亚国家之间常见的走私罪主要包括走私武器罪、走私贵重金属罪、走私毒品罪、走私珍贵动物、珍贵动物制品罪和走私普通货物、物品罪等犯罪行为。特别是，走私毒品和走私珍贵动物制品罪已经严重威胁到了我国西北边疆地区的稳定。针对这些愈演愈烈的犯罪行为，我国政法机关近年来及时侦破多起跨国走私案件，正确适用有关走私罪的各种法律条款，严厉打击了犯罪分子的嚣张气焰，有力地维护了我国刑法的尊严。

毒品犯罪活动严重危害人类的健康，祸及子孙后代，毒化社会风气，诱发其他犯罪活动，严重危害社会治安。我们要通过不断的宣传教育，利用典型案例充分揭露其不亚于杀人、放火的严重犯罪的本质，强化人们的禁毒意识。尤其要使海关人员与警察队伍充分认清毒品犯罪的严重危害性，以对国家、对民族负责的态度自觉领导和抓好禁毒工作。公安机关要始终保持对毒品犯罪“严打”的高压态势，公安边防部门要根据分工，加强对在边境

① 陈兴良：《规范刑法学》，中国政法大学出版社2003年版，第345页。
② 张明楷：《刑法学》（第三版），法律出版社2007年版，第862页。

地区查获的走私、运输、贩卖毒品案件以及走私制毒物品案件的侦查，力争发生一起侦破一起。同时，中国有关机关与中亚各国的公安机关、检察院、法院要统一思想，用足、用好法律武器，提高执法水平和办案质量，通过严厉打击，形成强大的威慑力。此外，同跨国毒品犯罪作斗争，不仅仅是政法部门的事情，各个部门都必须积极参与、动员和组织全社会的力量去实行综合治理。公安、检查、法院和其他部门应在各自的业务范围内，充分发挥职能作用，动用政治、经济、法律、文化、教育等各种手段，齐抓共管，预防、控制、打击中亚跨国毒品犯罪活动。

偷越国境犯罪是行为人在没有依法获得国（边）境出入境管理部门批准的情况下，擅自出入国（边）境的行为。[①] 它主要是违反国境管理法规，偷越国境的行为。我国新疆与 8 个国家接壤，拥有 17 个对外开放的口岸。一些蛇头正是利用新疆的地缘优势和国外一些国家劳动市场对廉价中国劳动力的需要，制造虚假的出入境证件，企图偷越国境。我国刑法中所设立的妨害社会管理秩序罪的有关规定在严厉打击偷越国境犯罪方面起到了很大的震慑作用。在司法实践中我们还应该进一步完善本罪，依法对各种形式的偷越国境犯罪进行严厉打击，不断提高我国在国际社会中的地位。

结　语

中亚跨国犯罪的原因是错综复杂的，既有深刻的内在原因，又有极为复杂的外部原因。因此，要想防止中亚跨国犯罪需要从多层次上加强相关预防机制的建设。发展经济，改善国内社会环

---

① 高铭暄、马克昌：《刑法学》（第三版），北京大学出版社、高等教育出版社 2007 年版，第 635 页。

境是防止中亚跨国犯罪的一种主要对策。跨国犯罪因涉及多个国家，跨国犯罪的复杂性和随意性使世界各国普遍意识到，仅靠一个国家或少数国家的努力往往是难以完全奏效的。因而，共同防止跨国犯罪的国际合作已经成为一种必要。目前，中亚国家在防止跨国犯罪方面着重发展了三个层面的合作：一个是全球性的层面，由联合国主导；一个是区域性的层面，如北约、上海合作组织、海湾国家合作组织、非盟等等；另外一个就是双边的层面，包括国与国之间合作。这三种层次的合作在有效打击跨国犯罪方面起着不同的作用。

上海合作组织作为以反恐为工作重点的地区性组织，在打击恐怖犯罪和有组织犯罪起到了重要的作用。它最近在经济合作方面所取得的一系列合作成果也为消除恐怖主义犯罪和毒品犯罪的生存空间打下了必要的经济基础。但是，要想充分发挥上海合作组织应有的作用还需要进一步加强成员国在打击各种跨国犯罪方面刑事政策领域的协调和合作。中国作为上海合作组织的发起国，除了利用好上海合作组织这个平台，在该组织框架内严厉打击中亚跨国犯罪以外，还有效地利用国内有关法律，及时严厉惩治各种跨国犯罪分子，为保护中亚地区的稳定作出了自己应有的贡献。相信中国和中亚各国在上海合作组织框架内加强合作和协调执法程序将会把上海合作组织在防止中亚跨国方面的作用提高到新的水平。

附件：反中亚跨国犯罪领域部分法律文件

一、打击恐怖主义、分裂主义和极端主义上海公约

（2001 年 6 月 15 日）

哈萨克斯坦共和国、中华人民共和国、吉尔吉斯共和国、俄罗斯联邦、塔吉克斯坦共和国和乌兹别克斯坦共和国（以下简称“各方”），遵循联合国宪章，特别是有关维护国际和平与安全和发展国家间友好关系与合作的宗旨和原则；

认识到恐怖主义、分裂主义和极端主义对国际和平与安全，发展国家间友好关系和实现人的基本权利和自由构成威胁；

认为上述现象对各方的领土完整和国家安全以及政治、经济和社会稳定构成严重威胁；

遵循一九九八年七月三日阿拉木图联合声明、一九九九年八月二十五日比什凯克声明和 2000 年 7 月 5 日杜尚别声明及 2001 年 6 月 15 日《上海合作组织成立宣言》的原则；

确信本公约确定的恐怖主义、分裂主义和极端主义，无论其动机如何，在任何情况下不得为其开脱罪责，从事此类行为的人员应被绳之以法；

深信在本公约框架内进行共同努力是打击恐怖主义、分裂主义和极端主义的有效方式；

达成协议如下：

第一条

一、为本公约的目的，所使用的专门名词系指：

（一）“恐怖主义”是指：

1. 为本公约附件（以下简称“附件”）所列条约之一所认定并经其定义为犯罪的任何行为；

2. 致使平民或武装冲突情况下未积极参与军事行动的任何其他人员死亡或对其造成重大人身伤害、对物质目标造成重大损失的任何其他行为，以及组织、策划、共谋、教唆上述活动的行为，而此类行为因其性质或背景可认定为恐吓居民、破坏公共安全或强制政权机关或国际组织以实施或不实施某种行为，并且是依各方国内法应追究刑事责任的任何行为。

（二）“分裂主义”是指旨在破坏国家领土完整，包括把国家领土的一部分分裂出去或分解国家而使用暴力，以及策划、准备、共谋和教唆从事上述活动的行为，并且是依据各方国内法应追究刑事责任的任何行为。

（三）“极端主义”是指旨在使用暴力夺取政权、执掌政权或改变国家宪法体制，通过暴力手段侵犯公共安全，包括为达到上述目的组织或参加非法武装团伙，并且依各方国内法应追究刑事责任的任何行为。

二、本条不妨碍载有或可能载有比本条所使用专门名词适用范围更广规定的任何国际条约或各方的国内法。

第二条

一、各方根据本公约及其所承担的其他国际义务，以及考虑到各自国内法，在预防、查明和惩治本公约第一条第一款所指行为的方面进行合作。

二、各方应将本公约第一条第一款所指行为视为可相互引渡的犯罪行为。

三、在实施本公约时，对涉及与引渡和刑事司法协助有关的事项，各方根据其参加的国际条约并考虑到各方国内法开展合作。

第三条

各方应采取必要措施，包括适当时制定国内立法，以使本公约第一条第一款所指行为在任何情况下不得仅由于政治、思想、意识形态、人种、民族、宗教及其他相似性质的原因而被开脱罪责，并使其受到与其性质相符的处罚。

第四条

一、一方在通知保存国完成为使本公约生效所必须的国内程序后六十天内，应将其负责执行本公约的中央主管机关名单通过外交途径书面提交保存国，保存国应通知其他各方。

二、各方中央主管机关就执行本公约规定的有关事项直接相互联系和协作。

三、如任何一方对其中央主管机关名单作出变更，应通知保存国，由保存国通知其他各方。

第五条

各方经协商一致，可就打击本公约第一条第一款所指行为的事项进行磋商、交换意见、协调立场，包括在国际组织和国际论坛从事上述活动。

第六条

各方中央主管机关根据本公约进行下列合作并相互提供协助：

（一）交流信息；

（二）执行关于进行快速侦查行动的请求；

（三）制定并采取协商一致的措施，以预防、查明和惩治本公约第一条第一款所指行为，并相互通报实施上述行动的结果；

（四）采取措施预防、查明和惩治在本国领土上针对其他各方实施的本公约第一条第一款所指行为；

（五）采取措施预防、查明和阻止向任何人员和组织提供用于实施本公约第一条第一款所指行为的资金、武器、弹药和其他协助；

（六）采取措施预防、查明、阻止、禁止并取缔训练从事本公约第一条第一款所指行为人员的活动；

（七）交换法律法规及其实施情况的材料；

（八）就预防、查明和惩治本公约第一条第一款所指行为交流经验；

（九）通过各种形式，培训、再培训各自专家并提高其专业素质；

（十）经各方相互协商，就其他合作形式达成协议，包括必要时，在惩治本公约第一条第一款所指行为及消除其后果方面提供实际帮助。如就此达成协议，缔结相应的议定书，该议定书构成本公约不可分割的一部分。

第七条

各方中央主管机关交换共同关心的情报，包括：

（一）准备实施及已经实施本公约第一条第一款所指行为的情报，已经查明及破获的企图实施上述行为的情报；

（二）对国家元首及其他国家领导人，外交代表机构、领事机构和国际组织的工作人员，其他受国际保护人员以及国事访问，国际和国家政治、体育等其他活动的参加者准备实施本公约第一条第一款所指行为的情报；

（三）准备、实施及以其他方式参与本公约第一条第一款所指行为的组织、团体和个人的情报，包括其目的、任务、联络和其他信息；

（四）为实施本公约第一条第一款所指行为，非法制造、获取、储存、转让、运输、贩卖和使用烈性有毒和爆炸物质、放射性材料、武器、引爆装置、枪支、弹药、核武器、化学武器、生物武器和其他大规模杀伤性武器，可用于制造上述武器的原料和设备的情报；

（五）已查明涉及或可能涉及本公约第一条第一款所指行为的资金来源的情报；

（六）实施本公约第一条第一款所指行为的形式、方法和手段的情报。

第八条

一、基于提供协助的请求，或经一方中央主管机关主动提供信息，各方中央主管机关在本公约范围内，在双边和多边基础上进行相互协作。

二、请求或信息以书面形式提出。在紧急情况下请求或信息可通过口头形式转达，但应在不晚于七十二小时内以书面形式确认，必要时，使用技术手段转交文本。如对请求或信息的真实性或内容产生疑问，可要求对其进一步确认或说明。

三、请求内容应包括：

（一）请求和被请求的中央主管机关的名称；

（二）对请求的目的和理由的说明；

（三）对请求协助的内容的说明；

（四）有利于及时和适当执行请求的其他信息；

（五）如有必要，标明密级。

四、以书面形式转交的请求或信息，应由提出请求的中央主管机关首长或其副职签字，或由该中央主管机关盖章确认。

五、请求和所附文件和信息由中央主管机关用本公约第十五条所规定的一种工作语言提出。

第九条

一、被请求的中央主管机关采取一切必要的措施以保障尽快和尽可能全面地执行请求，并在尽可能短的期限内通知结果。

二、如存在妨碍或严重延迟执行请求的情况，应立即将此通知提出请求的中央主管机关。

三、如执行请求超出被请求的中央主管机关的职权范围，它应将请求转给本国其他负责执行此请求的中央主管机关，并立即将此通知提出请求的中央主管机关。

四、为执行请求，被请求的中央主管机关可要求提供其认为必要的补充信息。

五、执行请求应适用被请求方法律。在不违背被请求方法律的基本原则或国际义务的情况下，根据提出请求的中央主管机关的请求，也可适用请求方法律。

六、如被请求的中央主管机关认为，执行请求可能有损其国家主权、安全、公共秩序或其他根本利益，或违背其国内法或国际义务，则可推迟或全部或部分拒绝执行请求。

七、如请求所涉行为按被请求方法律不构成犯罪，也可拒绝执行请求。

八、如根据本条第六款或第七款全部或部分拒绝执行请求或推迟其执行，应将此书面通知提出请求的中央主管机关。

第十条

为有效打击本公约第一条第一款所指行为，各方将签订单独协定和通过其他必要的文件，在比什凯克市建立各方的地区性反恐怖机构并保障其运行。

第十一条

一、为执行本公约，各方中央主管机关可建立紧急联系渠道和举行例行或特别会晤。

二、为落实本公约规定，各方必要时可相互提供技术和物资援助。

三、一方根据本公约从另一方获取的材料、专用器材、设备和器械，如事先未得到提供方的书面同意，不得转交。

四、对于各方中央主管机关在本公约范围内提供援助时使用的快速侦查行动方式、专门人员、专用器材和后勤保障材料性能等信息不得向外公布。

第十二条

各方中央主管机关可就实施本公约的程序细则相互签署协议。

第十三条

一、各方应对其得到的非公开或提供方不愿公开的信息和文件保密。这些信息和文件的密级由提供方确定。

二、根据本公约获得的执行请求的信息和结果，未经提供方书面同意，不得用于请求或提供目的以外的其他目的。

三、一方根据本公约从另一方获得的信息和文件，如事先未得到提供方的书面同意，不得转交。

第十四条

除非另有约定，各方自行承担与其执行本公约有关的费用。

第十五条

各方中央主管机关在本公约范围内开展合作时的工作语言为中文和俄文。

第十六条

本公约不限制各方就本公约内容及与其宗旨和目标不相抵触的事项签订其他国际条约的权利，并且不涉及各方根据其参加的其他国际协定所享有的权利和承担的义务。

第十七条

本公约解释或适用中出现的有争议的问题，由有关各方通过协商和谈判解决。

第十八条

一、本公约保存国为中华人民共和国。本公约正式副本将在签署后十五天内由保存国分送其他各方。

二、本公约自保存国收到哈萨克斯坦共和国、中华人民共和国、吉尔吉斯共和国、俄罗斯联邦、塔吉克斯坦共和国和乌兹别克斯坦共和国最后一份关于其已完成为使本公约生效所需的国内程序的书面通知后第三十天起开始生效。

第十九条

一、本公约生效后，经所有各方同意，其他国家可以加入本公约。

二、本公约自申请加入国向本公约保存国递交其完成为使本公约生效所需的国内程序的通知书后第三十天起，对其生效。自该日起，申请加入国成为本公约一方。

第二十条

一、经所有各方同意，可对本公约文本进行修订和补充，并制定议定书，议定书构成本公约不可分割的一部分。

二、任何一方在向保存国发出书面的退出通知十二个月后，可以退出本公约。保存国应在收到一方退出通知的三十天内通知其他各方。

第二十一条

一、如果一方非附件所列某一条约的缔约国，则可在向保存国提交关于完成为使本公约生效所需国内程序的通知书时声明，在本公约适用于该方时，该条约被认为未列入该附件。此声明在通知保存国该条约对该方生效后失效。

二、当一方不再是附件所列的某一条约的缔约国时，应按照本条第一款的规定作出声明。

三、符合以下条件的条约可以补充到附件中：

（一）对所有国家开放的；

（二）已经生效的；

（三）至少三个本公约的缔约方已经批准、接受、核准或者加入的。

四、本公约生效后，任何一方可以建议对附件进行修订。上述建议应书面送交保存国。保存国应将所有符合本条第三款要求的建议周知其他各方，并征求它们关于是否接受所提修订建议的意见。

五、在保存国向各方分送修订建议的一百八十天后，除非三分之一的本公约缔约方书面通知保存国反对此项修订，否则所提修订建议即被认为获得通过，并从即日起对所有各方生效。

本公约于2001年6月15日在上海签订，正本一份，用中文和俄文写成，两种文本同等作准。

哈萨克斯坦共和国代表 努·纳扎尔巴耶夫
中华人民共和国代表 江泽民
吉尔吉斯共和国代表 阿·阿卡耶夫
俄罗斯联邦代表 弗·普京
塔吉克斯坦共和国代表 埃·拉赫莫诺夫
乌兹别克斯坦共和国代表 伊·卡里莫夫

二、关于修改二00一年六月十五日在上海（中华人民共和国）签署的《打击恐怖主义、分裂主义和极端主义上海公约》的议定书

上海合作组织成员国根据上海合作组织成员国元首会议二00三年五月二十九日关于修改《打击恐怖主义、分裂主义和极端主义上海公约》（以下简称“公约”）的决议，订立本议定书如下：

第一条

将公约第十条中的“比什凯克”改为“塔什干”。

第二条

本议定书自保存国收到哈萨克斯坦共和国、中华人民共和国、吉尔吉斯共和国、俄罗斯联邦、塔吉克斯坦共和国和乌兹别克斯坦共和国最后一份关于其已完成使本公约生效的国内程序的书面通知后第三十天开始生效。

三、上海合作组织成员国关于地区反恐怖机构的协定

2002年6月7日

上海合作组织成员国，即二〇〇一年六月十五日《打击恐怖主义、分裂主义和极端主义上海公约》各方（以下简称“各方”），

遵循联合国有关维护国际和平与安全，鼓励国家间睦邻友好关系及相互合作的宗旨和原则，

认识到恐怖主义、分裂主义、极端主义对国际和平与安全，发展国家间友好关系，以及实现人的基本权利和自由构成威胁，

确信必须采取协调一致行动以保障各方领土完整、安全和稳定，包括通过加强合作打击恐怖主义、分裂主义和极端主义，

根据二〇〇一年六月十五日《上海合作组织成立宣言》、二〇〇一年六月十五日《打击恐怖主义、分裂主义和极端主义上海公约》（以下简称“公约”）和二〇〇二年六月七日《上海合作组织宪章》，达成协议如下：

第一条

本协定如下术语系指：

“官员”：各方派往地区反恐怖机构执行委员会（以下简称“执委会”）工作并由主任任命担任相应编制内职务的人员。

“代表”：派遣方赋予其以此身份在地区反恐怖机构理事会（以下简称“理事会”）履行职责的人员。

“工作人员”：各方派出的履行与代表活动有关职能的人员。

“馆舍”：建筑物或建筑物的各部分及附属的土地，不论其所有权形式及属谁。

“驻在国”：地区反恐怖机构总部或分部位于其境内的一方。

第二条

各方建立上海合作组织（以下简称“本组织”）地区反恐怖机构（以下简称“地区反恐怖机构”），地区反恐怖机构总部设在吉尔吉斯共和国比什凯克市。

本组织成员国元首会议在必要时可在各方境内设立地区反恐怖机构的分部。

地区反恐怖机构分部及其工作人员的地位由本组织与驻在国政府签订的协定规定。

第三条

地区反恐怖机构是本组织的常设机构，其目的是促进各方主管机关在打击公约确定的恐怖主义、分裂主义和极端主义行为中进行协调与相互协作。

第四条

地区反恐怖机构具有法人地位，有权以此身份：

签订合同；

获得和支配动产和不动产；

开设各种外汇银行账户和进行银行结算；

向法院提起诉讼和参加法庭审理。

本条规定的权利由执委会主任（以下简称“主任”）代表地区反恐怖机构行使。

第五条

地区反恐怖机构的活动经费由本组织预算拨出。地区反恐怖机构的财政制度由本组织有关预算问题的文件确定。

第六条

地区反恐怖机构的基本任务和职能是：

（一）为本组织有关机构，以及根据各方请求准备有关加强合作打击恐怖主义、分裂主义和极端主义的建议和意见；

（二）根据一方请求，包括根据公约规定协助各方主管机关打击恐怖主义、分裂主义和极端主义；

（三）收集和分析各方向地区反恐怖机构提供的有关打击恐怖主义、分裂主义和极端主义的信息；

（四）建立地区反恐怖机构资料库，包括：

－－国际恐怖、分裂和其他极端组织，其结构、头目和成员、参与上述组织活动的其他人员，以及资金来源和渠道的信息；

－－涉及各方利益的有关恐怖主义、分裂主义和极端主义的现状、动态和蔓延趋势的信息；

－－向恐怖主义、分裂主义和极端主义提供支持的非政府组织和人员的情况信息；

（五）根据各方主管机关的请求提供信息；

（六）根据有关方请求，协助准备和举行反恐指挥司令部演习及战役战术演习；

（七）应各方请求，协助准备和进行打击恐怖主义、分裂主义和极端主义的侦查等活动；

（八）协助对公约第一条第一款所述行为的嫌疑犯进行国际侦查以追究其刑事责任；

（九）参与准备有关打击恐怖主义、分裂主义和极端主义问题的国际法律文件；

（十）协助为反恐部队培训专家和教官；

（十一）参与筹备及举行科学实践会议、研讨会，协助就打击恐怖主义、分裂主义和极端主义问题进行经验交流；

（十二）与从事打击恐怖主义、分裂主义和极端主义的国际组织建立联系并保持工作接触。

第七条

地区反恐怖机构在活动中遵循本组织框架内通过的有关打击恐怖主义、分裂主义和极端主义的文件和决定。

地区反恐怖机构同各方主管机关相互协作，包括交换情报，并根据本组织其他机构的请求准备相关材料。

地区反恐怖机构资料库的建立和运作制度，以及有关提供、交换、使用和保护相关信息的问题由单独协定规定。

第八条

各方确定各自与地区反恐怖机构进行相互协作的本国主管机关名单。

各方在完成为使本协定生效所必需的国内程序后三十天内以书面形式将此通知保存国。

任何一方对其主管机关名单作出变更，应书面通知保存国。

第九条

根据本协定设立的理事会和执委会均为地区反恐怖机构的机关。理事会可建立必要的辅助机关。

第十条

理事会由本协定各方组成。

理事会应保持不间断地工作。为此各方应在地区反恐怖机构驻地派常驻代表。

理事会应定期召开会议，各方可酌情派代表参加，该代表可为有关主管机关负责人或其他特别代表。

本协定第六条所述的地区反恐怖机构的基本任务和职能的实施办法由理事会确定。

根据本协定所述的地区反恐怖机构的职权，理事会可就包括经费问题在内的所有实质性问题通过具有约束力的决定。

理事会向本组织成员国元首会议提交地区反恐怖机构年度工作报告。

理事会就任何问题做出的决议，只要无任何一方反对，即视为通过。

理事会制订自己的程序规则，包括理事会主席的选举规则。

第十一条

执委会由主任和确保地区反恐怖机构正常运作所需的人员组成。

主任是执委会的最高行政官员，以此身份出席理事会所有会议，同时履行执委会赋予的其他职责。

主任和副主任（一名或多名）由本组织国家元首会议根据理事会推荐任命。

主任和副主任（一名或多名）的任免程序由理事会确定。

四、关于修改二00二年六月七日在圣彼得堡（俄罗斯联邦）签署的《上海合作组织成员国关于地区反恐怖机构的协定》的议定书

上海合作组织成员国根据上海合作组织成员国元首会议二00三年五月二十九日关于修改《上海合作组织成员国关于地区反恐怖机构的协定》（以下简称“协定”）的决议，订立本议定书如下：

第一条

将协定第二条第一款中的“吉尔吉斯共和国比什凯克”改为“乌兹别克斯坦共和国塔什干”。

第二条

本议定书需经签署国批准并自保存国收到第四份批准书起第三十天开始生效。

五、上海合作组织成员国合作打击恐怖主义、分裂主义和极端主义构想

上海合作组织国家元首理事会第1号决议批准

2005年7月5日

上海合作组织成员国（以下简称“本组织成员国”）通过

《上海合作打击恐怖主义、分裂主义和极端主义的构想》（以下简称“构想”）。构想是制定在上海合作组织（以下简称“本组织”）框架内打击恐怖主义、分裂主义和极端主义的共同战略和措施体系的基础。恐怖主义、分裂主义和极端主义的定义在二〇〇一年六月十五日签署的《打击恐怖主义、分裂主义和极端主义上海公约》中已有规定。

本构想确定本组织成员国合作打击恐怖主义、分裂主义和极端主义的基本宗旨、任务、原则、方向、形式及其落实机制。

一、总则

本组织成员国认为，恐怖主义、分裂主义和极端主义：

威胁国际和平与安全、妨碍国家间友好关系的发展和基本人权与自由的实现；

威胁本组织成员国的领土完整和安全及政治、经济和社会稳定；

在任何情况下，无论出于何种动机，都不得被认为无罪，被指控进行此类活动的个人和组织必须为此承担责任。

本组织成员国相信，联合国是协调国际关系和在保障国际安全领域发展合作的主要中心。

本组织成员国重申，恪守《联合国宪章》的宗旨和原则，恪守旨在维护国际和平、安全和发展睦邻友好关系以及国家间合作的其他公认的国际法原则和准则。

本组织成员国将积极参与联合国监督下的，以及各地区组织框架内开展的反恐活动。成员国将根据各自的国家利益和国际责任确定是否参与此类活动及参与程度。

本组织成员国将采取一切可能的措施打击本组织范围内的恐怖主义、分裂主义和极端主义，不向被指控或涉嫌从事此类活动的人员提供庇护。

本组织成员国将在本组织框架内打击恐怖主义、分裂主义和极端主义，视为最重要的外交任务，并认为，在该领域建立新的国际合作机制，应是增强危机快速反应能力和使其现代化的有效措施，有助于有效地共同利用现有能力应对新挑战与新威胁。

本组织成员国认为，首先应依靠自身力量打击本组织范围内的恐怖主义、分裂主义和极端主义。

二、合作的宗旨、任务和原则

（一）合作的宗旨是：

保障本组织成员国及其公民和境内的其他人员不受恐怖主义、分裂主义和极端主义的威胁；

发掘本组织成员国的反恐潜力；

（二）合作的主要任务是：

制定本组织成员国打击恐怖主义、分裂主义和极端主义的共同立场；

完善合作的法律基础，协调本组织成员国打击恐怖主义、分裂主义和极端主义的国内立法；

发现并根除恐怖主义、分裂主义和极端主义的滋长原因和条件，消除其在本组织成员国境内造成的后果；

在本组织成员国境内预防和制止恐怖主义、分裂主义和极端主义；

打击任何形式的资助恐怖主义、分裂主义和极端主义活动；

提高本组织成员国主管机关在预防、发现、制止和调查恐怖主义、分裂主义和极端主义活动及发现并制止有关组织或人员从事上述活动方面的协作效率；

推动加强国际反恐合作，推动在世界范围内营造对恐怖主义、分裂主义和极端主义一致唾弃的氛围。

（三）为实现和完成合作打击恐怖主义、分裂主义和极端主义的基本宗旨和任务，上海合作组织成员国遵循以下原则：

公认的国际法原则和准则；

相互信任；

相互尊重主权、平等和领土完整；

在打击恐怖主义、分裂主义和极端主义的国际努力中不使用“双重标准”；

对恐怖主义、分裂主义和极端主义行为彼此认定，无论本组织成员国法律是否将这种行为列为此类犯罪，或各国法律是否用此类术语对其进行表述；

坚决打击和惩治进行恐怖主义、分裂主义和极端主义活动的个人和组织；

综合利用预防、法律、政治、社会经济、宣传和其他措施打击恐怖主义、分裂主义和极端主义；

不赋予反恐斗争以宗教或其他色彩；

不以任何方式向参与恐怖主义、分裂主义和极端主义的组织和个人提供支持；

不向参与恐怖主义、分裂主义和极端主义活动的人员提供庇护；

当本组织成员国的安全面临恐怖主义、分裂主义和极端主义威胁时，对可能采取的相应措施确定统一立场；

相互保护在合作过程中获得的非公开信息；

承认就打击恐怖主义、分裂主义和极端主义问题作出的联合决定具有优先性。

三、主要合作方向

主要合作方向如下：

制定本组织成员国打击恐怖主义、分裂主义和极端主义的统一政策，并在该领域活动中进行国家间的协调。

就制止本组织成员国禁止的恐怖主义、分裂主义、极端主义组织的活动，包括制定上述组织的统一名单及没收其财产和资金问题确定统一立场。

加强和发挥本组织成员国的反恐能力。

严厉惩治恐怖主义、分裂主义和极端主义。

制定和执行统一的实施或涉嫌实施恐怖主义犯罪的国际通缉人员名单。

完善合作打击恐怖主义、分裂主义和极端主义的法律基础。

制定和实施国家间的打击恐怖主义、分裂主义和极端主义的措施体系。

制定旨在加强边防、海关监控的法律、组织和其他措施，以防止恐怖主义、分裂主义和极端主义分子潜入本组织成员国境内，制止以实施恐怖主义、分裂主义和极端主义活动的物资非法通过本组织成员国国境。

打击恐怖主义、分裂主义和极端主义的科技、情报和分析保障。

协助消除恐怖主义、分裂主义和极端主义活动的后果，向受害者提供康复帮助。

防止恐怖分子、分裂分子和极端主义分子获得大规模杀伤性武器及其运载工具，放射性、剧毒和其他危险物质、材料及其生产技术。

打击任何形式的资助恐怖主义、分裂主义和极端主义活动。

打击针对国家重要设施、生活保障和关键基础设施及各种交通工具的恐怖主义。

防止利用或威胁利用局域全球网络进行恐怖主义活动（打击电脑网络恐怖主义）。

与公众团体和大众传媒开展协作，以打击恐怖主义、分裂主义和极端主义宣传。

在国际组织和国际论坛中，就打击恐怖主义、分裂主义和极端主义问题协调立场。

参与制定打击恐怖主义、分裂主义和极端主义全球战略的国际努力。

协助第三国打击恐怖主义。

完善打击恐怖主义、分裂主义和极端主义的物质技术基础，包括研制反恐特种部队使用的专门器材、技术和装备。

总结和推广联合打击恐怖主义、分裂主义和极端主义的经验。

为本组织成员国主管机关培训和再培训干部，提高其素质。

让社会意识到坚决打击恐怖主义、分裂主义和极端主义的必要性。

四、主要合作形式

主要合作形式有：

采取协商一致的预防性措施；

开展协商一致的侦缉和调查行动；

开展联合反恐行动；

交换侦查、参考性和犯罪侦查情报，包括关于策划中和已实施的击恐怖主义、分裂主义和极端主义及参与上述活动的个人和组织的资料；建立专门的资料库和通信系统，包括非公开的通信系统。

给予司法协助；

组织并举行联合反恐演习，培训干部，交流打击恐怖主义、分裂主义和极端主义的工作经验和教材，开展该领域的联合学术研究；

五、构想落实机制

本组织成员国在组织框架内制定国际条约、共同纲领、行动计划及其他文件，以落实本构想的有关条款。

为落实本组织成员国合作打击恐怖主义、分裂主义和极端主义的协商一致的决定，本组织地区反恐怖机构执委会开展协调行动、国际法和情报分析活动，就本组织地区反恐怖机构理事会向本组织成员国元首理事会和政府首脑理事会提交的报告准备意见和建议。

鉴于本组织成员国之间的一体化进程将进一步发展，合作将不断加强，本科对本构想的一些条款进行修改和补充。

六、上海合作组织成员国关于合作打击非法贩运麻醉药品、精神药物及其前体的协议

上海合作组织（以下简称“本组织”）成员国（以下简称“各方”），

对非法贩运和滥用麻醉药品和精神药物（以下简称“麻醉品”）及其前体大范围的扩散表示忧虑，

认识到非法贩运麻醉品及其前体对各方人民的健康和福祉构成严重威胁，

基于对利用本协议各方领土进行走私和非法过境贩运麻醉品及其前体日趋增加的担忧，

考虑到各方在打击非法贩运和滥用麻醉品方面加强合作符合本组织成员国人民的利益，

按照二〇〇二年《上海合作组织宪章》和经《一九七二年修正一九六一年麻醉品单一公约的议定书》修正的《一九六一年麻醉品单一公约》、《一九七一年精神药物公约》、《一九八八年联合国禁止非法贩运麻醉药品和精神药物公约》，一九九八年联合国大会第二十次特别会议通过的《政治宣言》和决议，以及涉及此问题的联合国其他决议和建议，

根据各方采取有效措施打击非法贩运麻醉品及其前体的共同意愿，

遵循本国法律和公认的国际法原则和准则，

达成如下协议：

第一条

一、各方根据本国法律开展合作，制定打击非法贩运麻醉品及其前体的协商一致的战略和共同措施，在本组织框架内协调各方在此方面的活动，联合所有国家机关、社会和其他组织、公民的力量，以及利用大众媒体防止吸毒和非法贩运麻醉品及其前体。

二、各方促进在针对非法贩运麻醉品及其前体和禁吸戒毒领域中的双边和多边国际合作的开展。

三、各方努力在国际场合就禁止非法贩运麻醉品及其前体的问题协调立场，并与执行禁止非法贩运麻醉品及其前体方面的国际组织进行合作。

第二条

一、各方在打击非法贩运麻醉品及其前体以及滥用麻醉品的合作中遵循以下基本原则：

（一）对涉及麻醉品及其前体流通的所有形式的活动实行国家管制；

（二）对涉及非法贩运麻醉品及其前体的违法行为予以惩罚；

（三）优先采取措施，预防吸毒及与非法贩运麻醉品及其前体有关的违法行为；

（四）国家支持对吸毒成瘾者的脱瘾治疗及医学和社会康复的新方法开展科学研究。

二、各方根据各自国家法律规定，可以明确非医疗使用麻醉品责任，以此作为防止吸毒和减少麻醉品需求的预防性手段。

第三条

各方在打击非法贩运麻醉品及其前体以及滥用麻醉品方面的主要合作内容如下：

（一）分析与非法贩运麻醉品及其前体有关的犯罪状况；

（二）对麻醉品及其前体的流通实行严格管制；

（三）采取协商一致的措施，落实有关打击非法贩运麻醉品及其前体的公约和其他国际条约的各项规定；

（四）组织各方主管机关在打击非法贩运麻醉品及其前体方面开展合作；

（五）制定防止吸毒和非法贩运麻醉品及其前体的联合计划；

（六）完善各方打击非法贩运麻醉品及其前体合作的法律基础，根据国际条约调整该领域的国内法律；

（七）预防吸毒，研究和运用对吸毒成瘾者进行治疗以及社会和医学康复的新方法；

（八）禁止做导致吸毒蔓延的宣传和广告。

第四条

一、各方在打击非法贩运麻醉品及其前体以及滥用麻醉品方面采取如下合作形式：

（一）交换以下有关防止非法贩运麻醉品及其前体问题的情报：

1. 所有在各方领土上已经实施或准备实施的非法贩运麻醉品及其前体的犯罪行为；

2. 与非法贩运麻醉品及其前体有关的犯罪嫌疑人；

3. 从各方中的一方领土向另一方领土非法运输或准备运输麻醉品及其前体的具体事实和经过；

4. 参与非法贩运麻醉品及其前体的带有跨国性质的犯罪集团的机构、人员名单、活动范围、管理和联络情况；

5. 个人与在各方领土上实施非法贩运麻醉品及其前体的犯罪团伙接触或可能接触的情况；

6. 有关非法贩运麻醉品及其前体犯罪活动的形式和方法；

7. 将非法贩运麻醉品及其前体获取的收入合法化的活动

（洗钱）；

8. 发现流入非法贩运渠道的麻醉品及其前体来源的形式和方法以及制止其非法贩运的措施；

9. 违法者对非法贩运的麻醉品及其前体所采用的藏匿和掩护的手法及查缉方法；

10. 其他共同关心的问题。

（二）一方根据另一方的请求，对涉及非法贩运麻醉品及其前体的活动采取专业侦查措施；

（三）采取措施在反对非法贩运麻醉品及其前体方面相互协作，包括进行控制下交付；

（四）通过举行会议和研讨会等方式交流工作经验；

（五）交换防止非法贩运麻醉品及其前体方面的法律和法规及其执行情况的材料、统计数据及方法建议；

（六）培训和提高相关人员的职业素质；

（七）提供物资技术和咨询帮助，协助举行专家鉴定；

（八）就打击非法贩运麻醉品及其前体问题共同开展科学研究；

（九）必要时，交换收缴的非法贩运的麻醉品及其前体的样品和研究结果；

（十）根据各方参加的国际条约的规定提供司法协助；

（十一）就在合作过程中产生的问题进行协调，包括成立工作组和交换代表，以开展侦查等活动；

（十二）吸收非政府组织和公民参与防止吸毒活动蔓延，发展社会医疗戒毒机构网点。

二、本条第一款第六、七、八项规定的合作具体形式，包括经费问题，可由各方单独商定。

三、本协议不妨碍各方研究和采取其他相互接受的合作方式。

第五条

一、各方根据本国法律确定的中央主管机关通过直接接触、按本协议的规定开展合作。各方中央主管机关为：

外交部；

麻醉药品和精神药物流通管制部门；

总检察院（检察院）；

内务部（公安部）；

国家安全机关和特种部门；

边防部门；

海关部门；

司法部；

卫生部；

教育部；

其他与落实本协议有关的职能部门。

二、为提高落实本协议的效率，各方指定各自负责协调在本协议框架内开展合作的被授权机关。

三、各方必要时通过外交渠道向本协议保存方通报有关中央主管机关和被授权机关的资料，注明它们的邮寄地址、电话号码、传真和电子邮件地址。

本协议保存方向各方通报中央主管机关和被授权机关变化情况。

第六条

经本国中央主管机关同意后，边境地区主管机关之间可以直接开展本协议框架内的合作。其协作程序由各方中央主管机关根据各自国内法律另行协商。

第七条

一、在本协议框架内开展的合作应建立在一方提出合作请求或一方向其认为感兴趣的另一方提出协作倡议的基础上。

（一）协助请求以书面形式提出；

（二）在紧急情况下可以口头提出协助请求，但应在此后的七十二小时内以书面形式确认，必要时可利用通信技术手段传递；

（三）如对协助请求的真实性或内容产生疑问，可请求对方以书面形式对真实性予以补充确认或对文件实质内容做详细说明。

二、协助请求应包括以下内容：

（一）请求方与被请求方中央主管机关的名称；

（二）提出请求的目的及根据；

（三）请求协助的内容；

（四）希望执行请求的期限；

（五）有利于及时和适当执行协助请求的其他信息；

（六）如有必要，标明请求或被请求方采取个别行动的密级；

（七）如有必要，请求书应译成中文或俄文。

三、有关请求的情报只能用于请求书中注明的目的。

第八条

一、被请求方中央主管机关采取一切必要措施以保证快速、尽可能圆满执行请求。请求一般应在送达之日起三十日内执行。

二、被请求方中央主管机关有权要求请求方提供其认为适当地执行请求所需的补充信息。

三、如不违背本国法律，被请求方中央主管机关在本国境内执行请求时可允许请求方中央主管机关的代表在场。

第九条

一、被请求方中央主管机关在不可能或拒绝执行请求时，应立即以书面形式通知请求方中央主管机关，并告知有碍执行请求的原因，同时退还请求书和所有相关附件。

二、如被请求方中央主管机关认为完成协助请求可能给其本国主权、安全或其他重大利益造成损失，或违背本国法律，则可以完全或部分拒绝执行请求。

三、如被请求方中央主管机关认为立即执行请求可能妨碍在其境内进行的刑事诉讼或其他诉讼进程，则可以推迟执行请求或提出执行请求必须遵守的、经与请求方中央主管机关协商后确定的条件。如请求方中央主管机关同意按被请求方提出的条件协作，则须予以遵守。

第十条

一、各方应对其得到的非公开或提供方不愿公开的信息和文件保密。这些信息和文件的密级由提供方确定。

二、一方根据本协议从另一方获得的信息和文件，如事先未得到提供方的书面同意，不得转交。

第十一条

各方在本国法律框架内采取必要措施，在相互可以接受的协议的基础上，对麻醉品及其前体适当利用控制下交付办法，以达到查明参与非法贩运麻醉品及其前体的人员并追究其刑事责任等目的。

第十二条

一、如无另行商定，各方将自行承担在本国境内执行本协议所需的费用。

二、各方将承担各自中央主管机关的代表的国际旅费和在接待方境内所有逗留费用。

三、请求方中央主管机关的代表前往被请求方时，需与被请求方中央主管机关事先商定方可执行。

第十三条

一、为了检查本协议的执行结果和完善本协议所规定的合作，各方遵循《上海合作组织成员国各部门领导人会议条例》，按照俄文字母顺序轮流在成员国境内举行被授权机关领导人会议，每年不少于一次。

二、必要时，各方中央主管机关举行联合工作会晤和磋商。此类工作会晤和磋商经相互商定后一般在倡议方境内举行。

三、举办上述会议、会晤和磋商应事先通报本组织秘书处，结束后向秘书处通报结果。

第十四条

一、如各方对本协议条款的解释和适用产生争议，将通过协商和谈判解决。

二、本协议不妨碍各方加入的其他国际条约中涉及的权利和承担的义务。

第十五条

各方在本协议框架内进行合作时以中文和俄文作为工作语言。

第十六条

一、本协议自保存方收到第四份关于各方已完成为使本协议生效所必需的各自国内程序的书面通知之日起生效。对于在此后完成国内程序的各方，协议自其将有关通知书交付保存方之日起生效。

二、经各方决定，可形成单独的议定书对本协议进行修改和补充，该议定书构成本协议不可分割的一部分，并按本条第一款规定的程序生效。

三、各方不得对本协议提出任何保留意见。

四、本协议自生效之日起五年内有效。此后，如各方无其他决定，本协议有效期将自动延长五年，并依此法顺延。

五、本协议对赞同本协议条款和愿意承担本协议规定义务的其他国家开放。对于加入国，本协议自保存方收到其加入书之日起生效。

第十七条

本协议由本组织秘书处保存，秘书处将核对无误的副本提交各方。

本协议于二〇〇四年六月十七日在塔什干市签订，正本一式一份，分别用中文和俄文写成，两种文本同等作准。

哈萨克斯坦共和国代表	努尔苏丹·纳扎尔巴耶夫
中华人民共和国代表	胡锦涛
吉尔吉斯共和国代表	阿斯卡尔·阿卡耶夫
俄罗斯联邦代表	弗拉基米尔·普京
塔吉克斯坦共和国代表	埃莫马利·拉赫莫诺夫
乌兹别克斯坦共和国代表	伊斯兰·卡里莫夫

七、上海合作组织成员国政府间合作打击非法贩运武器、弹药和爆炸物品的协定

2008年8月28日

上海合作组织成员国政府（以下简称“各方”），对非法贩运武器、弹药和爆炸物品规模的扩大表示关切，认识到非法贩运武器、弹药和爆炸物品对各方国家安全构成严重威胁，基于采取有效措施打击非法贩运武器、弹药和爆炸物品的相互关切，遵循二〇〇二年六月七日签署的《上海合作组织宪章》、二〇〇一年六月十五日签署的《打击恐怖主义、分裂主义和极端主义上海公约》，依据本国法律，公认的国际法准则，达成下列协议：

第一条

本协定所用概念定义如下：

“武器”系借助钢管内抛射药的燃烧所产生的气体推力进行定向运动的弹体对射程内目标进行机械性毁伤的装置及其主要零部件；

“弹药”系用于毁伤目标，包含爆炸、抛射、发烟及击打装药或其组合装药的物品及装具；

“爆炸物品”系在特定条件下，经外力作用瞬间发生化学反应，释放大量热能和气体的化学物或化学混合物；

“非法贩运武器、弹药和爆炸物品”系指违反各方国家法律制造或维修、买卖、转让、获取、储存、携带和运输武器、弹药和爆炸物品（以下简称“非法贩运武器”）。

第二条

一、依据本国法律、国际义务以及本协定，各方通过各自主管机关在预防、发现、制止和侦破与非法贩运武器有关的犯罪方面开展合作。

二、主管机关名单由各方各自指定，并在通知履行完本协定必要的国内生效程序时提交保存机构。

各方在变更主管机关名单后要在 30 天内书面告知协定保存机构。

第三条

各方在下列方向开展合作：

（一）完善各方打击非法贩运武器合作的法律基础及协调各方国内立法。

（二）分析非法贩运武器有关犯罪的现状和动态，以及打击结果；

（三）制定协同一致的打击非法贩运武器的战略和联合行动措施；

（四）协调和完善各方主管机关在打击非法贩运武器领域里的协作机制；

（五）参加打击非法贩运武器的国际组织和国际会议时协同立场；

第四条

一、各方以下列形式开展合作：

（一）交换下列情报：

1. 准备实施或已实施非法贩运武器的犯罪及其参与人员和组织；

2. 非法制造武器、弹药和爆炸物品的地点；

3. 已查明的为提高武器和弹药杀伤性而进行非法改造的新方法；

4. 已查明的有助于在贩运武器领域实施犯罪的违法行为；

5. 预防、发现、制止和侦破非法贩运武器的新方法；

6. 其他共同关心的情报；

（二）向上海合作组织地区反恐怖机构保密资料库提供有关实施恐怖犯罪中使用的武器、弹药和爆炸物品的信息；

（三）执行有关开展侦查行动的请求；

（四）规划实施协调一致的侦查行动和预防措施；

（五）交流工作经验、举行工作会晤、磋商、会议、经验交流会和研讨会；

（六）协助培训干部，提高其业务素质；

（七）就共同关心的问题开展联合科学研究；

（八）交流法律、法规、科研成果和业务建议。

二、本协定不涉及引渡和刑事案件司法协助的问题。

第五条

本协定不妨碍各方确定和发展其他的相互同意的合作方向和形式。

第六条

一、根据有关方要求协助的请求，或经一提议方通报，各方主管机关开展合作。

二、请求或通报应以书面形式提出。紧急情况下，请求或通报可通过口头形式转达，但应在 72 小时内以书面形式确认，必要时，使用技术手段转交文本。

三、如对请求或通报的真实性及内容产生疑问，可要求对上述文件进行确认或说明。

四、请求内容应包括：

（一）请求和被请求的主管机关名称；

（二）请求的目的和理由；

（三）请求的内容；

（四）有利于及时妥善地执行请求的其他情报；

（五）如有必要，标明密级。

五、以书面形式转交的请求或通报，应由发文的主管机关首长或其副职签署，并（或）盖有该主管机关的印章。

第七条

一、被请求方主管机关采取一切必要措施保障尽快和尽可能全面地执行请求，并从收讫日起不超过 30 天向请求方主管机关通知研究处理结果。

二、请求方主管机关应立即通报有关妨碍或延迟执行请求的情况。

三、如执行请求不属于被请求方主管机关的职权范围，它应将请求转给本国其他有权执行此请求的机关，并立即将此通知请求方主管机关。

四、为执行请求，被请求方主管机关可要求提供其认为必要的补充信息。

五、执行请求应适用被请求方国家法律。

六、如不违背被请求方国家法律，被请求方主管机关在自己境内执行请求时可以允许请求方主管机关代表在场。

七、如被请求方主管机关认为，执行请求可能有损其国家主权、安全、公共秩序或其他重要国家利益，或违背其国内法或国际义务，则可推迟或全部或部分拒绝执行请求。

八、如请求所涉及行为按被请求方国家法律不构成犯罪，也可拒绝执行请求。

九、如根据本条第七款或第八款全部或部分拒绝执行请求或推迟其执行，应将此书面通知请求方主管机关，并告知有碍执行请求的原因。

第八条

一、各方应对其获得的非公开的或提供方不愿公开的情报信息和文件保密。这些情报信息和文件的密级由提供方确定。

二、根据本协定获得的执行请求的情报信息或者结果，未经提供方书面同意，不得用于请求或提供目的以外的其他目的。

三、未经提供方书面同意，一方根据本协定从另一方获得情报信息和文件不得转交第三方。

第九条

除非对个案另有其他商定程序，各方将各自承担在本国境内执行本协定的所需费用。

第十条

为分析和评估本协定框架内合作的成果，以及制定完善合作的途径，各方可举行磋商和会晤。

第十一条

如解释或适用本协定时出现争议，各方通过协商和谈判解决。

第十二条

本协定不涉及各方根据其所参加的其他国际条约所享有的权利和承担的义务。

第十三条

各方在本协定框架内进行合作的工作语言为中文和俄文。

第十四条

经各方协商一致，可对本协定进行修订和补充。

第十五条

一、本协定无限期有效，自保存机构收到签署国第四份关于已完成为使本协定生效所需的国内程序的书面通知之日起生效。

对以后完成所需程序的各方，自其将相应文件交予保存机构保存之日起，本协定对其生效。

二、本协定的保存机构为上海合作组织秘书处。自各方签署本协定15天内，保存机构将核对无误的副本送交各方。

三、本协定对上海合作组织成员国开放。对于加入国，本协定自保存机构收到其加入书之日起生效。

本协定于2008年8月28日在杜尚别签订，正本一式一份，用中文和俄文写成，两种文本同等作准。

哈萨克斯坦共和国政府代表	努尔苏丹·纳扎尔巴耶夫
中华人民共和国政府代表	胡锦涛
吉尔吉斯共和国政府代表	库尔曼别克·巴基耶夫
俄罗斯联邦政府代表	德米特里·梅德韦杰夫
塔吉克斯坦共和国政府代表	埃莫马利·拉赫莫诺夫
乌兹别克斯坦共和国政府代表	伊斯兰·卡里莫夫

八、上海合作组织成员国和阿富汗伊斯兰共和国关于打击恐怖主义、毒品走私和有组织犯罪行动计划

2009年3月27日

上海合作组织（以下简称“上合组织”）成员国和阿富汗伊斯兰共和国（以下简称“阿富汗”），为落实《上海合作组织成员国和阿富汗伊斯兰共和国关于打击恐怖主义、毒品走私和有组织犯罪的声明》所确定的共识，通过下列行动计划：

一、禁毒领域

在筹备中的上海合作组织成员国禁毒部门领导人会议机制框架下，根据2004年6月17日签署的《关于合作打击非法贩运麻醉药品、精神药物及其前体的协议》，在以下方面开展务实合作：

对成员国相关法律法规进行对比分析，完善打击非法贩运毒品及易制毒化学品合作的法律基础；

开展部门间情报交流；实施联合行动；

对麻醉药品、精神药物及易制毒化学品进行监管；

打击麻醉药品、精神药物及易制毒化学品非法交易收入的洗钱活动；

为禁毒部门人员进行培训；

预防吸毒，包括采取措施减少毒品需求，研究和运用对吸毒成瘾者进行治疗以及社会和医学康复的新方法；

在成员国禁毒部门领导人会议与阿富汗主管机关间开展定期交流和有效合作；

成员国研究建立地区禁毒中心以及专门负责培训上合组织成员国、观察员国和阿富汗打击非法贩运麻醉药品、精神药物及易制毒化学品的主管机关人员的进修中心的可能性；成员国将采取措施，通过利用“中亚地区禁毒信息协调中心”的潜力，并吸收本组织观察员国、阿富汗和土库曼斯坦参与禁毒合作，包括建立“禁毒和金融安全带”，重点解决以下问题：

完善上合组织成员国和阿富汗相关部门打击跨境团伙的合作机制，在禁毒方面为上合组织成员国和阿富汗主管机关提供物质技术和人员培训支持；

在《上海合作组织和集体安全条约组织秘书处谅解备忘录》的基础上加强两组织间的禁毒合作仍将是优先工作方向。

将继续推动扩大驻阿国际安全援助部队在打击阿毒品生产和走私方面的作用；

上合组织成员国和阿富汗将加大对制毒化学品的监管力度，愿采取必要措施遏制易制毒化学品非法流入阿富汗，并在该领域同有关国家及国际组织进行合作。

二、反恐领域

为有效遏制恐怖主义威胁，上合组织成员国和阿富汗认为有必要加强反恐合作，运用综合措施共同应对恐怖主义威胁。重点合作方向包括：

边防监管；

对涉嫌恐怖活动人员进行检查；

采取联合行动以应对恐怖威胁；

逐步吸收阿富汗参与上合组织框架内的地区反恐合作；

建立防范和取缔恐怖活动的有效机制；

相互协作获取关于威胁成员国和阿富汗安全的恐怖组织的情报；

在上合组织地区反恐怖机构与阿富汗有关部门间建立专家磋商机制；

开展关于恐怖分子及其组织活动的情报交流以及反恐经验交流；

上合组织成员国和阿富汗相互提供涉恐人员名单；

相互协助缉捕和移送恐怖分子；

查明并切断恐怖组织的融资来源和渠道；

邀请阿富汗相关部门参加成员国执法部门联合演习、研讨会、培训班以及本组织其他反恐活动。

三、打击有组织犯罪

上海合作组织成员国将以筹建中的公安内务部长会议机制为依托开展下列工作：

同阿富汗主管部门合作打击非法贩卖武器、弹药、爆炸物以及其他各类跨境有组织犯罪；

就有组织犯罪及时进行情报和经验交流；

在刑侦、证据搜集和转交方面相互协助；

研究开展打击跨境有组织犯罪的联合行动及其机制化以及必要时相互派遣执法人员协助案件侦破的可能性；

利用现有条件落实完善阿富汗执法部门人员职业培训和提高其业务水平的各类项目。

* * *

为完善和提高合作机制效率，上合组织成员国和阿富汗商定研究将“上合组织－阿富汗”联络组代表级别提高至外交部司局级问题，将采取措施制订联络组与集安条约组织外长理事会阿富汗工作组的合作计划，以便采取包括举行联席会议在内的旨在打击恐怖主义、毒品走私和有组织犯罪的联合行动。

* * *

上合组织成员国将继续与阿富汗开展双边经贸合作，参与推动阿经济重建的国际行动，并研究实施利于该国社会经济重建的共同项目的可能性。

为此，成员国将研究塔吉克斯坦共和国关于在杜尚别举行经贸部长国际会议的建议。

* * *

上合组织成员国将继续就利用现有以及恢复以往阿富汗问题有效国际合作机制的问题交换意见。

九、上海合作组织成员国和阿富汗伊斯兰共和国关于打击恐怖主义、毒品走私和有组织犯罪的声明

2009 年 3 月 27 日

上海合作组织（以下简称“上合组织”）成员国和阿富汗伊斯兰共和国：

支持阿富汗政府在国际社会帮助下，巩固国内经济社会发

展，建设民主体制，加强本国军队和警察战斗力，提高执法机关工作效率；

承认阿富汗所面临的挑战，如恐怖活动日益猖獗，以及毒品种植、生产和走私不断扩大，是相互关联的，对阿富汗、其邻国和其他国家构成严重威胁；

欢迎阿富汗政府为减少鸦片生产所作的努力，并对阿毒品种植和生产量持续增加表示关注，因为毒品种植和生产是阿富汗、本地区和其他地区恐怖活动的资金来源；

支持阿政府和在阿国际安全援助部队为改善阿法制秩序、提高打击毒品生产和走私，以及易制毒化学品供应所做的努力；指出上合组织成员国为阿政府提供了巨大援助，并愿继续提供此类支持，以应对阿富汗的挑战；

强调维护联合国在协调对阿国际援助方面发挥主要作用十分重要；

高度重视联合国、上合组织、独联体、集体安全条约组织、欧洲安全与合作组织和“亚信”论坛为打击恐怖主义、毒品走私和有组织犯罪所做的努力；

声明如下：

一、打击毒品走私

我们呼吁所有相关国家，在联合国和其他国际和地区组织的框架下，全面落实现有的打击阿富汗毒品走私国际战略，其中规定严格遵守联合国安理会第 1817 号决议和有关国际会议通过的决议，以及建立并巩固地区“禁毒和金融安全带”的措施。

我们主张进一步提高上合组织框架内的禁毒合作机制的效率，制订上合组织成员国和本地区其他有关国家禁毒部门之间情报交流、易制毒化学品管制等方面的务实合作计划，加强该机制与联合国相关禁毒机构及其他参与打击毒品种植、生产和走私的国际和地区组织的合作。

我们强调应加强应对毒品威胁的国际和地区合作，支持联合国、集安条约组织、独联体、欧盟和欧安组织在阿富汗和中亚实施旨在维护边界安全的计划和项目。我们赞成所有相关国家和组织共同努力，建立地区“禁毒和金融安全带”。

我们欢迎在阿国际安全援助部队与阿富汗政府合作参与打击阿富汗毒品生产和扩散，并支持其广泛参与该领域的多边努力。我们认为联合国安理会在例行审议国际安全援助部队权限问题时应考虑这一因素。

我们赞成加强上合组织、集体安全条约组织和独联体之间的禁毒和反恐合作，强调集安条约组织的“通道”多边缉毒行动十分重要，应扩大该行动观察员国数量。

我们认为，启动中亚地区禁毒信息协调中心并吸收阿富汗参与其工作将有助于有效监控中亚地区麻醉药品、精神药物及其前体的非法生产、贩运和滥用。

二、打击国际恐怖主义

我们相信，国际社会最迫切的反恐任务之一是完善国际法基础，特别是应尽快商定并通过《关于国际恐怖主义的全面公约》，并制定地区反恐国际法律文件。

我们主张严格遵守联合国安理会就国际恐怖主义通过的有关决议。

我们呼吁抵制恐怖主义思潮蔓延，呼吁无条件遵守联合国安理会2005年第1624号决议。该决议谴责所有恐怖行为，无论其出于何种动机，呼吁各成员国依法制止恐怖行为和煽动恐怖行为，并拒绝向这类犯罪分子提供庇护。认为应扩大民族、种族及宗教间对话，遏制恐怖主义意识形态，借助民间社会，包括宗教领袖、媒体、工商界、教育机构的力量来解决该问题。我们重申，愿一如既往地积极参加金融行动特别工作组及欧亚反洗钱与反恐融资小组，以切断毒品及其前体非法贸易融资，并争取使欧亚反洗钱与反恐融资小组和金融行动特别工作组将其作为单独的工作方向。

上合组织成员国将更积极地利用地区反恐怖机构的潜力和条件，结合本组织框架内进行的联合反恐演习，为遏制恐怖主义威胁作出更大贡献，并邀请观察员国及其他有关国家参与协作，包括建立“反恐安全带”和研究参与保障国际安全援助部队非军用物资过境的可能性。上合组织成员国将在阿富汗政府的协助下，合作应对恐怖主义威胁，维护在阿本国公民和外交机构的安全。

三、打击跨国有组织犯罪

我们重申，愿大力打击非法贩运武器、弹药和爆炸物品和其他跨国有组织犯罪。这些犯罪的增长严重威胁我们各国人民的生命和安全。

我们认为，在上合组织框架内建立主管机关相互协作的有效机制——公安内务部长会议机制，以及建立并加强该机制同其他国家主管机关、国际及地区组织间的联系，将有助于打击有组织犯罪。

* * *

我们认为，依托上合组织并吸收有关国家和国际组织就联合应对威胁问题进行定期对话，能够有效充实现有打击地区恐怖主义、毒品走私和有组织犯罪的国际机制。我们愿按照本声明和《上海合作组织成员国和阿富汗伊斯兰共和国打击恐怖主义、毒品走私和有组织犯罪行动计划》的规定，继续同包括联合国、集安条约组织、欧盟、独联体、欧安组织、北约和“亚信”论坛在内的各有关国家、国际和地区组织就打击恐怖主义、毒品走私和有组织犯罪问题开展合作。

十、上海合作组织成员国首次公安内务部长会议关于打击跨国犯罪的联合声明

2009 年 5 月 18 日，上海合作组织成员国首次公安内务部长会议在俄罗斯叶卡捷琳堡举行。会议签署了《上海合作组织成员国首次公安内务部长会议关于打击跨国犯罪的联合声明》，声明全文如下：

哈萨克斯坦共和国内务部部长、中华人民共和国公安部部长、吉尔吉斯共和国内务部部长、俄罗斯联邦内务部部长、塔吉克斯坦共和国内务部部长和乌兹别克斯坦共和国内务部部长（以下简称各方），

鉴于国际恐怖主义、分裂主义和其他暴力极端主义以及非法贩运毒品、武器等其他形式的跨国犯罪对本地区的安全与稳定构成严重威胁，

为加强上海合作组织成员国公安、内务部门在打击跨国犯罪领域的相互信任与合作，

各方对跨国犯罪呈增长态势表示严重关切，

认识到各种形式的跨国刑事犯罪是对上海合作组织成员国国家安全、社会稳定和公众安定的严重威胁，

认为有必要在该领域进行密切合作，以预防、发现和打击各种形式的跨国犯罪。

声明如下：

各方将采取协调一致的措施，优先查明、防范、制止和侦破国际恐怖主义、分裂主义和其他暴力极端主义以及非法贩运毒品、武器、经济犯罪等其他形式的跨国犯罪。

各方将进一步完善合作打击跨国犯罪的法律基础，并相互交换在该领域的行动性情报信息、法律规定和工作经验。

各方将采取措施及时相互通报发生在本国境内针对其他上海合作组织成员国公民的严重犯罪，在保护成员国公民免受犯罪活

动侵害方面加强合作。

各方鼓励上海合作组织成员国边境地区公安、内务机关，发挥地缘优势，在打击跨国有组织犯罪领域开展更加密切的合作，提高合作效率，进一步巩固相互理解、睦邻友好的合作关系，加强执法联络。

各方一致认为，有必要制订并签署上海合作组织成员国关于打击犯罪的框架协定。

本联合声明于2009年5月18日在叶卡捷琳堡签署，一式一份，用中文和俄文写成，两种文本同等作准。

哈萨克斯坦共和国内务部部长	巴伊马甘别托夫
中华人民共和国公安部部长	孟建柱
吉尔吉斯共和国内务部部长	康甘季耶夫
俄罗斯联邦内务部部长	努尔加利耶夫
塔吉克斯坦共和国内务部部长	卡霍洛夫
乌兹别克斯坦共和国内务部部长	马特留波夫

十一、中华人民共和国政府和哈萨克斯坦共和国政府关于中哈国界管理制度的协定

中华人民共和国政府和哈萨克斯坦共和国政府（以下称双方），遵循领土和国界不可侵犯的国际法原则，在相互尊重主权和领土完整、互不侵犯、互不干涉内政、平等互利和和平共处原则基础上，决心并共同致力于将两国国界建设成为永久和平、世代友好的边界。为维护两国国界的稳定和边境地区的安宁，本着互相尊重、互信、平等、友好、合作的精神处理边界事务，双方议定如下：

第一章 定 义

第一条

为本协定的目的，使用以下定义：

（一）“国界”、“边界”、“国界线”具有相同含义，是指分隔中华人民共和国和哈萨克斯坦共和国之间领陆和领水的界限，及沿该线划分上空和底土的垂直面。

（二）“划界文件”，是指划定中华人民共和国和哈萨克斯坦共和国间边界的法律文件，包括两国间的国界协定，以及中华人民共和国、哈萨克斯坦共和国与第三国国界交界点的协定。

（三）“勘界文件”，是指国界勘定后形成的国界线勘界议定书、边界地图、界标登记表、界桩坐标和高程一览表、界标位置略图、岛屿归属一览表等文件。

（四）“联检文件”，是指边界联合检查后形成的、作为勘界文件补充文件的国界线联合检查议定书、边界地图、界标登记表、界桩坐标和高程一览表、界标位置略图、岛屿归属一览表等文件。

（五）“界标”，是指竖立在国界线上或国界线两侧，在实地标示国界线走向，且其地理坐标已实地测定并记载于勘界文件或联检文件中的标志，可分为基本界标、辅助界标等。

（六）“边界通视道”，是指在实地国界线两侧一定宽度范围内通过清除树木、灌木及其他植被开辟的通道，目的是使国界线和相邻界标间保持通视。

（七）“边境地区”，是指毗邻国界的中华人民共和国的县（市）和哈萨克斯坦共和国的区。

（八）“边民”，是指两国边境地区的常住居民。

（九）“主管部门”，是指双方各自国家法律确定的、其职权包括根据本协定解决问题的机构。

（十）“边界事件”，是指不同程度违反两国国界管理制度的事件。

（十一）“边防人员”，是指中华人民共和国和哈萨克斯坦共和国边防部门的人员。

（十二）“边界代表”，是指根据两国国内法任命的，负责预防、处理边界事件及维护国界管理制度的人员。

（十三）“边界代表的专家”，是指从不同专业的专家中任命的、参与保障边界代表工作的人员。

（十四）“跨界水”，是指穿过或位于国界的所有河流及其他水域。

（十五）“边界水”，是指位于国界的所有河流及其他水域，是跨界水的一部分。

（十六）“跨界设施”，是指跨越国界的铁路、公路、油气管道、输电线、电缆、桥梁、水坝和水闸等设施。

（十七）“航空器”，是指可以从空气的反作用，但不是从空气对地球表面的反作用，而在大气中获得支撑力的飞行器（包括飞机、直升机、飞艇和气球等）。

（十八）“不可抗力”，是指不能预见、不能避免并不能克服的客观情况。

第二章　国界线走向、界标和边界通视道的维护

第二条

中华人民共和国和哈萨克斯坦共和国的国界线依据下列划界文件确定：

（一）一九九四年四月二十六日签订的《中华人民共和国和哈萨克斯坦共和国关于中哈国界的协定》；

（二）一九九七年九月二十四日签订的《中华人民共和国和哈萨克斯坦共和国关于中哈国界的补充协定》；

（三）一九九八年七月四日签订的《中华人民共和国和哈萨克斯坦共和国关于中哈国界的补充协定》；

（四）一九九九年五月五日签订的《中华人民共和国、俄罗斯联邦和哈萨克斯坦共和国关于三国国界交界点的协定》；

（五）一九九九年八月二十五日签订的《中华人民共和国、吉尔吉斯共和国和哈萨克斯坦共和国关于三国国界交界点的协定》。

第三条

双方依据下列勘界文件和联检文件在实地确定两国国界线走向和界标的位置：

（一）二〇〇二年五月十日签订的《中华人民共和国政府和哈萨克斯坦共和国政府关于中哈国界线的勘界议定书》；

（二）双方签订并生效的联检文件。

第四条

双方负责按本协定第三条所述勘界和联检文件的规定维护界标和边界通视道。

双方主管部门分工如下：

（一）一国境内的界标，由该方主管部门维护；

（二）直接位于国界线上的界标，由竖立方主管部门维护；

（三）双方主管部门各自维护和保持本国境内的边界通视道。

第五条

一、双方应采取措施保护和维护界标，防止其损坏、移动、毁灭或遗失。

双方主管部门每三年对界标状况进行一次联合踏查。联合踏查的时间由双方主管部门事先商定。联合踏查的结果应形成纪要，一式两份，每份均用中文、哈文和俄文写成。

二、如发现界标损坏、移动、毁灭或遗失，双方主管部门应立即相互通报。按本协定第四条的规定，界标维护方的主管部门应立即采取措施修理、恢复或在原位重建，并应在工作开始前至少十天通知另一方。

开展上述工作，须有另一方主管部门代表在场。工作完成后，应做成记录，一式两份，每份均用中文、哈文和俄文写成（见附件一）。

三、因不可抗力原因，界标不能在原位恢复或重建的，双方主管部门做成记录（见附件二），说明界标不能在原位恢复或重建的原因，并将该问题提交根据本协定第四十九条设立的中哈边界联合委员会。该委员会做出决定，确定竖立该界标的另一适当点位，但不得改变国界线走向。为在新位置竖立界标，双方成立由主管部门代表和测绘专家组成的联合专家组。界标移位竖立后，应对其拍照，并测定其坐标和高程。必要时，应拍摄实地地形照片。

根据工作成果，联合专家组做成记录（见附件三），制定新的界标登记表、该地段的国界线走向叙述、界标位置略图和界桩坐标和高程一览表。上述文件提交中哈边界联合委员会审议。经联合委员会批准后，上述文件成为勘界文件和联检文件的补充文件，构成其不可分割的一部分。

上述工作成果内容应反映在本协定第七条所述的边界联合检查委员会制作的联检文件中。

四、修理、恢复、重新竖立和移位竖立的界标，其式样、规格、材质和位置均应符合勘界文件或联检文件的要求。

五、任何一方不得单方面在国界线上竖立新的界标或其他界线标志。

双方应根据各自国家的法律追究损坏、移动或毁灭界标人员的责任。

第六条

一、双方主管部门每三年对边界通视道状况进行一次联合踏查，其宽度根据勘界文件的规定为十五米（国界线两侧各七点五米)。联合踏查的时间由双方主管部门事先商定。联合踏查的结果应形成纪要，一式两份，每份均用中文、哈文和俄文写成。

如需要，双方主管部门可单独或共同清理有碍通视的树木、灌木和其他植被。

一方主管部门如在本国境内清理边界通视道，应至少提前十天通报另一方主管部门。

二、禁止采用火烧、使用化学药剂及其他可能对两国有害的方法清理边界通视道。

三、禁止在边界通视道内进行耕种、挖掘、修建设施和其他经济活动，除非双方另有协议。

第三章　边界联合检查

第七条

一、勘界文件生效后，双方每十年对国界线进行一次联合检查。

二、每次联合检查前，双方应通过外交途径商定检查的开始时间、程序和范围。经协商，也可变更检查的时间，或只对边界的部分地段进行联合检查。

三、为进行联合检查，双方成立边界联合检查委员会。联合检查的任务、原则、程序、工作方法及其他与联合检查有关的问题由该委员会确定。

四、双方根据联合检查结果制成本协定第一条第四款所述的文件。

第四章　跨界水和边界水

第八条

双方应依据二〇〇一年九月十二日签订的《中华人民共和国政府和哈萨克斯坦共和国政府关于利用和保护跨界河流的合作协定》以及其他双方共同参与的国际条约的有关规定利用跨界水。

第九条

一、两国公民可在边界水国界线本方一侧捕鱼。

禁止使用爆炸物、化学物质、电流及其他大规模消灭边界水鱼类和其他生物资源的方式进行作业。

双方主管部门可单独或共同采取措施制止在边界水中非法捕捞鱼类和其他生物资源。

二、禁止在本国法律规定的禁渔期和禁渔区内捕捞鱼类和其他生物资源，但为科学研究目的的捕捞除外。

三、必要时，双方主管部门可根据单独协议解决跨界水中鱼类及其他生物资源的保护、再生产和利用问题。

第十条

一、双方采取必要措施防止边界水河岸遭受毁坏和边界水河床位置发生变化。

一方修建边界水河岸加固工程时，不得损害另一方河岸，并应在工程实施前至少十天通报另一方。

双方本着平等互利的原则协商处理边界水河岸防护事宜。

二、必要时，双方主管部门协商后，可对边界水河床进行疏浚和清理。有关费用由双方主管部门商定。

为避免疏浚和清理出的淤泥对边界水河床和河岸造成不利影响，双方应商定其堆放地点，并予妥善处理。

三、未经另一方同意，任何一方不得人为改变国界线上的跨界水河床的位置。

第十一条

一方在边界水中或其河岸修建、改造或拆除任何建筑物或设施（包括跨界设施）时，不得损害另一方利益。

在边界水或其河岸中进行的可能改变边界水河床位置和水流状态、影响水资源利用和鱼类洄游、破坏环境以及损害双方其他利益的行为，双方通过有关协议解决。

第五章 边境地区的生产活动及法律秩序的维护

第十二条

一、一方在国界线附近地区从事工业、农业、林业等生产活动及开采地下资源时不得损害另一方国家利益。

二、一方如需在距国界线一千米范围内进行爆破作业，应至少提前四十八小时通知另一方，并采取措施防止损害另一方国家利益。

第十三条

一、建设、使用和维修跨界设施，须根据双方达成的协议进行。

二、边界水上跨界设施的管理界限为设施的中心线、中间线或结构轴心线，除非双方另有协议。

边界水上跨界设施的管理界限不影响实地国界线的走向。

第十四条

一、一方主管部门应对国界线附近放养的牲畜和家禽进行监管，避免其进入另一国境内。

二、牲畜或家禽进入另一国境内时，双方主管部门应尽快相互通知，采取措施寻找、保管并尽快交还。不得藏匿、宰杀、出售和使役。

第十五条

一、双方主管部门应采取卫生防疫（预防）和动植物检疫措施，防止人畜传染性疾病、人畜流行性疫病、病虫害、农林植物病和杂草（包括检疫的有害生物体）的传播和扩散。

如边境地区人畜卫生疫情恶化，或在边境地区发现危害人类、动物、植物健康和环境的人畜传染性疾病、病虫害、农林植物病和杂草（包括检疫的有害生物体），并可能跨界传播时，双方主管部门应立即相互通报。

二、必要时，双方主管部门应就保护和利用边界森林、水资源和其他自然资源，以及预防人畜传染性疾病、病虫害、农林植物病和杂草（包括检疫的有害生物体）的问题进行磋商。

第十六条

双方禁止在国界线两侧各一千米范围内使用武器打猎，并禁止向另一国境内射击、越界狩猎和追捕动物。

第十七条

在边境地区发生自然灾害（洪水、水灾、流水等）时，双方主管部门应通过协商，向受灾方提供必要救助，并采取措施防止灾害蔓延至另一国境内。

第十八条

一、双方应采取措施防止航空器非法越界飞行，因不可抗力造成的情况除外。

二、一方计划在本国境内距国界线二十五千米范围内进行旨在航空摄影和其他遥感探测的航空器飞行时，应至少提前十五天通过外交途径通报另一方（见附件四）。

上述飞行如需越入另一国境内，应至少提前三十天通过外交途径向另一方提出请求（见附件五），征得其同意。另一方应最迟在飞行开始前十天对上述请求做出答复。

第十九条

本协定生效后，禁止在陆地国界线两侧各二十米范围内修建边防设施以外的永久性建筑物，除非双方另有协议。

第二十条

双方主管部门应监督在国界及其附近地区的生产活动，并根据本协定的规定，至少提前十天相互通报拟进行的可能对国界管理制度造成影响的活动的时间和具体地点。

第二十一条

双方应加强合作与配合，保障出入境通行条件和边境地区秩序，共同防范和打击走私、非法移民、贩毒、精神药品交易和贩运其他违禁物品等各类跨界犯罪活动。为此，双方或双方主管部门可签订有关合作协议。

第六章　出入国界秩序

第二十二条

一、一方国家公民凭本国主管部门颁发的有效证件出入境，并在规定期限内在另一国境内停留。上述证件由各自国家的法律和对双方有效的国际条约确定。

二、两国铁路运输服务员工穿越国界和在边境车站范围内或边境车站之间区域内停留的问题，由双方有关协议解决。

三、人员及其行李和个人物品、交通运输工具须在双方规定的口岸穿越国界。航空器须沿双方主管部门规定的空中走廊穿越国界。

第二十三条

两国边民、跨界设施的建设人员、边境地区机构工作人员以及其他人员的过境手续简化问题，由双方有关协议解决。

第二十四条

边境地区发生火灾、流冰或其他自然灾害时，一方消防或救援人员可应另一方主管部门请求，使用有关部门确认的名单和身份证件穿越国界进行救援。上述人员出入境的地点和具体时间由双方主管部门商定。

第二十五条

边境口岸的设立由双方有关协议确定。

双方主管部门应就边境口岸的工作制度问题建立合作机制。

第二十六条

为维护国家安全和公共秩序，出于卫生防疫、自然灾害或其他不可抗力的原因，双方可临时中止或限制人员及其行李和个人物品、交通运输工具出入境。一方采取上述限制措施时须提前通报另一方。

第七章　边境地区经济往来和联系制度

第二十七条

一、双方促进边境地区间的经济往来，为此将为人员和货物流动提供便利。

二、双方主管部门依据各自国家的法律促进边境地区间经济往来协议的落实。

三、边境地区间经济往来过程中，双方主管部门应依据各自国家的法律及双方有关协议采取措施，预防和打击各类跨界犯罪活动。

第二十八条

一、双方促进中华人民共和国边境自治区和哈萨克斯坦共和国边境州之间建立联系制度。

二、中华人民共和国边境自治区和哈萨克斯坦共和国边境州促进边境地区之间建立联系制度。

三、双方将促进边防部门、海关、检验检疫部门及其他依据本国法律确定的国家监督部门的有关领导进行公务往来。

四、两国边境地区相互合作的所有问题，依据各自国家的法律、双方或其主管部门间的有关协议解决。

五、双方确定边境地区行政区划名单（见附件六）。一方边境地区因行政区划的调整而变更时，应及时通报另一方。

第二十九条

双方促进在边境地区开展旅游往来和边境贸易，鼓励各种形式的边境合作。

第八章　边界事件的处理

第三十条

双方边界代表和主管部门就以下边界事件的预防、联合调查和处理进行合作：

（一）界标或其他边界设施的损坏、移动和灭失；

（二）隔界射击；

（三）隔界或越界对另一国境内的公民进行杀害、伤害或其他危害公民身体健康的行为；

（四）人员、牲畜、家禽和运输工具（航空器、车辆、船舶）等越界；

（五）非法越界砍伐、耕种、捕鱼、狩猎、采集果实和药材或从事其他生产作业活动；

（六）非法运送货物过境；

（七）抢夺、抢劫、诈骗、盗窃、破坏或损坏另一国境内的财物；

（八）火灾蔓延过境；

（九）流行病、疫情和病虫害蔓延过境；

（十）非法的隔界交往；

（十一）其他边界事件。

第三十一条

一、双方边界代表和主管部门应共同采取必要措施，预防和制止破坏国界和违反国界制度的行为。

二、发现越界人员或有人员越界迹象时，双方边界代表和主管部门应在本国境内搜寻、扣押和确定越界人员身份，并就此迅速相互通报。

第三十二条

一、双方边界代表和主管部门应尽快对越界人员进行调查，确定其身份、越界事实和越界原因，并在扣押后七天内移交另一方边界代表或主管部门。

如果无法在规定的期限内移交或接收越界人员，应将越界人员的有关情况和无法按时移交或接收的原因通报另一方边界代表或主管部门。

二、如越界人员系扣押方公民，不应予以移交，除非双方共同参与的国际条约另有规定。

三、如果越界人员除越界外，还在扣押方境内实施了其他犯罪行为，则扣押方主管部门可根据本国法律在调查所需时间内扣押上述人员，并追究其责任。在此情况下，扣押方边界代表或主管部门应当向另一方边界代表或主管部门提供越界人员的有关情况、实施违法犯罪情况、对其采取的措施及调查处理结果。

四、移交越界人员时，扣押方边界代表或主管部门应向接收方边界代表或主管部门提供越界人员越界的证据，并移交其越界时使用的交通工具和从接收方境内带入的财物。

第三十三条

一、越界人员根据两国各自国家法律和共同参与的国际条约规定享有的权益应得到保障。

双方主管部门不得以非人道的方式和粗暴手段对待越界人员。

二、如果越界人员未对两国公民的生命和人身安全构成威胁，不得对其使用武器。

边防人员对越界人员使用武器前，应当明确地发出准备使用武器的警告及警告性射击。

对越界人员使用武器，只能作为在其他方法不能奏效时万不得已的手段。使用武器以有效阻止非法越界行为为限。

对抓捕中受伤的越界人员，应立即给予紧急医疗救助。

第三十四条

一、双方边界代表和主管部门应共同调查处理因边界事件造成损失所提出的索赔等要求。

二、双方边界代表和主管部门在处理边界事件的同时，还应研究解决归还散落在另一国境内的财物问题。

第三十五条

在国界附近发现无法辨认的人员尸体时，双方边界代表和主管部门确定其归属，必要时可进行共同辨认，协商解决移交问题或必要的处理办法。

在国界附近发现无法辨认的物品或牲畜尸体时，应采取措施确定其归属，并移交或销毁。

第三十六条

一、一方或其主管部门在确认有航空器从另一方领空非法越界进入本方领空后，应立即将越界航空器可能的型号及其越界的时间、地点（地理坐标）、高度及飞行方向（航线）通报另一方或其主管部门。

航空器越界前所在方或其主管部门收到航空器非法越界的通报后，应立即对非法越界事实进行核实，并将非法越界的原因通报另一方或其主管部门。

航空器越界前所在方或其主管部门如无该航空器信息，应通知另一方或其主管部门，并采取措施寻找。

双方或其主管部门应共同调查航空器非法越界的原因。

二、交换航空器非法越界信息的程序按双方或其主管部门的有关协议处理。

第九章　边界代表及其权利、职责和工作程序

第三十七条

一、为解决维护国界管理制度问题，及时预防和处理本协定涉及的边界事件，双方分别在相应边界地段自行任命边界代表和副代表，并设置边界会谈会晤地点。

双方相互通知边界代表、副代表的任命。

双方边界代表的管辖地段和会晤地点由附件七确定。

二、双方边界代表根据各自国家的法律和本协定进行工作。

三、边界代表不在时，授权一位边界副代表履行其职责。

四、为便于工作，边界代表可任命助手和其他工作人员（秘书、翻译、专家、联络官等）。

第三十八条

一、本协定第三十七条所述人员根据本协定在另一国境内执行公务时，应确保其人身安全及携带的公务文件和财物不受侵犯。同时，其交通工具和个人物品在出入境时免检免验。

二、一方对本协定第三十七条所述人员在本国境内执行同本协定规定的有关公务予以必要协助，并提供工作场所。

三、本协定第三十七条所述人员在另一国境内停留期间，须遵守所在国的法律。

第三十九条

一、双方边界代表可在本协定规定的职权范围内，与主管部门及边境地区行政机关代表一起，确定管辖地段内维护国界管理制度的年度联合活动计划。

二、双方边界代表应促进两国边防部门间的交往与合作。

第四十条

为维护国界管理制度，预防和处理边界事件，双方边界代表应及时交换以下信息：

（一）国界及边境地区的形势及可能和已经发生的变化；

（二）为维护国界管理制度和预防边界事件所采取的措施；

（三）可能、预备和实施的非法越界情况；

（四）企图或已经越界的人员情况及抓获的越界人员的确切身份。

第四十一条

一、双方边界代表、副代表以会谈方式开展联合工作。会谈通常在两国境内轮流举行。

每次工作会谈的结果均应形成纪要。会谈纪要一式两份，每份均用中文、哈文和俄文写成，并由双方边界代表签字、盖章。纪要反映会谈过程、通过的决定及执行决定的期限。

如需要，双方边界代表可通过信函往来或其他方式解决某些问题。

二、边界代表助手的会晤须根据双方边界代表的委托进行。助手会晤的结果形成记录，经双方边界代表确认后生效。

第四十二条

一、双方边界代表应执行有关边界事件处理的共同决议，并及时相互通报为执行该决议所采取的措施。

二、如边界代表未就所处理的边界事件达成一致意见，应将该问题提交上级机关或通过外交途径解决。

第四十三条

一、边界代表的会谈依据一方的建议举行，并尽可能按建议的时间举行。建议应在会谈开始前至少七天提出，包括会谈的时间、地点和议程。另一方应在收到建议后三日内答复。如果建议的会谈时间不能接受，应在答复中另提其他时间。边界代表助手的会晤也应及时举行。

二、一方边界代表建议举行的会谈，另一方边界代表应亲自到场。如其因正当原因（疾病、出差、休假等）不能出席，则由副代表代替，但须就此提前通知另一方边界代表。

如无正当原因，任何一方边界代表、副代表、代表助手均不得拒绝举行会谈或会晤。

第四十四条

一、为处理边界事件，双方边界代表、副代表及助手协商后，可进行联合调查（包括实地调查）。必要时，专家、见证人和受害者可以参加。

调查结果应形成纪要，或根据需要形成其他文件。边界代表共同确定这些文件的式样。

二、在联合调查过程中，如果双方边界代表对所调查的边界事件的起因、后果和相关情节未能达成共识，应在纪要或相关文件中反映。

第四十五条

一、会谈或会晤通常于白天举行。遇有紧急情况，会晤也可以在夜间进行。

二、会谈或会晤由举办方的边界代表、副代表或其助手主持。

三、会谈或会晤的时间、地点、议程及参加人员、相互联络办法可通过交换信件方式商定。必要时，还可讨论议程之外的问题。

第四十六条

双方各自根据本国法律规定承担在本国境内与执行本协定有关的费用。会谈或会晤时，举办方负责提供工作场所。

第四十七条

一、边界代表、副代表为了履行其职责，凭本协定规定的委任书（见附件八）穿越国界。

二、边界代表助手、秘书、翻译和联络官凭边界代表颁发的证书（见附件九）穿越国界。

三、为澄清某些问题所需的专家和其他人员，凭边界代表签发的一次性往返穿越国界证件（见附件十）穿越国界。

四、本条第一、二、三款所述人员只能在预先商定的地点穿越国界，并应至少提前二十四小时将每次穿越国界的具体日期和时间通知另一方边界代表。

第四十八条

一、交接信件、接收和移交越界人员、牲畜、家禽、人员尸体、动物尸体和财物，在双方边界代表商定的地点进行。具体联络方式由双方边界代表协商确定。

二、移交越界人员和人员尸体由边界代表、副代表或其助手亲自进行。双方其他相关工作人员可受边界代表委托移交牲畜、家禽、财物和交接信件。

三、边界代表信件、越界人员、牲畜和家禽、人员尸体、财物的交接书式样分别由本协定附件十一、十二、十三、十四、十五确定。

第十章　执行机制

第四十九条

为监督执行本协定、协商处理与维护国界管理制度有关的重要事项，双方将成立中哈边界联合委员会，并由其负责起草委员会章程。

第十一章　最后条款

第五十条

本协定不涉及双方因参加其他国际条约所承担的权利和义务。

第五十一条

本协定的所有附件是其不可分割的部分。

第五十二条

经双方同意，可对本协定进行修改和补充，并形成单独议定书，作为本协定不可分割的部分。

第五十三条

本协定解释和执行过程中如遇任何分歧，双方将通过谈判和磋商解决。

第五十四条

本协定须经双方各自履行协定生效所需的国内法律程序并相互书面通知，并自最后一份书面通知书收到之日起第三十天生效。

本协定有效期十年。如一方未在协定期满前六个月书面通知另一方要求终止本协定，则本协定将自动延长十年，并依此法顺延。

本协定于二〇〇六年十二月二十日在北京签订，一式两份，每份均用中文、哈文和俄文写成，三种文本同等作准。

中华人民共和国政府
代　　表
李肇星
（签字）

哈萨克斯坦共和国政府
代　　表
沙布达尔巴耶夫
（签字）

附件一：__________号界标修理、恢复或重建记录式样

根据________年______月______日签署的《中华人民共和国政府和哈萨克斯坦共和国政府关于中哈国界管理制度的协定》第五条第二款的规定，__________（国名）__________［__________（主管部门名称）代表/__________（地段名称）的边界代表、副代表、助手］________（军衔、姓名）于________年______月______日在__________（国名）__________（__________（地段名称）的边界代表、副代表、助手/__________（主管部门名称）代表）__________（军衔、姓名）在场的情况下，对__________号界标进行了__________（修理、恢复或重建）。

__________号界标__________（说明界标修理、恢复或重建的过程和原因）。

上述工作根据________年______月______日签署的__________（勘界文件或联检文件名称）的规定完成。

本记录一式两份，每份均用中文、哈文和俄文写成，三种文本同等作准。

中华人民共和国________
（主管部门名称）代表
（签　字）

哈萨克斯坦共和国________
（地段名称）的边界代表、副代表、助手
（签　字）

附件二：____________号界损坏、移动、毁灭或遗失后无法在原位恢复或重建的记录式样

根据________年______月______日签署的《中华人民共和国政府和哈萨克斯坦共和国政府关于中哈国界管理制度的协定》第五条第三款的规定，____________（国名）____________[____________（主管部门名称）代表/____________（地段名称）的边界代表、副代表、助手]________（军衔、姓名）于________年______月______日在____________（国名）____________[____________（地段名称）的边界代表、副代表、助手/____________（主管部门名称）代表]____________（军衔、姓名）在场的情况下，确认____________号界标已（损坏、移动、毁灭或遗失），并无法在原位按________年______月______日签署的（勘界文件或联检文件名称）的规定将其恢复或重建。双方同意就此各自向中哈边界联合委员会报告。

本记录一式两份，每份均用中文、哈文和俄文写成，三种文本同等作准。

中华人民共和国________（主管部门名称）代表　　哈萨克斯坦共和国________（地段名称）的边界代表、副代表、助手

（签　字）　　（签　字）

附件三：移位重新竖立损坏、移动、毁灭或遗失的____________号界标记录式样

根据________年______月______日签署的《中华人民共和国政府和哈萨克斯坦共和国政府关于中哈国界管理制度的协定》第五条第三款的规定和中哈边界联合委员会________年______月______日的决定，联合专家组____________（中/哈）方代表____________（姓名）于________年______月______日在（哈/中）方代表____________（姓名）在场的情况下，移位竖立了

（损坏、移动、毁灭或遗失）的____________号界标。

____________号界标的界标登记表、该地段的国界线走向叙述、界标位置略图和界桩坐标和高程一览表（附后）是根据________年______月______日签署的____________（勘界文件或联检文件名称）起草的。

本记录一式两份，每份均用中文、哈文和俄文写成，三种文本同等作准。

联合专家组中方代表　　　　联合专家组哈方代表

（签　字）　　　　　　　　（签　字）

附件四：通报航空器在国界线本方一侧二十五千米范围内进行飞行的照会式样____________号

____________（国名）____________（外交部/大使馆）向____________（国名）____________（大使馆/外交部）致意并根据________年______月______日签署的《中华人民共和国政府和哈萨克斯坦共和国政府关于中哈国界管理制度的协定》第十八条谨通知如下：

一、飞行目的：

二、飞行的各项指标：

（一）飞行周期和飞行起始具体日期和持续时间；

（二）飞行范围、进出二十五千米区域点的地理坐标和飞行方向；

（三）飞行高度。

三、飞行器的各项指标：

（一）所有者；

（二）类型及型号；

（三）颜色；

（四）识别标志；

（五）机身号；

（六）呼号；

（七）是否装有雷达装置。

四、相机的各项指标：

（一）类型和型号；

（二）焦距。

顺致崇高的敬意。

____________（国名）____________（外交部/大使馆）

________年______月______日

附件五：航空器越界飞行征求同意照会式样____________号

____________（国名）____________（外交部/大使馆）向____________（国名）____________（大使馆/外交部）致意并谨请求根据________年______月______日签署的《中华人民共和国政府和哈萨克斯坦共和国政府关于中哈国界管理制度的协定》第十八条获得下列航空器穿越国界的许可：

一、飞行目的：

二、飞行的各项指标：

（一）越界时间和飞行开始具体日期和时间；

（二）飞行范围、进出二十五千米区域点的地理坐标和飞行方向；

（三）飞行高度；

（四）飞行中拟越界地点（注明地理坐标、居民点或飞行示意图）；

（五）飞行越界纵深。

三、飞行器的各项指标：

（一）所有者；

（二）类型及型号；

（三）颜色；

（四）识别标志；

（五）机身号；

（六）呼号；

（七）是否装有雷达装置。

四、相机的各项指标：

（一）类型和型号；

（二）焦距。

如蒙同意并尽快答复，__________（国名）__________（外交部/大使馆）将不胜感激。

顺致崇高的敬意。

__________（国名）__________（外交部/大使馆）

_______年_____月_____日

附件六：边境地区行政区划名单

根据_______年_____月_____日签署的《中华人民共和国政府和哈萨克斯坦共和国政府关于中哈国界管理制度的协定》第二十八条的规定，边境地区行政区划名单确定如下：

一、中华人民共和国方面：

新疆维吾尔自治区：

布尔津县、哈巴河县、吉木乃县、和布克赛尔蒙古自治县、额敏县、塔城市、裕民县、托里县、博乐市、温泉县、霍城县、察布查尔县、昭苏县、温宿县

二、哈萨克斯坦共和国方面：

东哈萨克斯坦州：

乌尔贾尔区、塔尔巴哈台区、斋桑区、库尔舒姆区、卡通卡拉盖区

阿拉木图州：

拉伊姆别克区、维吾尔区、潘菲洛夫区、克尔布拉克区、耶斯克尔津区、阿克苏区、阿拉湖区

附件七：边界代表的管辖地段和会晤地点

根据________年______月______日签署的《中华人民共和国政府和哈萨克斯坦共和国政府关于中哈国界管理制度的协定》第三十七条的规定，边界代表的管辖地段和会晤地点确定如下：

一、中华人民共和国方面：

（一）阿勒泰地段边界代表

1. 管辖地段：

中华人民共和国、哈萨克斯坦共和国、俄罗斯联邦三国国界交界点至73号界标

2. 会晤地点：吉木乃、阿黑吐拜克会晤站

（二）塔城地段边界代表

1. 管辖地段：

73号界标至266号界标

2. 会晤地点：巴克图会晤站

（三）博尔塔拉地段边界代表

1. 管辖地段：

266号界标至311号界标

2. 会晤地点：阿拉山口会晤站

（四）伊犁地段边界代表

1. 管辖地段：

311号界标至中华人民共和国、哈萨克斯坦共和国、吉尔吉斯共和国三国国界交界点

2. 会晤地点：霍尔果斯、都拉塔、松拜会晤站

二、哈萨克斯坦共和国方面：

（一）斋桑地段边界代表

1. 管辖地段：

中哈俄三国国界交界点到 134 号界标

2. 会晤地点：迈卡普奇盖过境点

（二）巴赫特地段边界代表

1. 管辖地段：

134 号界标至 242 号界标

2. 会晤地点：巴赫特过境点

（三）乌沙拉尔地段边界代表

1. 管辖地段：

242 号界标至 310/1 号界标

2. 会晤地点：德鲁日巴居民点

（四）潘菲洛夫地段边界代表

1. 管辖地段：

310/1 号界标至 348 号界标

2. 会晤地点：霍尔果斯居民点

（五）苏木拜地段边界代表

1. 管辖地段：

348 号界标至中哈吉三国国界交界点

2. 会晤地点：苏木拜桥、科尔扎特过境点

附件八：边界代表和副代表委任书式样

封　皮　　国徽、国名

第 1 页　　委任书

第 2 页

第 3 页　　持有者照片、印章、签名

第 4 页　　＿＿＿＿＿＿（国名）＿＿＿＿＿＿根据＿＿＿＿年＿＿＿月＿＿＿日签署的《中华人民共和国政府和哈萨克斯坦共和国政府关于中哈国界管理制度的协定》第四十七条

的规定，任命（军衔、姓名）为中哈国界____________（地段名称）的边界代表（副代表）。

____________（军衔、姓名）被授权完成上述协定规定的义务，为此有权穿越中哈国界并可在____________（国名）的边境地区逗留。

（授权人）____________

（姓名、签名、印章）

________年______月______日

第 5 页　　第 4 页的____________（对应语种）文本

第 6 页

第 7 页

第 8 页

附件九：边界代表助手、秘书、翻译、联络官证书式样

封　皮　　国徽、国名

第 1 页　　证书

第 2 页

第 3 页　　持有者照片、印章、签名

第 4 页　　根据________年______月______日签署的《中华人民共和国政府和哈萨克斯坦共和国政府关于中哈国界管理制度的协定》第四十七条的规定，任命____________（军衔、姓名）为中哈国界____________（地段名称）的边界代表____________（职务）。

____________（军衔、姓名）被授权完成上述协定规定的义务，为此有权穿越中哈国界并可在____________（国名）的边境地区逗留。

____________（国名）____________（地段名称）

边界代表____________

（军衔、姓名、签名、印章）

________年______月______日

第 5 页　　第 4 页的____________（对应语种）文本

第 6 页

第 7 页

第 8 页

附件十：一次性往返穿越国界证件式样

第 1 页　　一次性往返穿越国界证件

第 2 页　　根据________年______月______日签署的《中华人民共和国政府和哈萨克斯坦共和国政府关于中哈国界管理制度的协定》第四十七条的规定，____________（姓名）有权在____________（国名）____________地段一次性往返穿越中哈国界，并可于________年______月______日至________年______月______日在____________（国名）的边境地区逗留。

____________（国名）____________（地段名称）

边界代表____________

（军衔、姓名、签名、印章）

________年______月______日

第 3 页　　第 2 页的____________（对应语种）文本

第 4 页

附件十一：边界代表信件交接书式样

第____________号

日期：____________

时间：____________

地点：____________

根据________年______月______日签署的《中华人民共和国

政府和哈萨克斯坦共和国政府关于中哈国界管理制度的协定》第四十八条的规定，__________（职务、军衔、姓名）递交、__________（职务、军衔、姓名）接收了__________（国名）__________（地段名称）边界代表致__________（国名）__________（地段名称）边界代表的__________（号）信件。

双方确认上述信件密封完好。

本交接书一式两份，每份均用中文、哈文和俄文写成，三种文本同等作准。

递交人：__________　　　　接收人：__________

（签名）　　　　　　　　（签名）

附件十二：越界人员交接书式样

第__________号

日期：__________

时间：__________

地点：__________

根据________年______月______日签署的《中华人民共和国政府和哈萨克斯坦共和国政府关于中哈国界管理制度的协定》第四十八条的规定，__________（职务、军衔、姓名）移交、__________（职务、军衔、姓名）接收了越界人员__________（国籍、姓名、性别、出生地、出生日期）。上述人员于________年______月______日______时在__________（地名、相近界标号）越界，并于________年______月______日______时在__________（地名、相近界标号）被__________（何人）抓获。越界原因__________。

和越界人员同时移交了下列交通工具和财物：__________（名称、数量和主要特征）。

如有交通工具或财物未能移交，必须注明未能移交的原因。

交接期间，___________（写明双方交接时需要说明的有关事项）。

本交接书一式两份，每份均用中文、哈文和俄文写成，三种文本同等作准。

移交人：___________　　　　接收人：___________

（签名、盖章）　　　　　　（签名、盖章）

附件十三：越界牲畜（家禽）交接书式样

第___________号

日期：___________

时间：___________

地点：___________

根据________年______月______日签署的《中华人民共和国政府和哈萨克斯坦共和国政府关于中哈国界管理制度的协定》第四十八条的规定，___________（职务、军衔、姓名）移交、___________（职务、军衔、姓名）接收了从___________（国名）境内并于___________（时间、地名、相近界标号）越界的牲畜（家禽）___________（种类、数量、性别、毛色、年龄、印记和其他特征）。

交接期间，___________（写明双方交接时需要说明的有关事项）。

本交接书一式两份，每份均用中文、哈文和俄文写成，三种文本同等作准。

移交人：___________　　　　接收人：___________

（签名、盖章）　　　　　　（签名、盖章）

附件十四：人员尸体交接书式样

第＿＿＿＿＿＿号

日期：＿＿＿＿＿＿

时间：＿＿＿＿＿＿

地点：＿＿＿＿＿＿

根据＿＿＿＿年＿＿＿月＿＿＿日签署的《中华人民共和国政府和哈萨克斯坦共和国政府关于中哈国界管理制度的协定》第四十八条的规定，＿＿＿＿＿＿（职务、军衔、姓名）移交、＿＿＿＿＿＿（职务、军衔、姓名）接收了人员尸体＿＿＿＿＿＿（数量、姓名、性别和主要特征）。上述人员尸体于＿＿＿＿年＿＿＿月＿＿＿日＿＿＿时在＿＿＿＿＿＿（地名、相近界标号）被＿＿＿＿＿＿（何人）发现。

经双方确认，上述人员生前系＿＿＿＿＿＿（国籍）公民，可能的死亡原因＿＿＿＿＿＿。

和人员尸体同时移交了下列财物：＿＿＿＿＿＿（名称、数量和主要特征）。

如有财物未能移交，必须注明未能移交的原因。

交接期间，＿＿＿＿＿＿（写明双方交接时需要说明的有关事项）。

本交接书一式两份，每份均用中文、哈文和俄文写成，三种文本同等作准。

移交人：＿＿＿＿＿＿　　　　接收人：＿＿＿＿＿＿

（签名、盖章）　　　　（签名、盖章）

附件十五：财物交接书式样

第＿＿＿＿＿＿号

日期：＿＿＿＿＿＿

时间：＿＿＿＿＿＿

地点：__________

根据________年______月______日签署的《中华人民共和国政府和哈萨克斯坦共和国政府关于中哈国界管理制度的协定》第四十八条的规定，__________（职务、军衔、姓名）移交、__________（职务、军衔、姓名）接收了财物__________（名称、数量和主要特征）。

上述财物于________年______月______日______时在__________（时间、地名、相近界标号）被__________（何人）发现，经双方确认，该财物属__________（国家）所有。

交接期间，__________（写明双方交接时需要说明的有关事项）。

本交接书一式两份，每份均用中文、哈文和俄文写成，三种文本同等作准。

移交人：__________　　　　接收人：__________

（签名、盖章）　　　　（签名、盖章）

十二、中华人民共和国和哈萨克斯坦共和国关于打击恐怖主义、分裂主义和极端主义的合作协定

中华人民共和国和哈萨克斯坦共和国，以下简称“缔约双方”，在相互尊重主权和平等互利的基础上，为进一步加强缔约双方在二〇〇一年六月十五日《打击恐怖主义、分裂主义和极端主义上海公约》（以下简称“上海公约”）的框架内打击恐怖主义、分裂主义和极端主义的合作，达成协议如下：

第一条

一、为实现本协定之目标，双方将遵循《打击恐怖主义、分裂主义和极端主义上海公约》的原则和规定。

二、本协定未解决的问题按《打击恐怖主义、分裂主义和极

端主义上海公约》的规定解决。

第二条

一、缔约双方根据上海公约第四条指定的中央主管机关为执行本协定的中央主管机关。

二、缔约双方中央主管机关就执行本协定规定的有关事项直接相互联系和协作。

三、缔约双方中央主管机关相互通报具体联系方式，包括负责日常联系的机构名称及其用于日常联系的电话、传真、电子信箱。如以上联系方式发生变更，应及时通知缔约另一方。

第三条

一、缔约双方中央主管机关将确定有关部门和专家之间的定期会晤和磋商方式，以就打击上海公约第一条第一款所指行为的事项相互通报情况、交换意见和协调立场。

二、应缔约任何一方中央主管机关的请求，缔约双方中央主管机关还可为执行上海公约和本协定举行特别会晤和磋商。

第四条

以下事项应被视为上海公约第七条所指的情报范围：

（一）恐怖主义、分裂主义、极端主义组织及其成员的情况，包括组织的名称、结构、主要活动及其成员的姓名、国籍、住所或居所、外表特征、照片、指纹及其他用于确定和辨认此种人员的资料；

（二）恐怖主义、分裂主义、极端主义组织针对在缔约任何一方境内实施上海公约第一条第一款所指行为的计划、参加培训的情况及其训练基地、基地背景的情报；

（三）恐怖主义、分裂主义、极端主义组织利用第三国针对缔约任何一方实施上海公约第一条第一款所指行为的情报；

（四）恐怖主义、分裂主义、极端主义组织及其成员非法制造、获取、储存、转让、运输、贩卖、使用（或威胁使用）毒害性、放射性、传染性物质和爆炸物质、引爆装置、枪支弹药、核武器、化学武器、生物武器和其他大规模杀伤性武器以及可用于制造上述武器的原料和设备的情报；

（五）恐怖主义、分裂主义、极端主义组织及其成员针对缔约任何一方国家元首及其他国家领导人、外交代表机关、领事机构、国际组织工作人员、重要代表团和重要设施等采取恐怖行动或者威胁采取恐怖行动的情报；

（六）恐怖主义、分裂主义、极端主义组织非法制造、散布、传播宣扬恐怖主义、分裂主义、极端主义思想的宣传品（印刷品和音像制品等）的情报；

（七）恐怖主义、分裂主义、极端主义组织资金来源和渠道等方面的情报；

（八）恐怖主义、分裂主义、极端主义组织活动的特点、规律、方法和手段等方面的情报；

（九）关于发现、预防和制止恐怖主义、分裂主义、极端主义活动的经验等情报、信息及资料；

（十）具有缔约一方国籍、位于缔约另一方境内的涉嫌从事上海公约第一条第一款所指行为的任何人员的姓名、身份证件种类和号码、住所或居所、照片等个人资料；

（十一）向恐怖主义、分裂主义、极端主义活动提供资金、技术、武器、训练的组织或人员的情报或资料。

提供情报的程序和条件以及要求提供本条所指情报的请求按上海公约规定的程序进行。

第五条

一、为执行上海公约和本协定，缔约双方应在警用科研、技术交流、开发及提高警用技术、合作生产器材和装备等方面加强合作，包括必要时相互提供技术和物资援助。

二、缔约一方在本协定框架内从缔约另一方获取的资料、专用器材、设备和技术，未经提供方事先书面同意，不得向第三方转交。

三、缔约双方根据上海公约和本协定相互援助时使用的侦查行动方式、专门力量、技术器材和后勤保障材料性能等信息，未经提供方事先书面同意，不得向第三方提供，亦不得向外界公布。

四、缔约双方在上海合作组织成员国地区反恐机构框架内加强执法合作。

第六条

除非另有约定，缔约双方自行承担与其执行本协定有关的费用。

第七条

缔约双方中央主管机关在本协定范围内开展合作的工作语言为中文和俄文。

第八条

本协定不限制缔约双方就本协定内容及与其宗旨和目标不相抵触的事项签订其他国际条约的权利，并且不涉及缔约双方根据其参加的其他国际条约所享有的权利和承担的义务。

第九条

本协定解释或执行中的争议和分歧，由缔约双方通过外交途径谈判和相互协商解决。

第十条

经缔约双方同意，可以对本协定进行修改和补充并就此签署单独的议定书，议定书为本协定不可分割的一部分。

第十一条

一、本协定无限期有效，并自收到最后一份关于缔约双方已完成为使协定生效所需的国内程序的书面通知后第三十天起生效。

二、本协定自缔约任何一方通过外交途径以书面形式通知缔约另一方十二个月后失效。

本协定于二〇〇二年十二月二十三日在北京签订，一式两份，每份都用中文、哈文和俄文写成，三种文本同等作准。本协定条款解释中出现分歧时，缔约双方将以俄文文本为准。

中华人民共和国代表	哈萨克斯坦共和国代表
唐家璇	托卡耶夫
（签字）	（签字）

十三、中华人民共和国政府和哈萨克斯坦共和国政府海关合作与互助协定

中华人民共和国政府和哈萨克斯坦共和国政府（以下简称“双方”），愿意发展，尤其是通过在海关事务领域的合作发展两国间的睦邻关系；力求通过两国海关当局间的合作，便利和加快两国间货物和人员的往来；认识到违反海关法规行为有损于两国的经济、社会和财政利益；确信两国海关当局间的合作，将使为防止和打击违反海关法规的行为所做的努力更为有效，议定如下：

第一条 定义

本协定中所用专业术语释义如下：

一、“海关法规”系指由海关当局实施的关于货物和物品进出境和过境的一切法律和法规，而无论其是否涉及关税、国内税和其他费用或涉及禁止、限制或监控措施，包括对货币进出境的管理；

二、“违反海关法规”系指任何既遂和未遂的违犯海关法规的行为；

三、“海关当局”在中华人民共和国方面系指中华人民共和国海关总署，在哈萨克斯坦方面系指哈萨克斯坦共和国海关委

员会；

四、“人”系指自然人和法人。

第二条　协定的范围

一、双方海关当局将根据本协定的规定并依照双方各自国内法规，在其权限和能力范围内进行合作并相互提供协助，以：

（一）便利和加速两国间货物和人员的往来；

（二）防止、调查和惩处违反海关法规的行为；

（三）保障对进出口货物准确计征关税、国内税和其他费用；

（四）交流海关业务工作经验和信息。

二、本协定不影响双方依据其他国际条约或协定所开展的合作，其中也包括在刑事案件方面提供司法协助的有关规定。

第三条　情报交换

一、双方海关当局应主动或经请求相互提供一切现有的下列有关情报：

（一）有助于保障正确计征进出口关税、国内税和其他费用的情报；

（二）已实施或正在策划中的与下列物品进出境有关的违反海关法规的行为的情报：

1. 给环境和人类健康造成危害的货物或物质；

2. 麻醉品和精神药物；

3. 武器、弹药、炸药及爆炸器械；

4. 具有极其珍贵的历史、文化艺术和考古价值的物品；

5. 双方海关当局相互交换的重点管理物品表中所列名的重要货物和物品。

二、双方海关当局应在各自的职权和能力范围内，在尽可能短的时间内相互提供所掌握的下列情报：

（一）在其正常活动中获得并有充分理由确信有严重违反海

关法规行为将在对方境内发生的情报；

（二）有助于查处违法行为的情报；

（三）一方海关当局查获的涉及另一方国家的有关走私物品的来源及贩运路线的情报。

第四条 特别监视

经一方海关当局请求，另一方海关当局应在其权限和能力范围内，就下列各种情况在规定期限内进行特别监视，并向请求方提出监视报告：

（一）有理由确信在请求方境内从事职业性或经常性地参与违反海关法规活动的具体人员的活动情况，特别是他们自被请求方进出境的情况；

（二）请求方所通报的将导致严重的非法进出境货物的情况；

（三）有理由确定在请求方境内被用于从事违法活动的具体车辆、船舶、航空器及其他运输工具。

第五条 核查

经一方海关当局请求，另一方海关当局应向请求方海关当局通报下列情况：

（一）对向请求方提供的官方文件，如签发的报送单的确认；

（二）被运入请求方境内的货物是否从被请求方境内合法出口；

（三）从请求方出口的货物是否合法运入被请求方境内。

第六条 请求方式及内容

一、根据本协定提出的请求应以书面形式提出，并随附执行所必需的材料；在紧急情况下，可接受口头形式的请求，但事后应及时用书面形式确认。

二、请求的内容包括：

（一）提出请求的海关当局；

（二）请求采取的措施；

（三）请求的事宜和理由；

（四）有关案件的实质及相关事实的概述；

（五）所涉及的法律、法规和其他法律条文；

（六）对请求事宜所涉自然人和法人的尽可能准确而详实的情况介绍。

三、请求应使用被请求方的官方语言或英语或其他被请求方可接受的语言。

四、如有必要，被请求方海关当局可要求对上述请求进行更正或补充。

第七条　请求的执行

一、任何依照请求所提供的协助都不应违背被请求方国内的现行法律规定。

二、经一方海关当局请求，另一方海关当局应在其职权范围内就与请求方境内正在调查的某一违反海关法规行为有关的事宜进行核实和询问。

三、提供证明材料或其他文件应被视为执行请求的一种方式。只有在经确认的副本法律效力不足时，方可请求提供原始文件，并应尽快予以返还。

四、被请求方海关当局应根据其国内法律采取一切必要的措施来执行请求。

五、如被请求方海关当局非系执行一项请求的合适部门，则该海关当局应将此请求转达给合适的部门，并将此情况及上述请求的执行结果通报请求方海关当局。但是，是否执行上述请求应由被请求方合适的部门自行酌定。

六、如被请求方海关当局拒绝执行一项请求，应以书面形式通知请求方海关当局并说明理由。同时，被请求方海关当局应向对方提供一切现有的对于进一步处理请求所涉事宜有用的情况。

第八条　情报和证明材料的使用

一、根据本协定所获得的情报、文件和其他材料应仅在本协定第三条所规定的范围内使用，并受提供方所规定的条件的约束。

二、除提供上述情报、文件和其他材料的海关当局书面同意并受该当局所规定的条件约束外，上述情报、文件及其他材料不应被用于其他目的，包括在司法或行政程序中被作为证据使用。

第九条　保密

根据本协定所获得的任何情报、文件或其他材料，其机密性应受到在接收方境内取得同类情报、文件或其他材料所应受到的相同程度的保护。

第十条　协助义务的免除

一、如一方海关当局认为，对方提出的请求侵犯该国主权，危及该国安全和其他利益，或损害任何公私企业的合法商业利益，或将妨碍被请求方境内正在进行的某一程序，则该海关当局可以拒绝提供此项协助，或在满足一定条件或要求的情况下给予协助。

二、如一方海关当局所请求的协助系其自身在被请求时所不能提供的，则该方海关当局应在其请求中声明，是否执行此项请求应由被请求方海关当局自行酌定。

第十一条　打击麻醉品和精神药品的非法贩运

一、双方海关当局为防止、调查和惩处非法贩运麻醉品和精神药品，应主动在最短时间内通报有关下列情报：

（一）已知或涉嫌参与非法贩运麻醉品和精神药品的人；

（二）核查出被用于非法载运麻醉品和精神药品的车辆、船舶、航空器及其他运输工具、集装箱和邮件。

二、双方海关当局应主动相互交流所掌握的有关非法贩运麻醉品和精神药品犯罪动态以及打击走私的成功经验。

三、如双方商定采取控制下交付，以查缉非法贩运麻醉品和精神药品的人，双方海关当局应依照各自国内的法规，在其权限和能力范围内，尽一切努力就此方面行动的实施进行合作。

四、双方海关当局可将本条款的执行范围扩展到用于制造麻醉品和精神药品的物质。

第十二条　简化海关手续

一、双方海关当局应相互协助，采取有效措施，简化海关手续，以便利和加快人员和货物的往来，包括货物的过境。

过往两国共同边境的货物及运输工具应由双方共同议定的验放口岸出入境。

二、双方海关当局应在兼顾现行的国际运输法规的同时，努力采取相应的行政措施确立工作制度，核定口岸的验放能力。

三、双方海关当局应就相互承认海关监管保障措施和海关单证的进行咨询和协商。

第十三条　经验交流

一、为达到相互了解，双方海关当局应在以下领域进行相互交流：

（一）海关法规；

（二）对货物、人员及邮递品的监管办法；

（三）用于海关监管查验的技术设备；

（四）关于走私活动、走私方式、藏匿方式、新的违规手段、查缉方法及其成效；

（五）同各国海关、海关合作理事会和其他国际海关组织合作的经验；

（六）其他双方共同感兴趣的问题。

二、双方海关当局应加强下列海关事务方面的合作，包括：

（一）就双方共同感兴趣的事项，特别是为了解海关监管查验技术设备，计算机技术和其他现代科技手段的应用而进行的官员和专家的交流；

（二）海关人员的专业培训；

（三）海关业务信息和科技应用方面的信息交流；

第十四条　费用

除根据本协定执行请求而支付给证人、专家、译员等非海关雇员的费用外，双方海关当局应放弃就执行本协定所产生一切费用获得补偿的要求。

就执行本协定第十三条所产生费用的补偿问题由双方海关当局另行商定。

第十五条　协定的执行

一、双方海关当局应确立其中央一级海关部门间的直接联络方式，并在双方海关当局另行商定后授权各自地方海关建立联络关系。

二、双方海关当局应本着友好合作的愿望，对实施和解释本协定过程中出现的问题进行相互咨询和协商。

第十六条　协定的适用领域

本协定适用于中华人民共和国关境和哈萨克斯坦共和国关境。

第十七条　协定的生效和终止

协定自双方各自完成本协定生效所必需的国内法律手续并相互通知之日起第三十天生效。本协定有效期为五年，期满前六个月，如任何一方未以书面通知另一方终止本协定，则本协定将自动延长五年，并依此法顺延。

第十八条　协定的修改和补充

本协定通过双方协商可进行修改和补充。

本协定于一九九七年九月二十六日在阿拉木图签订。一式二份，每份均用中文、俄文和哈萨克文写成，三种文本同等作准。

如对文本的解释出现分歧，以俄文本为准。

中华人民共和国政府　　　　哈萨克斯坦共和国政府
代　表　　　　　　　　　　　代　表

签订日期 1997 年 9 月 26 日

十四、中华人民共和国和哈萨克斯坦共和国引渡条约

中华人民共和国和哈萨克斯坦共和国（以下简称“缔约双方”），在尊重主权和平等互利的基础上，为加强两国在打击犯罪方面的合作，达成协议如下：

第一条　引渡义务

缔约双方有义务根据本条约的规定，经请求相互引渡在本国境内的人员，以便追究其刑事责任或者执行发生法律效力的刑事判决。

第二条　可引渡的犯罪

一、本条约所称“可引渡的犯罪”，系指根据缔约双方法律均构成犯罪并可处以下刑罚的犯罪：

（一）依照中华人民共和国法律，可处至少一年有期徒刑或者更重刑罚；

（二）依照哈萨克斯坦共和国法律，可处至少一年剥夺自由的刑罚或者其他更重刑罚。

二、如果被请求引渡人因任何可引渡的犯罪已由提出请求的缔约一方法院处以本条第一款规定的刑罚，只有在尚未执行的刑期至少为六个月时，方可予以引渡，以便执行判决。

三、在决定引渡及确定某一行为根据缔约双方法律是否均构成犯罪时，不受该行为所属的犯罪种类和罪名的影响。

四、如果引渡某人的请求涉及数项行为，每项行为根据缔约双方法律均应处以刑罚，但其中有些行为不符合本条第一、二款

规定的条件，在该人至少因一项可引渡的犯罪而被允许引渡时，被请求的缔约一方也可因这些行为允许引渡该人。

第三条　应当拒绝引渡的情形

有下列情形之一的，不予引渡：

（一）被请求引渡人系被请求的缔约一方的国民；

（二）被请求的缔约一方已根据本国法律给予被请求引渡人以受庇护权；

（三）被请求的缔约一方有充分理由认为提出请求的缔约一方提出的引渡请求旨在对被请求引渡人因其种族、宗教信仰、国籍、政治见解等原因而提起刑事诉讼或者执行刑罚，或者被请求引渡人在司法程序中的地位将会因上述原因受到损害；

（四）根据提出请求的缔约一方法律，引渡请求所涉及的犯罪纯属军事犯罪；

（五）在收到引渡请求时，根据被请求的缔约一方的法律，由于时效或者其他法律理由不能提起刑事诉讼或者执行刑罚；

（六）在收到引渡请求前，被请求的缔约一方主管机关已对被请求引渡人就同一犯罪作出发生法律效力的判决或者诉讼程序已经终止；

（七）根据缔约一方的法律，属于受害人告诉才受理的刑事案件。

第四条　可以拒绝引渡的情形

有下列情形之一的，可以拒绝引渡：

（一）根据被请求的缔约一方法律，该方对被请求引渡人或引渡请求所涉及的犯罪具有管辖权。在此情况下，如被请求的缔约一方拒绝引渡，则应对被请求引渡人提起刑事诉讼；

（二）特殊情况下，在考虑犯罪的严重性及提出请求的缔约一方利益的同时，如果被请求的缔约一方认为由于被请求引渡人的个人情况，引渡不符合人道主义精神；

（三）被请求的缔约一方正在对被请求引渡人就同一犯罪进行刑事诉讼。

第五条　不引渡本国国民的后果

如果根据本条约第三条第（一）项不同意引渡，在遵守本条约第二、三条规定的情况下，被请求的缔约一方应根据提出请求的缔约一方的请求将该人提交本国主管机关，以便根据被请求的缔约一方的法律对其提起刑事诉讼。为此目的，提出请求的缔约一方有义务向被请求的缔约一方移交与该案有关的文件和证据。

第六条　联系途径

为实施本条约，缔约双方应通过中华人民共和国经由外交途径通知的指定机关和哈萨克斯坦共和国司法部和总检察院进行联系；亦可通过外交途径进行联系。

第七条　语文

在执行本条约时，缔约双方应使用本国的官方文字，并附有缔约另一方的官方文字或者英文或者俄文的译文。

第八条　引渡请求及所需文件

一、引渡请求应以书面形式提出，并包括：

（一）请求机关的名称；

（二）被请求引渡人的姓名、国籍、住所地或居住地的材料和其他关于其身份的情况，如有可能，提供有关其外表的描述、照片和指纹；

（三）关于犯罪行为和后果，包括导致的物质损失的描述；

（四）提出请求的缔约一方法律中有关该行为构成犯罪以及应处刑罚的规定；

（五）追究刑事责任的时效或者执行刑罚时限的法律规定。

二、除本条第一款规定者外，旨在对被请求引渡人提起刑事诉讼而提出的引渡请求还应附有提出请求的缔约一方主管机关签发的逮捕证或者羁押决定的副本。

三、旨在执行刑罚而提出的引渡请求，除本条第一款规定者外，还应附有：

（一）已发生法律效力的判决书的副本；

（二）有关已服刑期的证明。

四、提出请求的缔约一方根据本条约的规定所提交的文件，应经提出请求的主管机关正式签署和盖章。

第九条　补充材料

如果被请求的缔约一方认为，根据本条约的规定，引渡请求所附材料不够充分，可以要求提出请求的缔约一方在两个月内提交补充材料。如经事先说明正当理由，这一期限还可以延长十五天。如果提出请求的缔约一方未在上述期限内提交补充材料，应被视为放弃请求，已被羁押的人应予释放。但这种情况不妨碍提出请求的缔约一方就同一犯罪对该人再次提出引渡请求。

第十条　为引渡而羁押

收到引渡请求后，除根据本条约规定不能引渡的情形外，被请求的缔约一方应当立即采取措施羁押被请求引渡人。

第十一条　收到引渡请求前的羁押

一、在紧急情况下，缔约一方可以请求缔约另一方在收到本条约第八条所指的引渡请求前羁押被请求引渡人。此种请求可以书面方式通过本条约第六条规定的途径或者缔约双方同意的其他途径，以任何通讯手段提出。

二、请求书应包括本条约第八条第一款第（一）、（二）、（三）项、第二款和第三款所述内容，并说明引渡请求即将发出。

三、被请求的缔约一方应将对该项请求的审查结果及时通知提出请求的缔约一方。

四、在提出请求的缔约一方收到羁押通知后三十天内，如果被请求的缔约一方未收到正式引渡请求及本条约第八条所要求的有关文件，应释放被羁押人。如有充分理由，被请求的缔约一方应根据请求将这一期限延长十五天。

五、如果提出请求的缔约一方后来提交了引渡请求以及本条约第八条规定的有关文件，则根据本条第四款对被羁押人的释放不影响对该人的引渡。

第十二条　移交被引渡人

一、被请求的缔约一方应将其对引渡请求所作出的决定立即通知提出请求的缔约方。如果同意引渡，被请求的缔约一方和提出请求的缔约一方应协商约定移交的时间和地点等有关事宜。如拒绝引渡请求，被请求的缔约一方应说明理由。

二、如果提出请求的缔约一方自商定移交之日起十五天内不接受应予引渡的人，应被视为放弃该项引渡请求，被请求的缔约一方应当立即释放该人，并可以拒绝提出请求的缔约一方就同一犯罪对该人再次提出的引渡请求。

三、如果缔约一方因其无法控制的原因不能在商定的期限内移交或接受被引渡人，该缔约方应及时通知缔约另一方。缔约双方应在商定的移交之日起的十五天内重新商定新的移交日期，并适用本条第二款的规定。

第十三条　暂缓引渡和临时引渡

一、如果被请求引渡人在被请求的缔约一方境内因另一犯罪被追究刑事责任或者服刑，被请求的缔约一方可暂缓引渡该人直至诉讼终结、服刑期满或提前释放，并应将此通知提出请求的缔约一方。

二、如果本条第一款规定的暂缓引渡会造成刑事追诉时效丧失或妨碍对犯罪进行调查，被请求的缔约一方可根据请求临时引渡被请求引渡人。提出请求的缔约一方应在事先商定的期限内归还被临时引渡人。

第十四条　数国提出的引渡请求

缔约一方在收到包括缔约另一方在内的数国对同一人提出的引渡请求后，有权自主决定将该人引渡给哪个国家。

第十五条　特定规则

一、除引渡请求所涉及的犯罪外，未经被请求的缔约一方同意，提出请求的缔约一方不能对被引渡人因其在引渡前实行的犯罪追究刑事责任或判刑，也不能将其引渡给第三国。

二、有下列情况的，无需被请求的缔约一方同意：

（一）被引渡人在离开提出请求的缔约一方领土后又自愿返回；

（二）被引渡人在其可自由离开提出请求的缔约一方之日起十五天内未离开提出请求的缔约一方领土。被引渡人由于其无法控制的原因不能离开提出请求的缔约一方领土的时间不计算在此期限内。

第十六条　移交与犯罪有关的物品

一、被请求的缔约一方应在其法律允许的范围内根据提出请求的缔约一方的请求向其移交被引渡人的犯罪工具、作为证据的物品以及犯罪所得的物品。如果因被引渡人死亡、逃脱或其他原因而不能执行引渡，上述物品仍应予移交。

二、为审理其他未决刑事诉讼案件，被请求的缔约一方可暂缓移交上述物品直至诉讼终结。

三、任何第三人对上述物品的合法权益应予保留。提出请求的缔约一方应在诉讼终结后尽快将该物品返还被请求的缔约一方，以便转交物品所有人。在特定情况下，如果不影响调查，亦可在诉讼终结之前将这些物品归还其所有人。如果物品所有人在提出请求的缔约一方境内，该缔约一方经被请求的缔约一方同意，有权直接将上述物品归还其所有人。

第十七条　过境

一、缔约一方从第三国引渡的人需要经过缔约另一方领土时，该缔约一方应向缔约另一方请求允许该人从其领土过境。

二、本条第一款的规定不适用于使用航空运输且未计划在缔约另一方境内降落时的情况。

三、根据本条约的规定不予引渡的人，缔约双方可以拒绝其过境。

第十八条　通报结果

提出请求的缔约一方应及时向被请求的缔约一方通报对被引渡人进行刑事诉讼或执行判决的结果，以及再引渡给第三国的情况，并根据被请求的缔约一方的请求向其提供终审判决书的副本。

第十九条　与引渡有关的费用

与引渡有关的费用由费用产生地的缔约一方承担。因缔约一方从第三国引渡而在缔约另一方境内过境产生的费用，由请求过境的缔约一方承担。

第二十条　与其他国际条约的关系

本条约不影响缔约双方根据其参加的其他国际条约所享有的权利和承担的义务。

第二十一条　争议的解决

因解释或执行本条约所产生的任何争议均应由缔约双方通过协商和谈判解决。

第二十二条　修改和补充

对本条约的修改和补充须经缔约双方同意，并在缔约双方根据本国法律完成法律程序后生效。

第二十三条　批准和生效

本条约须经批准。批准书在北京互换。本条约自互换批准书之日起第三十天开始生效。

第二十四条　终止

本条约自缔约任何一方通过外交途径书面通知终止之日起六个月后失效，否则本条约无限期有效。本条约的失效不应影响在本条约失效前已经开始的引渡程序的完成。

本条约于一九九六年七月五日订于阿拉木图，一式两份，每份均用中文、哈文和俄文写成，三种文本同等作准。如对本条约的解释发生分歧，以俄文文本为准。

中华人民共和国代表	哈萨克斯坦共和国代表
钱其琛	卡·托卡耶夫（外　长）

十五、中华人民共和国和哈萨克斯坦共和国关于民事和刑事司法协助的条约

中华人民共和国和哈萨克斯共和国（以下简称缔约双方）为了实现司法领域的合作，在尊重主权和互惠的基础上，决定相互提供民事和刑事方面的司法协助。为此目的，双方议定以下各条：

第一章　总则

第一条　司法保护

一、缔约一方的国民在缔约另一方境内，在人身和财产权利方面享有与缔约另一方国民同等的司法保护，有权在与缔约另一方国民同等的条件下，诉诸缔约另一方的法院检察机关和其他主管民事和刑事案件的机关，有权在这些机关提出请求或进行其他诉讼行为。

二、本条第一款的规定亦适用于在缔约任何一方境内根据该国法律成立的法人。

三、本条约所指的“民事案件”，亦包括婚姻家庭和劳动案件。

四、本条约也适用于商事和经济案件，但第三章的规定除外

第二条 司法协助的联系途径

一、除本条约另有规定外，缔约双方的法院和其他主管机关相互请求和提供民事和刑事司法协助，应通过双方各自的中央机关进行联系。

二、第一款中的中央机关，在中华人民共和国方面系指中华人民共和国司法部和最高人民检察院；在哈萨克斯坦共和国方面系指哈萨克斯坦共和国司法部和总检察院。

第三条 司法协助的范围

司法协助包括：

（1）代为执行送达文书、调查取证和本条约规定的其他民事与刑事诉讼行为；

（2）承认和执行法院民事裁决；

（3）本条约规定的其他协助。

第四条 司法协助请求书

一、请求司法协助应以请求书的形式提出，请求书中应写明：

1. 请求机关的名称；

2. 被请求机关的名称；

3. 请求司法协助案件的名称；

4. 请求书中所涉及的与诉讼有关的人员的姓名、性别、出生日期和地点、国籍、职业和住所地或居所地；对于法人来说，则应提供其名称和所在地；

5. 他们的代理人的姓名和地址；

6. 请求书如涉及刑事案件，还需注明犯罪事实、罪名和所适用的法律规定。

二、上述请求书和其他文件应由缔约一方的请求机关正式盖章。

第五条　请求的执行

一、如果按照被请求的缔约一方法律，缔约另一方请求执行的事项不属于被请求的缔约一方法院和其他主管机关的职权范围，可以说明理由，予以退回。

二、如果缔约一方的被请求机关无权执行请求，应将该项请求移送有权执行的主管机关，并通知缔约另一方的请求机关。

三、被请求机关如果无法按照请求书中所示的地址执行请求，应采取适当措施以确定地址，或要求提出请求的缔约一方提供补充情况。

四、如因无法确定地址或其他原因不能执行请求，被请求的缔约一方应通知提出请求的缔约一方，说明妨碍执行的原因，并退回提出请求的缔约一方的全部文件。

第六条　通知执行结果

一、被请求的机关应将执行请求的结果按照本条约第二条规定的途径书面通知提出请求的机关，并附证明请求已执行的文件。

二、送达回证应有收件日期和收件人的签名，并应由执行送达机关正式盖章和执行送达签名。如收件人拒收，还应注明拒收的理由。

第七条　语文

缔约双方在进行司法协助时，所有的文件均应使用本国文字，并附有准确无误的对方的文字或英文或俄文译文。

第八条　外交或领事代表机关送达文书和调查取证

根据主管机关的请求，缔约一方派驻在缔约另一方的外交或领事代表机关可以向其本国国民送达司法文书和司法外文书，并进行询问，但不得使用强制措施，并不得违反驻在国的法律。

第九条　证人、被害人和鉴定人的保护

一、由提出请求的缔约一方法院或其他主管机关通过被请求的缔约一方通知前来的证人、被害人和鉴定人，不论其国籍如何，提出请求的缔约一方不得因其人境前的违法犯罪行为或者因其证言、鉴定或其他涉及诉讼内容的行为而给予行政处罚，或追究其刑事责任，或以任何形式剥夺其人身自由。

二、如果证人、被害人或鉴定人在接到提出请求的缔约一方关于其不必继续停留的通知十五日后仍不出境，则丧失第一款给予的保护，但由于本人不能控制的原因而未能及时离境者除外。

三、第一款所述的通知应通过第二条规定的途径转递。通知中不得以采取强制措施相威胁。

第十条　司法协助的费用

一、缔约双方应相互免费提供司法协助，但鉴定人的鉴定费除外。

二、被通知到提出请求的缔约一方境内的证人、被害人或鉴定人的旅费和食宿费，由提出请求的缔约一方承担。上述被通知人有权取得的各项费用，应在通知中注明。应上述被通知人的要求，提出请求的缔约一方的主管机关应当预付上述费用。

第十一条　司法协助的拒绝

如果被请求的缔约一方认为提供某项司法协助有损于本国的主权、安全、公共秩序或违反本国法律的基本原则，可以拒绝提供该项司法协助，并将拒绝的理由通知提出请求的缔约一方。

第十二条　司法协助适用的法律

一、被请求机关提供司法协助，适用本国法律。

二、被请求机关提供司法协助，亦可应请求适用缔约另一方的诉讼程序规范，但以不违背被请求的缔约一方法律的基本原则为限。

第十三条　交换法律情报

缔约双方应根据请求，相互通报各自国家现行的或者过去实施的法律和司法实践的情报。

第二章　民事司法协助

第十四条　协助范围

缔约双方应根据请求相互送达司法文书和司法外文书，询问当事人、证人和鉴定人，进行鉴定和勘验，承认与执行法院裁决，包括采取措施向义务承担人追索扶养费，以及完成其他有关的诉讼行为。

第十五条　诉讼费用的支付

一、缔约一方的国民在缔约另一方境内，应在与该缔约另一方国民同等的条件下和范围内支付诉讼费用。

二、本条第一款的规定亦适用于在缔约任何一方境内根据该国法律成立的法人。

第十六条　诉讼费用的减免

一、缔约一方的国民在缔约另一方境内，可在与缔约另一方国民同等的条件下和范围内减免诉讼费用。

二、缔约一方的国民申请减免诉讼费用，应由其住所或居所所在地的主管机关出具说明其身份、家庭及财产状况的说明书。如果该申请人在缔约双方境内均无住所或居所，亦可由其本国的外交或领事代表机关确认或出具上述证明书。

三、法庭根据请求做出减免诉讼费用决定时，可要求出具证明书的机关做补充说明。

第十七条　应予承认与执行的裁决

一、缔约双方应依本条约规定的条件，在各自境内承认与执行本条约生效后在缔约另一方境内作出的发生法律效力的法律裁决，其中包括只需承认不需执行的法院裁决。

二、本条约所指的“法院裁决”在中华人民共和国方面系指法院作出的民事判决、裁定、决定和调解书及刑事案件中有关损害赔偿的裁决。在哈萨克斯坦共和国方面系指法院（法官）和仲裁法院（法官）作出的民事判决、裁定、决定和调解书及刑事案件中有关损害赔偿的判决。

第十八条　承认与执行法院裁决的请求

一、承认与执行法院裁决的请求由申请人向作出该项裁决的缔约一方法院提出，该法院按照本条约第二条规定的途径转交给缔约另一方法院。申请承认与执行裁决的当事人亦可直接向该缔约另一方法院提出申请。

二、申请承认与执行法院裁决的请求书应附有下列文件：

（一）经法院证明无误的裁决副本；如果副本中没有明确指出裁决已经生效和可以执行，还应附有法院为此出具的文件；

（二）法院出具的有关在请求缔约一方境内执行裁决情况的文件；

（三）证明未出庭的当事一方已经合法传唤，或在当事一方没有诉讼行为能力时已得到适当代理的证明；

（四）本条所述请求书和所附文件的经证明无误的译本。

第十九条　承认与执行法院裁决的程序

一、法院裁决的承认与执行，由被请求的缔约一方法院依照本国法律规定的程序进行。

二、被请求法院只能审查该裁决是否符合本条约的规定。

三、被请求法院对于请求承认与执行的裁决，必要时可以要求作出裁决的法院提供补充材料。

第二十条　承认与执行的法律效力

缔约一方法院的裁决一经缔约另一方法院承认或执行，即与承认或执行该项裁决的缔约另一方法院作出的裁决具有同等效力。

第二十一条　拒绝承认与执行

有下列情形之一的法院裁决，不予承认与执行：

（一）根据作出裁决的缔约一方的法律，该裁决尚未生效或不具有执行力；

（二）根据被请求承认与执行裁决的缔约一方的法律，被请求的缔约一方法院对该案件有专属管辖权；

（三）根据作出裁决的缔约一方法律，未出庭的当事一方未经合法传唤，或在当事一方没有诉讼行为能力时未得到适当代理；

（四）被请求承认与执行裁决的缔约一方的法院对于相同当事人之间就同一标的的案件已经作出了生效裁决，或正在进行审理，或已承认了在第三国对该案件所作的生效裁决；

（五）承认与执行裁决有损于被请求的缔约一方的主权、安全和公共秩序。

第三章　刑事司法协助

第二十二条　协助的范围

缔约双方应根据请求，在刑事方面相互代为询问证人、被害人、鉴定人、嫌疑人和被指控犯罪的人，进行搜查、鉴定、勘验、检查以及其他与调查取证有关的诉讼行为；移交物证、书证以及赃款赃物；送达刑事诉讼文书，并通报刑事诉讼结果。

第二十三条　送达文书和调查取证

一、本条约第四条至第六条和第八条的规定亦适用于刑事方面送达文书和调查取证。

二、提出上述请求时，还应在请求书中写明犯罪事实、罪名和所适用的法律规定。

第二十四条　赃款赃物的移交

一、缔约一方应根据缔约另一方的请求，将在其境内发现的、罪犯在缔约另一方境内犯罪时获得的赃款赃物，移交给缔约另一方。但此项移交不得侵害缔约一方或与这些财物有关的第三者的权利。

二、如果上述赃款赃物对被请求的缔约一方境内其他未决刑事案件的审查是必不可少的，被请求的缔约一方可暂缓移交。

第二十五条 刑事司法协助的拒绝

除本条约第十一条规定的情况下，被请求的缔约一方还可根据下列理由之一拒绝提供司法协助：

（一）按照被请求的缔约一方法律，该项请求涉及的行为并不构成犯罪；

（二）该项请求涉及的嫌疑犯或被指控犯罪的人是被请求的缔约一方国民，且不在提出请求的缔约一方境内。

第二十六条 刑事诉讼情况的通知

缔约双方应相互提供对缔约另一方国民进行刑事诉讼的情况，必要时还应提供各自法院对缔约另一方国民所作的判决的情况。

第二十七条 关于以往犯罪的情报

如在缔约一方境内曾被判刑的人在缔约另一方境内被追究刑事责任，则该缔约一方应根据缔约另一方的请求免费提供该人以前被判刑的情况。

第四章 其他规定

第二十八条 文件的效力

缔约一方法院或其他主管机关制作或证明的文书，只要经过有关主管机关正式盖章即为有效，就可在缔约另一方法院或其他主管机关使用，无需认证。

第二十九条 户籍文件及其他文件的送交

为了实施本条约，缔约一方主管机关可根据缔约另一方通过外交途径提出的请求，将缔约另一方提起诉讼所需的涉及缔约另一方国民的户籍登记摘录、关于其文化程度、工龄的证明及其他有关个人权利和财产状况的文件，免费提供给缔约另一方，并附英文或俄文译文。

第三十条 物品的出境和金钱的汇出

本条约的规定及其执行不得妨碍缔约双方各自执行其有关物

品出境或金钱汇出的法律和规定。

第三十一条　争议的解决

有关解释和执行本条约所产生的争议，均应通过外交途径解决。

第五章　最后条款

第三十二条　条约的生效

缔约双方应按照各自国家的法律程序履行使本条约生效的法律手续，并通过外交途径相互书面通知。本条约自最后一方通知之日起第三十日开始生效。

第三十三条　条约的修改或补充

缔约双方对本条约的修改或补充均应通过外交途径进行协商，并按照各自国家的法律规定履行法律手续。

第三十四条　条约的终止

本条约自缔约任何一方通过外交途径书面提出终止之日起六个月后失效。否则，本条约无限期有效。

本条约于一九九三年一月十四日在北京签订，一式两份，每份均用中文和哈萨克文写成，并附俄文译文，两种文本同等作准。

中华人民共和国代表	哈萨克斯坦共和国代表
蔡　诚	叶尔让诺夫
（签　字）	（签　字）

十六、中华人民共和国和乌兹别克斯坦共和国关于打击恐怖主义、分裂主义和极端主义的合作协定

中华人民共和国和乌兹别克斯坦共和国（以下简称“缔约双方”），在相互尊重主权和平等互利的基础上，为进一步加强缔约双方在《打击恐怖主义、分裂主义和极端主义上海公约》（以下简称“上海公约”）的框架内打击恐怖主义、分裂主义和极端主义的合作，达成协议如下：

第一条

一、为实现本协定之目标，缔约双方将遵循上海公约的原则和规定。

二、本协定未解决的问题按照上海公约的规定解决。

第二条

上海公约第一条第一款所指行为应当包括组织、领导、参加恐怖主义、分裂主义和极端主义组织的行为。

第三条

上海公约第一条第一款所指行为应当包括向恐怖主义、分裂主义和极端主义活动提供资金、技术、武器和进行训练的行为。

第四条

上海公约第一条第一款所指行为应当包括明知有关资产源于或用于恐怖主义、分裂主义和极端主义活动，仍通过各种方式掩饰或隐瞒其真实性质、来源、用途、使用方法以及转移上述资产的行为。

第五条

上海公约第一条第一款所指行为应当包括使用毒害性、爆炸性、放射性和传染性物质的行为。

第六条

一、缔约双方应当将上海公约第一条第一款所指行为视为可相互引渡的犯罪行为。

二、缔约双方应当采取必要措施，包括适当时制定国内法，以使上海公约第一条第一款所指行为受到与其性质相符的处罚。

第七条

一、缔约双方根据上海公约第四条指定的中央主管机关亦为本协定的中央主管机关。

二、缔约双方中央主管机关就执行本协定规定的有关事项直接相互联系和协作。

三、缔约双方中央主管机关应当相互通报具体联系方式，包括负责日常联系的机构及其用于日常联系的电话、传真、电子信箱等。如以上联系方式发生变更，应当及时通知缔约另一方。

第八条

缔约双方中央主管机关经协商一致，将就打击上海公约第一条第一款所指行为的事项，组织双方有关部门进行定期会晤和磋商、交换意见、协调立场，包括在国际组织框架内从事上述活动。

第九条

以下事项应当被视为上海公约第七条所指的情报范围：

（一）恐怖主义、分裂主义和极端主义组织的情况及其成员的情况，在可能的情况下，包括组织的名称、结构、主要活动及其成员的姓名、国籍、住所或居所、外表特征、照片、指纹及其他有助于确定和辨认此种人员的资料；

（二）恐怖主义、分裂主义和极端主义组织为在缔约任何一方境内实施上海公约第一条第一款所指行为的计划、培训及培训地点（基地）的情报；

（三）恐怖主义、分裂主义和极端主义组织利用第三国针对缔约任何一方准备并实施上海公约第一条第一款所指行为的情报；

（四）恐怖主义、分裂主义、极端主义组织及其成员非法制造、获取、储存、转让、运输、贩卖、使用（或威胁使用）毒害性、放射性、传染性物质和爆炸物质、引爆装置、枪支弹药、核武器、化学武器、生物武器和其他大规模杀伤性武器以及可用于制造上述武器的原料和设备的情报；

（五）恐怖主义、分裂主义、极端主义组织及其成员针对任何一方国家元首及其他国家领导人、外交代表机关、领事机构、国际组织工作人员、代表团和重要设施等采取恐怖活动或者威胁实施恐怖活动的情报；

（六）恐怖主义、分裂主义、极端主义组织非法制造和传播恐怖主义、分裂主义、极端主义思想的宣传品（印刷品和音像制品等）的情报；

（七）恐怖主义、分裂主义、极端主义组织资金来源和渠道等方面的情报；

（八）恐怖主义、分裂主义、极端主义组织活动的特点、规律、方法和手段等方面的情报；

（九）关于预防、发现和制止恐怖主义、分裂主义、极端主义活动的经验等情报、信息及资料，

（十）具有缔约一方国籍、位于缔约另一方境内的涉嫌从事上海公约第一条第一款所指行为的人员的信息，包括其外貌特征、证明身份的证件、住所或居所、照片等资料；

（十一）向恐怖主义、分裂主义、极端主义活动提供资金、技术、武器、训练的组织或人员的情报。

第十条

在有可靠情报的情况下，缔约任何一方应当取缔在其境内针对缔约另一方实施上海公约第一条第一款所指行为的组织。

第十一条

一、为执行上海公约和本协定，缔约双方应当在警用科研、技术交流、开发及完善警用技术、合作生产技术器材和装备等方面加强合作，包括必要时相互提供技术和物资援助。

二、缔约一方根据本协定从缔约另一方获取的资料、专用器材、设备和器械，未经提供方事先书面同意，不得向第三方转交。

三、缔约双方根据上海公约和本协定相互援助时使用的侦查行动方式、专门力量、技术器材和后勤保障材料性能等信息，未

经提供方事先书面同意，不得向第三方提供，亦不得向外界公布。

第十二条

除非另有约定，缔约双方自行承担与其执行本协定有关的费用。

第十三条

缔约双方中央主管机关在本协定范围内开展合作的工作语言为中文和俄文。

第十四条

本协定不限制缔约双方就本协定内容及与其宗旨和目标不相抵触的事项签订其他国际条约的权利，并且不涉及缔约双方根据其参加的其他国际条约所享有的权利和承担的义务。

第十五条

本协定解释或执行中的任何争议，由缔约双方通过外交途径协商解决。

第十六条

经缔约双方同意，可以对本协定进行修改和补充并就此签署议定书，议定书为本协定不可分割的一部分。

第十七条

缔约双方依照各自法律完成使本协定生效的国内程序后，应当通过外交途径相互通知。本协定自后一份通知发出之日起第三十天生效。

第十八条

一、本协定无限期有效。

二、本协定自缔约任何一方通过外交途径向缔约另一方发出书面终止通知之日起十二个月后失效。

三、如上海公约对缔约任何一方失效，则本协定自上海公约对该方失效之日起失效。

本协定于二00三年九月四日在塔什干签订，一式两份，每份均用中文、乌兹别克文和俄文写成，三种文本同等作准。如对本协定的解释发生分歧，以俄文文本为准。

中华人民共和国	乌兹别克斯坦共和国
代表	代表
李肇星	萨法耶夫
（签字）	（签字）

十七、中华人民共和国和乌兹别克斯坦共和国引渡条约

中华人民共和国和乌兹别克斯坦共和国（以下简称“缔约双方”）根据公认的国际法准则，为促进两国在打击犯罪领域内的有效合作，在相互尊重主权和平等互利的基础上，达成协议如下：

第一条　引渡义务

缔约双方有义务根据本条约的规定，经适当请求，相互引渡在本国境内的人员，以便追究其刑事责任或执行刑罚。

第二条　可引渡的犯罪

一、就本条约而言，可引渡的犯罪系指根据缔约双方法律可处以一年以上剥夺自由的刑罚或更重刑罚的犯罪。

二、在符合本条第一款规定的条件下，如果引渡请求旨在执行刑罚，只有在尚未执行的剥夺自由的刑期至少为六个月时，方可予以引渡。

三、就本条而言，在确定某一行为根据缔约双方法律是否均构成犯罪时，不因缔约双方法律是否将该行为归入同一犯罪种类或使用同一罪名而产生影响。

四、如果引渡请求涉及数项犯罪行为，但其中有些行为不符合本条第一款和第二款规定的条件，只要这些犯罪行为中有一项为可引渡的犯罪，即可引渡被请求引渡人。

第三条 引渡请求的拒绝

有下列情形之一的，不予引渡：

（一）在就引渡作出决定时，被请求引渡人系被请求方公民或被请求国已为其提供了庇护；

（二）在收到引渡请求时，根据被请求方法律，由于追诉时效期限已过或遇赦免等法律原因，被请求引渡人不能被追诉或执行刑罚；

（三）在提出引渡请求前，被请求方已在本国境内对被请求引渡人就同一犯罪作出判决或者诉讼程序已经终止；

（四）请求引渡的犯罪全部或部分是在被请求方境内发生，包括在挂有被请求方国旗的船上或根据被请求方法律注册的航空器上。

第四条 被请求方进行刑事诉讼的义务

如果被请求方因被请求引渡人系其公民或根据本条约第三条第四项的理由而不同意引渡，该方应根据请求方的请求，将被请求引渡人转交其主管机关提起刑事诉讼。为此目的，请求方应向被请求方移交与该案有关的文件、证据和赃物。

第五条 联系途径

为本条约的目的，除另有规定者外，缔约双方应通过各自指定的机关进行联系，亦可通过外交途径进行联系。

第六条 语言

在执行本条约时，缔约双方应使用本国官方语言，并应附有缔约另一方官方语言或英文或俄文的译文。

第七条 引渡请求及所需文件

一、引渡请求应以书面形式提出，写明被请求引渡人的姓名、国籍、住所地或居所地的情况，并附有：

（一）有关确定其身份的资料，如有可能，有关其外表的描述，该人的指纹；

（二）关于犯罪的事实及其后果，包括所导致的物质损失的概述；

（三）有关的法律条文，包括定罪、量刑和追诉时效的法律规定。

二、除本条第一款规定的文件外，旨在对被请求引渡人提起诉讼的引渡请求还应附有请求方主管机关签发的羁押决定或逮捕证副本。

三、除本条第一款规定的文件外，旨在执行刑罚的引渡请求还应附有下列文件：

（一）已发生法律效力的刑事判决书或裁定书的副本；

（二）关于已执行刑期的情况说明。

四、引渡请求及所附文件应经签字并加盖公章，并应附有被请求方文字或英文或俄文的译文。

第八条　补充材料

一、如果被请求方认为，根据本条约的规定，引渡请求所附的材料不足，可要求请求方在合理的期限内提交补充材料。

二、请求方应在收到该要求后两个月内提交补交材料。如有正当理由并经请求方请求，这一期限可延长十五天。

三、如果请求方未在上述期限内提交补充材料，应视为已自愿放弃请求，但这不妨碍请求方就同一犯罪重新提出引渡请求。

第九条　临时羁押

一、在紧急情况下，请求方可向被请求方提出临时羁押被请求引渡人的请求。该请求可通过国际刑警组织或直接利用电报、电传、传真等技术方式提交。

二、请求书应包括：对被请求引渡人的情况说明，已知的该人的地址，对案情的简要说明，对该人已签发第七条所指的羁押决定或逮捕证或已作出第七条所指的判决的说明，以及即将发出引渡请求的说明。

三、被请求方应根据本国法律对该请求立即作出决定，并立即通知请求方。

四、如果被请求方在羁押被请求引渡人后四十五天未收到引渡请求，应即释放根据该请求羁押的人。在上述期限届满以前，如果请求方说明理由并提出要求，这一期限可延长十五天。

五、根据本条第四款释放被羁押人，不影响被请求方收到引渡请求和有关证明文件后再次羁押被请求引渡人。

第十条　移交被引渡人

一、被请求方根据本国法律规定的程序处理引渡请求，并将作出的决定立即通知请求方。

二、请求方收到被请求方同意引渡请求的通知后，缔约双方应商定移交的时间、地点等有关事宜。移交被引渡人应办理移交纪要，一式两份，由缔约双方主管部门的代表签署。

三、全部或部分拒绝引渡请求，均应说明理由。

四、除第五款规定的情形外，如果请求方在约定的移交之日起十五天内未接收被引渡人，被请求方可将其释放，并可拒绝请求方就同一犯罪再次提出的引渡请求。

五、如果缔约任何一方因其无法控制的原因不能在约定的期限内移交、接收被引渡人，应及时通知对方。缔约双方应按照本条第二款的规定重新商定移交日期等有关事宜。

第十一条　暂缓移交及临时移交

一、如果被请求方正在对被请求引渡人因引渡请求所涉及的犯罪以外的犯罪提起诉讼或执行判决，被请求方可暂缓移交。被请求方应将暂缓移交的决定通知请求方。

二、如果暂缓移交将造成追诉时效期限届满或严重妨碍对被引渡人进行犯罪调查，被请求方可根据缔约双方商定的条件，将被引渡人临时移交给请求方。请求方在结束刑事诉讼后应立即送还被临时移交的人。

第十二条　数国提出的引渡请求

如果缔约一方收到缔约另一方及第三国对同一人提出的引渡请求，则有权自行决定接受其中某一国的请求。

第十三条　特定原则

一、根据本条约被引渡的人，除引渡请求涉及的犯罪外，对其在引渡前所犯的任何其他犯罪，不得在请求方境内被追究刑事责任或执行刑罚。未经被请求方的同意。亦不得向第三国引渡。

二、本条第一款不适用于下列情况：

（一）被引渡人离开请求方领土后又自愿返回其领土；

（二）非因不可抗力，被引渡人未在其可自由离开请求方之日起三十天内离开请求方领土。

第十四条　再次引渡

如果被引渡人逃避刑事追诉或执行刑罚而再次返回被请求方境内，被请求方应根据请求方的请求将该人再次引渡，请求方无需提交本条约第七条规定的文件。

第十五条　移交与犯罪有关的物品

一、被请求方应在其法律允许的范围内，根据请求方的请求，向其移交被引渡人的犯罪工具，以及作为证据的物品或犯罪所得。

二、如果因被引渡人死亡、脱逃或其他原因不能执行引渡，上述物品仍应移交。

三、如果被请求方需将本条第一款所指的物品用作刑事案件的物证，则可暂缓移交直至案件的诉讼程序终结。

四、如果上述物品应在被请求方境内予以扣押或没收，被请求方可予扣押不交或临时移交。

五、如果根据被请求方的法律或为保护第三方的权益，所移交的物品应退还被请求方，则在被请求方提出这一要求时，请求方应在诉讼终结后，无偿将上述物品退还给被请求方。

第十六条　过境

一、缔约一方从第三国引渡的人需经过缔约另一方领土时，接收该人的缔约一方应向缔约另一方提出允许被引渡人过境的请求。本款不适用于使用航空运输且未计划在缔约另一方领土降落的情况。

二、被请求方收到上述请求后，在不损害本国基本利益和不违反其法律的情况下，应同意请求方提出的要求。

三、过境发生国应向缔约另一方执行押送任务的公务人员提供必要的帮助。

第十七条　结果的通报

缔约双方应相互通报对被引渡人追究刑事责任、执行刑罚或再引渡给第三国的情况。

第十八条　费用

引渡费用应由该费用产生地的缔约一方承担。但与引渡有关的交通费用和过境费用应由请求方承担。

第十九条　保守秘密

一、根据请求方的要求，被请求方应采取必要措施对引渡请求、请求的内容和有关证明文件的内容以及所提供的帮助等保守秘密。如果因执行引渡请求而使该保密要求无法满足，被请求方将此情况通知请求方后，请求方应再确定是否仍要求对方满足保密的请求。

二、被请求方也可要求请求方对其提供给请求方的证据和信息予以保密。

第二十条　争议的解决

因解释和执行本条约所产生的任何争议，均通过外交途径协商解决。

第二十一条　与多边条约的关系

本条约不影响缔约双方根据其他国际条约所承担的义务。

第二十二条　条约的修改和补充

经缔约双方同意，可以对本条约进行修改和补充。

第二十三条　条约的生效

一、本条约需经批准，批准书在塔什干互换。本条约自互换批准书之日后第三十天开始生效。

二、本条约无限期有效。缔约任何一方可以通过外交途径书面通知缔约另一方终止本条约。本条约自缔约另一方收到上述通知之日起六个月后失效。本条约的终止不影响任何在本条约终止前已经开始的引渡程序。

本条约于一九九九年十一月八日在北京签订，一式两份，每份均用中文、乌兹别克文和俄文写成，三种文本同等作准。

如对本条约的解释发生分歧，以俄文文本为准。

中华人民共和国代表	乌兹别克斯坦共和国代表
江泽民	卡里莫夫

十八、中华人民共和国和乌兹别克斯坦共和国关于民事和刑事司法协助的条约

中华人民共和国和乌兹别克斯坦共和国（以下简称“缔约双方”），根据相互尊重主权和平等互利的原则，为了加强在司法协助领域的合作，达成协议如下：

第一编　总则

第一条　司法保护

一、缔约一方的国民在缔约另一方的境内，在人身权利和财产权利方面享有与缔约另一方国民同等的司法保护，有权在与另一方国民同等的条件下，诉诸缔约另一方法院和其他主管民事和

刑事案件的机关，有权在这些机关提出请求或进行其他诉讼行为。

二、本条第一款的规定亦适用于在缔约任何一方境内根据其法律成立的法人。

三、本条约所指的“民事案件”，亦包括经济、婚姻家庭和劳动案件。

第二条 司法协助的提供

缔约双方的法院和其他主管机关根据请求，并按本条约的规定，相互提供民事和刑事司法协助。

第三条 司法协助的联系途径

一、除本条约另有规定外，缔约双方相互请求和提供民事和刑事司法协助，应通过各自的中央机关进行联系。

二、本条第一款所指的中央机关，在中华人民共和国方面系指中华人民共和国司法部和中华人民共和国最高人民检察院，在乌兹别克斯坦共和国方面系指乌兹别克斯坦共和国司法部和乌兹别克斯坦共和国检察院。

第四条 语文

一、缔约双方中央机关进行书面联系时应使用本国官方文字，并附对方的官方文字或英文或俄文的译文。

二、司法协助请求书及其附件应使用请求方的官方文字书写，并附对方的官方文字或英文或俄文的译文。

第五条 证人、被害人和鉴定人的保护

一、对于由请求方法院或其他主管机关通过被请求方通过前来的证人、被害人和鉴定人，不论其国籍如何，请求方不得因其入境前的犯罪行为或者因其证言、鉴定或其他涉及诉讼内容的行为而追究其刑事责任或以任何形式剥夺其人身自由。

二、如果证人、被害人或鉴定人在接到请求方关于其不必继续停留的通知十五日后仍不出境，则丧失本条第一款给予的保护，但由于其本人不能控制的原因而未能及时离境者除外。

三、本条第一款中所述的通知应通过本条约第三条规定的途径转递。通知中不得以采取强制措施相威胁。

第六条　费用

一、缔约双方应相互免费提供司法协助。

二、被通知到请求方境内的证人、被害人或鉴定人的旅费和食宿费，由请求方承担。此外，鉴定人有权取得鉴定的报酬。上述被通知人有权取得的报酬的种类，应在通知中注明。应上述被通知人的要求，请求方的主管机关应向其预付上述费用。

第七条　司法协助的拒绝

如果被请求方认为提供某项司法协助有损于本国的主权、安全或违背本国法律的基本原则，可以拒绝提供该项司法协助，但应将拒绝的理由通知请求方。

第八条　司法协助适用的法律

一、被请求机关在提供司法协助时，应适用本国法律。

二、被请求机关可应请求机关的请求，在执行方法和形式方面适用请求方的诉讼程序规则，但以不违背被请求方法律的基本原则为前提。

第二编　民事司法协助

第一章　诉讼费用

第九条　诉讼费用保证金的免除

一、缔约一方法院不得仅因缔约另一方国民是外国人或在缔约一方境内没有住所或居所而令其交纳诉讼费用保证金。

二、本条第一款的规定亦适用于在缔约任何一方境内根据其法律成立的法人。

第十条　诉讼费用的支付

一、缔约一方的国民在缔约另一方境内，应在与该缔约另一方国民同等的条件下和范围内支付诉讼费用，包括预付的部分。

二、本条第一款的规定亦适用于在缔约任何一方境内根据其法律成立的法人。

第十一条　诉讼费用的免除

一、缔约一方国民在缔约另一方境内，可在与缔约另一方国民同等的条件下和范围内免除诉讼费用。

二、缔约一方国民申请免除费用，应由其住所或居所所在地的主管机关出具说明其身份及财产状况的证明书；如果该申请人在缔约双方境内均无住所或居所，亦可由其本国的外交或领事代表机关出具上述证明书。

第二章　送达文书和调查取证

第十二条　协助的范围

缔约双方应根据请求相互送达司法文书和司法外文书，询问当事人、证人和鉴定人，进行鉴定和勘验，以及完成其他与调查取证有关诉讼行为。

第十三条　请求的提出

一、送达文书和调查取证的请求应以请求书的形式提出，请求书应载明下列内容：请求机关和被请求机关的名称；当事人及请求书中所涉及的其他人员的姓名、国籍、职业、住所或居所；代理人的姓名和地址；请求协助的案件的名称，以及请求协助的内容；应送达文书的名称，以及请求机关认为有助于执行请求的其他情况。执行该请求所必需的其他文件和材料也须随请求书一并提供。

二、上述请求书和文件应由缔约一方的请求机关签署和盖章。

第十四条　请求的执行

一、如果按照被请求方法律，缔约另一方请求执行的事项不属于法院和其他主管机关的职权范围，可以说明理由，予以退回。

二、如果被请求机关无权执行请求，应将该项请求移送有权执行的主管机关，并通知请求方。

三、被请求机关如果因请求书中所示的地址不确切而无法执行请求，应采取适当措施以确定地址，或要求请求方提供补充情况。

四、如因无法确定地址或其他原因无法执行请求，被请求方应通知请求方，说明妨碍执行的原因，并退回请求方递交的全部文件和材料。

五、根据请求机关的请求，被请求机关应及时将执行请求的时间和地点通知请求机关，以便请求机关在被请求方法律允许的情况下，在执行请求时到场。

第十五条　通知执行结果

一、被请求机关应按照本条约第三条规定的途径将执行请求的结果书面通知请求机关，并附证明请求已予执行的文件。

二、送达回证应有收件日期和收件人的签名，应由执行送达机关盖章和执行送达人签名。如收件人拒收，还应注明拒收的理由。

第十六条　通过外交或领事代表机关送达文书和调查取证

缔约任何一方派驻在缔约另一方的外交或领事代表机关可以向其本国国民送达司法文书和司法外文书，询问当事人或证人，但不得使用强制措施，并不得违反驻在国的法律。

第三章　裁决的承认与执行

第十七条　应予承认与执行的裁决

一、缔约双方应依本条约的规定，在各自境内承认本条约生效后在缔约另一方境内作出的下列裁决，其中依裁决性质应予执行者，则予以执行：

（一）法院的民事裁决；

（二）法院对刑事案件中有关损害赔偿作出的裁决；

（三）仲裁裁决。

二、本条约所指的法院裁决，在中华人民共和国方面系指法院作出的判决、裁定、决定和调解书；在乌兹别克斯坦共和国方面系指法院作出的民事判决、刑事判决、法院裁定、决定和法院核准的和解书，以及法官就民事案件的实质所作的决定。

第十八条　承认与执行法院裁决的请求

一、承认与执行法院裁决的请求应由申请人向作出该项裁决的缔约一方法院提出，由该法院按照本条约第三条规定的途径转给缔约另一方法院。如果申请承认与执行裁决的当事人在裁决执行地所在地的缔约一方境内有住所或居所，亦可直接向该缔约一方的法院提出申请。

二、请求书应按照被请求方规定的格式写成，并附下列文件：

（一）经法院证明无误的裁决副本；如果副本中没有明确指出裁决已经生效和可以执行，还应附有法院为此出具的证明书一份；

（二）证明未出庭的当事一方已经合法传唤，或没有诉讼行为能力的当事一方已得到适当代理的证明书；

（三）本条所述请求书和有关文件的经证明无误的译本。

第十九条　承认与执行法院裁决的程序

一、法院裁决的承认与执行，由被请求方依照本国法院规定的程序进行。

二、被请求的主管机关可以审查该裁决是否符合本条约的规定，但不得对该裁决作任何实质性的审查。

第二十条　承认与执行裁决的法律效力

经缔约一方法院承认或执行的缔约另一方法院的裁决，与缔约一方法院作出的裁决具有同等效力。

第二十一条　拒绝承认与执行

有下列情形之一的法院裁决，不予承认与执行：

（一）根据作出裁决的缔约一方的法律，该裁决尚未生效或不具有执行力；

（二）根据被请求承认与执行一方的法律，被请求方法院对案件有专属管辖权；

（三）根据作出裁决的缔约一方的法律，未出庭的当事一方未经合法传唤，或没有诉讼行为能力的当事一方未得到适当代理；

（四）被请求方的法院对于相同当事人之间就同一标的的案件已经作出生效裁决，或正在进行审理，或已承认在第三国对该案件所作的生效裁决；

（五）承认与执行裁决有损于被请求方的主权、安全或公共秩序。

第二十二条　仲裁裁决的承认与执行

缔约双方应根据一九五八年六月十日在纽约签订的关于承认和执行外国仲裁裁决的公约，相互承认与执行在对方境内作出的仲裁裁决。

第三编　刑事司法协助

第二十三条　协助的范围

缔约双方应根据请求，在刑事方面相互代为询问证人、被害人、鉴定人，讯问犯罪嫌疑人和被告人；进行搜查、鉴定、勘验、检查以及其他与调查取证有关的诉讼行为；移交物证、书证以及赃款赃物；送达刑事诉讼文书；通报刑事诉讼结果。

第二十四条　送达文书和调查取证

一、本条约第十三条至第十六条的规定亦适用于刑事方面的送达文书和调查取证。

二、提出上述请求时，还应在请求书中写明罪名、犯罪事实和有关的法律规定。

第二十五条　赃款赃物的移交

一、缔约一方应根据缔约另一方的请求，将在其境内发现的、罪犯在缔约另一方境内犯罪时获得的赃款赃物，移交给缔约另一方。但此项移交不得侵害被请求方以及与这些财物有关的第三人的权利。

二、如果上述赃款赃物对被请求方境内其他未决刑事案件的审理是必不可少的，被请求方可暂缓移交。

第二十六条　刑事司法协助的拒绝

除本条约第七条规定的情况外，如果按照被请求方的法律，该项请求涉及的行为不构成犯罪，被请求方亦可拒绝提供刑事司法协助。

第二十七条　刑事诉讼结果的通知

缔约双方应相互递送各自法院对缔约另一方国民所作的生效裁决副本。

第二十八条　关于以往犯罪的情况

缔约双方应根据请求，相互免费提供审理刑事案件所必需的曾被缔约另一方法院判刑的人员的前科情况。

第四编　其他规定

第二十九条　交换法律情报

缔约双方应根据请求，相互通报各自国家现行的或者过去实施的法律和司法实践的情报。

第三十条　文件的效力

一、缔约一方法院或其他主管机关制作或证明，并通过缔约双方中央机关转递的文书，经过签署和正式盖章即可在缔约另一方法院或其他主管机关使用，无需认证。

二、在缔约一方境内制作的官方文件，在缔约另一方境内也具有同类官方文件的证明效力。

第三十一条　户籍文件及其他文件的送交

为了实施本条约，缔约一方主管机关可根据缔约另一方通过中央机关提出的请求，将缔约另一方办理案件所需的涉及缔约另一方国民的户籍登记的摘录，关于其文化程度、工龄的证明及其他有关个人权利的文件，免费提供给缔约另一方，无需译文。

第三十二条　争议的解决

有关解释和执行本条约所产生的争议，均应通过外交途径解决。

第五编　最后条款

第三十三条　批准和生效

本条约须经批准，批准书在塔什干互换。本条约自互换批准书之日起第三十日开始生效。

第三十四条　终止

本条约自缔约任何一方通过外交途径书面提出终止之日起六个月后失效，否则，本条约无限期有效。

本条约于一九九七年十二月十一日在北京签订，一式两份，每从均用中文、乌兹别克文和俄文写成，三种文本同等作准。如对本条约的解释发生分歧，以俄文文本为准。

中华人民共和国代表	乌兹别克斯坦共和国代表
钱其琛	阿·卡米洛夫
（签　字）	（签　字）

十九、中华人民共和国和塔吉克斯坦共和国关于打击恐怖主义、分裂主义和极端主义的合作协定

中华人民共和国和塔吉克斯坦共和国（以下简称“缔约双

方”)，在相互尊重主权、平等互利的基础上，为进一步加强缔约双方在二00一年六月十五日《打击恐怖主义、分裂主义和极端主义上海公约》（以下简称“上海公约”）的框架内打击恐怖主义、分裂主义和极端主义的合作，达成协议如下：

第一条

一、本协定是对上海公约的补充。

二、上海公约应当适用于本协定所规定的事项。

第二条

上海公约第一条第一款所指行为应当包括组织、领导、参加恐怖主义、分裂主义和极端主义组织的行为。

第三条

上海公约第一条第一款所指行为应当包括向恐怖主义、分裂主义和极端主义活动提供资金、技术、武器和训练的行为。

第四条

上海公约第一条第一款所指行为应当包括明知为上海公约第一条第一款所指行为的违法所得及其产生的收益，为掩饰、隐瞒其来源和性质而实施的下列行为：

（一）提供资金账户；

（二）协助将财产转换为现金或者金融票据；

（三）通过转账或者其他结算方式协助资金转移；

（四）协助将资金汇往境外；

（五）以其他方式掩饰、隐瞒犯罪的违法所得及其收益的来源和性质。

第五条

上海公约第一条第一款所指“暴力”应当包括投放毒害性、放射性物质和传染病病原体等物质，

第六条

上海公约第一条第一款所指行为应当包括实施此种行为

未遂。

第七条

一、为引渡和司法协助的目的，上海公约第一条第一款所指行为，不应当被视为政治性质的犯罪。不应当以政治性质的犯罪为由拒绝引渡被指控犯有上海公约第一条第一款所指行为的人员，也不应当以政治性质的犯罪为由拒绝对涉及上海公约第一条第一款所指行为的案件提供司法协助。

二、缔约一方不应当向缔约另一方指控为犯有上海公约第一条第一款所指行为的人提供庇护。

第八条

一、缔约双方根据上海公约第四条指定的中央主管机关亦为本协定的中央主管机关。

二、缔约双方中央主管机关就执行本协定规定的有关事项直接相互联系和协作。

三、缔约双方中央主管机关应当相互通报具体联系方式，包括负责日常联系的机构及其用于日常联系的电话、传真、电子信箱等。如以上联系方式发生变更，应当及时通知缔约另一方。

第九条

一、缔约双方中央主管机关应当建立对口部门及专家定期会晤和磋商机制，就打击上海公约第一条第一款所指行为的事项相互通报情况、交换意见和协调立场。

二、应缔约一方中央主管机关的请求，缔约双方中央主管机关还可以为执行上海公约和本协定举行特别会晤和磋商。

第十条

以下事项应当被视为上海公约第七条所指的情报范围：

（一）恐怖主义、分裂主义、极端主义组织的情况及其成员情况，在可能情况下，包括组织的名称、结构、主要活动及其成员的姓名、国籍、住所或居所、外表特征、照片、指纹及其他有助于确定和辨认此种人员的资料；

（二）恐怖主义、分裂主义、极端主义组织为在缔约任何一方境内实施上海公约第一条第一款所指行为进行筹划的情报；

（三）恐怖主义、分裂主义、极端主义组织为在缔约任何一方境内实施上海公约第一条第一款所指行为进行培训及其训练基地的情报；

（四）恐怖主义、分裂主义、极端主义组织利用第三国针对缔约任何一方实施上海公约第一条第一款所指行为的情报；

（五）恐怖主义、分裂主义、极端主义组织及其成员非法制造、获取、储存、转让、运输、贩卖、使用（或威胁使用）毒害性、放射性、传染性物质和爆炸物质、引爆装置、枪支弹药、核武器、化学武器、生物武器和其他大规模杀伤性武器以及可用于制造上述武器的原料和设备的情报；

（六）恐怖主义、分裂主义、极端主义组织及其成员针对任何一方国家元首及其他国家领导人、外交代表机关、领事机构、国际组织工作人员、重要代表团和重要设施等采取恐怖活动或者威胁实施恐怖活动的情报；

（七）恐怖主义、分裂主义、极端主义组织非法制造、散布、传播宣扬恐怖主义、分裂主义、极端主义思想的宣传品（印刷品和音像制品等）的情报；

（八）恐怖主义、分裂主义、极端主义组织资金来源及渠道等方面的情报；

（九）恐怖主义、分裂主义、极端主义组织活动的特点、规律、方法和手段等方面的情报；

（十）关于发现、预防和制止恐怖主义、分裂主义、极端主义活动的经验等情报、信息及资料；

（十一）具有缔约一方国籍、位于缔约另一方境内的涉嫌从事上海公约第一条第一款所指行为的任何人员的个人资料、身份证件种类和号码、住所或居所、照片等情况；

（十二）向恐怖主义、分裂主义、极端主义活动提供资金、技术、武器、训练的组织或人员的情报或资料。

第十一条

缔约一方应当取缔在其境内针对缔约另一方实施上海公约第一条第一款所指行为的组织。

第十二条

缔约双方可以在相互缔结的引渡条约和各自法律允许的范围内，通过协商简化引渡和移交程序。

第十三条

除根据缔约双方缔结的司法协助条约相互提供司法协助外，被请求方还应当在其法律允许的范围内，根据请求方的请求：

（一）在其法院审理针对请求方实施上海公约第一条第一款所指行为的案件时，允许请求方中央主管机关人员或外交、领事代表旁听；

（二）在讯问犯罪嫌疑人、被告人或询问证人、被害人、鉴定人时，允许请求方中央主管机关人员或外交、领事代表在场，并直接或通过被请求方人员向犯罪嫌疑人、被告人、证人、被害人、鉴定人提问；

（三）缔约双方主管部门，应缔约一方请求，可以就涉及上海公约第一条第一款所指行为的案件进行共同侦查或协助侦查。

第十四条

一、为执行上海公约和本协定，缔约双方应当在警用科研、技术交流、开发及提高警用技术、合作生产警用器材和装备等方面加强合作，包括必要时相互提供技术和物资援助。

二、缔约一方根据本协定从缔约另一方获取的资料、专用器材、设备和器械，未经提供方事先书面同意，不得向第三方转交。

三、缔约双方根据上海公约和本协定相互援助时使用的侦查行动技术、专门人员、专用器材和后勤保障材料性能等信息，未经提供方事先书面同意，不得向第三方提供，亦不得向外界公布。

第十五条

除非另有约定，缔约双方自行承担与其执行本协定有关的费用。

第十六条

缔约双方中央主管机关在本协定范围内开展合作的工作语言为中文、塔吉克文和俄文。

第十七条

本协定不限制缔约双方就本协定内容及与其宗旨和目标不相抵触的事项签订其他国际条约的权利，并且不涉及缔约双方根据其参加的其他国际条约所享有的权利和承担的义务。

第十八条

本协定解释或执行中的争议，由缔约双方通过外交途径协商解决。

第十九条

经缔约双方同意，可以对本协定进行修订。

第二十条

缔约双方依照各自法律完成使本协定生效的国内程序后，应当通过外交途径相互通知。本协定自后一份通知发出之日起第三十天生效。

第二十一条

一、本协定无限期有效。

二、本协定自缔约任何一方通过外交途径书面提出终止通知之日起一年后失效。如上海公约对缔约任何一方失效，本协定则自上海公约对该方失效之日起失效。

缔约双方全权代表在本协定上签字，以昭信守。

本协定于二00三年九月二日在杜尚别签订，一式两份，分别用中文、塔吉克文和俄文写成，所有文本同等作准。本协定条款解释有分歧时，缔约双方以俄文文本为准。

中华人民共和国	塔吉克斯坦共和国
代表	代表
李肇星	纳扎罗夫
（签字）	（签字）

二十、中华人民共和国政府和塔吉克斯坦共和国政府关于禁止非法贩运和滥用麻醉药品、精神药物和管制化学品前体的合作协议

中华人民共和国政府和塔吉克斯坦共和国政府（以下简称“双方”），认识到麻醉药品和精神药物（以下简称“麻醉品”）的非法贩运及滥用不仅对两国人民生命、健康和幸福构成严重威胁，并且也是影响政治、经济、社会、文化等领域的一大问题，认为在打击麻醉品的非法贩运及滥用领域加强合作符合两国人民的根本利益，按照联合国制订的经修正的《一九六一年麻醉品单一公约》、《一九七一年精神药物公约》和《一九八八年联合国禁止非法贩运麻醉药品和精神药物的公约》的宗旨，考虑到全球行动纲领所倡导的关于一九九〇年就打击非法生产、供应、需求和贩运麻醉品进行国际合作的目的和任务，按照国际法公认的原则和准则，在遵守各自国家法律和法规的条件下，在制订协调一致的战略和采取联合措施打击非法贩运麻醉品，完善执法机关在预防、调查和制止非法贩运麻醉品方面的活动，以及履行国际义务等方面进行合作，达成以下协议：

第一条

本协议规定的合作通过双方职能部门之间的直接接触和协商

来实施。

中华人民共和国政府方的职能部门是国家禁毒委员会、外交部、公安部、海关总署、国家药品监督管理局。

塔吉克斯坦共和国政府方的职能部门是国家麻醉品监督委员会、外交部、内务部、安全部、卫生部、海关委员会、国家边境保护委员会。

第二条

双方将协调各自国家的政策以防止滥用麻醉品和非法转用化学品前体。

按照各自国家法律，每一方的职能部门将根据对方的建议或请求，在尽可能短的时间内交换如下情报信息：

1. 关于发现流入非法贩运的麻醉品来源的形式和方法及为制止其扩散所采取的措施，以及组织调查麻醉品销售者的情况；

2. 关于发现在双方领土上或从双方领土非法转移麻醉品的事实或企图；

3. 在运输过程中所使用的藏匿麻醉品的手段和发现麻醉品的方法；

4. 被查明的麻醉品非法贩运人和已发现的麻醉品转移路线；

5. 关于违反禁止滥用和非法贩运麻醉品法律的人或团伙的情况；

6. 使麻醉品非法交易的所得合法化的活动和方法。

第三条

双方提供的口头或书面情报信息，都均应视为机密，并仅允许在本协议范围内使用。

每一方要对另一方转交的信息保密，如果转交方不希望其扩散。信息的保密程度由转交方确定。

没有另一方的同意，双方不能将本协议规定的信息提供给大众新闻媒介，如果其扩散可能使另一方的利益或双方联合行动的利益遭受损失。

第四条

双方采取协调一致的措施和行动堵塞非法转移麻醉品的渠道，包括使用控制下交付。

以个案解决的办法使用控制下交付，必要时可考虑双方的财政协议。

第五条

双方可转交在本国领土没收的麻醉品样品，并提交按照国际标准成立的实验室进行分析和研究，以确定其发源地、化学和物理特性。双方相互提供通过这种方式获取的信息。

第六条

按照各自国家法律，双方职能部门根据对方请求采取调查措施。

第七条

双方按照经修正的《一九六一年麻醉品单一公约》的规定，在发现、监督和铲除用于生产麻醉品的原植物及种植园方面进行合作。

第八条

双方将确定职能部门之间的直接联系渠道，以保障为实施本协议所进行的有成效的合作。

第九条

双方职能部门在吸毒预防、脱瘾治疗和康复方面进行合作。

双方协助并鼓励在此领域交换情报信息，以及交换专家代表团。

第十条

双方通过各自的职能部门在执法人员学习和培训方面进行合作，交换麻醉品监督领域的专家和技术顾问。

第十一条

双方交换处于监督下的麻醉品和管制化学品前体的清单，并相互通知其中的变化。

第十二条

双方根据通用的麻醉品监督领域的国际公约，按照各自所承担的义务实施用于合法目的的麻醉品进出口贸易。

第十三条

双方交换各自国家在麻醉品监督领域的法律和实践的信息。

第十四条

两国外交部将根据预先的协议举行协商，以协调和提高本协议所规定的合作效率。

第十五条

为了执行本协议，双方的职能部门可以成立工作组，举行专家会晤，签署相互间的协议。

第十六条

本协议不妨碍双方在麻醉品监督领域确定或鼓励使用其他互利的合作形式和方法。

第十七条

本协议自双方通过外交途径交换关于完成为使本协议生效所必须的各自国内法律程序的书面通知之日起第三十天开始生效。

经双方同意，可对本协议进行修改和补充。

第十八条

本协议有效期五年，如任何一方在协议有效期满前六个月内，未以书面形式通知另一方终止本协议，则本协议将自动延长到下一个五年。

本协议不影响双方在其他国际条约和协议中所承担的义务。

本协议于一九九九年八月十三日在大连签订，一式两份，每份都用中文、塔吉克文和俄文写成，三种文本同等作准。如在解释上产生分歧，以俄文文本为准。

中华人民共和国政府	塔吉克斯坦共和国政府
代　表	代　　表
贾春旺	纳扎罗夫
（签　字）	（签　字）

二十一、中华人民共和国和塔吉克斯坦共和国关于民事和刑事司法协助的条约

第八届全国人民代表大会常务委员会第二十七次会议决定：批准外交部副部长张德广代表中华人民共和国于1996年9月16日在北京签署的《中华人民共和国和塔吉克斯坦共和国关于民事和刑事司法协助的条约》。

中华人民共和国和塔吉克斯坦共和国关于民事和刑事司法协助的条约

中华人民共和国和塔吉克斯坦共和国，以下简称“缔约双方”，为了进一步加强两国友好关系，实现司法领域的合作，在尊重主权和互惠原则的基础上，愿意相互提供民事和刑事方面的司法协助，议定以下各条：

第一编　总则

第一条　司法保护

一、缔约一方的国民在缔约另一方的境内，在人身权利和财产权利方面享有与缔约另一方国民同等的司法保护，有权在与缔约另一方国民同等的条件下，诉诸法院和其他主管民事和刑事案件的机关，有权在这些机关提出请求、提起诉讼和进行其他诉讼行为。

二、本条第一款的规定亦适用于在缔约任何一方境内根据其法律成立的法人。

三、本条约所指的“民事案件”，亦包括经济、婚姻家庭和劳动案件。

第二条　联系途径

一、除本条约另有规定外，缔约双方的法院或其他主管机关相互请求和提供民事和刑事司法协助，应通过各自的中央机关进行联系。

二、本条第一款中所指的中央机关系指缔约双方的司法部。

第三条　语文

一、缔约双方中央机关进行书面联系时应使用本国官方文字，并附有缔约另一方的官方文字或英文或俄文的译文。

二、司法协助请求书及其附件应使用提出请求的缔约一方的官方文字书写，并附有经证明无误的被请求的缔约一方的官方文字或英文或俄文的译文。

三、缔约双方主管机关在执行司法协助请求时，使用本国官方文字。

第四条　证人和鉴定人的保护

一、对于由提出请求的缔约一方法院或其他主管机关通过被请求的缔约一方通知前来的证人和鉴定人，不论其国籍如何，不得因其入境前的犯罪行为或者因其证言、鉴定或其他涉及诉讼内容的行为而追究其刑事责任、逮捕或以任何形式剥夺其人身自由。

二、如果证人或鉴定人在接到提出请求的缔约一方关于其不必继续停留的通知十五日后仍不出境，则丧失本条第一款给予的保护，但由于其本人不能控制的原因而未能及时离境者除外。

三、本条第一款所述的通知应通过本条约第二条规定的途径转递。通知中不得以采取强制措施相威胁。

第五条 司法协助的费用

一、缔约双方应相互免费提供司法协助。

二、被通知到提出请求的缔约一方境内的证人或鉴定人的旅费和食宿费，由提出请求的缔约一方承担。此外，鉴定人有权取得鉴定的报酬。上述被通知人有权取得的报酬的种类，应在通知中注明。应上述被通知人的要求，提出请求的缔约一方的主管机关应向其预付上述费用。

第六条 司法协助的拒绝

如果被请求的缔约一方认为提供某项司法协助有损于本国的主权、安全或公共秩序，可以拒绝提供该项司法协助，但应将拒绝的理由通知提出请求的缔约一方。

第七条 司法协助适用的法律

一、被请求机关在提供司法协助时，适用本国法律。

二、被请求机关提供民事司法协助时，在不违背本国法律基本原则的情况下，亦可应请求机关的请求采用缔约另一方的诉讼程序。

第二编 民事司法协助

第一章 诉讼费用

第八条 诉讼费用保证金的免除

一、缔约一方法院不得因缔约另一方国民是外国人或在该缔约一方境内没有住所或居所而令其交纳诉讼费用保证金。

二、本条第一款的规定亦适用于在缔约任何一方境内根据其法律成立的法人。

第九条 诉讼费用的支付

一、缔约一方的国民在缔约另一方境内，应在与该缔约另一方国民同等的条件下和范围内支付诉讼费用，包括预付的部分。

二、本条第一款的规定亦适用于在缔约任何一方境内根据其法律成立的法人。

第十条　诉讼费用的免除

一、缔约一方国民在缔约另一方境内，可在与缔约另一方国民同等的条件下和范围内免除诉讼费用。

二、缔约一方国民申请免除诉讼费用，应由其住所或居所所在地的主管机关出具说明其身份及财产状况的证明书；如果该申请人在缔约双方境内均无住所或居所，亦可由其本国或缔约一方委托的代表其利益的第三国的外交或该领事代表机关出具上述证明书。

第二章　送达文书和调查取证

第十一条　协助的范围

缔约双方应根据对方请求，相互送达司法文书和司法外文书，询问当事人、证人和鉴定人，进行鉴定和实地勘验，以及完成其他与取证有关的诉讼行为。

第十二条　请求的提出

一、送达文书和调查取证的请求应以请求书的形式提出。请求书应包括下列内容：请求机关和被请求机关的名称；当事人及请求书中所涉及的其他人员的姓名、国籍、职业、住所或居所；代理人的姓名和地址；请求提供协助的案件的名称，以及请求协助的内容；应送达文书的名称，以及其他有助于执行请求的情况。执行该请求所必需的其他文件和材料也须随请求书一并提供。

二、上述请求书和文件应由缔约一方的请求机关签署和盖章。

第十三条　请求的执行

一、如果按照被请求的缔约一方法律，请求执行的事项不属于法院和其他主管机关的职权范围，可以说明理由，予以退回。

二、如果被请求机关无权执行请求，应将该项请求移送有权执行的主管机关，并通知提出请求的缔约一方。

三、被请求机关如果因请求书中所示的地址不详而无法执行请求，应采取适当措施以确定地址，或要求提出请求的缔约一方提供补充情况。

四、如因其他原因无法确定地址或执行请求，被请求机关应通知请求机关，说明妨碍执行的原因，并退回请求机关递交的全部文件和材料。

第十四条　通知执行结果

一、被请求机关应将执行请求的结果按照本条约第二条规定的途径书面通知请求机关，并附证明请求已予执行的文件。

二、送达回证应有收件日期和收件人的签名，应由被请求的执行请求机关盖章和执行请求人签名。如收件人拒收文书，还应注明拒收的理由。

第十五条　通过外交或领事代表机关送达文书和调查取证

缔约任何一方派驻在缔约另一方的外交或领事代表机关可以向其本国国民送达司法文书和司法外文书，询问当事人或证人，但不得使用强制措施，并不得违反驻在国的法律。

第三章　裁决的承认与执行

第十六条　应予承认与执行的裁决

一、缔约双方应依本条约的规定，在各自境内承认本条约生效后在缔约另一方境内作出的下列裁决，其中依裁决性质应予执行者，则予以执行：

（一）法院的民事裁决；

（二）法院对刑事案件中有关损害赔偿作出的裁决。

二、本章所指的“法院裁决”，在中华人民共和国方面系指法院作出的判决、裁决、决定和调解书；在塔吉克斯坦共和国方面系指法院（包括经济法院）作出的判决、裁决、决定和其批准的和解书。

第十七条　承认与执行法院裁决的请求

一、承认与执行法院裁决的请求应由申请人向作出该项裁决的缔约一方法院提出，由该法院按照本条约第二条规定的途径转交给缔约另一方法院。如果申请承认与执行裁决的当事人在裁决执行地所在的缔约一方境内有住所或居所，亦可直接向该缔约一方的法院提出申请。

二、请求书的格式应按照被请求的缔约一方的规定办理，并附有下列文件：

（一）经法院证明无误的裁决副本；如果副本中没有明确指出裁决已经生效和可以执行，还应附有法院为此出具的证明书一份；

（二）证明未出庭的当事一方已经合法传唤，以及在当事一方没有诉讼行为能力时已得到适当代理的证明书；

（三）本条所述请求书和有关文件的经证明无误的译本。

第十八条　承认与执行法院裁决的程序

一、法院裁决的承认与执行，由被请求的缔约一方依照本国法律规定的程序进行。

二、被请求的主管机关可以审查该裁决是否符合本条约的规定，但不得对该裁决作任何实质性的审查。

第十九条　承认与执行的法律效力

缔约一方法院承认或执行缔约另一方法院的裁决，具有与承认或执行本国法院裁决同等的效力。

第二十条　拒绝承认与执行

有下列情形之一的法院裁决，不予承认与执行：

（一）根据作出裁决的缔约一方的法律，该裁决尚未生效或不具有执行力；

（二）根据被请求承认与执行裁决的缔约一方的法律，被请求的缔约一方法院对案件有专属管辖权；

（三）根据作出裁决的缔约一方的法律，未出庭的当事一方未经合法传唤，或在当事一方没有诉讼行为能力时未得到适当代理；

（四）被请求承认与执行裁决的缔约一方的法院对于相同当事人之间就同一案件已经作出了生效裁决，或正在进行审理，或已承认了在第三国对该案件所作的生效裁决；

（五）承认与执行裁决有损于被请求的缔约一方的主权、安全或公共秩序。

第三编　刑事司法协助

第二十一条　协助的范围

缔约双方应根据请求，在刑事方面相互代为询问证人、被害人、鉴定人，讯问犯罪嫌疑人和被告人；进行搜查、鉴定、勘验以及其他与取证有关的诉讼行为；移交物证、书证以及赃款赃物；送达刑事诉讼文书；通报刑事诉讼结果。

第二十二条　送达文书和调查取证

一、本条约第十二条至第十五条的规定亦适用于刑事方面的送达文书和调查取证。

二、提出上述请求时，还应在请求书中写明罪名、犯罪事实和有关的法律规定。

第二十三条　赃款赃物的移交

一、缔约一方应根据缔约另一方的请求，将在其境内发现的、罪犯在缔约另一方境内犯罪时获得的赃款赃物，移交给缔约另一方。但此项移交不得侵害与这些财物有关的第三人的权利。

二、如果上述赃款赃物对被请求的缔约一方境内其他未决刑事案件的审理是必不可少的，被请求的缔约一方可暂缓移交。

第二十四条　刑事司法协助的拒绝

除本条约第六条规定的情况外，如果按照被请求的缔约一方的法律，该项请求涉及的行为不构成犯罪，被请求的缔约一方可以拒绝提供该项刑事司法协助。

第二十五条　刑事诉讼结果的通知

缔约双方应相互递送各自法院对缔约另一方国民所作的生效裁决副本。

第二十六条　关于以往犯罪的情报

缔约双方应根据请求，相互免费提供审理刑事案件所必需的、曾被法院判刑的人的前科情况。

第四编　其他规定

第二十七条　交换法律情报

缔约双方应根据请求，相互通报各自国家现行的或者过去实施的法律和司法实践的情报。

第二十八条　文件的效力

一、缔约一方法院或其他主管机关制作或证明、并通过本条约第二条规定的途径转递的文书，经过签署和正式盖章即可由缔约另一方法院或其他主管机关接受，无需认证。

二、在缔约一方境内制作的官方文件，在缔约另一方境内也有同类官方文件的证明效力。

第二十九条　户籍文件及其他文件的送交

为了实施本条约，缔约一方主管机关可根据缔约另一方通过本条约第二条规定的途径提出的请求，将办理案件所需的缔约另一方国民的户籍登记的摘录、关于其文化程度、工龄的证明及其他有关个人权利的文件，免费提供给缔约另一方，无需译文。

第三十条　物品的出境和金钱的汇出

本条约的规定及其执行不妨碍缔约双方各自执行其有关物品出境和金钱汇出的法律和规定。

第三十一条　争议的解决

有关解释和执行本条约所产生的争议，均应通过外交途径解决。

第三十二条　补充和修改

经缔约双方协商，可对本条约进行补充和修改。

第五编　最后条款

第三十三条　批准和生效

本条约须经批准，批准书在杜尚别互换。本条约自互换批准书之日起第三十日开始生效。

第三十四条　终止

本条约自缔约任何一方通过外交途径书面提出终止之日起六个月内后失效，否则，本条约无限期有效。

本条约于一九九六年九月十六日在北京签订，一式两份，两份均用中文、塔文和俄文写成，三种文本同等作准。如对本条约的解释发生分歧，以俄文文本为准。

中华人民共和国代表　　塔吉克斯坦共和国代表
张德广　　纳扎罗夫

二十二、中华人民共和国和土库曼斯坦关于打击恐怖主义、分裂主义和极端主义的合作协定

中华人民共和国和土库曼斯坦（以下简称双方），在相互尊重主权和平等互利的基础上，为促进双方在打击恐怖主义、分裂主义和极端主义方面的有效合作，决定缔结本协定，并达成协议如下：

第一条

一、为本协定的目的，

（一）恐怖主义是指：

1. 为本协定附件所列条约之一所认定并经其定义为犯罪的任何行为；

2. 致使平民或武装冲突情况下未积极参与军事行动的任何其他人员死亡或对其造成重大人身伤害、对物质目标造成重大损失的任何其他行为，以及组织、策划、共谋、教唆上述活动的行为，而此类行为因其性质或背景可认定为恐吓居民、破坏公共安全或强制政权机关或国际组织以实施或不实施某种行为，并且是依据双方国内法应追究刑事责任的任何行为。

（二）分裂主义是指旨在破坏国家领土完整，包括把国家领土的一部分分裂出去或分解国家而使用暴力，以及策划、准备、共谋和教唆从事上述活动的行为，并且是依据双方国内法应追究刑事责任的任何行为。

（三）极端主义是指旨在使用暴力夺取政权、执掌政权或改变国家宪法体制，通过暴力手段侵犯公共安全，包括为达到上述目的组织或参加非法武装团伙，并且依据双方国内法应追究刑事责任的任何行为。

二、双方应当采取必要措施，包括适当时制定国内法，以使本协定第一条第一款所指行为受到与其性质相符的处罚。

第二条

本协定第一条第一款所指行为应包括组织、领导、参加恐怖主义、分裂主义和极端主义组织的行为。

第三条

本协定第一条第一款所指行为应包括向恐怖主义、分裂主义和极端主义活动提供资金、技术、武器、训练的行为。

第四条

本协定第一条第一款所指行为应包括明知相关资产为该条所规定行为的违法所得及收益，为掩饰、隐瞒其来源和性质而实施的下列行为：

（一）提供资金账户；

（二）协助将财产转换为现金或者金融票据；

（三）通过转账或者其他结算方式协助转移资金；

（四）协助将资金汇往境外；

（五）以其他方式掩饰、隐瞒上述违法所得及收益的来源和性质。

第五条

本协定第一条第一款所指“暴力”应包括使用毒害性、放射性物质和传染病病原体等物质的行为。

第六条

本协定第一条第一款所指行为应包括实施此种行为未遂。

第七条

一、为引渡和司法协助的目的，本协定第一条第一款所指行为，不应被视为政治犯罪。不应以政治犯罪为由拒绝引渡被指控犯有本协定第一条第一款所指行为的人员，也不应以政治犯罪为由拒绝对涉及本协定第一条第一款所指行为的案件提供司法协助。

二、缔约一方不应向被缔约另一方指控犯有本协定第一条第一款所指行为的人提供庇护。

第八条

一、为本协定目的，双方应指定负责执行协定的本国中央主管机关，并通过外交途径相互通知。任何一方如果变更其对中央机关的指定，应通过外交途径通知另一方。

二、本条第一款所指的中央主管机关，在中华人民共和国方面为公安部，在土库曼斯坦方面为安全部。

三、双方中央主管机关可就执行本协定规定的有关事项直接相互联系和协作。

四、双方中央主管机关应相互通报具体联系方式，包括负责日常联系的机构及其用于日常联系的电话、传真、电子信箱等。如以上联系方式发生变更，应当及时通知缔约另一方。

第九条

一、双方中央主管机关应建立对口部门及专家定期会晤和磋商机制，就打击本协定第一条第一款所指行为的事项相互通报情况、交换意见和协调立场。

二、应缔约一方中央主管机关的请求，双方中央主管机关还可为执行本协定举行特别会晤和磋商。

第十条

双方中央主管机关应交换共同关心的情报，包括：

（一）恐怖主义、分裂主义和极端主义组织的情况及其成员的情况，在可能的情况下，包括组织的名称、结构、主要活动及其成员的姓名、国籍、住所或居所、外貌特征、照片、指纹及其他有助于确定和辨认此种人员的资料；

（二）恐怖主义、分裂主义和极端主义组织为在缔约任何一方境内实施本协定第一条第一款所指行为的计划、训练及训练地点（基地）的情报；

（三）恐怖主义、分裂主义和极端主义组织利用第三国针对缔约任何一方准备并实施本协定第一条第一款所指行为的情报；

（四）恐怖主义、分裂主义、极端主义组织及其成员非法制造、获取、储存、转让、运输、贩卖、使用或威胁使用毒害性、放射性、传染性物质和爆炸物质、引爆装置、枪支弹药、核武器、化学武器、生物武器和其他大规模杀伤性武器以及可用于制造上述武器的原料和设备的情报；

（五）恐怖主义、分裂主义、极端主义组织及其成员针对任何一方国家元首及其他国家领导人、外交代表机关、领事机构、国际组织工作人员、代表团和重要设施等采取恐怖活动或者威胁实施恐怖活动的情报；

（六）恐怖主义、分裂主义、极端主义组织非法制造和传播恐怖主义、分裂主义、极端主义思想的宣传品（印刷品和音像制品等）的情报；

（七）恐怖主义、分裂主义、极端主义组织资金来源和途径等方面的情报；

（八）恐怖主义、分裂主义、极端主义组织活动的特点、规律、方法和手段等方面的情报；

（九）关于预防、发现和制止恐怖主义、分裂主义、极端主义活动的经验等情报、信息及资料；

（十）具有缔约一方国籍、位于缔约另一方境内的涉嫌从事本协定第一条第一款所指行为的人员的信息，包括其外貌特征、证明身份的证件、住所或居所、照片等资料；

（十一）向恐怖主义、分裂主义、极端主义活动提供资金、技术、武器、训练的组织或人员的情报。

第十一条

缔约一方应取缔在其境内针对缔约另一方实施本协定第一条第一款所指行为的组织。

第十二条

双方可在相互缔结的引渡条约和各自法律允许的范围内，通过协商简化引渡和移交程序。

第十三条

在司法协助方面，被请求方应在其法律允许的范围内，根据请求方的请求：

（一）在其法院审理针对请求方实施本协定第一条第一款所指行为的案件时，允许请求方中央主管机关或外交、领事代表旁听；

（二）在讯问犯罪嫌疑人、被告人或询问证人、被害人、鉴定人时，允许请求方中央主管机关或外交、领事代表在场，并直接或通过被请求方人员向犯罪嫌疑人、被告人、证人、被害人、鉴定人提问；

（三）双方主管部门可就涉及本协定第一条第一款所指行为的案件进行共同侦查或协助侦查。经另一方同意，请求方可以派遣工作组到另一方境内协助调查。参与行动人员必须遵守有关国际公约、双方的约定以及所在国法律。

第十四条

一、为执行本协定，双方应在警用科研、技术交流、开发及提高警用技术、合作生产技术器材和装备等方面加强合作，包括必要时相互提供技术和物资援助。

二、缔约一方根据本协定从缔约另一方获取的资料、专用器材、设备和器械，未经提供方事先书面同意，不得向第三方转交。

三、双方根据本协定相互援助时使用的侦查行动方式、专门人员、专用器材和后勤保障材料性能等信息，未经提供方事先书面同意，不得向第三方提供，亦不得向外界公布。

四、双方中央主管机关之间的例会、情报交流、个案合作等活动内容均严格保密，未经双方同意，不得向任何第三方透露。

第十五条

除非另有约定，双方自行承担与其执行本协定有关的费用。

第十六条

双方中央主管机关在本协定范围内开展合作的工作语言为中文和土库曼文。

第十七条

本协定不限制双方就本协定内容及与其宗旨和目标不相抵触的事项签订其他国际条约的权利，并且不涉及双方根据其参加的其他国际条约所享有的权利和承担的义务。

第十八条

本协定解释或执行中的任何争议，由双方通过外交途径协商解决。

第十九条

双方依照各自法律完成使本协定生效的国内法律程序后，应当通过外交途径相互通知。本协定自后一份通知发出之日起第三十日生效。

第二十条

一、本协定无限期有效。

二、本协定自缔约一方通过外交途径向缔约另一方发出书面终止通知之日起十二个月后失效。

双方全权代表在本协定上签字，以昭信守。

本协定于二〇〇六年四月三日在北京签订，一式两份，每份均用中文、土库曼文和英文写成，三种文本同等作准。如遇解释上的分歧，以英文本为准。

中华人民共和国	土库曼斯坦
代　表	代　表
戴秉国	梅列多夫

附件：一、一九六三年九月十四日在东京订立的《关于在航空器内的犯罪和犯有其他某些行为的公约》

二、一九七〇年十二月十六日在海牙签署的《关于制止非法劫持航空器的公约》

三、一九七一年九月二十三日在蒙特利尔签署的《关于制止危害民用航空安全的非法行为的公约》

四、一九七三年十二月十四日联合国大会通过的《关于防止和惩处侵害应受国际保护人员包括外交代表的罪行的公约》

五、一九七九年十二月十七日联合国大会通过的《反对劫持

人质国际公约》

六、一九七九年十月二十六日在维也纳通过的《核材料实物保护公约》

七、一九八八年二月二十四日在蒙特利尔签署的作为对《关于制止危害民用航空安全的非法行为的公约》补充的《制止在为国际民用航空服务的机场上的非法暴力行为的议定书》

八、一九八八年三月十日在罗马签署的《制止危及海上航行安全非法行为公约》

九、一九八八年三月十日在罗马签署的《制止危及大陆架固定平台安全非法行为议定书》

十、一九九七年十二月十五日联合国大会通过的《制止恐怖主义爆炸事件的国际公约》

参 考 文 献

一、中文著作、书籍

1. ［哈萨克斯坦］C. M · 阿基姆别科夫著，杨恕、汪金国译：《阿富汗焦点和中亚安全问题》，兰州大学出版社 2002 年版。

2. ［法］安德鲁 · 博莎著，陈正云译：《跨国犯罪与刑法》，中国检察出版社 1997 年版。

3. ［苏联］维 · 维 · 巴托尔德，罗致平译：《中亚突厥史十二讲》，中国社会科学出版社 1984 年版。

4. 陈兴良：《刑法适用总论》（上卷），法律出版社 1999 年版。

5. 陈兴良著：《规范刑法学》，中国政法大学出版社 2003 年版。

6. 丁建伟：《地缘政治中的西北边疆安全》，民族出版社 2004 年版。

7. 《俄罗斯和东欧中亚国家年鉴（1997 年）》，当代世界出版社 1999 年版。

8. 郝文明主编：《中国周边国家民族状况与政策》，民族出版社 2000 年版。

9. 何秉松主编：《有组织犯罪研究（第一卷），中国大陆黑社会性质犯罪研究》，中国法制出版社 2002 年版。

10. 胡联合著：《当代世界恐怖主义与对策》，东方出版社 2001 年版。

11. 胡联合：《第三只眼看恐怖主义》，世界知识出版社 2002 年版。

12. 黄风：《引渡制度》（增定本），法律出版社 1997 年版。

13. 黄道秀译：《俄罗斯联邦刑法典》，中国法制出版社 2004 年版。

14. 金宜久：《伊斯兰与国际热点》，东方出版社 2001 年版。

15. 康树华：《当代有组织犯罪与防治对策》，中国方正出版社 1998 年版。

16. 李伟主编：《国际恐怖主义与反恐怖斗争》，时事出版社 2001 年版。

17. 李伟、杨明杰主编：《国际恐怖主义与反恐怖主义斗争》，时事出版社 2002 年版。

18. 李琪：《中亚维吾尔人》，新疆人民出版社 2003 年版。

19. 李湛军著：《恐怖主义与国际治理》，中国经济出版社 2006 年版。

20. 连振华主编：《哈萨克斯坦共和国经济贸易法规选编》，新疆人民出版社 1993 年版。

21. 连振华主编：《乌兹别克斯坦、塔吉克斯坦、吉尔吉斯斯坦、土库曼斯坦经济贸易法规选编》，新疆人民出版社 1995 年版。

22. 刘恩照著：《国际恐怖主义》，世界知识出版社 2006 年版。

23. 刘靖华、东方晓著：《现代政治与伊斯兰教》，社会科学文献出版社 2000 年版。

24. 刘玉霞著：《国际恐怖活动》，时事出版社 1985 年版。

25. 陆忠伟主编：《非传统安全论》，时事出版社 2003 年版。

26. 吕大吉：《宗教学通论新编》，中国社会科学出版社 1998 年版。

27. 马长生主编：《国际公约与刑法若干问题研究》，北京大学出版社 2004 年版。

28. 马大正：《国家利益高于一切——新疆稳定问题的观察与思考》，新疆人民出版社 2002 年版。

29. 马坚译：《古兰经》，中国社会科学出版社 1996 年版。

30. 马缨：《区域主义与发展中国家》，中国社会科学出版社 2002 年版。

31. 孟楠：《俄国统治中亚政策研究》，新疆大学出版社 2000 年版。

32. ［哈萨克斯坦］努·纳扎尔巴耶夫，陆兵、王嘉琳译：《站在 21 世纪门槛上——总统手记》，时事出版社 1997 年版。

33. ［哈］努·纳扎尔巴耶夫：《前进中的哈萨克斯坦》，民族出版社 2000 年版。

34. 潘光：《进入选举期的中亚形势和上海合作组织的应对——变化中的世界与中国因素》，时事出版社 2006 年版。

35. 潘志平主编：《中南亚的民族宗教冲突》，新疆人民出版社 2003 年版。

36. 潘志平主编：《中亚的民族关系：历史、现状与前景》，新疆人民出版社 2003 年版。

37. ［法］蒲吉兰：《犯罪致富——毒品走私、洗钱与冷战后的金融危机》，社会科学文献出版社 2001 年版。

38. 邱稔壤主编：《国际反恐与亚太情势》，台北国立政治大学国际关系研究中心 2004 年版。

39. 任允正、于洪君著：《独联体国家宪法比较研究》，中国社会科学出版社 2001 年版。

40. ［美］塞缪尔·亨廷顿，周琪等译：《文明的冲突与世界秩序的重建》，新华出版社 1999 年版。

41. 盛红生著：《国家在反恐中的国际法责任》，时事出版社

2008 年版。

42. 石岚著：《中亚费尔干纳：伊斯兰与现代民族国家》，民族出版社 2008 年版。

43. 孙恪勤、张林宏：《挑战中国：国家安全面临的严重威胁》，台海出版社 1999 年版。

44. 孙壮志：《中亚五国对外关系》，当代世界出版社 1999 年版。

45. 孙壮志：《中亚新格局与中亚安全》，中国社会科学出版社 2001 年版。

46. 铁木尔·达瓦买提著：《友谊之行：中亚五国访问散记》（维文），民族出版社 1996 年版。

47. 王沛主编：《乌兹别克斯坦、塔吉克斯坦、吉尔吉斯斯坦、土库曼斯坦中亚四国概况》，新疆人民出版社 1993 年版。

48. 王沛主编：《中亚五国概况》，新疆人民出版社 2006 年版。

49. 王绳祖主编：《国际关系史》（第五卷），世界知识出版社，1995 年版。

50. 汪新生主编：《国际反恐与亚太安全》，香港天马图书有限公司 2003 年版。

51. 王燕飞著：《恐怖主义犯罪立法比较研究》，中国人民公安大学出版社 2007 年版。

52. 文云朝等着：《中亚地缘政治与新疆开放开发》，地质出版社 2002 年版。

53. 吴云贵、周燮藩：《近现代伊斯兰教思潮与运动》，社会科学文献出版社 2000 年版。

54. 邢广程：《中国与新独立的中亚国家关系》，黑龙江教育出版社 1996 年版。

55. 熊光楷著：《国际形势与安全战略》，清华大学出版社

2006 年版。

56. 许勤华主编：《当代中亚概况：民族、宗教、能源》，世界知识出版社 2007 年版。

57. 徐亚清：《中亚五国转型研究》，民族出版社 2003 年版。

58. 徐振泽、孙景源、舒梓著：《车臣之鉴：俄罗斯恐怖事件根源及教训》，社会科学文献出版社 2005 年版。

59. 杨洁勉、赵念渝等著：《国际恐怖主义与当代国际关系》，贵州人民出版社 2002 年版。

60. 杨洁勉等著：《国际合作反恐：超越地缘政治的思考》，时事出版社 2003 年版。

61. 杨絮译：《中亚和南亚的恐怖主义和宗教极端主义》，兰州大学出版社 2003 年版。

62. 杨政著：《剑与火：俄罗斯反恐大行动》，重庆出版社 2007 年版。

63. 叶高峰等：《集团犯罪对策研究》，中国检察出版社 2001 年版。

64. [乌兹别克斯坦] 伊斯拉姆·卡里莫夫著，王英杰等译：《临近 21 世纪的乌兹别克斯坦：安全的威胁、进步的条件和保障》，国际文化出版公司 1997 年版。

65. 张家栋著：《全球化时代的恐怖主义及其治理》，上海三联书店 2007 年版。

66. 张全义主编：《当代世界政治经济热点问题》，浙江大学出版社 2004 年版。

67. 张森主编：《俄罗斯和东欧中亚国家年鉴（1999 年）》，当代世界出版社 2000 年版。

68. 赵秉志、陈弘毅主编：《国际刑法与国际犯罪专题探索》，中国人民公安大学出版社 2003 年版。

69. 赵秉志主编：《国际恐怖主义犯罪及其防治对策专论》，

中国人民公安大学出版社 2005 年版。

70. 赵秉志等编译：《外国最新反恐法选编》，中国法制出版社 2008 年版。

71. 赵常庆主编：《中亚五国概况》，经济日报出版社 1999 年版。

72. 赵永琛：《跨国犯罪对策》，吉林人民出版社 2000 年版。

73. 赵永琛：《涉外刑事司法解析》，吉林人民出版社 2001 年版。

74. 赵永琛、李建主编：《联合国反对恐怖主义文献汇编》，群众出版社 2006 年版。

75. 郑远民、黄小喜、唐锷著：《国际反恐怖法》，法律出版社 2005 年版。

76. 郑羽主编：《俄罗斯东欧中亚国家的对外关系》，中国社会科学出版社 2007 年版。

77. 中国现代国际关系研究所民族与宗教研究中心：《周边地区民族宗教问题透视》，时事出版社 2002 年版。

78. 中国现代国际关系研究所民族与宗教研究中心著：《上海合作组织——新安全观与新机制》，时事出版社 2002 年版。

79. 中国现代国际关系研究所反恐怖研究中心编：《各国及联合国反恐怖主义法规选编》，时事出版社 2002 年版。

80. 中国现代国际关系研究所反恐怖研究中心：《世界主要国家和地区反恐怖政策与措施》，时事出版社 2002 年版。

81. 中国现代国际关系研究所编：《世界宗教问题大聚焦》，时事出版社 2003 年版。

82. 中国现代国际关系研究院反恐怖研究中心：《国际恐怖主义与反恐怖斗争年鉴—2003》，时事出版社 2004 年版。

83. 中国现代国际关系研究院：《国际战略与安全形势评估 2003/2004》，时事出版社 2004 年版。

84. 中国现代国际关系研究院：《国际战略与安全形势评估2004/2005》，时事出版社2005年版。

85. 中国现代国际关系研究院：《国际战略与安全形势评估2005/2006》，时事出版社2006年版。

86. 朱成虎主编：《十字路口：中亚走向何方》，时事出版社2007年版。

87. 朱听昌主编：《中国周边安全环境与安全战略》，时事出版社2002年版。

二、论文、文章

1. ［哈萨克斯坦］艾哈迈德·拉希德：《中亚地区兴起宗教热》，载［美国］《世界政策》季刊2001年春季号。

2. 安宝枝、敏贤良：《对吉尔吉斯斯坦北部山区宗教情况的调查》，载《宗教与世界》2000年第11期。

3. 蔡晖：《中吉两国举行联合反恐军事演习》，载《人民日报》2002年10月12日。

4. 常玢：《伊斯兰教在中亚的传播与发展》，载《东欧中亚研究》2001年第1期。

5. 常庆：《宗教极端势力与中亚安全》，载《国际观察》2000年第4期。

6. 常庆：《中亚五国社会变化与社会发展模式》，载《东欧中亚研究》2001年第1期。

7. 陈斌：《中哈举行联合反恐演习》，载《人民日报》2006年8月27日。

8. 陈家林：《“恐怖活动组织”界定问题初探》，载《法律科学》1998年第2期。

9. 陈联璧：《三个“极端主义”与中亚安全》，载《东欧中亚研究》2002年第5期。

10. 陈明山:《中亚地区的形势特点及发展趋势》，载《现代国际关系》1999 年第 1—2 期。

11. ［哈萨克斯坦］德米特里·卡尔曼诺夫:《中亚的伊斯兰激进组织》，载《中亚与高加索》2004 年第 6 期。

12. 杜献洲、徐壮志:《上海合作组织成员国武装力量举行联合反恐军演》，载《人民日报》2003 年 8 月 7 日。

13. ［美］弗雷德·韦尔:《中亚针对伊斯兰分子的策略》，载［美国］《基督教科学箴言报》2005 年 7 月 19 日。

14. ［塔吉克斯坦］弗兹尔·托吉洛夫:《应对恐怖主义和极端主义的法律措施》，载杨絮译:《中亚和南亚的恐怖主义和宗教极端主义》，兰州大学出版社 2003 年版。

15.《哈萨克斯坦大力打击恐怖活动》，载《都市消费晨报》2003 年 7 月 17 日 B21 版。

16. 郝时远:《民族分裂主义与恐怖主义》，载《民族研究》2002 年第 1 期。

17. 何希泉:《世纪之交中亚形势特点及前景》，载《现代国际关系》2000 年第 1—2 期。

18. 季志业:《中亚民族问题及其趋势》，载《现代国际关系》1995 年第 10 期。

19. 季志业、许涛等:《色彩革命及其地缘影响》，载《现代国际关系》2005 年第 6 期。

20. 金宜久:《宗教在当代社会的蜕变》，载《世界宗教研究》2002 年第 2 期。

21. 李伟:《国际恐怖主义与反恐怖斗争合作》，载《国际资料信息》2001 年第 8 期。

22. 李伟等:《国际反恐的困境与启示》，载《现代国际关系》2004 年第 2 期。

23. 林宏宇:《国际恐怖主义问题浅析》，载《国际关系学院学报》1996 年第 2 期。

24. 刘庚岑：《中亚国家的民族状况与民族政策》，载《东欧中亚研究》1995 年第 6 期。

25. 刘凌梅：《国际反恐怖犯罪与我国的刑事立法》，载《法学评论》2001 年第 6 期。

26. 马勇、王建平：《中亚的恐怖主义探源》，载《世界经济与政治》2003 年第 2 期。

27. 莫洪宪：《论〈俄罗斯联邦反恐怖活动法〉与我国反立法之构想》，载《武汉大学学报》（社会科学版）2006 年第 3 期。

28. ［前苏联］莫焦良，马树龙译：《论反国际恐怖主义斗争中的国际合作问题》，载《现代外国哲学社会科学文摘》1990 年第 9 期。

29. ［吉尔吉斯斯坦］穆扎法尔 · A · 奥利莫夫、萨奥达 · K · 奥利莫娃：《中亚恐怖主义的宗教根源》，载杨恕译：《中亚和南亚的恐怖主义和宗教极端主义》，兰州大学出版社 2003 年版。

30. 庞仕平等：《国际恐怖主义犯罪研究》，载《法学》杂志 2002 年第 3 期。

31. 钱文荣：《国际反恐斗争中的若干国际法问题》，载《和平与发展》季刊 2002 年第 2 期。

32. 邱丹阳：《冷战后影响国际关系的新因子—恐怖主义》，载《东南亚研究》2000 年第 3 期。

33. 宋念申：《“玉山江”案绷紧中加政治神经》，载《华盛顿观察》周刊 2007 年第 8 期。

34. 苏畅：《“乌伊运”与其他极端组织过从甚密》，载《世界知识》2001 年第 22 期。

35. 苏畅：《本 · 拉登“乌伊运”的最大股东》，载《世界知识》2001 年第 22 期。

36. 苏畅：《“9 · 11”事件后中亚宗教极端势力的重组》，载

《俄罗斯中亚东欧研究》2005 年第 2 期。

37. ［哈萨克斯坦］苏尔坦·阿基姆别克夫：《我们的伊斯坦布尔老大哥?》（Наштарший братиз Стамбула?），载《大陆》（Континент）2002 年第 23（85）期。

38. 孙力：《塔吉克斯坦社会稳定不容破坏》，载《人民日报》2001 年 7 月 25 日。

39. 孙壮志：《极端主义的国际土壤——周边环境与美国因素》，载《世界知识》2001 年第 22 期。

40. 唐永胜：《国际体系处于深刻危机中》，载《现代国际关系》2006 年第 9 期。

41. 万佳：《三股恶势力威胁六国》，载《环球时报》2001 年 6 月 19 日。

42. 王冠宇：《中亚主要伊斯兰极端组织现状》，载《国际资料信》2005 年第 5 期。

43. 王世雄：《冷战后的恐怖主义和反恐怖主义》，载《太平洋学报》2001 年第 4 期。

44. 王秀梅：《论恐怖主义犯罪的惩治及我国立法的发展完善》，载《中国法学》2002 年第 3 期。

45. 王智娟：《可能并非“瓦哈比”问题——中亚伊斯兰复兴透视》，载《西北民族研究》2000 年第 1 期。

46. 吴云贵：《伊斯兰原教旨主义、宗教极端主义与国际恐怖主义辨析》，载《瞭望》2002 年 3 月。

47. 《乌兹别克斯坦：2002 年 12 月以来人权领域事件简评》，载《中亚信息分析》（俄文版）2003 年 1 月 13 日。

48. 邢广程：《东京中亚学术会议值得注意的一些观点》，载《东欧中亚研究》1997 年第 12 期。

49. 许涛：《中亚地区安全格局中的民族问题》，载《现代国际关系》1999 年第 10 期。

50. 许涛:《吉尔吉斯斯坦民族宗教概况》，载《国际资料信息》2002 年第 8 期。

51. 许涛:《上海合作组织吸引力挺大》，载《环球时报》2004 年 6 月 21 日第三版。

52. 徐晓天:《乌兹别克斯坦民族宗教概况》，载《国际资料信息》2002 年第 10 期。

53. 杨恕、杨倩:《俄罗斯和中亚国家关系的新发展》，载《国际问题研究》2006 年第 1 期。

54. 杨恕:《俄语“中亚”一词含义的变化》，载《西北史地》1998 年第 2 期。

55. 杨恕:《俄罗斯与中亚国家关系的新发展》，载《国际问题研究》2006 年第 1 期。

56. 张来仪:《塔吉克斯坦的伊斯兰复兴党》，载《东欧中亚研究》1999 年第 4 期。

57. 张佩贤:《试析中亚及高加索地区伊斯兰教的复兴》，载《东欧中亚研究》1999 年第 6 期。

58. 赵秉志、王秀梅:《论惩治国际恐怖主义犯罪的基本问题》，载《铁道警官高等专科学校学报》2002 年第 1 期。

59. 赵秉志、王秀梅:《国际恐怖主义犯罪及其惩治理念》，载赵秉志主编:《惩治恐怖主义犯罪理论与立法》中国人民公安大学出版社 2005 年版。

60. 赵华胜:《对上海合作组织发展前景的几点看法》，载《国际问题研究》2006 年第 3 期。

61. 周燮藩:《恐怖主义与宗教问题》，载《西亚非洲》2002 年第 1 期。

62. ［乌兹别克斯坦］祖拉布·陶杜阿:《激进伊斯兰在乌兹别克斯坦：形成阶段和发展趋势》，载《中亚与高加索》2005 年第 1 期。

三、外文资料类

1. Abrams, Norman. Anti – terrorism and Criminal Enforcement, 2nd ed, MN: Thomson/West, c2005.

2. Akbar S1 Ahmed, Islam Under Siege, Living Dangerously in a Post – HonorWorld, Polity Press in Association with Blackwell Publishing Ltd1, 2003.

3. Alan M. Dershowitz. Why Terrorism Works: Understanding the Threat, Responding to the Challenge, New Haven: Yale University Press, c2002.

4. Alex P. Schmid and Albert J. Jongman (eds.), Political Terrorism, Amsterdam: North – Holland Publishing Company, 1988.

5. American Heritage College Dictionary of the English Language1996.

6. Antonio Cassese. Terrorism, Politics and Law: the Achille Lauro Affair, Cambridge [Cambridgeshire]: Polity, 1989.

7. Aust, Anthony. Handbook of International Law, New York: Cambridge University Press, c2005.

8. Beau Gross Cup, The Newest Explosions of Terrorism1998, published by New Horizon Press.

9. Brent L. Smith, Terrorism in America, Albany: State University of New York Press, 1994.

10. Brian M. Jenkins, International Terrorism: The Other World War, in: The New Global Terrorism: Characteristics, Cause, Controls, ed. by CharlesW. Kegley, JR, London: Person Education Ltd., 2003.

11. Bruce Hoffman: Inside Terrorism, First published in Great Britain1998 by Victor Gollancz Ltd, London.

12. Christopher C. Harmon. TerrorismToday, Portland, OR: Frank Cass, 2000.

13. Cindy C Combs, Terrorism in the Twenty—First Century, New Jersy: Prentice—Hall. INC. 1997.

14. Clive Walker, The Prevention of Terrorism in British Law, 2nd ed., Manchester: Manchester University Press, 1992.

15. David Frum, Richard Perle, An End to Evil: How To Win the War on Terror, New York: Random House, c2003.

16. Donna M. Shlagheck, International Terrorism, Lexington, Massachusetts: Lexington Books, 1988.

17. Erica Marat: The State—Crime Nexus in Central Asia: State Weakness, Organized Crime, and Corruption in Kyrgyzstan and Tajikistan.

18. Farangis Najibullah, "Central Asia: In Tajikistan and Elsewhere, Islamic Groups Still on the Fringe", RFE/RL weekday Magazine, June 6, 2003.

19. Гудариз А., "Хихъ ут —Тахрир Алъ—Ислами: мифы и реальность", Новости Узъекистана, 13, 08—03, 09, 2004.

20. Graham E. Fuller. The Future of Political Islam. Palgrave Macmillan, 2003.

21. Harvey W. Kushner. Encyclopedia ofTerrorism, Calif.: Sage Publications, c2003.

22. Hor, Michael Yew Meng. Global Anti – terrorism Law and Policy, New York: Cambridge University Press, 2005.

23. International Narcotics Control Strategy Report. Bureau for International Narcotics and Law Enforcement Affairs, March 2006.

24. Ирина Комиссина Афганистан: наркоторговля ирегиональнаябезопасность, ЦентральнаяАзияиКавказ, 2005,

№ 6.

25. Jacob Townsend,, The Logistics of Opiate Trafficking in Tajikistan, Kyrgyzstan and Kazakhstan, The China and Eurasia Quarterly 4 (1) 2006.

26. Jones, David Martin. Globalisation and The New Terror: The Asia Pacific Dimension, Northhampton, MA: Edward Elgar Pub., 2004.

27. Judy PearsallThe New Oxford Dictionary of EnglishOxford: CelaredonPress1998.

28. Kegley, Charles W. The New Global Terrorism: Characteristics, Causes, Controls, N. J.: Prentice Hall, c2003.

29. Ken Booth and Tim Dunne, Worlds in Collision: Terror and The Future of Global Order, New York: Palgrave Macmillan, 2002.

30. Laura K. Donohue. Counter - terroristLaw and Emergency Powers in the United Kingdom, 1922 - 2000, Portland, OR: Irish Academic Press, 2001.

31. Lia, Brynjar, Globalisation and The Future of Terrorism: Patterns and Predictions, Frank Cass, 2002.

32. Michael Stohl, the Politics of Terrorism, Marcel Dekker, INC1988.

33. Michaud Allan, "Terrorism, Extradition And International Sanctions", Symposium On Terrorism And Security Aboard International Airlines, Albany Law Journal of Science And Technology, 1993.

34. Mark B Baker, "Terrorism And The Inherent Right Of Self - Defense", Boston Journal of International Law, Autumn, 1987.

35. Max. Taylor and John Horgan. TheFuture of Terrorism, Portland, OR: Frank Cass, 2000.

36. Peter J. Van Krieken, Terrorism and the International Legal Order: With Special Reference to the UN, the EU and Cross – border Aspects, The Hague: T. M. C Asser, c2002.

37. Richard Clutterbuek, Terrorism in an Unstable world, London: Routledge1994.

38. Robert A Friedlander, Reflections on Terrorist Havens in 68Readings on International Laws from the Naval War College Review, P. 378.

39. Rosalyn Higgins and Maurice Flory. Terrorism and International Law, New York: Routledge: LSE, 1997.

40. Sean Ⅰ. Anderson and Stephen Sloan (eds.), Historical Dictionary of Terrorism, Metuchen, N. J.: Scarecrow Press, 1995.

41. Silke, Andrew. Terrorism Research: Trends, Achievements and Failures, Frank Cass, 2003.

42. Stephen Segallar, Invisible Armies: Terrorism into the 1990s, London: Michael Joseph Ltd, 1986.

43. Templer, Robert, "Tough Lines in Central Asia" in Global Corruption Report2003, Transparency International, 2003.

44. Thekwoaba D Onwudive, TheGlobalization of Terrorism. Ashgate: Ashgate Publishing Ltd, 2001.

45. Tyler Raimo, "Winning at the Expense of Law: The Ramifications of Expanding Counter – Terrorism Law Enforcement Jurisdiction Overseas", Vol. 14, American University International Law Review, 1999.

46. United States Department of State, Patterns of Global Terrorism: 1997.

47. U. S. Department of State, Patterns of Terrorism1999.

48. Vaughan Lowe and Colin Warbrick. The United Nations and

thePrinciples of International Law [electronic resource]: Essays in memory of Michael Akehurst, New York: Routledge, 1994.

49. Walter Laqueur, The Age of Terrorism Boston: Little brown and Comparny, 1987.

50. C. P. Webel, Terror, Terrorism, and the Human Condition, New York and Hampshire: Palgave Macmillan, 2004.

四、网址

1. www. ict. org. il/counter/undocs. cfm
2. www. un. org/chinese/se/ctc/bestpractices/shtml
3. www. un. org/chinese/aboutun/prinorgs/sc/committees
4. www. law – star. com
5. www. un. org/chinese/terrorism/treaty/treaty. htm
6. www. military. people. com
7. www. people. com. cn
8. www. islam. org. hk
9. www. chinaembassy. se/chn
10. http://mdc. idv. tw
11. http://usinfo. americancorner. org. tw。
12. http://www. ebridge. com. au
13. www. africa – taiwan. org
14. www. ndu. edu. tw
15. http://hermes. hrc. ntu. edu. tw
16. http://big5. fmprc. gov. cn/gate/big5/www. fmprc. gov. cn。
17. http://www. glink. net. hk
18. http://magazines. sina. com. tw
19. http://www. libertytimes. com. tw
20. http://mdc. idv. tw

21. http：//world. people. com
22. http：//search. msn. com. tw
23. http：//www. tier. org. tw
24. http：//www. cdn. com. tw
25. http：//cgpss. nchu. edu. tw/
26. http：//www. fmprc. gov
27. http：//www. mac. gov. tw
28. http：//ublish. gio. gov. tw
29. http：//www. iolaw. org
30. http：//www. etaiwannews. com
31. http：//www. nf. org. tw
32. http：//www. wolfsberg – principles. com
33. http：//www. china – tide. org. tw
34. http：//www. twsociety. org. tw
35. http：//www1. pu. edu. tw
36. http：//chiangm. idv. tw
37. http：//taiwantp. net
38. http：//magazines. sina. com. tw
39. http：//chst. nctu. edu. tw
40. http：//www. washingtonobserver. org
41. www. epachtimes. com. tw
42. http：//bbs. nsysu. edu. tw
43. www. cyol. net
44. http：//catalog. loc. gov
45. http：//www. state. gov
46. http：//www. tkb. org
47. http：//db. mipt. org
48. http：//www. terrorism. com

49. http：//www. homelandsecurity. org
50. http：//www. atimes. com
51. http：www. csict. nccu. edu. tw
52. http：//www. news. sohu. com
53. http：//www. rferl. org
54. http：//www. gazetaSNG. ru
55. http：//www. sina. com. cn
56. http：//www. china. org. cn
57. http：//www. icg. org
58. http：//www. akipress. org
59. http：//www. hizb－ut－tahrir. org
60. http：//www. crisisweb. org
61. http：//www. Ocnus. net
62. http：// www. transparency. Org
63. http：//www. stat. kz
64. http：//www. chinaxinjiang. cn
65. http：//www. xinhuanet. com
66. http：//www. tianshannet. com. cn
67. www. uyghuramerican. com
68. http：//www. xjfp. gov. cn
69. http：//www. 51ielts. com
70. http：//www. rusnews. cn。

后　记

经过努力，我们的书稿终于完成了。写此后记的此时此刻，我们的心情是复杂的。本书是在 2009 年度国家社科基金青年项目课题《中亚跨国犯罪及其对我国西北边疆地区社会稳定的影响》（09CFX071）最终研究报告的基础上修改补充而成的。本课题于 2009 年 6 月立项，已经顺利结题，免予鉴定。在课题研究过程中我们共发表了 7 篇论文，还有一篇要被国家社科基金《成果要报》所采用。

在本书即将付梓之际，我们心中忐忑不安。黑格尔说过："越彻底越深邃地从事研究，自身就越孤独，对外越沉默"。如今我们也是感同身受。在本书的写作过程中，我们得到了许多单位和专家的支持和帮助，在此，对他们表示衷心地感谢。感谢陈兴良老师对我们的悉心指导。陈兴良老师以那分执着和淡然，将知识的理性与生命的热情赋予抽象的刑法学知识领域，演绎着学者的人格魅力和精彩人生，激励着我们在学术道路上不断进取。在百忙之中，陈老师为此书写序，序言洋洋洒洒三千多字，生动、深刻地再现了此书研究问题之精要，启发读者，激励笔者。感谢中国人民公安大学出版社法律分社社长杨玉生老师、北京大学法学院的赵国玲教授、中国社会科学院俄罗斯东欧中亚所向祖文研究员、刘庚辰研究员等老师在这几年中对我们的关心、帮助、教育和指导。感谢新疆社会科学院中亚所潘志平研究员和新疆大学法学院的阿力木·热克甫教授，两位专家为本书的编写提出了许多有益的建议，他们所提出的真知灼见均使我们受益匪浅。本书的出版得到了新疆大学“211工程”优秀学术著作出版基金和新疆大学法学院优秀学术著作出版基金的资助，对此我们表示衷心地感谢。同时，也要感谢国家社科基金委对本课题研究的资助，使得课题研究工作有了资金方面的保障。还要感谢新疆大学科研处、新疆大学法学院和新疆大学政治与公共管理学院的各位领导和老师为课题研究提供有利条件，保证了课题的顺利完成和著作的出版。虽然我们拙于表达，但始终心存感恩。

感谢在几年来工作和生活中帮助、关心我们的长辈、兄长、同事和朋友们。这几年来，正是这些人的帮助，使我们顺利地完成了繁重的教学和科研任务，在今后的工作和研究的过程中，我们会将这些人的帮助化为自己前进的动力。在本书出版之际，衷心地祝愿你们身体健康、万事如意！

最后，需要特别提及的是，本书的出版得到了中央民族大学出版社的鼎力支持。在此，谨对中央民族大学出版社有关领导和工作人员的热心帮助和支持表示诚挚的谢意！

获知有二，致知力行。学必以道为先，著必以文载道。作为课题研究，本书的出版意味着研究告一段落，但研究的进程并未结束。这不仅因为我们现有的研究还有不少缺陷和不尽如人意的地方，更是因为随着我国与中亚国家间关系的不断深化，中亚跨国犯罪问题仍然长期存在，所面临的困境仍在不断产生，其中许多亟待解决的问题仍在持续，所以研究仍要与时俱进。我们以此在自己求知和学术的道路上画上一个逗号，视为自己的一个新的开始。

另外想说的是，本书虽经比较认真的准备，由于我们个人能力以及所掌握的材料所限，纰漏、谬误之处肯定不少，对读者的批评指正，我们翘首以待。

作　者

2013年5月1日